Autodesk Inventor 2016

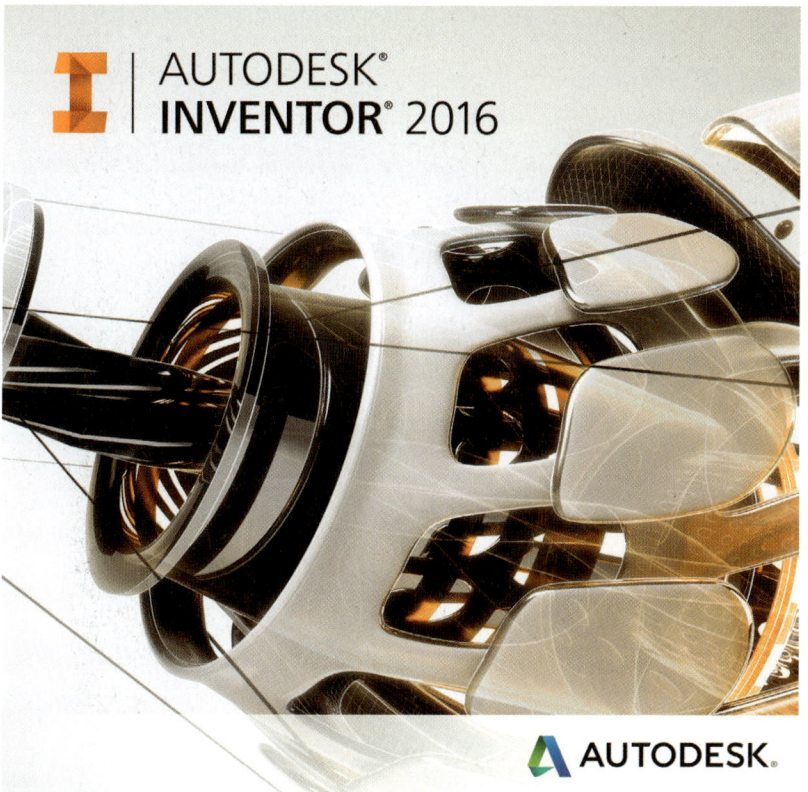

NO.1 Mechapia Technical knowledge portal

Copyright© 2015 MECHAPIA Co. All right reserved.

누구나 쉽게 배울 수 있는
Autodesk Inventor 2016 입문서

발행일 · 2015년 10월 20일 초판 발행
저 자 · 메카피아 조성일, 이예진
발행인 · 노수황
발행처 · 도서출판 메카피아
출판신고연월일 · 2010년 02월 01일
신고번호 · 제2014-000036호
주 소 · 서울특별시 금천구 가산디지털1로 145, 2004(가산동, 에이스하이엔드타워3차)
전 화 · 1544-1605(대)
팩 스 · 02) 2624-0898
교육 및 강의 문의 · 02-2624-0896

표지 디자인 · 김차희
편집 디자인 · 바라기, 쥴리아리
영 업 · 이정훈
마케팅 · 채혜선

정 가 · 25,000원
ISBN · 979-11-85276-28-1 13550
이메일 · mechapia@mechapia.com
홈페이지 · www.mechapia.com

Copyright© 2015 MECHAPIA Co. All rights reserved.

· 이 책은 저작권법에 의해 보호를 받는 저작물로 무단 전재나 복제를 금지하며, 이 책 내용의 전부 또는 일부를 이용하려면 반드시 저작권자나 발행인의 서면동의를 받아야 합니다.

· 파본 및 낙장은 구입하신 서점에서 교환하여 드립니다.

국립중앙도서관 출판시도서목록(CIP)

이 도서의 국립중앙도서관 출판시도서목록(CIP)은 서지정보유통지원시스템 홈페이지(http://seoji.nl.go.kr)와 국가자료공동목록시스템(http://www.nl.go.kr/kolisnet)에서 이용하실 수 있습니다.
(CIP제어번호: CIP2015026427)

누구나 쉽게 배울 수 있는
Autodesk Inventor 2016 입문서

Preface 머리말

오늘날 3D CAD는 점차적으로 설계 시장에 대한 점유율이 높아지고 있으며 이러한 현상은 최근 급물살을 타고 가속화되는 추세입니다. 그러나 일선 교육기관의 기계설계 과정은 아직도 AutoCAD를 주력으로 하는 상황이며, 현재 교육과정도 기술의 발전 속도를 따라오지 못해 많이 안타까운 상황입니다.

이에 기술지식 산업의 선도자이며 엔지니어들의 희망의 등불이 되고자 하는 메카피아에서 현재의 교육계 상황에 대해 한줄기 빛이 되고자 제대로 그리는 방법, 제대로 설계하는 방법을 기술한 제대로 된 인벤터 실습서를 출간하게 되었습니다.

교재의 특성상 빠르게 자격증을 취득하는 최소한의 내용만을 기술할 수도 있지만 본 도서는 그런 방식을 택하지 않았습니다. 3D CAD의 특성을 최대한 살릴 수 있는 방향으로 과정을 진행할 수 있도록 구성해 놓았고 이 책을 공부하는 독자들의 궁금증을 해소하고자 할 수 있는 한 상세한 기술을 하려고 많은 노력을 기울였습니다. 본 교재로 학습을 하면서 습득한 지식으로 바로 실무 설계에서도 도움이 될 수 있는 내용으로 구성하였습니다.

이 책은 기본적으로 인벤터란 프로그램 하나로 모델링부터 도면까지 완벽하게 마무리할 수 있는 과정을 수록하였으며, 공부하시는 분들께 조금이라도 많은 정보를 드리고 최대한 많은 예제를 수록하고자 노력을 기울였습니다.

● 이 책의 주요 구성

Part 1 인벤터 입문하기

인벤터를 처음 접하는 신규 사용자가 인벤터란 어떤 프로그램이며 어떻게 접근해야 하는가를 기술해 놓았습니다.

Part 2 파트 모델링

파라메트릭 방식을 응용한 모델링 방식을 설명합니다. 스케치 완전구속을 통해 좀더 체계화된 모델링 방법을 학습할 수 있도록 해 놓았으며, 자세한 본문 해설과 다양한 연습 예제 도면을 수록해 놓았습니다. 또한 각종 실무작업에 유용한 팁을 배치해 놓음으로써 학습자로 하여금 좀 더 깊이있는 내용을 접할 수 있도록 최대한 노력하였습니다.

Part 3 판금 모델링

전개도 모델링을 하기 위한 판금 모델링을 작성하는 방법을 기술해 놓았습니다. 판금 명령어와 판금 기본값에 대한 기본적인 숙지를 하고 나서 다양한 판금 명령을 응용해 다양한 판금 예제를 작성할 수 있게 해 놓았습니다.

Part 4 조립품 모델링

조립품 모델링 과정은 다음과 같은 과제를 수행하게 됩니다. 먼저 조립품을 작성하고, 두번째로 조립품 요소들이 서로 역할에 맞게 구동하게 됩니다. 또한 작업이 마무리 된 조립품의 분해도를 작성하게 됩니다. 이렇게 단순히 조립만 하지 않고 실제로 구동 및 분해를 해볼 수 있도록 단계적인 과제를 수행하게 됩니다.

Part 5 프레임 생성기

스켈레톤 방식을 채용해 인벤터의 컨텐츠 센터에 배치되어 있는 프레임 요소를 자동 배치하는 과제를 수행합니다. 이러한 과정을 통해 사용자는 빠르고 간편하게 프레임을 배치하는 방법에 대해서 학습하게 되며, 골조 모델링의 변경을 통해 자동으로 업데이트되는 프레임 구조물을 작성할 수 있습니다.

Part 6 도면

부품, 조립품, 판금, 프레임 형상을 실제 제작 가능한 도면으로 작성하는 과제를 수행합니다. 각종 뷰 명령을 사용하는 방법과 주석, 기호 등을 배치하는 방법을 알아봅니다.

독자들은 이 책을 학습함으로써 어렵게만 느껴졌던 인벤터를 보다 쉽게 접할 수 있는 기회를 가지게 될 것입니다.
앞으로도 더욱 더 좋은 도서로 찾아뵙기를 약속드리며, 독자 여러분께서 이책을 통해 인벤터에 대해 좀 더 많은 이해와 실무 활용을 하고 나아가서는 개인의 실력 향상에도 도움이 되기를 기원합니다.

2015년 10월 저자 조성일

◎대표전화 : 1544-1605
◎이메일 : mechapia@mechapia.com
◎웹사이트 : www.mechapia.com / www.3dmecha.co.kr

Contents 목차

Part 1 인벤터 입문하기

section 1 인벤터 시작하기 16

section 2 화면 제어하기 19

section 3 옵션 설정하기 28

Part 2 파트 모델링

section 1 스케치 명령 34

section 2 피쳐 명령 46

section 3 초급 모델링 예제 56

section 4 중급 모델링 예제 72

section 5 고급 모델링 예제 86

Part 3 판금 모델링

section 1 판금 환경과 판금 기본값 104

section 2 판금 예제 112

Part 4 조립품 모델링

- section 1 프로젝트의 기본 개념 136
- section 2 조립품 환경과 조립품 명령 140
- section 3 조립품 예제 148
- section 4 프리젠테이션 명령 170
- section 5 프리젠테이션 예제 172
- section 6 인벤터 스튜디오 188

Part 5 프레임 생성기

- section 1 프레임 생성기 명령 196
- section 2 프레임 생성기 예제 200

Part 6 도면

- section 1 도면 환경과 시트 224
- section 2 도면 명령 226
- section 3 도면 작성하기 232

Inventor Cafe | 인벤터 교육 카페 소개

인벤터 교육 카페에 대한 소개를 해 드리도록 하겠습니다.

인벤터 교육 카페란 메카피아의 저자가 직접 관리하는 개인 카페로써, 인벤터 교육에 대한 정보, 예제 파일, 교육 일정, 질문과 응답, 포트폴리오 게재, 무료 맛보기 동영상 강좌 등 다양한 정보를 담고 있는 카페입니다.

직접 이 카페를 찾아가는 방법에 대해 알아보도록 하겠습니다.

네이버 홈페이지에서 **카페** 버튼을 클릭합니다.

카페 검색 창에서 **메카피아**로 검색합니다.

카페 목록에서 메카피아-**인벤터 교육카페**를 클릭합니다.

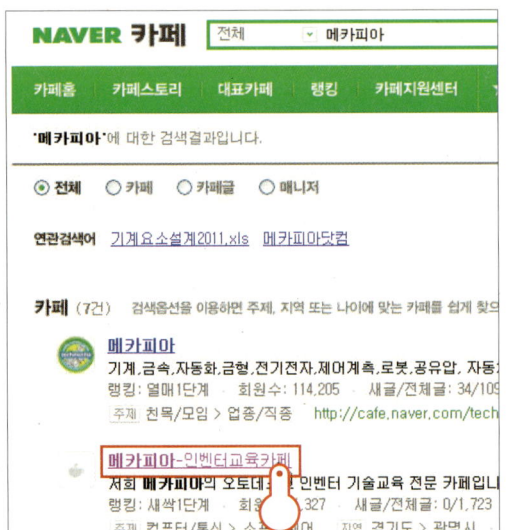

메카피아-인벤터 교육 카페로 이동합니다. 인벤터 교육에 대한 다양한 정보를 알아보세요!

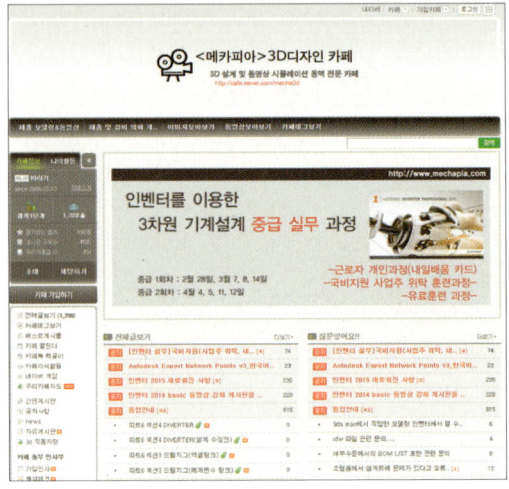

Example Download | 예제 파일 다운로드하기

※ http://www.webhard.co.kr/에서도 무료로 다운로드 받을 수 있습니다.

　아이디 : mechapia　　비밀번호 : mecha1234

앞서 소개한 인벤터 교육 카페의 메뉴트리에서 **예제 파일란**을 클릭합니다.

예제파일 게시글이 나타나게 되면 각각의 파트에 맞는 게시물을 선택해 **클릭**합니다.

게시글 우측 위의 **첨부파일**을 클릭한 후 **내 PC저장**을 클릭해서 파일을 다운로드 받습니다.

Education Cafe | 메카피아 창도 기술교육원 카페 소개

메카피아 창도 기술교육원 카페를 소개합니다. 메카피아에서 발매하는 다양한 교재에 맞춘 저자직강과 그외 실력있는 강사진이 총 출동하여 회원분들께 양질의 실무 강의를 제공해 드리기 위해 다양한 정보를 제공하고 있습니다.

네이버 홈페이지에서 **카페** 버튼을 클릭합니다.

카페 검색 창에서 **메카피아**로 검색합니다.

카페 목록에서 메카피아-**메카피아 창도기술교육원**을 클릭합니다.

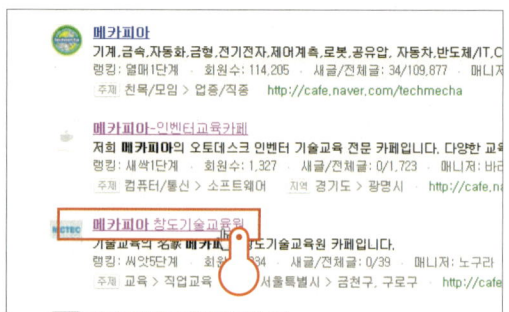

메카피아 창도 기술교육원 카페로 이동하게 됩니다.

Information
각 교육에 대한 정보 알아보기

카페 메인에 있는 배너 혹은 좌측 카테고리에서 원하시는 교육 과정을 클릭해 주세요!!

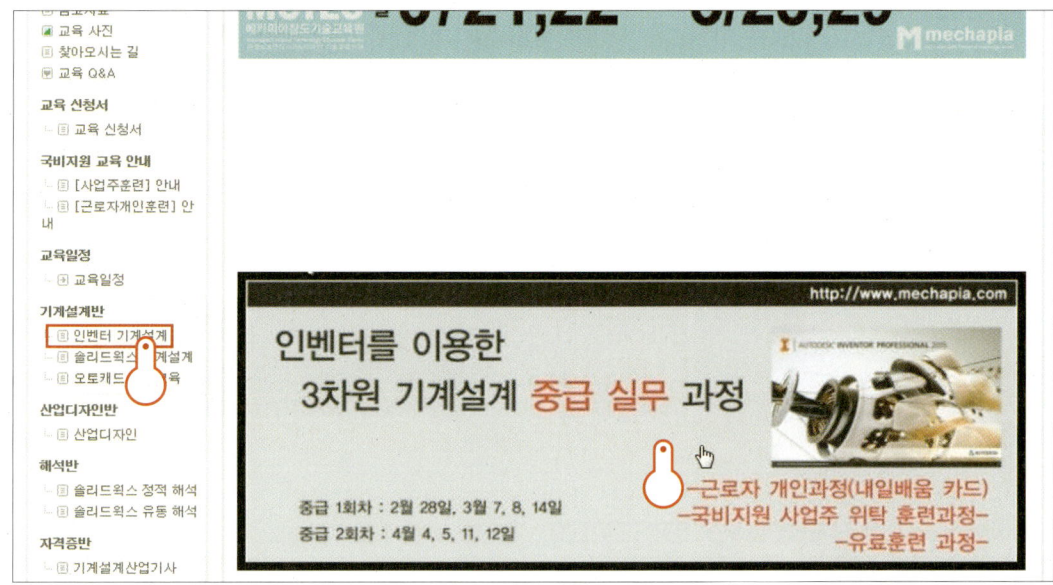

선택한 교육 과정에 일정과 시간, 커리큘럼, 서류에 대한 정보를 확인하실 수가 있습니다.

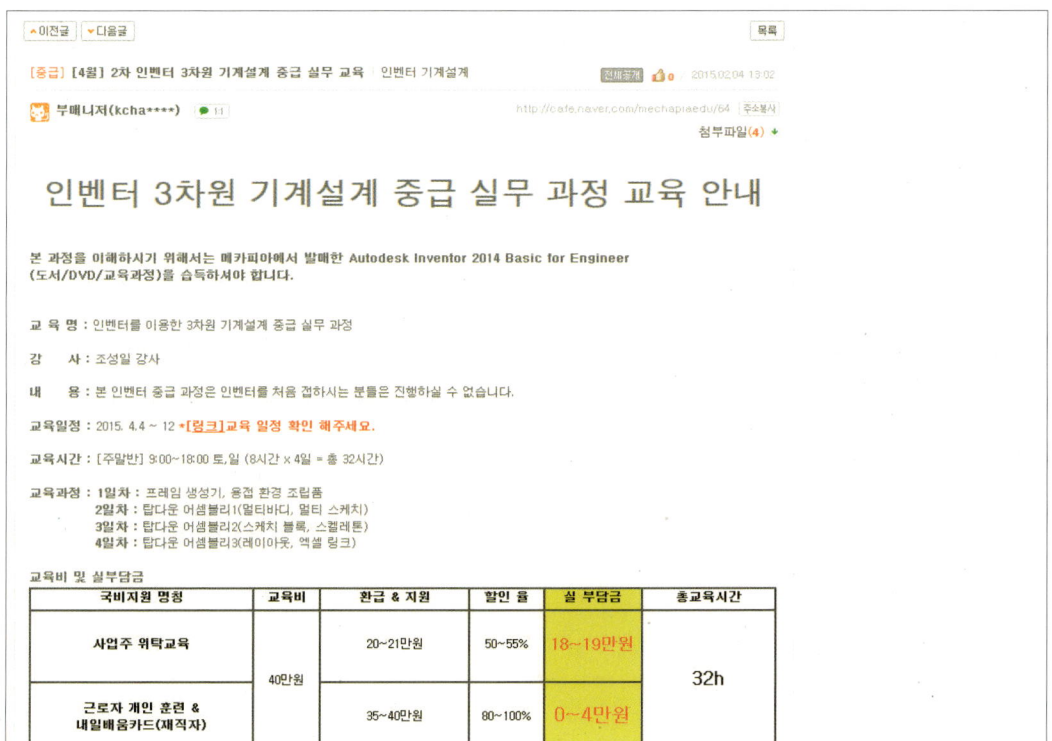

Support

교육 일정표 확인하기

카페 메인에 있는 **교육 일정표** 배너를 클릭해 주세요!!

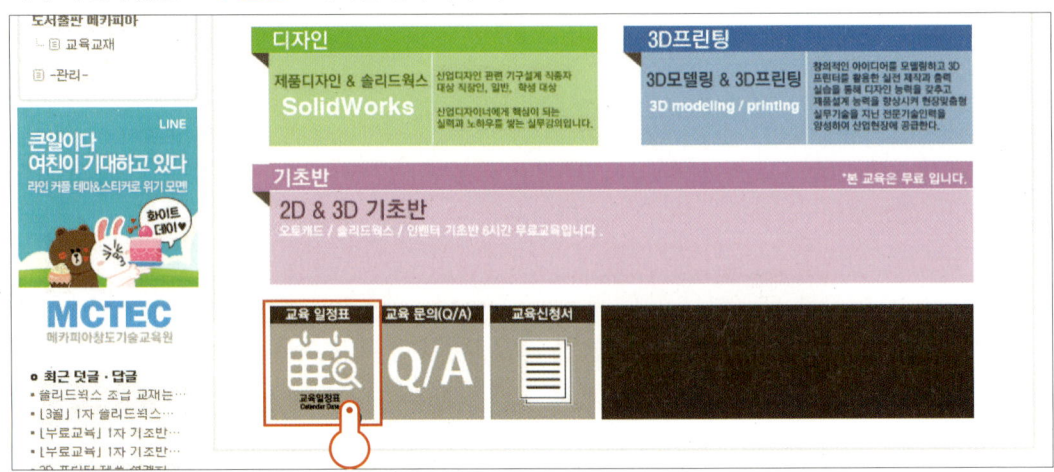

메카피아 창도 기술교육원의 교육 일정을 구글 캘린더 형식으로 확인할 수 있습니다!!

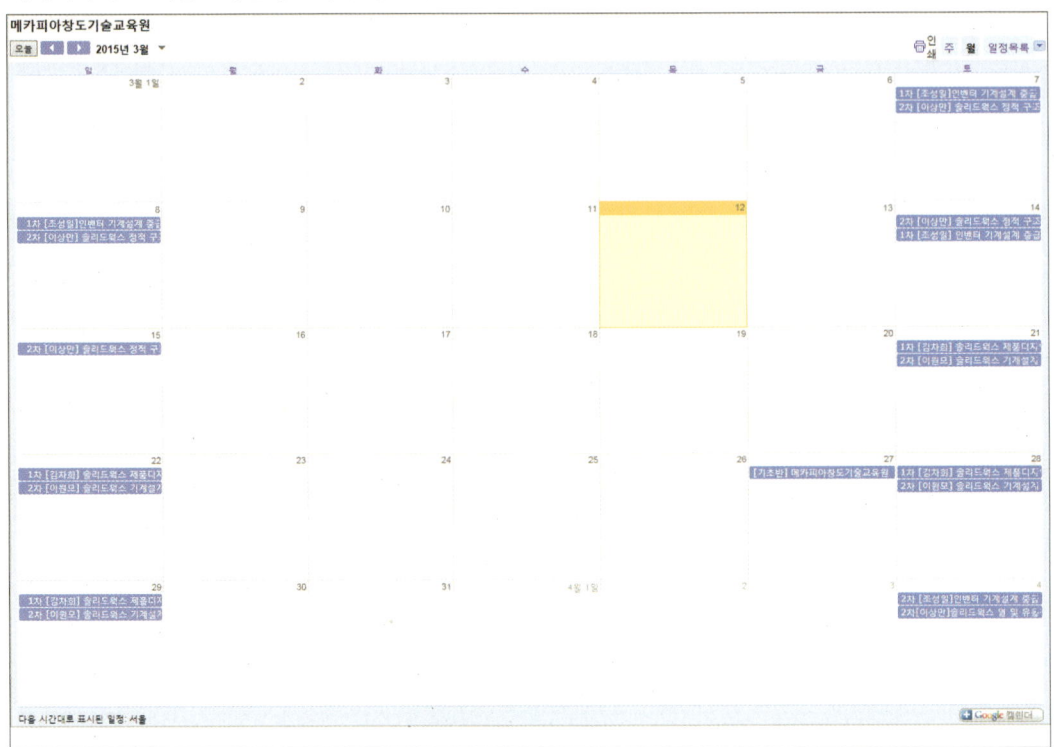

Support
내일 배움 카드 신청법 알아보기

카페 메인에 있는 **내일배움카드 신청방법 안내서**를 클릭합니다.

내일배움카드 신청에 대한 자세한 안내를 게시글과 첨부파일로 만나보실 수가 있습니다.

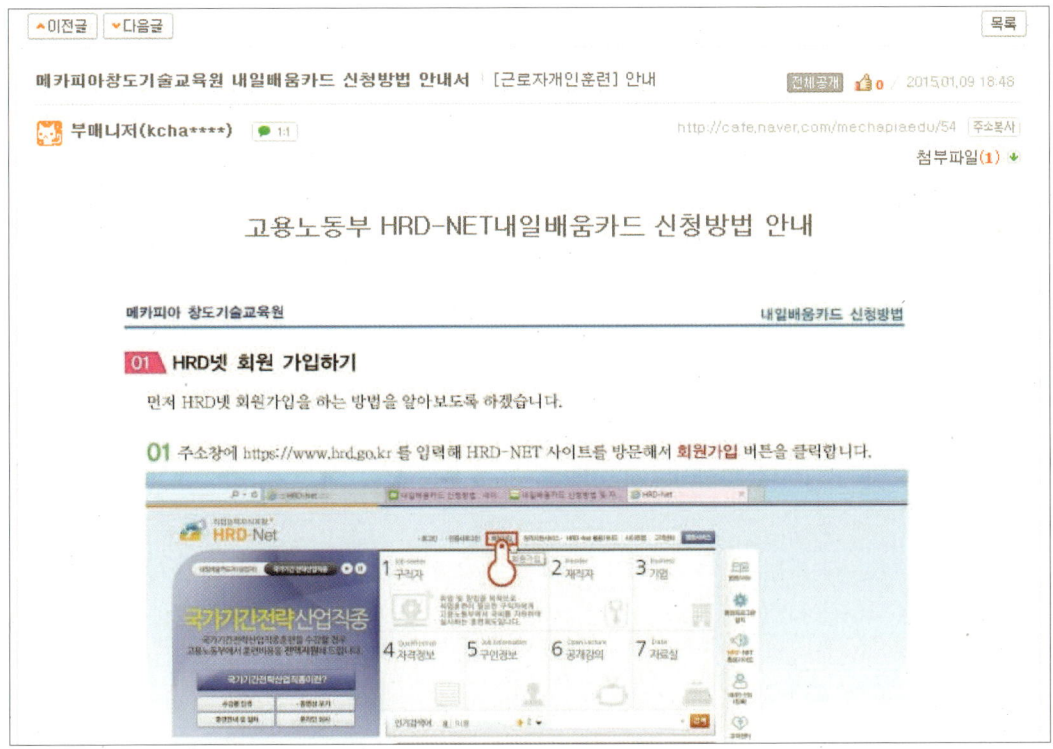

PART 01

AUTODESK
INVENTOR

인벤터 입문하기

Section 1	인벤터 시작하기	16p
Section 2	화면 제어하기	19p
Section 3	옵션 설정하기	28p

Part 01 인벤터 입문하기

1. 인벤터 시작하기

Autodesk Inventor Standard

Lesson 1 　인벤터 실행하기

바탕화면의 아이콘을 더블클릭합니다.

인벤터 화면이 로딩됩니다.

Lesson 2 　인벤터의 사용자 환경 알아보기

시작화면은 다음과 같습니다.

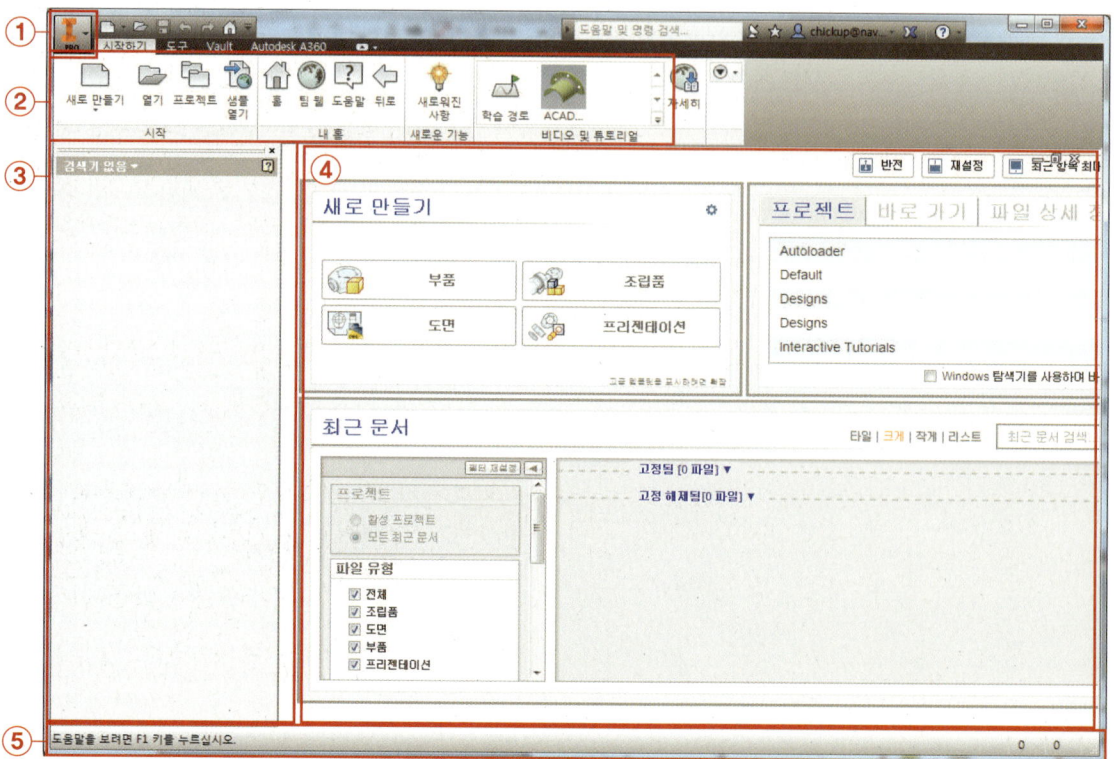

16

❶ **응용프로그램 메뉴(어플리케이션 버튼)** : 모든 환경에서 접근할 수 있는 공통적인 명령 세트
❷ **패널 도구 막대** : 각각의 환경에 맞는 작업을 위한 명령어 아이콘 세트
❸ **검색기 막대** : 현재 작성한 부품/조립품/도면의 히스토리에 해당하는 리스트를 표시
❹ **작업 공간 & 내 홈** : 실제 작업을 하는 창이지만 처음 실행시에는 홈 메뉴를 표시
❺ **상태 막대** : 현재 실행중인 명령어의 순서나 현재 작업 환경의 상태를 표시

Lesson 3 | 인벤터 템플릿

01 새 파일 작성 창 알아보기

시작하기에서 새로 만들기 버튼을 클릭하거나, 응용프로그램 메뉴에서 새로 만들기 버튼을 클릭합니다.

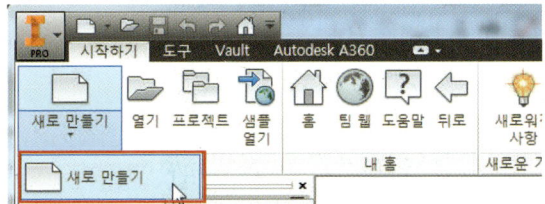
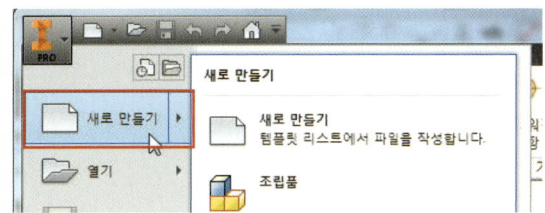

다음과 같이 새 파일 작성 창이 표시됩니다.

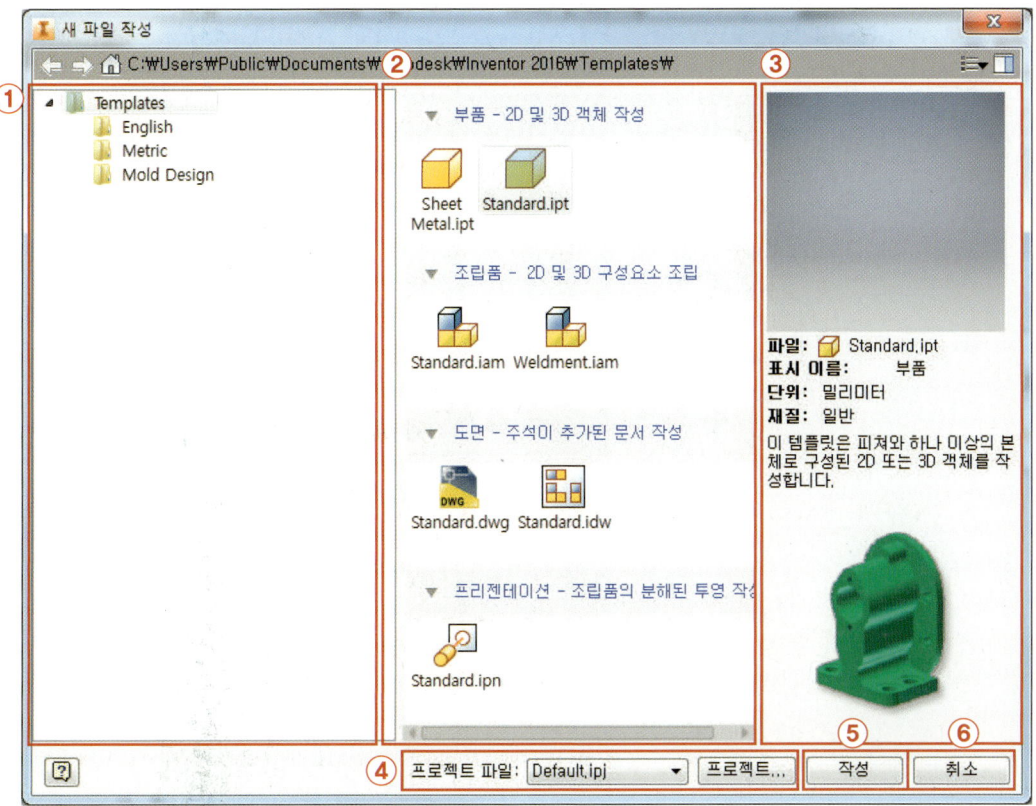

❶ **템플릿 폴더** : 각각의 템플릿 폴더를 표시합니다.

❷ **템플릿 파일 검색기** : 해당 폴더에 있는 템플릿 파일이 표시됩니다.

❸ **템플릿 개요** : 선택한 템플릿의 개요와 설명이 표시됩니다.

❹ **프로젝트** : 프로젝트를 변경하거나 프로젝트 설명 창으로 이동합니다.

❺ **작성** : 현재 선택한 템플릿 환경으로 새 파일을 작성합니다.

❻ **취소** : 새 파일 작성 창을 닫습니다.

02 템플릿의 종류

❶ **Standard.ipt** : 기본적인 단품작업 환경을 제공합니다.

❷ **Sheet Metal.ipt** : 판금부품을 작성하는 환경을 제공합니다.

❸ **Standard.iam** : 기본적인 조립품 환경을 제공합니다.

❹ **Weldment.iam** : 용접환경이 추가된 조립품 환경을 제공합니다.

❺ **Standard.dwg** : 인벤터와 오토캐드가 직접 연동되는 도면작업 환경을 제공합니다.

❻ **Standard.idw** : 기본적인 도면 작업 환경을 제공합니다.

❼ **Standard.ipn** : 분해도를 작성할 수 있는 프리젠테이션 작업 환경을 제공합니다.

Section2. 화면 제어하기

2. 화면 제어하기

Autodesk Inventor Standard

Lesson 1 | 마우스+키보드

01 확대/축소

❶ **전체확대** : 휠 버튼을 더블 클릭합니다.
(단축키 Home)

❷ **마우스 휠버튼** : 위로 굴리면 화면이 축소, 아래로 굴리면 마우스 커서를 중심으로 화면이 확대됩니다.

02 시점 이동

마우스 휠 버튼을 클릭해서 드래그하면 화면 시점이 이동합니다.

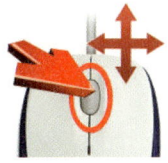

03 화면 회전

❶ Shift 버튼을 누른 채로 마우스 휠버튼을 드래그 합니다.

❷ 단축키 F4를 누른 채로 마우스 왼쪽 버튼을 클릭&드래그 합니다.

19

Lesson 2 | 탐색 막대 활용하기

화면 우측의 탐색 막대를 활용해서 화면 제어를 할 수 있습니다.

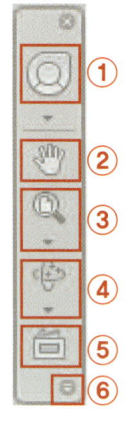

① **전체 탐색 휠** : 인벤터 화면제어에 필요한 모든 명령을 리모컨 형식으로 간편하게 쓸 수 있도록 되어 있습니다.

② **시점 이동** : 화면의 시점 이동을 할 수 있습니다.

③ **줌 전체** : 모델의 전체모습을 화면에 꽉 차게 나타내 줍니다. 아이콘 하단의 확장 화살표를 클릭하면 더욱더 다양한 종류의 줌 명령을 사용할 수 있습니다.

④ **자유 회전** : 화면을 회전할 수 있습니다.

⑤ **면 보기** : 선택한 면을 화면에 수직되게 회전시킵니다.

⑥ **기타 옵션** : 그 외 화면제어에 필요한 기타 아이콘 명령어들이 포함되어 있습니다. 체크해서 꺼내올 수 있습니다.

Lesson 3 | 뷰 큐브 활용하기

화면 우측 상단에 위치한 상자 모양의 박스입니다. 실제 상자라고 생각하고 각 면이나 모서리 및 꼭지점을 마우스로 클릭합니다. 상자의 각 표면에는 해당 방향에 대한 이름표가 쓰여져 있습니다.

왼쪽 위의 홈 마크를 누르면 인벤터에서 기본 방향으로 설정되어 있는 방향으로 화면이 회전 배치됩니다.(단축키 F6)

정투상일 때에는 뷰큐브에 90도씩 회전 마크와 시계/반시계 방향으로 틸팅버튼이 표시됩니다.

Lesson 4 | 마킹 표식 메뉴 활용하기

인벤터 환경에서 **마우스 오른쪽 버튼**을 클릭하면 각각의 환경에 맞게 사용할 수 있는 마킹 메뉴가 표시됩니다.

스케치 환경에서

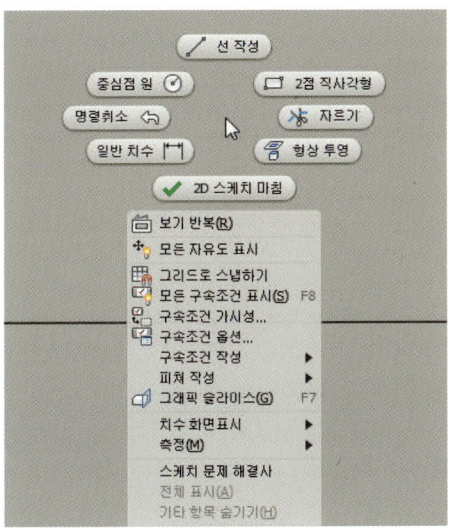

부품 환경에서

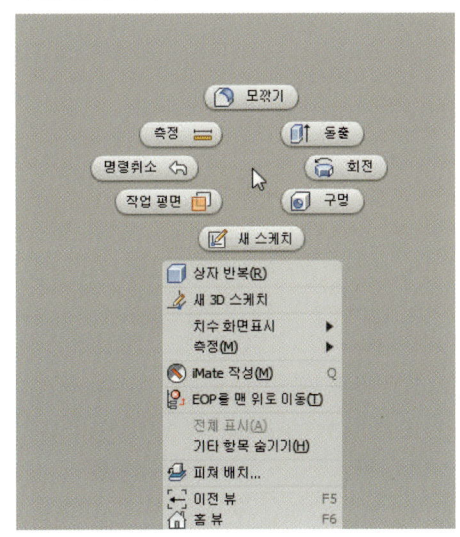

조립품 환경에서

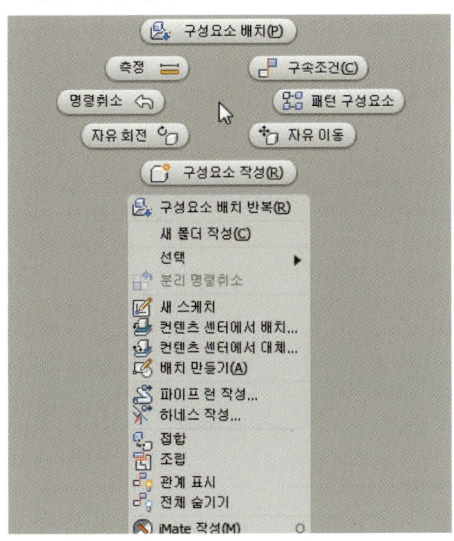

도면 환경에서

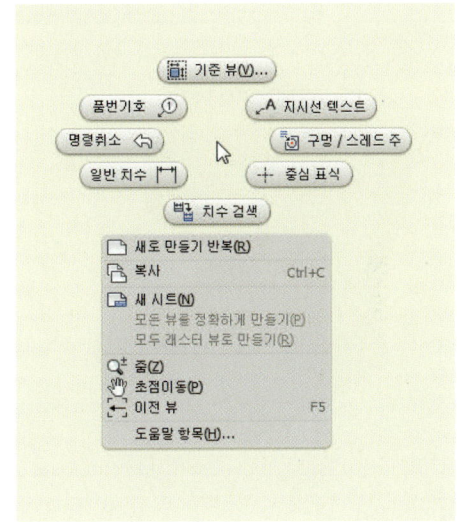

Lesson 5   인벤터의 뷰 탭

인벤터에서 화면표시에 대한 모든 명령어가 모여있는 탭입니다.

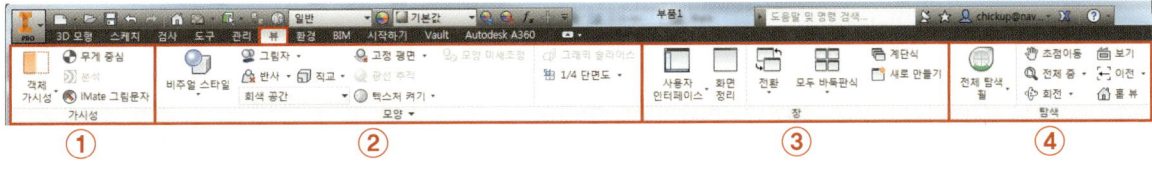

01 가시성 패널 : 특정 객체의 가시성 또는 무게중심이나 곡률 분석을 하는 명령어가 모여 있습니다.

02 **모양 패널** : 비주얼 스타일 또는 그림자와 텍스처, 반사 등 모델의 화면 표시 모양을 결정합니다.

❶ **비주얼 스타일** : 모델의 표시상태를 나타내며 다음과 같은 종류가 있습니다.

사실적

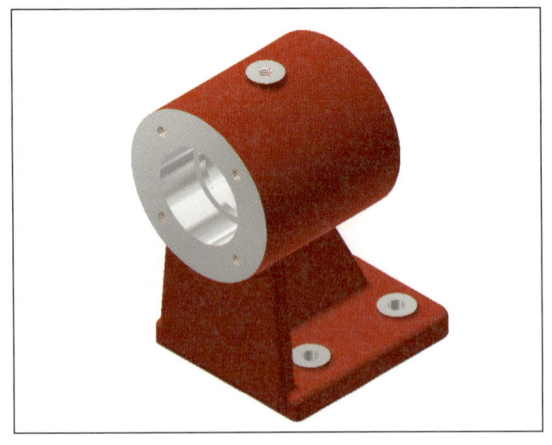

음영처리

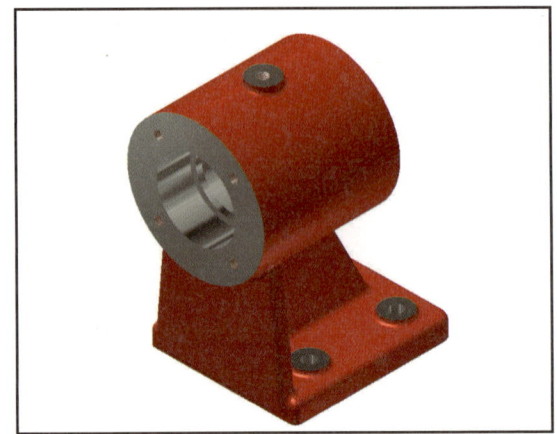

모서리로 음영처리

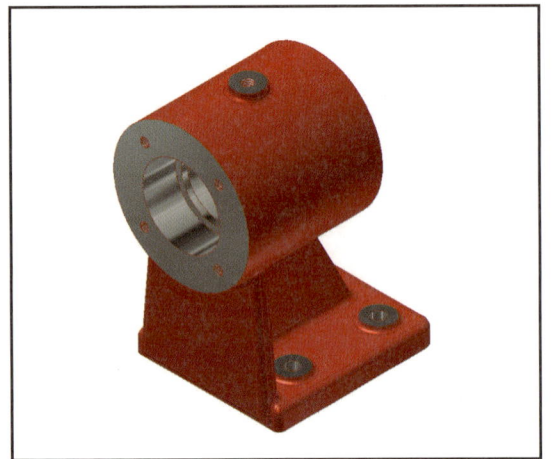

숨겨진 모서리로 음영처리

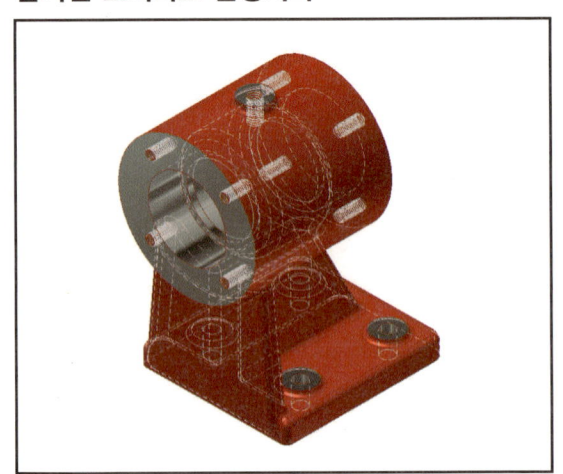

와이어 프레임

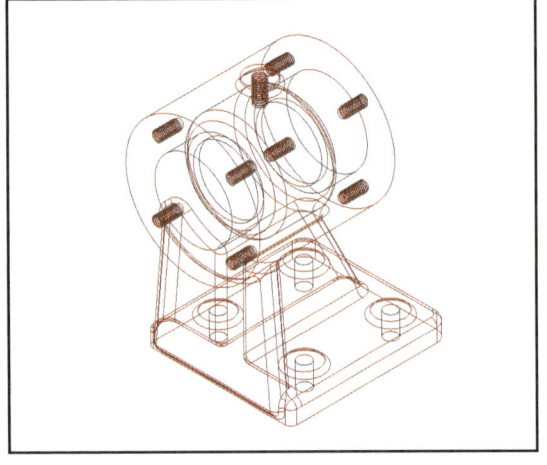

숨겨진 모서리가 있는 와이어 프레임

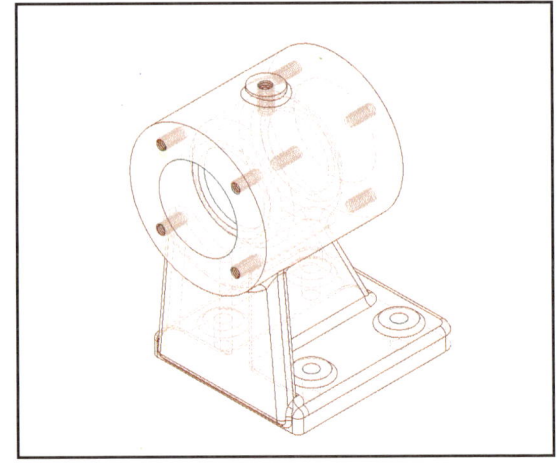

Section2. 화면 제어하기

가시적 모서리만 있는 와이어 프레임

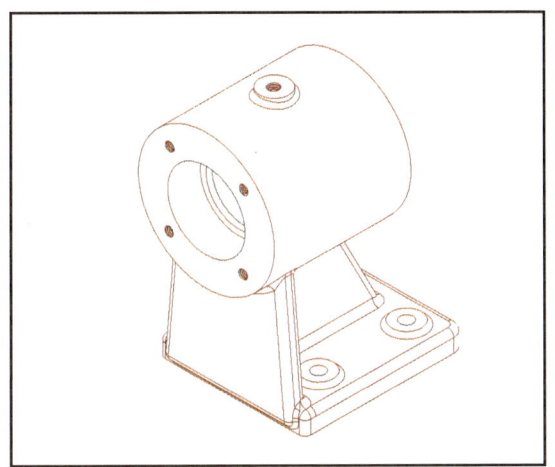

단색

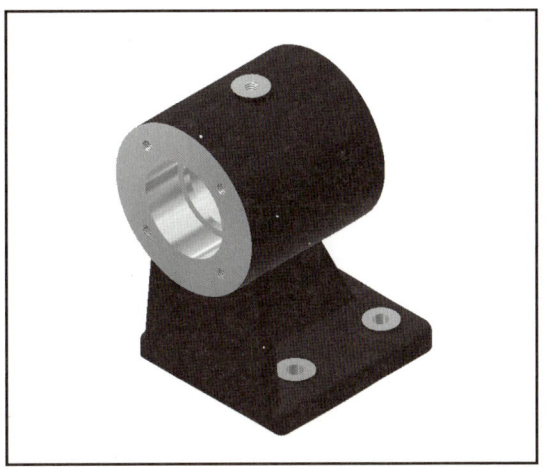

수채화

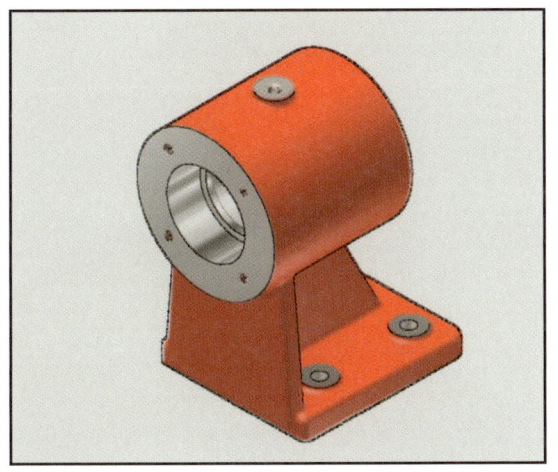

스케치 일러스트/기술적 일러스트

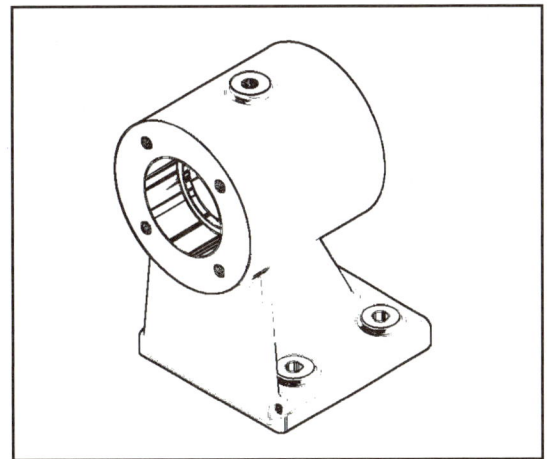

03 **창 패널** : 인벤터의 화면 구성을 담당하는 요소들을 제어할 수 있습니다.

① **사용자 인터페이스** : 인벤터 화면의 모든 요소들의 표시/숨기기를 지원합니다.

② **화면 정리** : 불필요한 도구를 숨기기 함으로써 화면을 크게 쓸 수 있습니다.

04 **탐색 패널** : 앞서 언급했던 탐색 막대의 모든 명령어가 모여 있습니다.

Lesson 6 | 기타 선택 활용하기

모든 작업을 할 때 정확하게 요소를 선택해야 하는 경우에 기타 선택 모드를 사용하면 편리하게 사용할 수 있습니다.

원하는 요소 근처에 마우스 커서를 이동시킨 후, 1초 이상 기다려서 기타 선택 메뉴가 나타나면 확장 버튼을 누릅니다.

리스트에 마우스 커서를 위치시키면 해당 리스트가 어떤 객체인지 화면상에서 표시됩니다.

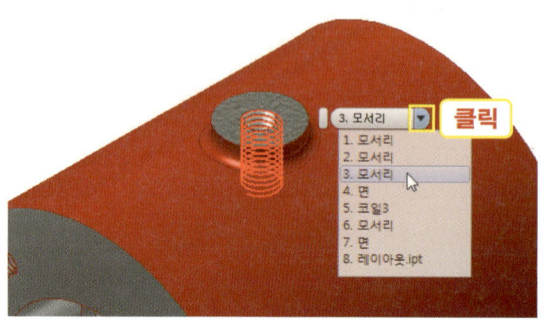

원하는 객체를 찾으면 해당 리스트의 이름을 클릭하면 선택이 됩니다.

기타 선택은 객체 근처에서 마우스 오른쪽 버튼을 클릭한 다음 기타 선택을 눌러도 실행됩니다.

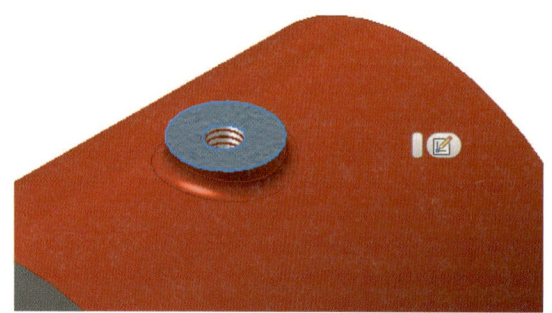
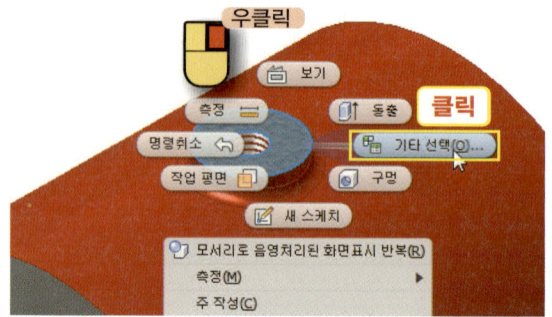

Lesson 7 | 인벤터 단축키 리스트

01 윈도우 단축키

단축키	설 명	범 주
Esc	명령 종료	전역
F1	현재 상태에 대한 도움말	전역
Del	선택한 객체 삭제	전역
Ctrl+C	복사	전역
Ctrl+N	새로 만들기	관리
Ctrl+O	열기	전역

단축키	설 명	범 주
Ctrl+P	인쇄	전역
Ctrl+S	저장	전역
Ctrl+V	붙여넣기	전역
Ctrl+X	잘라내기	전역
Ctrl+Y	명령 복구	전역
Crtl+Z	명령 취소	전역

02 인벤터 기본 단축키

단축키	설 명	범 주
F2	작업 창을 초점이동함	전역
F3	작업 창에서 줌 확대 또는 축소	전역
F4	작업 창에서 객체 회전	전역
F5	이전뷰로 돌아감	전역
F6	등각투영 뷰	전역
F7	그래픽 슬라이스	스케치
F8	전체 구속조건 표시	스케치
F9	전체 구속조건 숨기기	스케치
F10	스케치 숨기기/보이기	뷰
A	중심점 호	스케치
A	간섭 분석	조립품
A	기준선 치수 세트 명령	도면
B	품번기호 명령	도면
C	원 그리기	스케치
C	구속조건 명령	조립품
D	일반 치수 명령	스케치/도면
D	면 기울기/테이퍼 작성	부품
E	돌출 명령	부품
F	모깎기 작성	스케치/부품/조립품
H	스케치 영역 채우기/해치	스케치
H	구멍 명령	부품/조립품
I	수직 구속조건	스케치
L	선 명령	스케치
M	거리 측정	부품/조립품
N	구성요소 작성 명령	조립품
O	세로좌표 치수 세트 명령	도면
O	간격띄우기	스케치
P	구성요소 배치 명령	조립품

단축키	설 명	범 주
Q	iMate 작성 명령	조립품
R	회전 명령	부품/조립품
G	자유 회전	조립품
S	2D 스케치 명령	2D스케치/부품/조립품
T	텍스트 명령	스케치/도면
T	구성요소 미세조정 명령	프리젠테이션
V	자유 이동	조립품
W	모깎기 용접	용접 조립품
X	자르기 명령	스케치
Z	줌 창	뷰
]	작업평면 작성	전역
/	작업축 작성	전역
.	작업점 작성	스케치/부품/조립품
;	고정 작업점 작성	부품
=	동일 구속조건	스케치
Alt+.	사용자 작업점 보이기/숨기기	뷰
Alt+/	사용자 작업축 보이기/숨기기	뷰
Alt+]	사용자 작업평면 보이기/숨기기	뷰
Alt+F11	VBA 편집기	도구
Alt+F8	매크로	도구
Alt+마우스 드래그	조립품에서 메이트 구속조건 적용, 스케치에서는 스플라인 쉐이프 점 이동	조립품
Ctrl+-	맨 위 항목으로 복귀	부품/조립품
Ctrl+.	원점	부품/조립품
Ctrl+/	원점 축	부품/조립품
Ctrl+]	원점 평면	부품/조립품
Ctrl+=	상위 항목으로 복귀	부품/조립품
Ctrl+0	화면	전역
Ctrl+Enter	복귀	부품/조립품
Ctrl+H	대체	조립품
Ctrl+Shift+E	자유도	조립품
Ctrl+Shift+H	전체 대치	조립품
Ctrl+Shift+K	모따기	부품/조립품
Ctrl+Shift+L	로프트	스케치/부품
Ctrl+Shift+M	대칭	부품/조립품
Ctrl+Shift+N	시트 삽입	도면
Ctrl+Shift+O	원형 패턴	부품/조립품
Ctrl+Shift+Q	iMate 그림문자	조립품

단축키	설 명	범 주
Ctrl+Shift+R	직사각형 패턴	부품/조립품
Ctrl+Shift+S	스윕	스케치/부품
Ctrl+Shift+T	지시선	도면
Ctrl+Shift+W	용접물 기호	용접조립품
Ctrl+W	Steering	전역
Tab	강등	조립품
Shift+Tab	승격	조립품
Shift+F5	다음	뷰
Shift+마우스 오른쪽 버튼	선택 도구 메뉴 활성화	전역
Shift+휠 버튼	작업 창에서 자동으로 모형 회전	부품/조립품
End	줌 선택	부품/조립품
Home	줌 전체	부품/조립품
Page Up	면 보기	부품/조립품
BACKSPACE	활성 선 도구에서 마지막으로 스케치한 세그먼트 제거	스케치
Space Bar	마지막 명령 재실행	전역

3. 옵션 설정하기

Autodesk Inventor Standard

인벤터를 원활하게 사용하기 위해서는 일단 기본적으로 간단한 응용프로그램 옵션을 설정해야 합니다. 모든 응용프로그램 옵션을 다 이해할 필요는 없고, 여기서는 간단하게 꼭 필요한 옵션 몇가지만 알아보도록 하겠습니다.

다음과 같이 도구 탭의 응용프로그램 옵션 버튼을 클릭합니다.

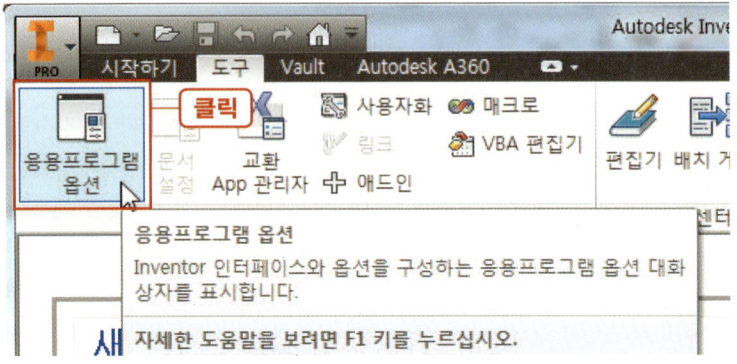

01 일반 탭 : 가장 일반적인 설정을 하는 옵션입니다.

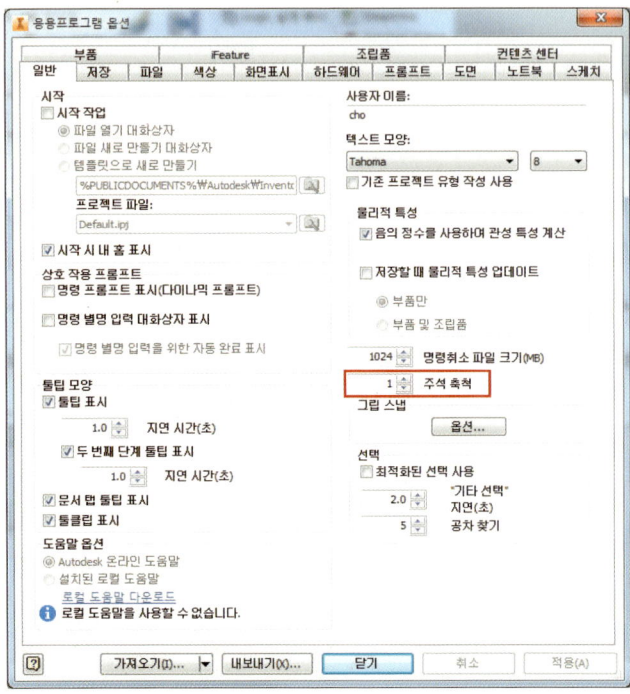

주석 축척 : 기본적인 텍스트의 크기나 스케치에서의 스케치 요소의 배율 축척을 나타냅니다. 1.5 정도가 가장 적당합니다.

Section3. 옵션 설정하기

02 색상 탭 : 작업 화면의 스타일을 정하는 가장 중요한 옵션입니다.

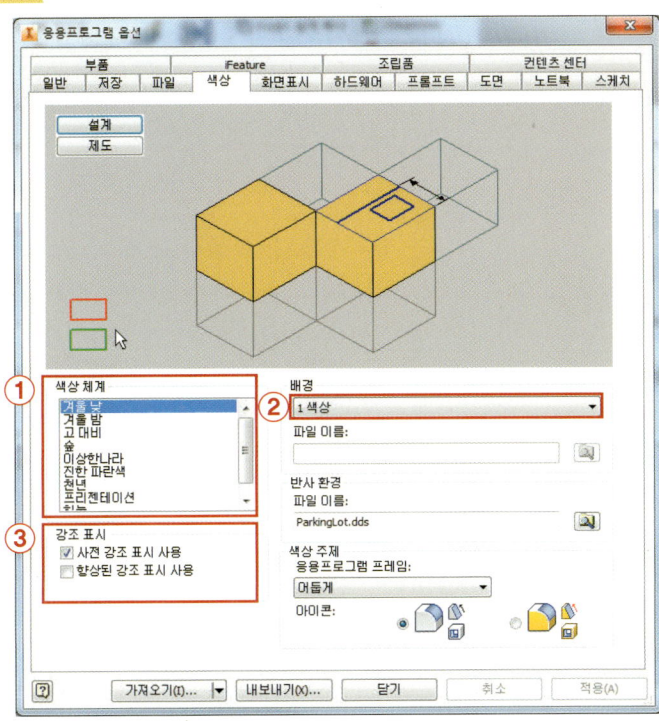

❶ **색상 체계** : 인벤터 시스템의 가장 기본 적인 색상을 결정합니다.

❷ **배경** : 배경 색상을 결정합니다.

❸ **강조 표시** : 객체를 선택했을 때의 강조 표시에 대한 설정을 합니다.

03 화면표시 탭

인벤터 2011버젼부터 비주얼 스타일의 기본이 음영처리로 바뀌었기 때문에 기본 모델링의 모서리가 표시되지 않아 작업에 상당히 불편한 점이 많으므로, 작업하기에 가장 편리한 모델의 표시 상태를 보기 위한 상태로 바꿔 보도록 하겠습니다.

모양 패널에서 **응용프로그램 설정 사용**을 선택하고 **설정** 버튼을 클릭합니다.

비주얼 스타일을 **모서리로 음영처리**로 바꾼 다음에 확인 버튼을 클릭합니다.

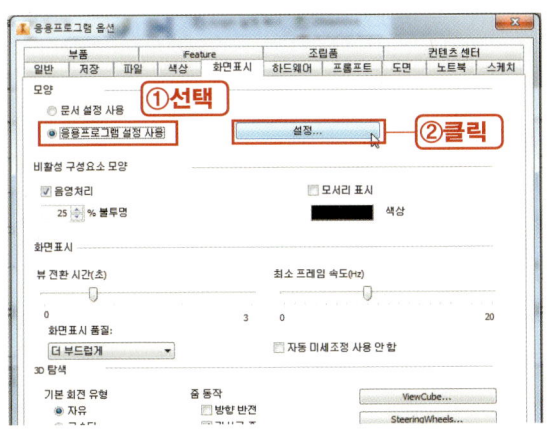
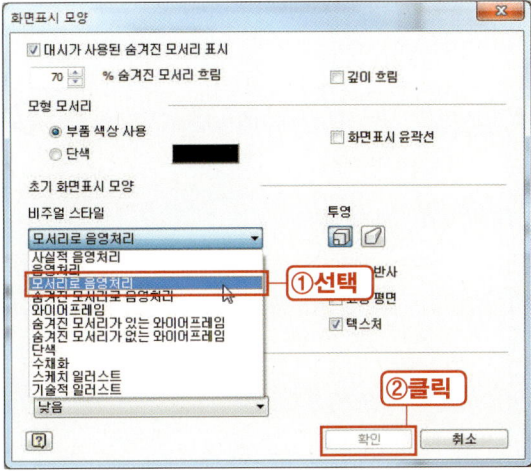

29

04 스케치 탭

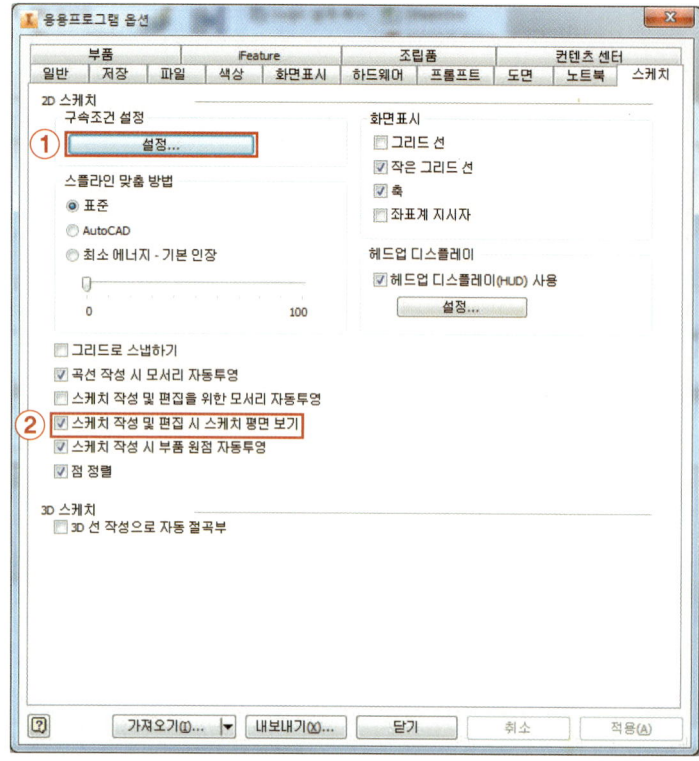

① **구속조건 설정** : 스케치 구속조건의 기본 상세 설정을 합니다. 이 설정 창은 스케치 환경에서의 구속조건 설정 창과 동일합니다.

② **스케치 작성시 스케치 평면 보기** : 스케치를 새로 생성했을 때 해당 스케치가 모니터에 평행하게 표시됩니다.(스케치의 표준 방향이 모니터에 평행하게 나타납니다.).

05 부품 탭

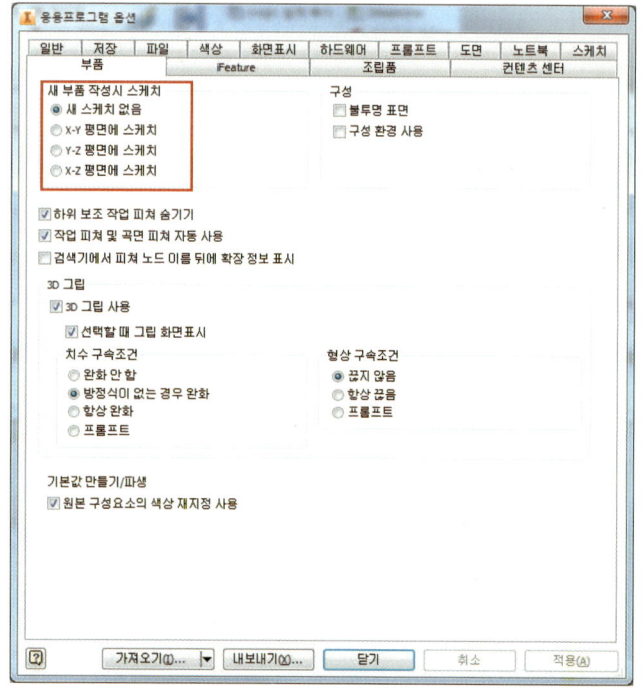

새 부품 작성시 스케치 : 2012버젼까지는 기본값이 X-Y 평면(즉, 정면)에 스케치였지만 2013버젼부터 기본값이 새 스케치 없음 상태가 되어 사용자가 직접 첫 번째 스케치를 작성할 면을 선택할 수 있게 되어 있습니다.

06 조립품 탭

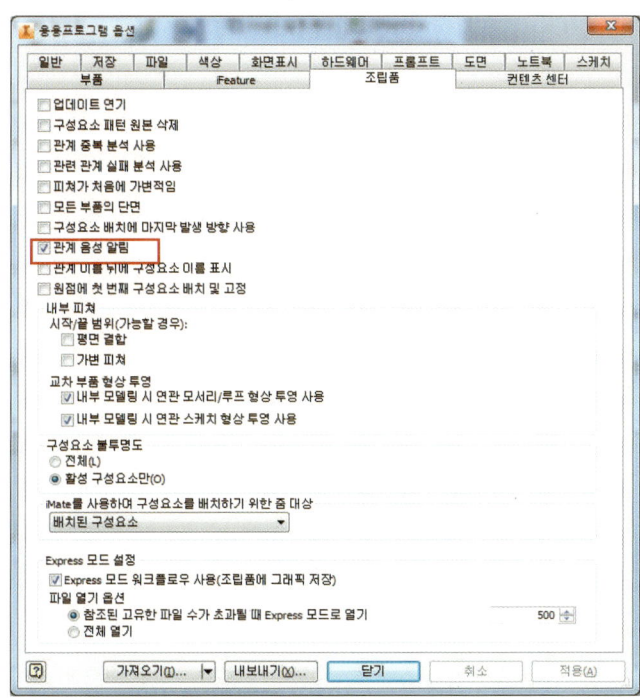

관계 음성 알림 : 조립품에서 부품을 조립할 때마다 알림음이 발생합니다.
체크 해제합니다.

PART 02

AUTODESK
INVENTOR

파트 모델링

Section 1	스케치 명령	34p
Section 2	피쳐 명령	46p
Section 3	초급 모델링 예제	56p
Section 4	중급 모델링 예제	72p
Section 5	고급 모델링 예제	86p

1. 스케치 명령

Autodesk Inventor Standard

Lesson 1 | 스케치 생성하기

스케치는 피쳐를 작성하기 위한 프로파일을 작성하는 2차원의 작업평면에서 작성하는 행위를 뜻합니다. 또한 넓게는 전체 제품이나 전체 설비의 레이아웃을 작성하기 위한 설계정의의 가이드라인을 작성하는 행위를 뜻합니다.

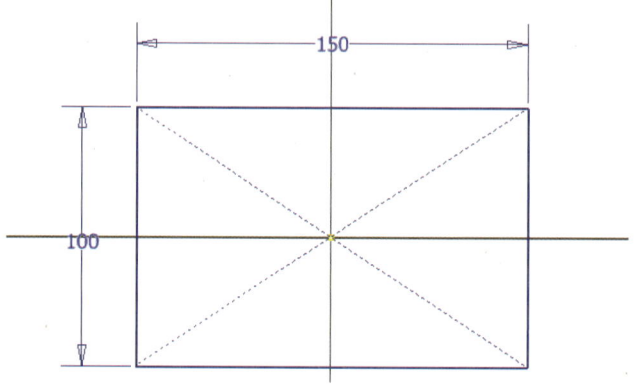

Lesson 2 | 스케치를 작성하는 세가지 방법

1-1 원점 평면에 작성하기

01 원하는 평면을 선택한다.

02 스케치 작성 마크가 나타난다.

03 스케치 작성 버튼을 클릭한다.

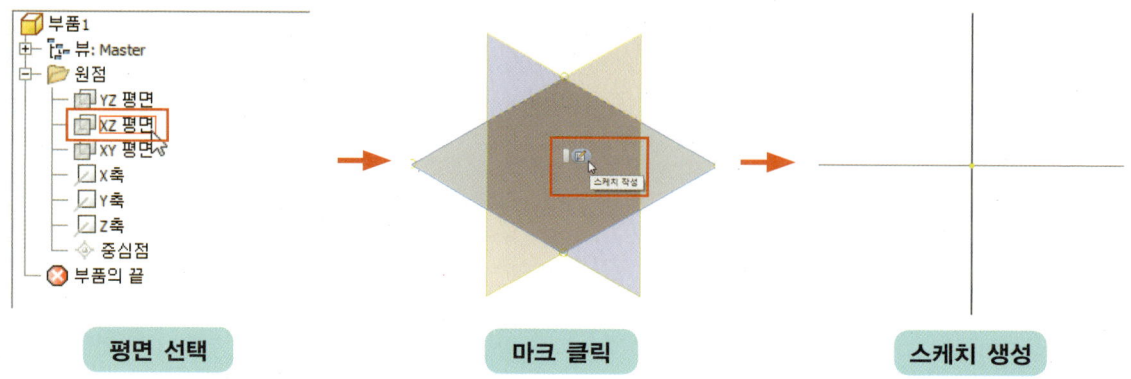

평면 선택   마크 클릭   스케치 생성

1-2 2D 스케치 작성 아이콘을 클릭 후 원점 평면 선택하기

01 2D 스케치 작성 명령을 클릭한다.

02 원점 자원들이 미리보기가 된다.

03 원하는 평면을 선택한다.

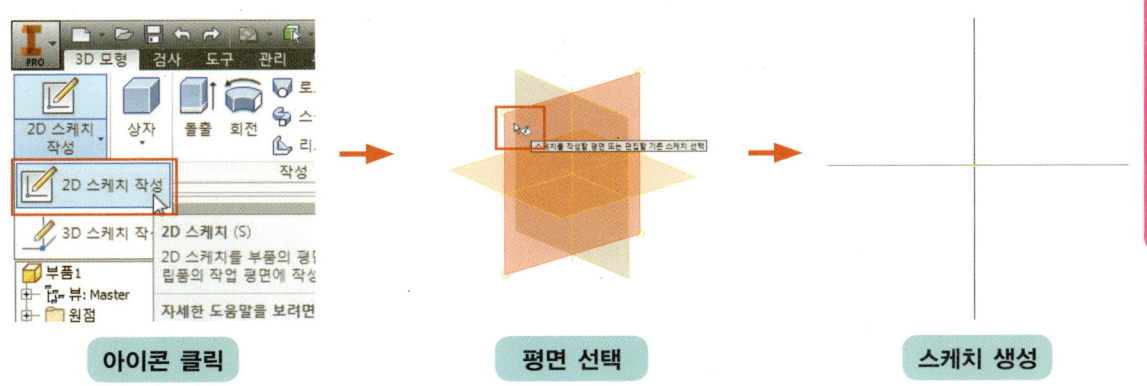

02 모델 면에 작성하기

이미 생성된 솔리드의 평면에 생성하는 방법으로 후속 피쳐를 작성할 때 주로 쓰입니다.

01 작성할 모델면을 클릭한다.

02 스케치 작성 마크가 나타난다.

03 스케치 작성 마크를 클릭한다.

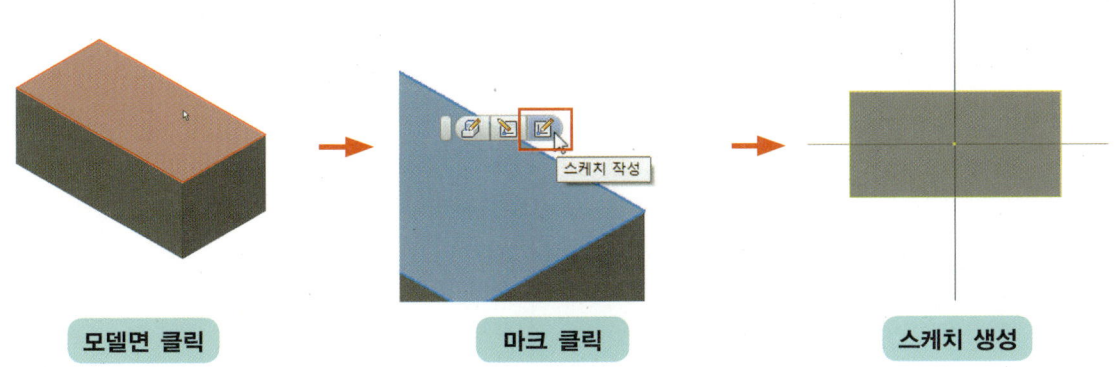

03 작업 평면에 생성하기

평면 명령을 이용해 생성한 면에 작성하는 방법입니다.

01 작성된 평면을 선택한다.

02 스케치 작성 마크가 나타난다.

03 스케치 작성 마크를 클릭한다.

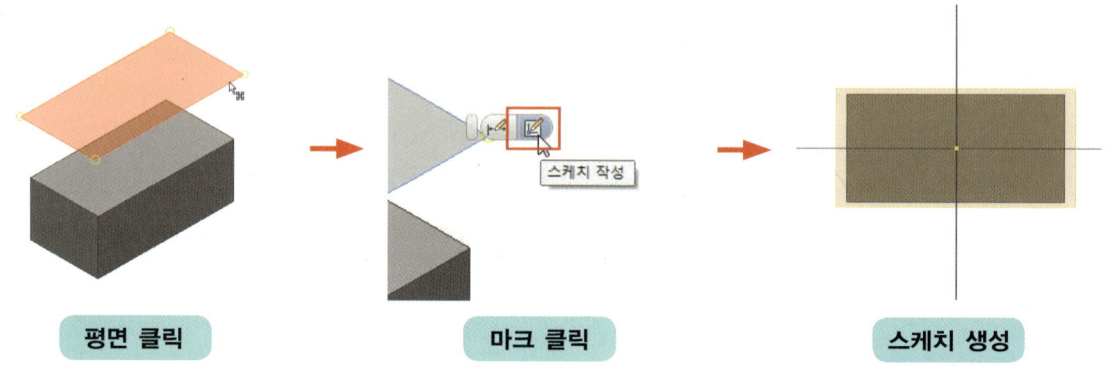

Lesson 3 | 스케치의 스냅

인벤터의 스케치는 오토캐드의 OSNAP(오스냅) 기능과 마찬가지로 끝점, 중간점, 교차점 등 객체 스냅을 제어하는 기능이 있습니다.

아래 마크들은 각각의 요소에 대한 스냅 마크입니다.

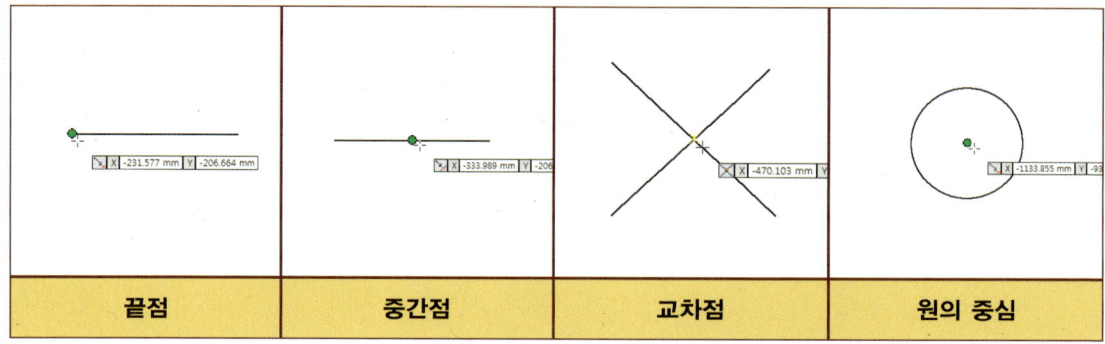

Section1. 스케치 명령

Lesson 4 | 스케치의 구속조건 추정/지속성

스케치의 구속조건 추정과 지속성이란 간단하게 수직선이나 수평선을 그릴 때에 자동으로 스케치 객체에 수직, 수평 구속조건이 작성되거나, 하나의 객체를 그릴 때, 다른 객체의 형상을 참고하여 직각, 또는 평행 구속조건 같은 것들이 자동으로 부여되는 기능을 뜻합니다. 이것을 구속조건 추정이라 부르며, 자동으로 부여되는 구속조건이 그대로 남아있는 기능을 지속성이라고 합니다.

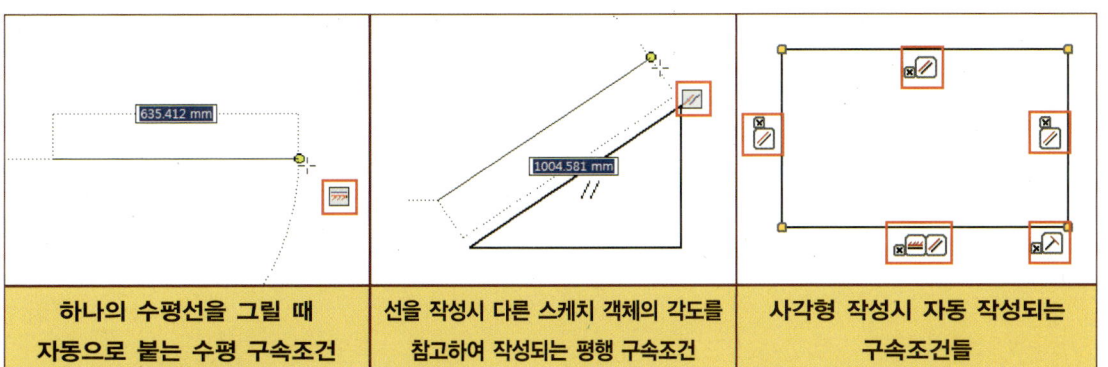

어드바이스 ▶ Ctrl키를 누른 채로 스케치 요소를 작성하면 구속조건 추정 기능이 일시적으로 해제된다.

Lesson 5 | 스케치 종료하기

스케치 종료는 다음 두 가지 방법 중 하나를 택하여 실행할 수 있습니다.

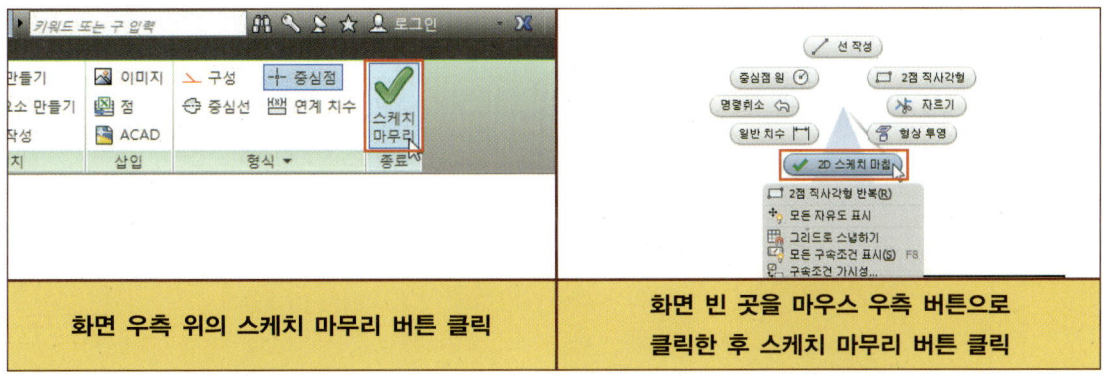

Lesson 6 | 작성 명령

작성 명령에는 다음과 같은 것들이 있습니다.

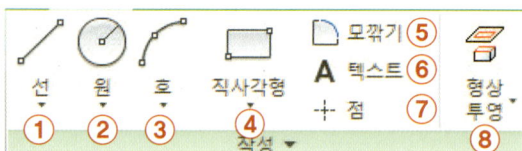

01 선

선을 작성합니다.

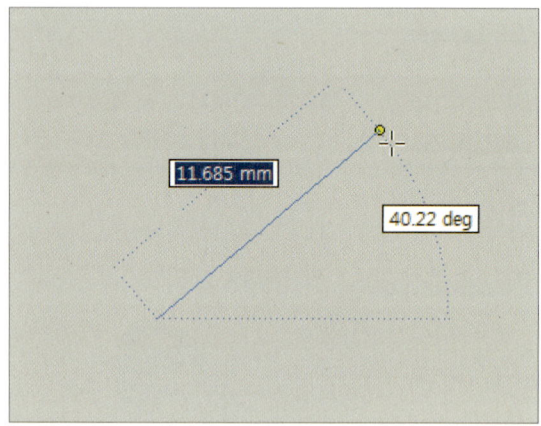

02 원

원을 작성합니다.

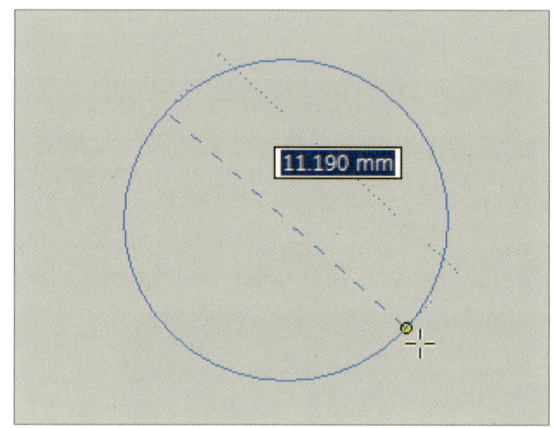

03 호

호를 작성합니다.

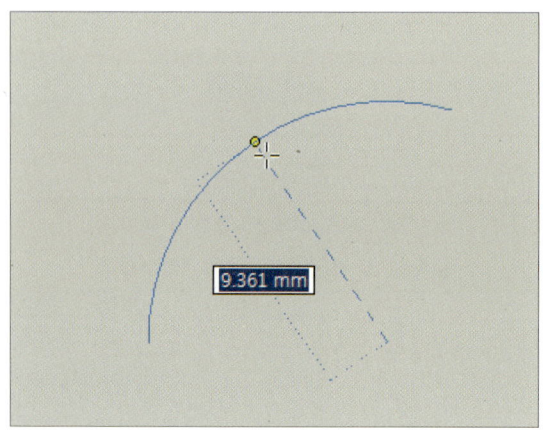

04 직사각형

사각형을 작성합니다.

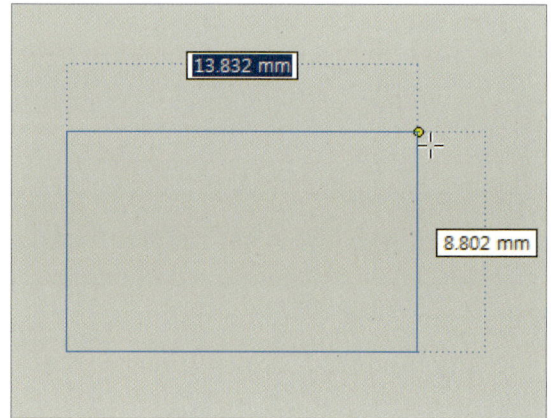

05 Fillet(모깎기)

스케치 모깎기를 작성합니다.

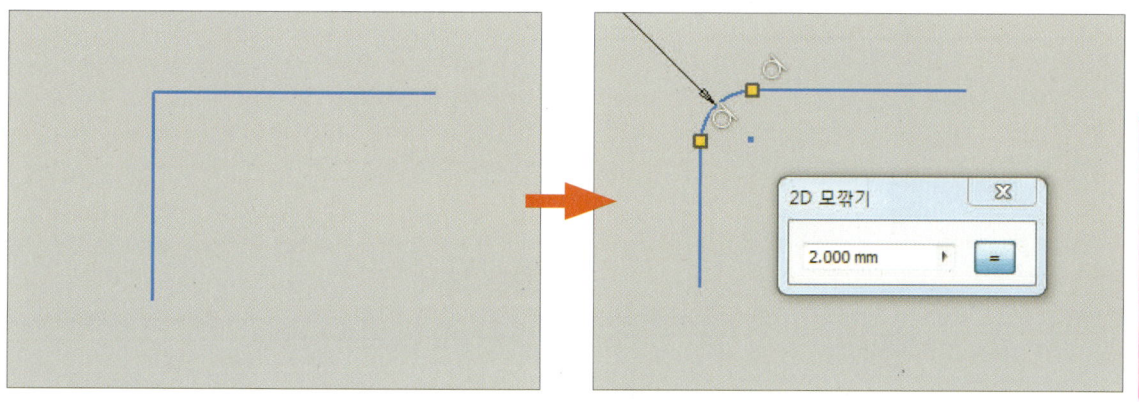

06 Text(문자)

문자를 작성합니다.

07 Point(점)

점을 작성합니다.

08 Project/Include(형상 투영/포함)

모델의 모서리나 다른 스케치의 요소를 현재 평면의 스케치 요소로 투영합니다.

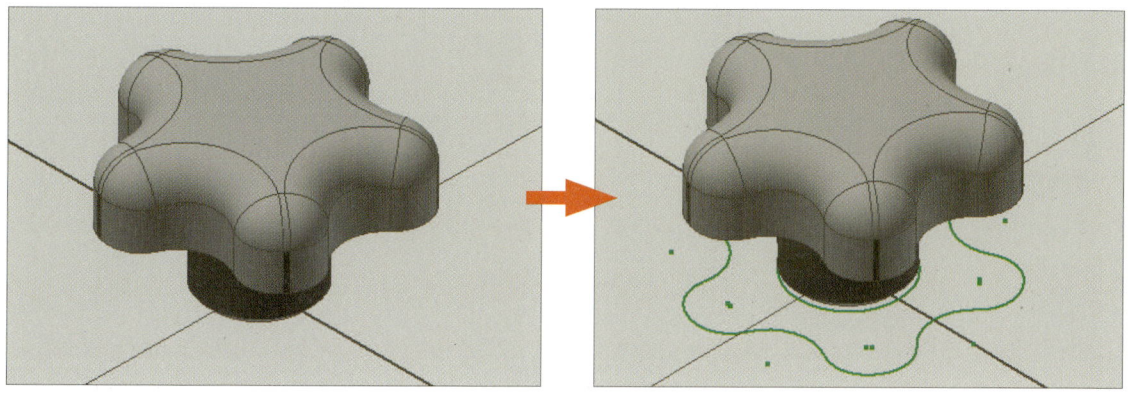

Lesson 7 수정 명령

수정 명령에는 다음과 같은 것들이 있습니다.

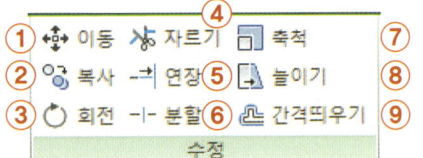

01 이동

스케치 요소를 이동합니다.

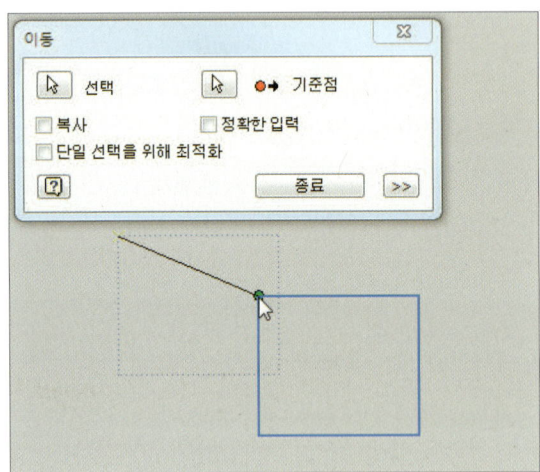

02 복사

스케치 요소를 복사합니다.

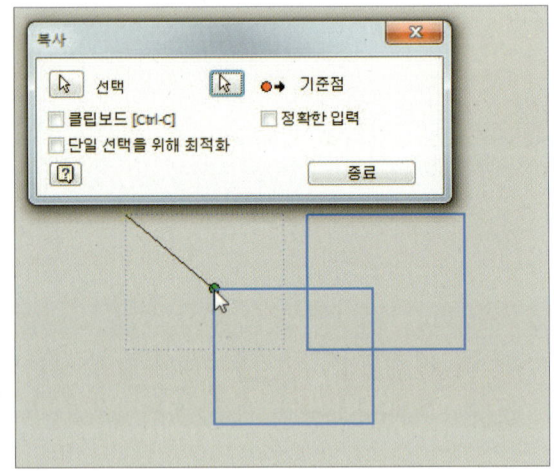

03 회전

스케치 요소를 회전합니다.

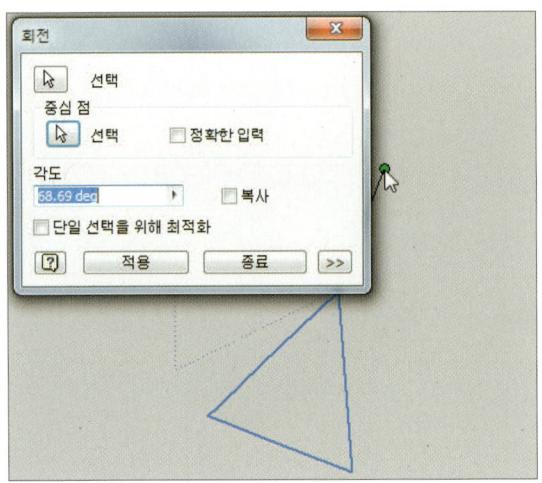

04 자르기

스케치 요소끼리의 교차 구간을 잘라냅니다.

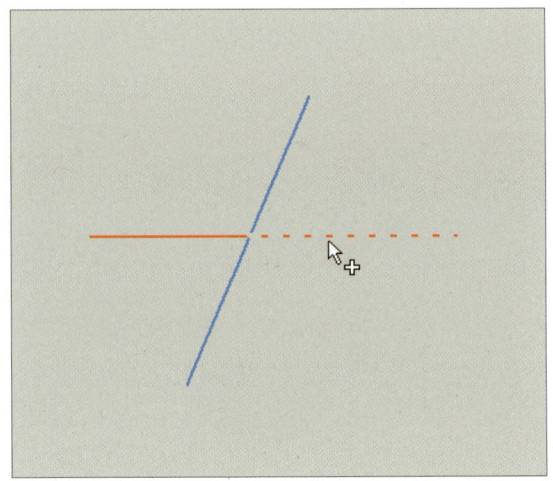

05 연장

스케치 요소를 연장합니다.

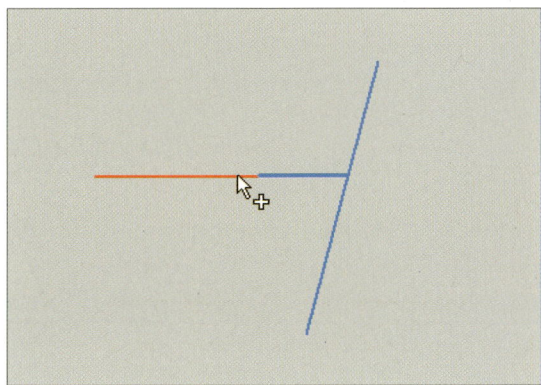

06 분할

스케치 요소끼리의 교차 구간을 분할합니다.

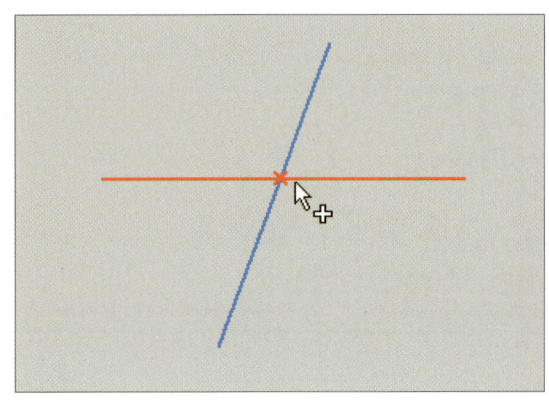

07 축척

스케치 요소의 크기 축척을 변경합니다.

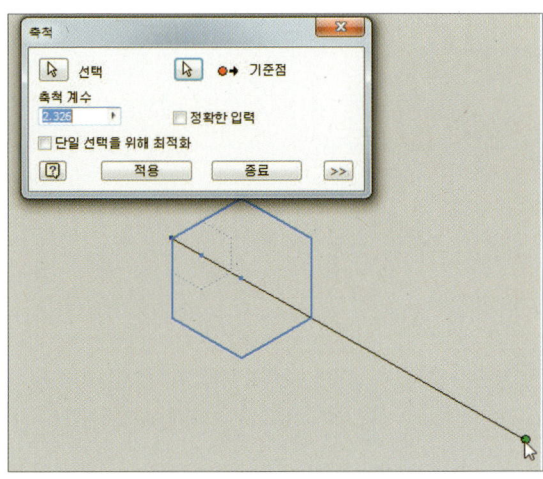

08 늘이기

지정된 점을 사용하여 선택한 형상을 늘입니다.

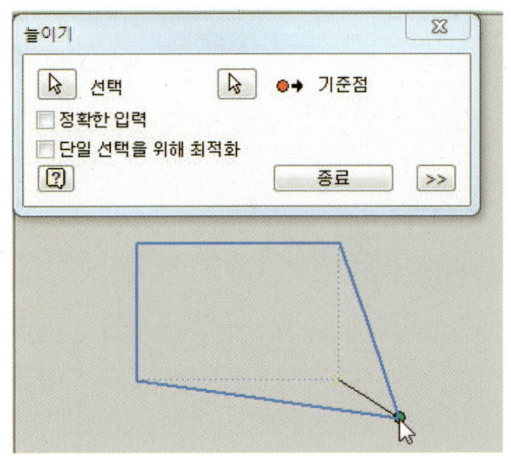

09 간격 띄우기

스케치 요소를 동적으로 간격띄우기 합니다.

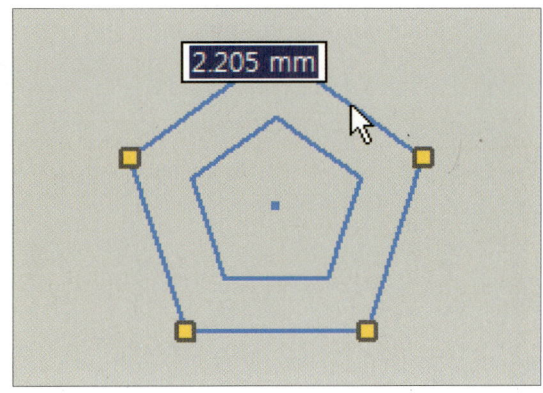

Lesson 8 | 패턴 명령

패턴 명령에는 다음과 같은 것들이 있습니다.

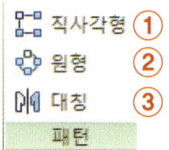

01 직사각형 패턴

선택한 스케치 형상을 행과 열로 배열 복제합니다.

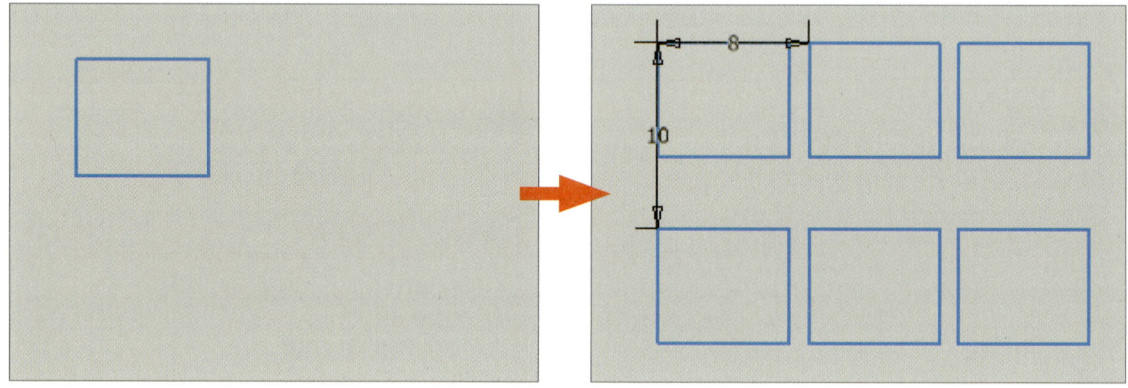

02 원형 패턴

선택한 스케치 형상을 원형 패턴으로 배열 복제합니다.

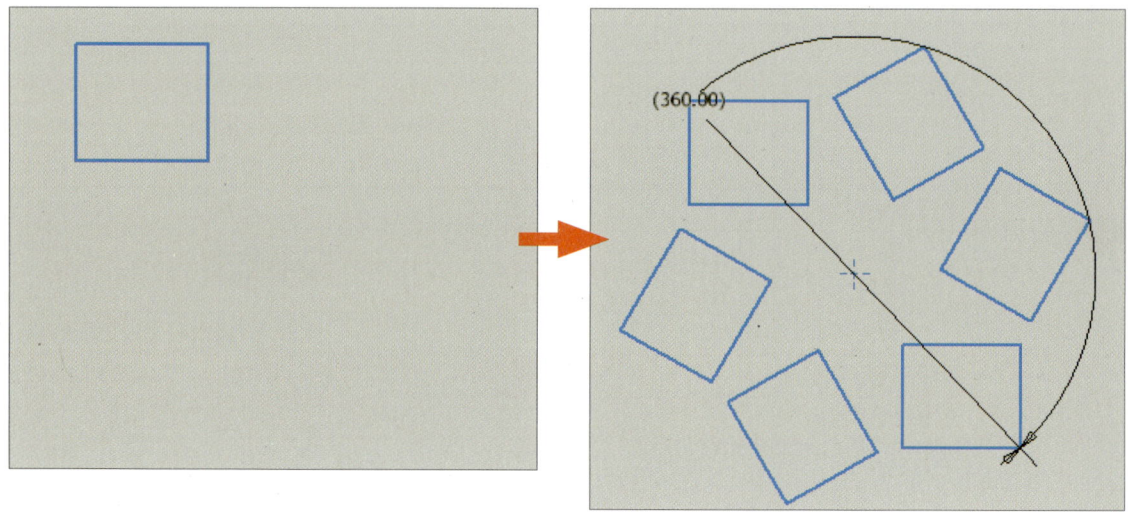

03 대칭 패턴

축에 대해 대칭된 스케치의 사본을 작성합니다.

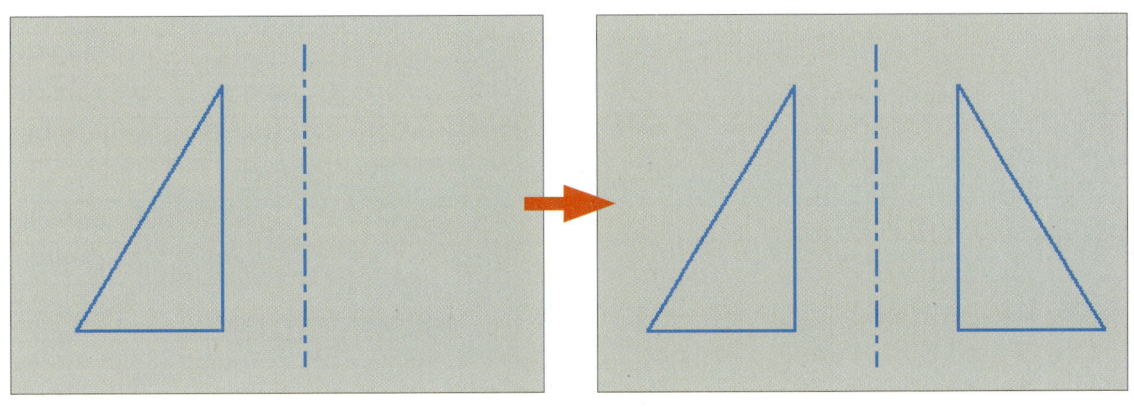

Lesson 9 구속조건

구속조건 명령에는 다음과 같은 것들이 있습니다.

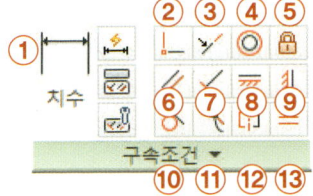

01 치수

스케치 요소에 치수를 작성합니다.

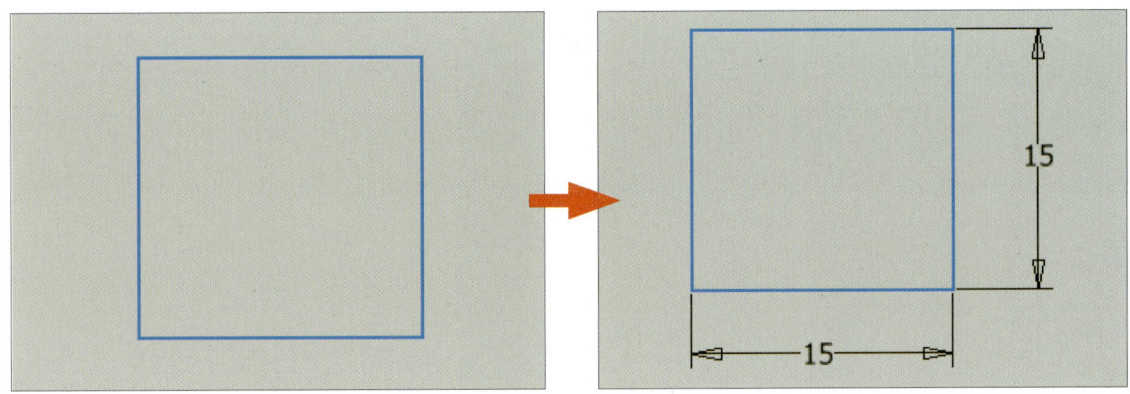

02 일치 구속조건

점과 선을 일치시킵니다.

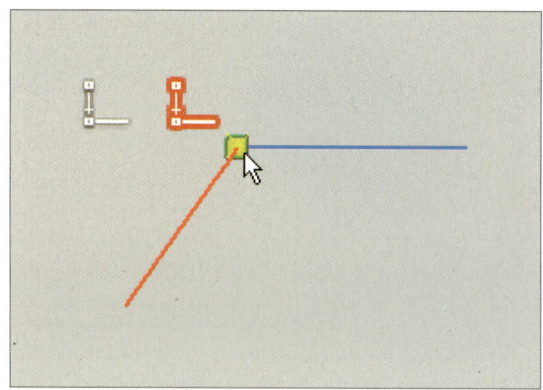

03 동일선상 구속조건

두 개의 선을 서로 동일선상에 있게 합니다.

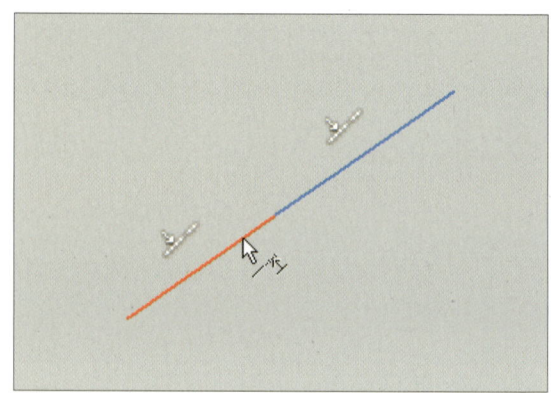

04 동심 구속조건

두 개의 원의 중심을 서로 같게 만듭니다.

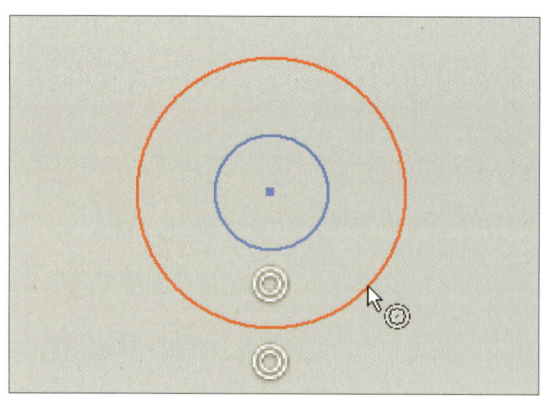

05 고정 구속조건

선택 요소를 현재 자리에 고정시킵니다.

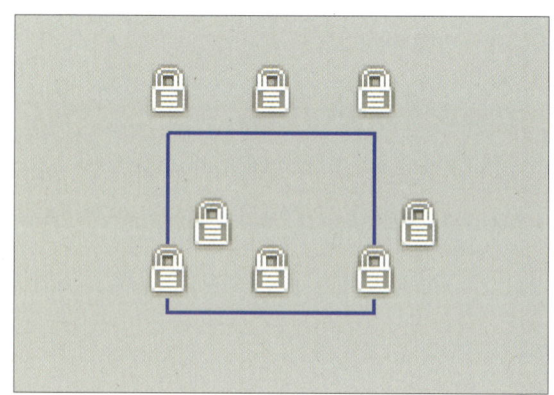

06 평행 구속조건

두 개의 선을 서로 평행하게 만듭니다.

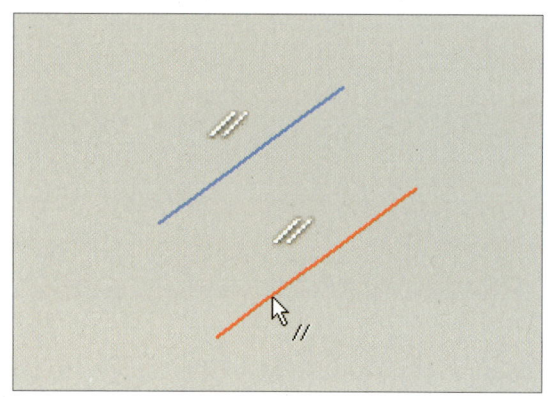

07 직각 구속조건

두 개의 선을 서로 직각으로 만듭니다.

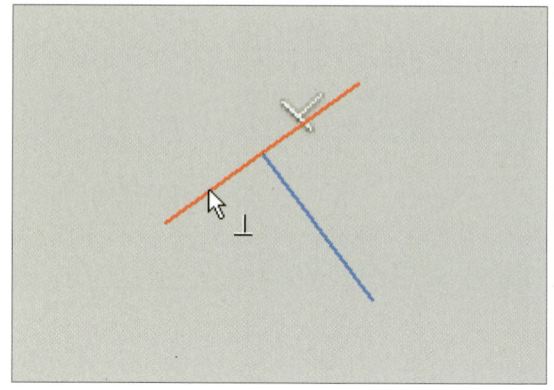

08 수평 구속조건

수평선이 아닌 선을 수평하게 만듭니다.

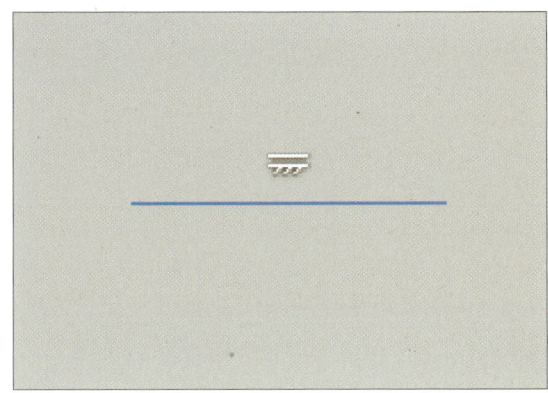

09 수직 구속조건

수직선이 아닌 선을 수직하게 만듭니다.

10 접선 구속조건

원호와 선, 혹은 원호와 원호를 서로 접하게 만듭니다.

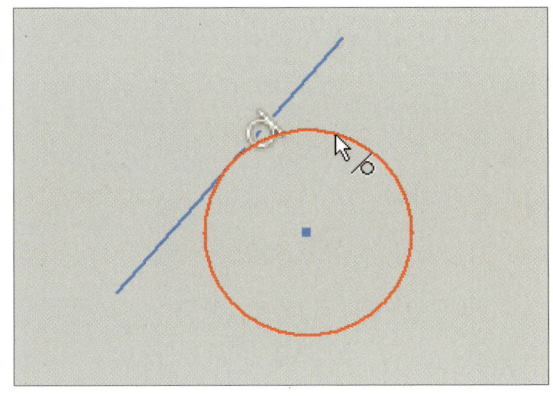

11 부드럽게 구속조건

곡률 연속(G2) 조건을 스플라인에 적용합니다.

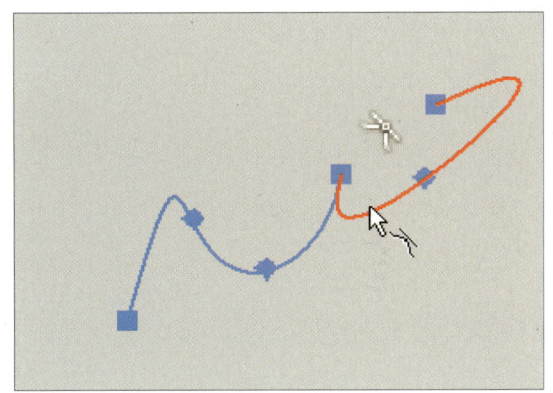

12 대칭 구속조건

선택한 선을 기준으로 대칭되도록 구속합니다.

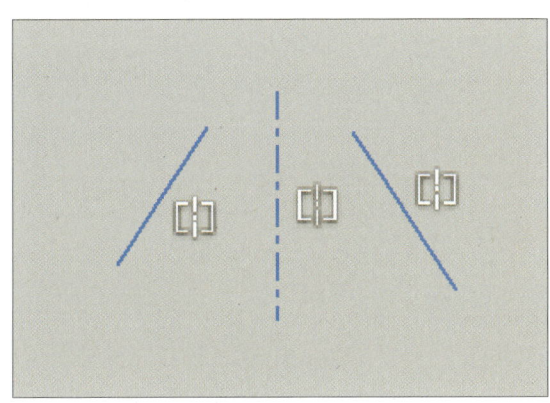

13 동일 구속조건

스케치 요소끼리의 크기를 같게 맞춥니다.

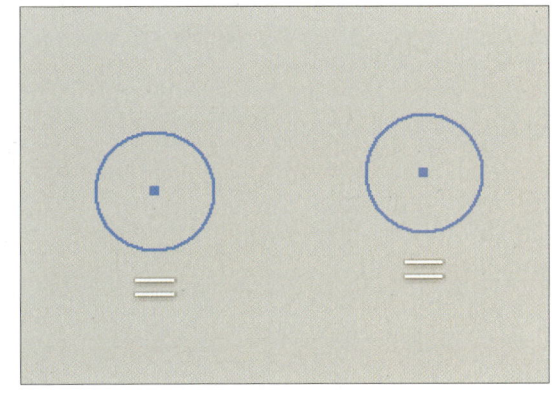

2. 피쳐 명령

Autodesk Inventor Standard

Lesson 1 | 작성 명령

작성 명령에는 다음과 같은 것들이 있습니다.

01 돌출

스케치 프로파일을 한 방향으로 밀어내 형상을 작성합니다.

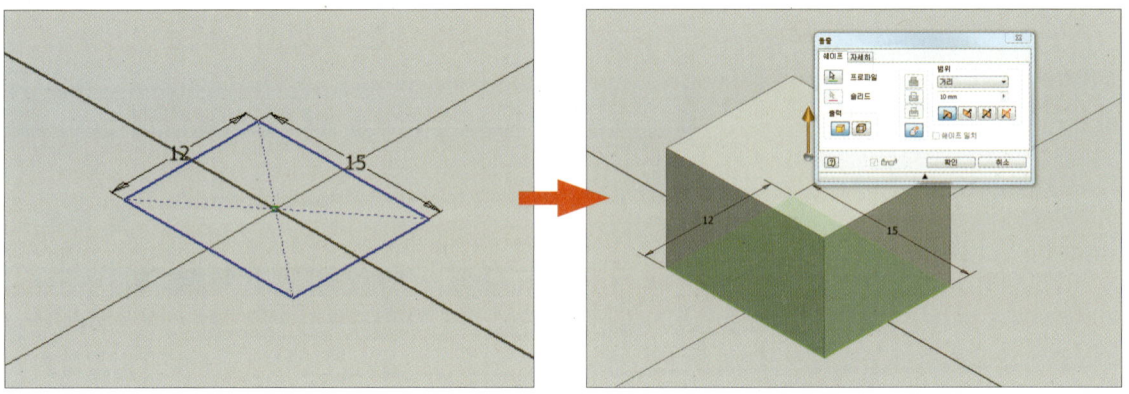

02 회전

프로파일이 선택한 축을 중심으로 회전시키는 형상을 작성합니다.

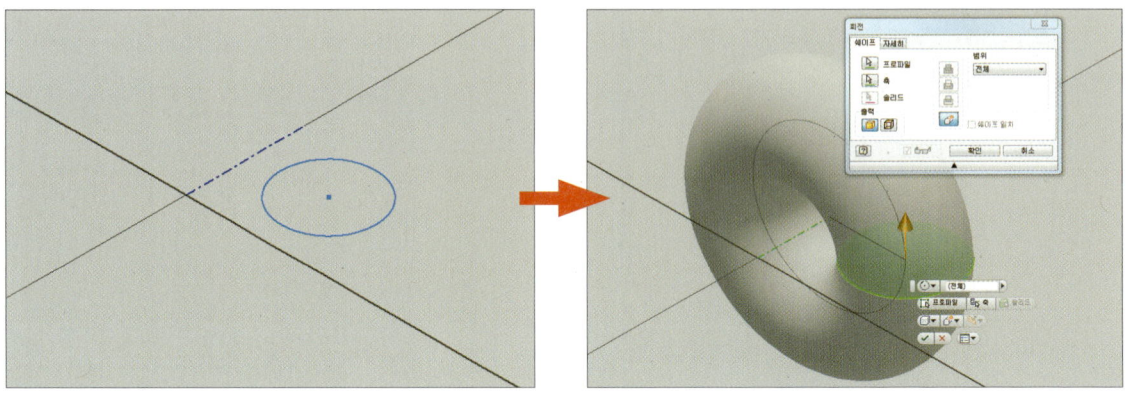

03 스윕

프로파일이 경로를 따라가는 형상을 작성합니다.

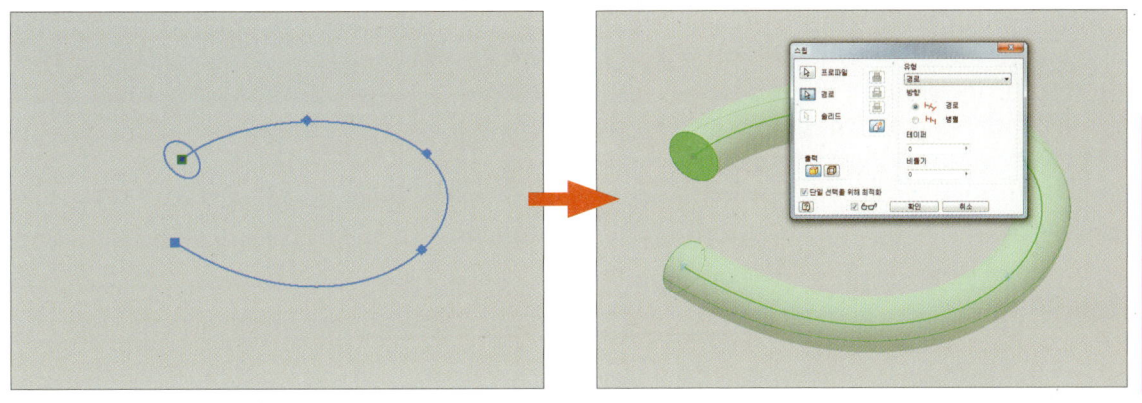

04 로프트

두 개 이상의 프로파일을 연결하는 형상을 작성합니다.

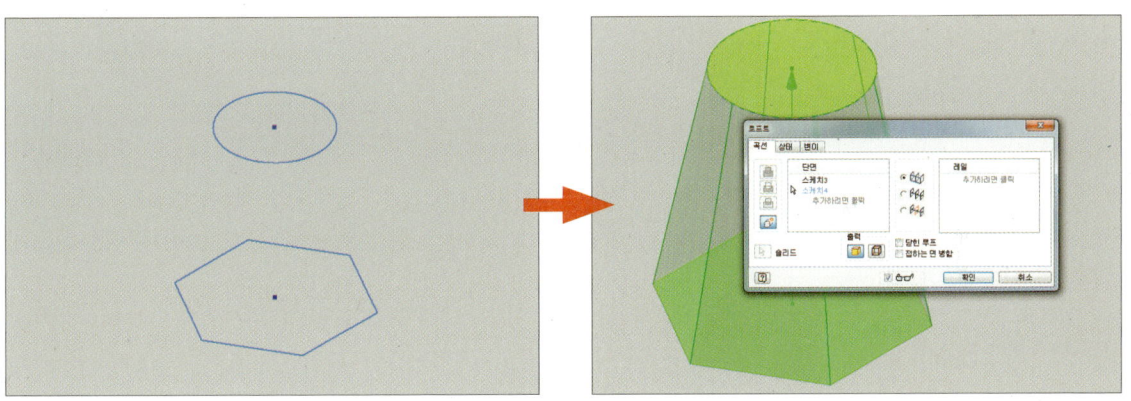

05 코일

나선형 코일 모양의 솔리드를 작성합니다.

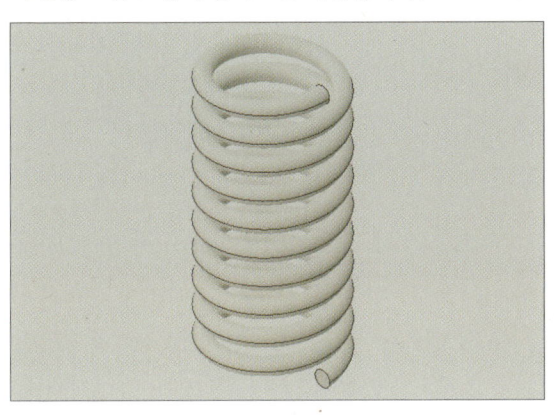

06 엠보싱

곡면에 맞게 볼록/오목한 피쳐를 생성합니다.

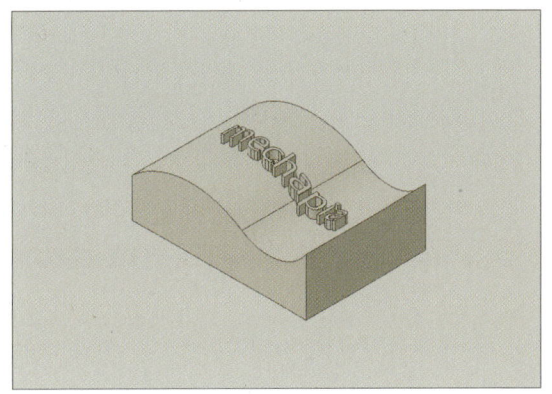

Lesson 2 | 수정 명령

수정 명령에는 다음과 같은 것들이 있습니다.

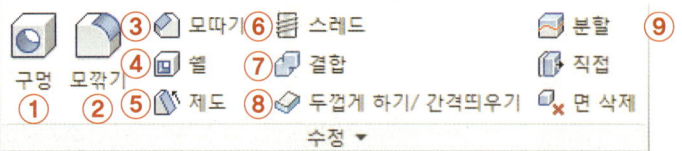

01 구멍

스케치 점이나 형상을 참조해 구멍 피쳐를 작성합니다.

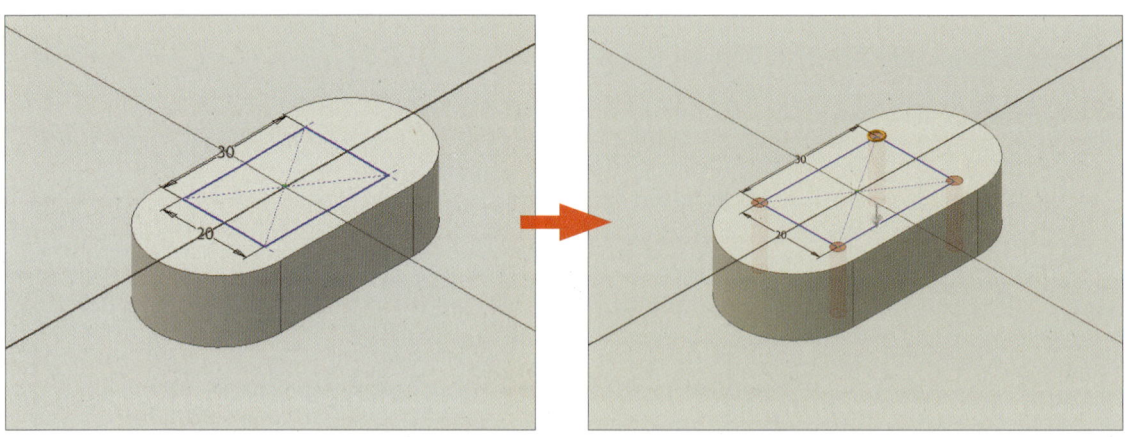

02 모깎기

솔리드의 모서리에 모깎기를 작성합니다.

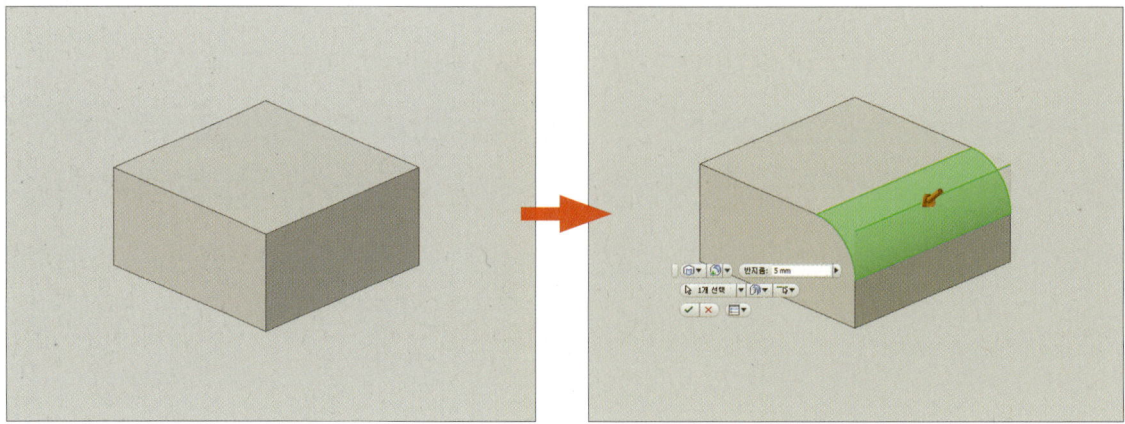

03 모따기

솔리드의 모서리에 모따기를 작성합니다.

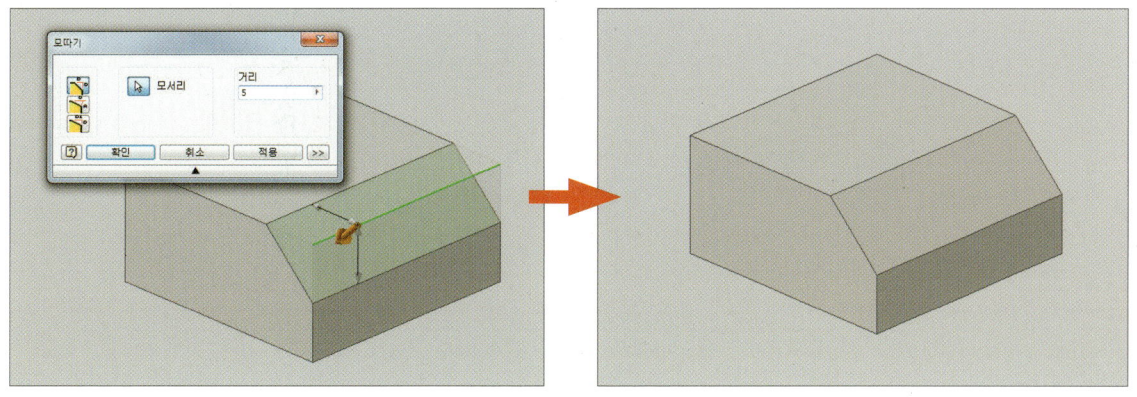

04 쉘

솔리드의 내부 재질을 제거하여 입력한 두께의 벽으로 속이 빈 형태를 작성합니다.

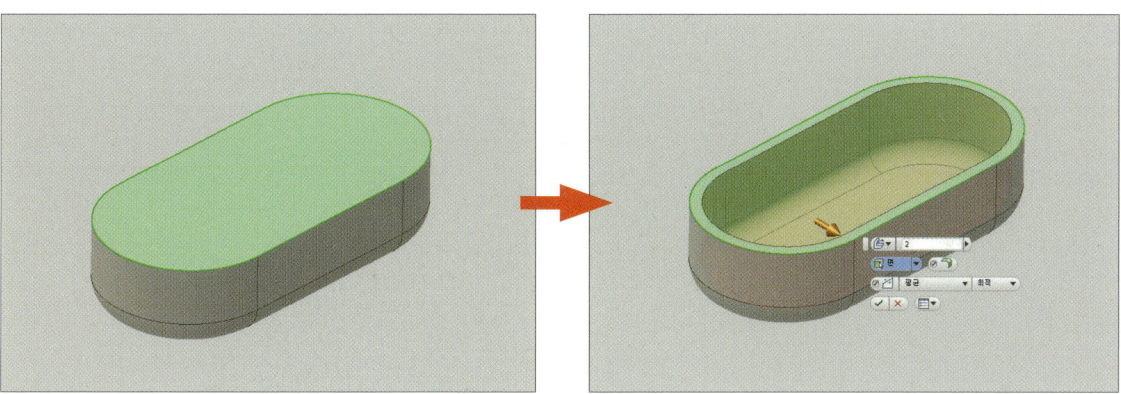

05 제도

선택한 면에 기울기를 줍니다.

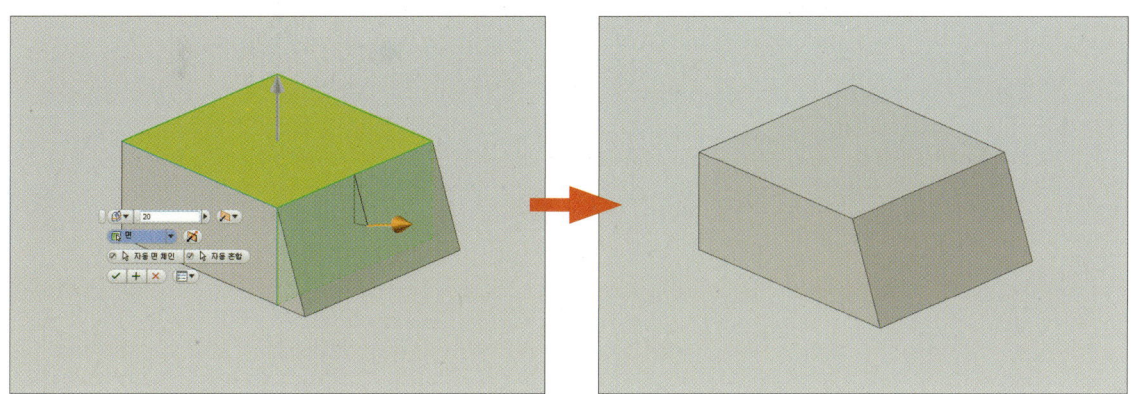

06 스레드

원통면에 스레드를 작성합니다.

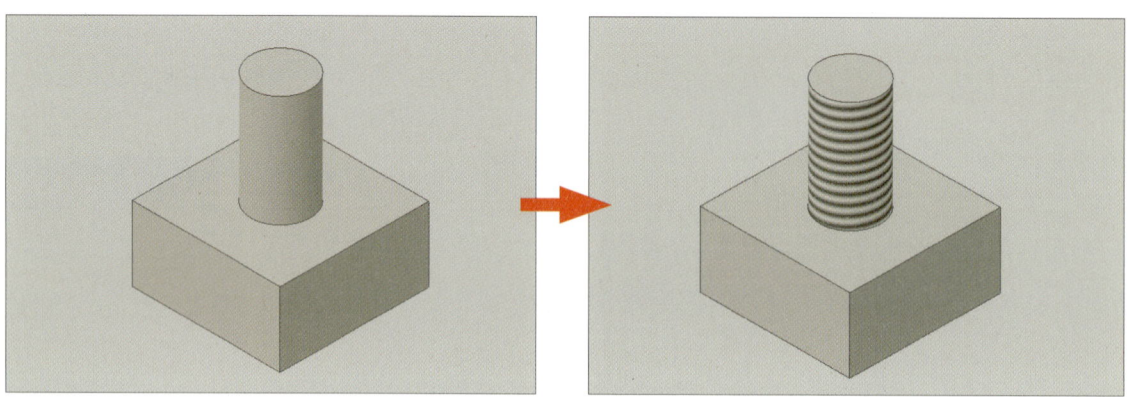

07 결합

두 개 이상의 솔리드를 이용해 합집합/차집합/교집합 형상을 작성합니다.

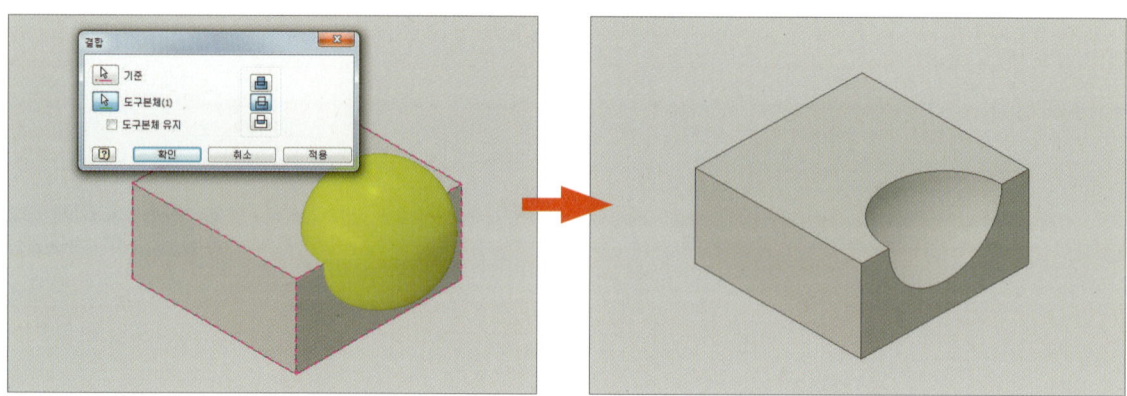

08 두껍게 하기/간격 띄우기

부품의 면이나 곡면에 두께를 주는 형태를 작성합니다.

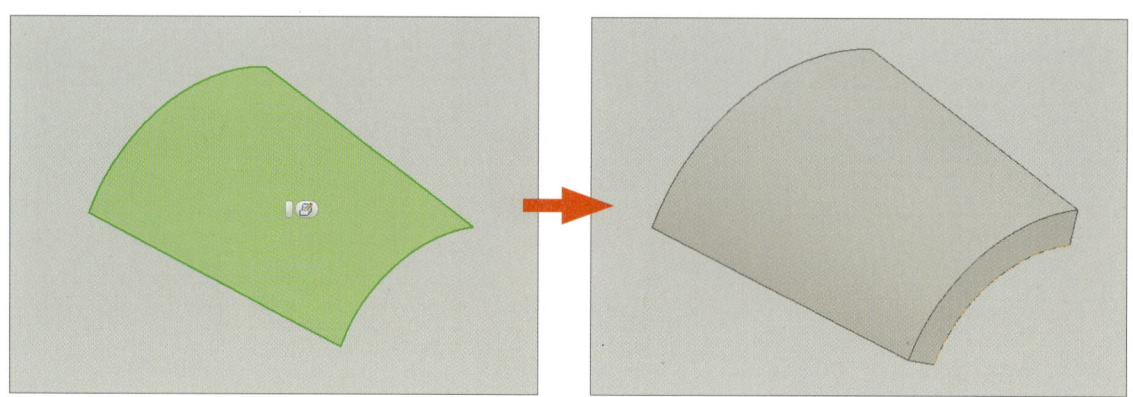

09 분할

바디를 분할합니다.

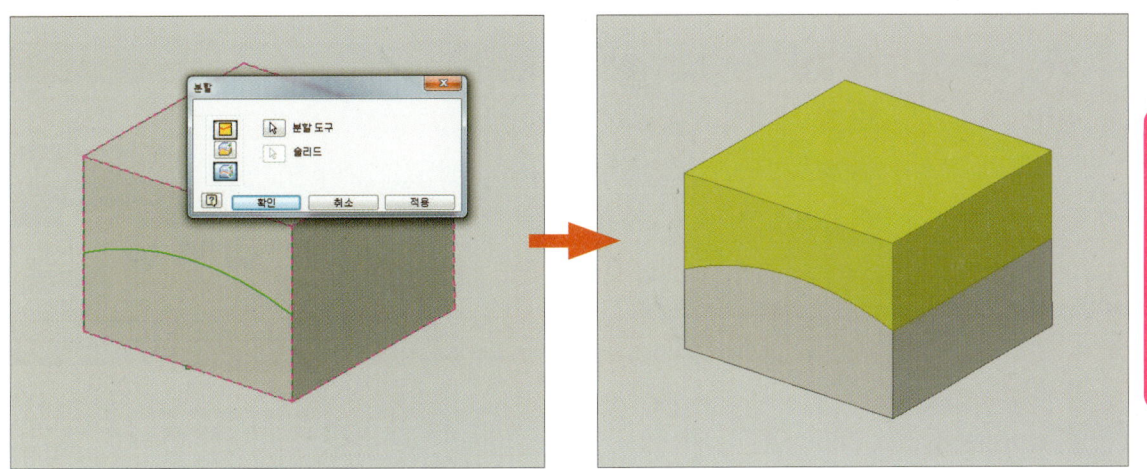

Lesson 3 | 작업 피쳐 명령

작업 피쳐 명령에는 다음과 같은 것들이 있습니다.

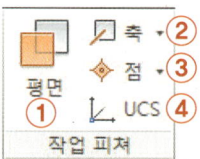

❶ **평면** : 사용자 작업 평면을 작성합니다.
❷ **축** : 사용자 작업 축을 작성합니다.
❸ **점** : 사용자 작업점을 작성합니다.
❹ **UCS** : 사용자 좌표계를 작성합니다.

작업 피쳐 평면에는 다음과 같은 것들이 있습니다.

01 평면에서 간격띄우기

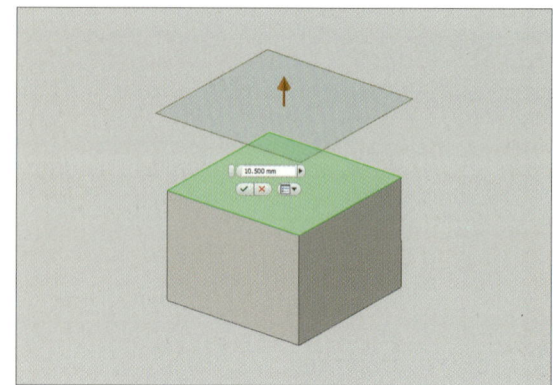

02 점을 통과하여 평면에 평행

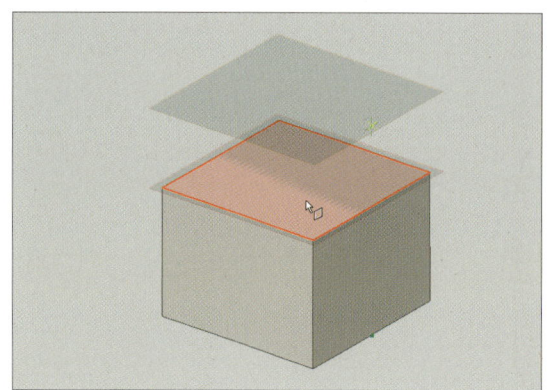

03 두 평면 사이의 중간 평면

04 원환의 중간평면

05 모서리를 중심으로 평면에 대한 각도

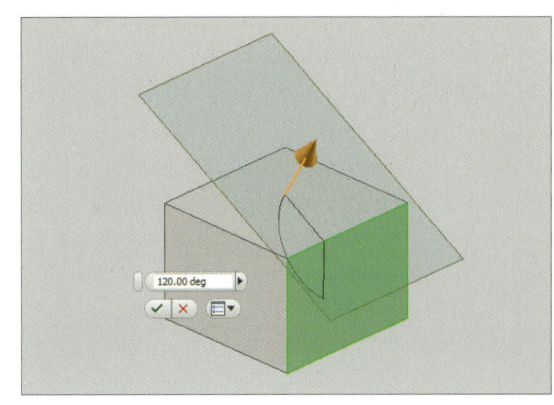

06 3점

07 두 개의 동일평면상 모서리

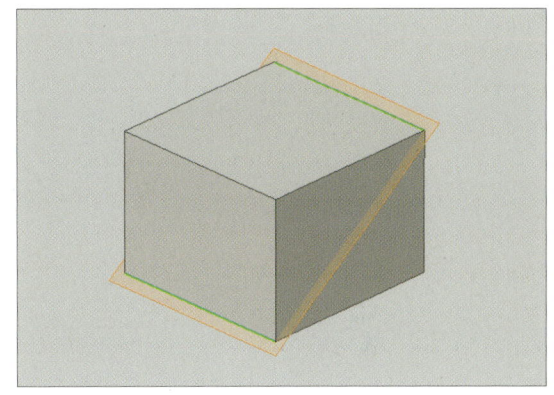

08 모서리를 통과하여 곡면에 접합

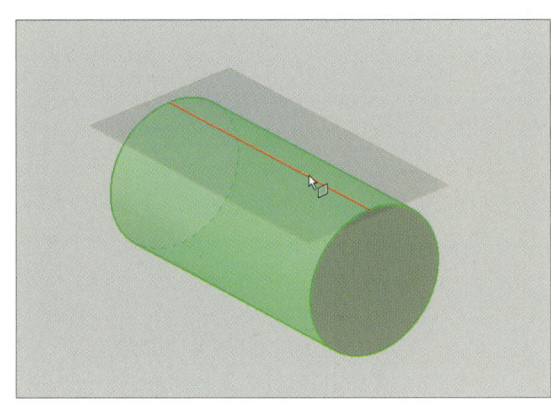

09 점을 통과하여 곡면에 접함

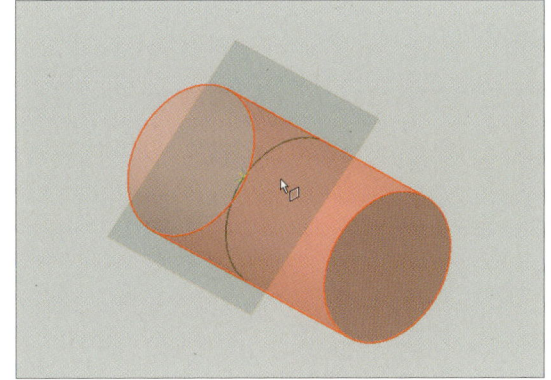

10 곡면에 접하고 평면에 평행

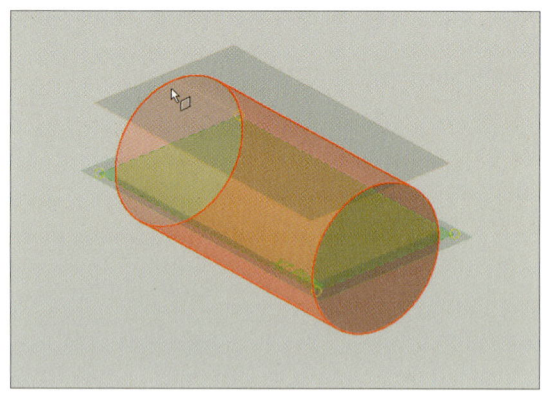

11 점을 통과하여 축에 수직

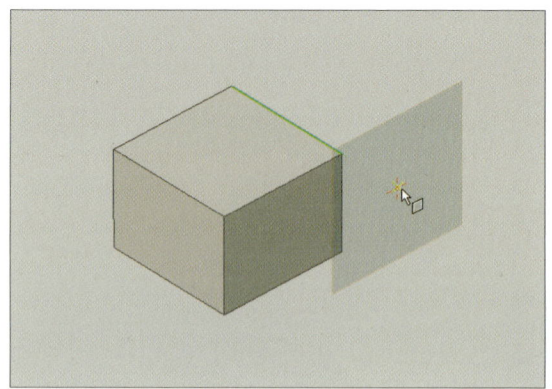

12 점에서 곡선에 수직

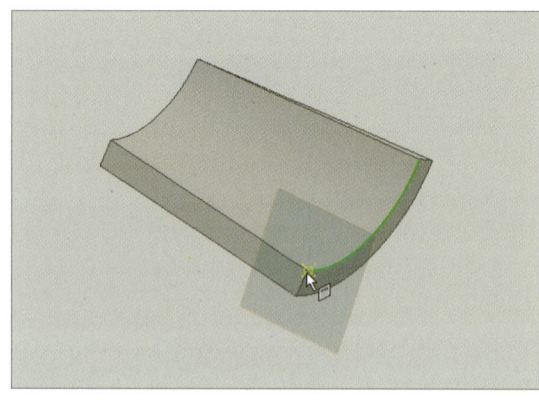

Lesson 4 | 패턴 명령

패턴 명령에는 다음과 같은 것들이 있습니다.

❶ **직사각형** : 직사각형 패턴을 작성합니다.

❷ **원형** : 원형 패턴을 작성합니다.

❸ **대칭** : 대칭 패턴을 작성합니다.

01 직사각형 패턴

선택한 피쳐/솔리드 객체를 선형 방향으로 패턴하는 명령입니다.

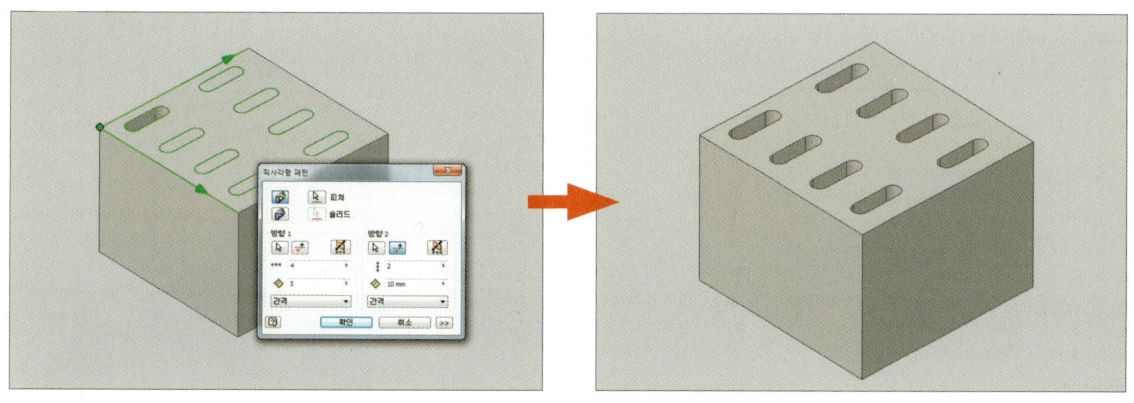

02 원형 패턴

선택한 피쳐/솔리드를 패턴 축을 중심으로 허용 각도 안에서 지정 개수만큼 원형으로 배열 복사합니다.

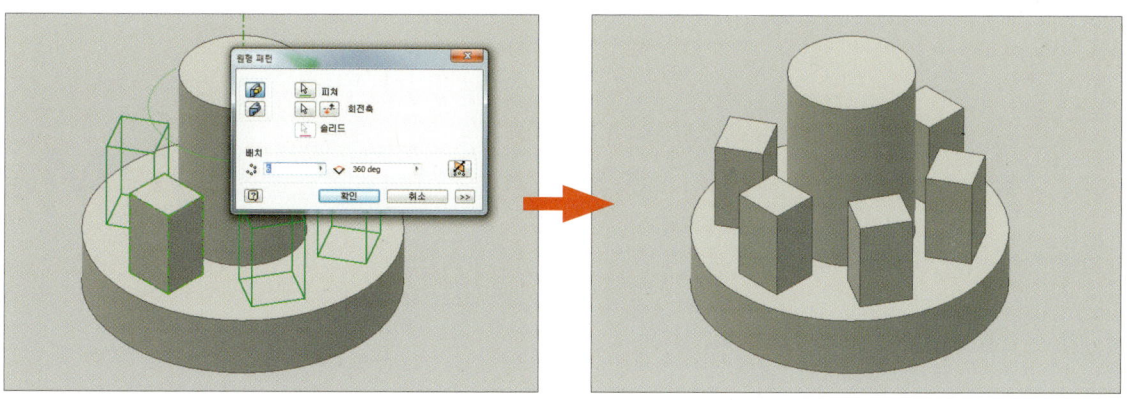

03 Mirror(대칭)

선택한 피쳐/솔리드 객체를 기준 평면에 대칭되게 복사합니다.

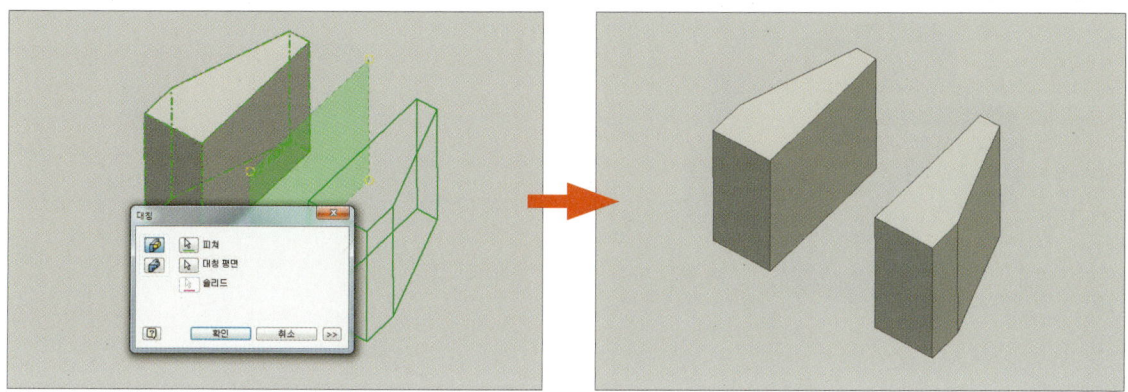

Part 02 파트 모델링

3. 초급 모델링 예제

Autodesk Inventor Standard

Lesson 1 | 베이스 블록

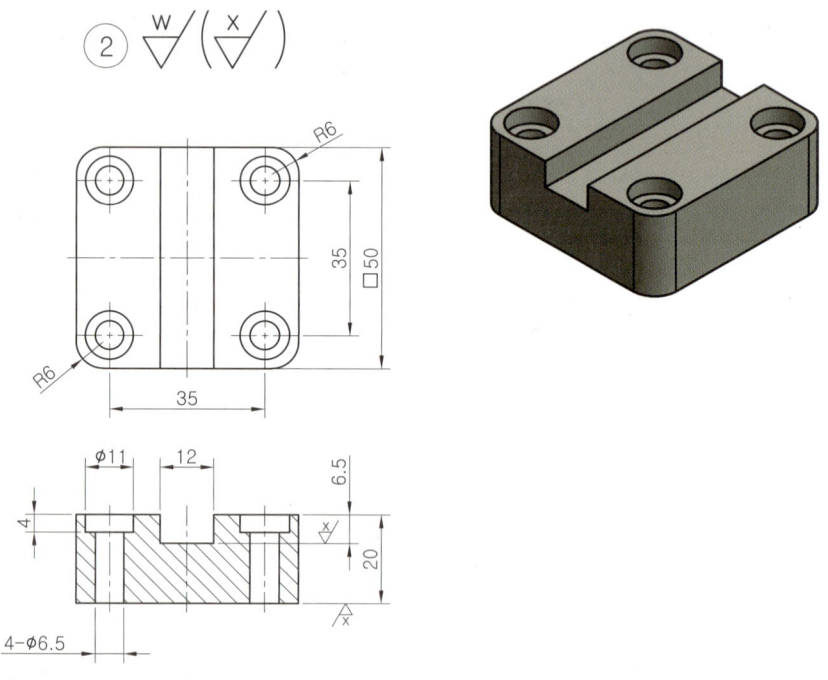

01 베이스 피쳐 작성

01 XZ 평면에 스케치를 작성한다.

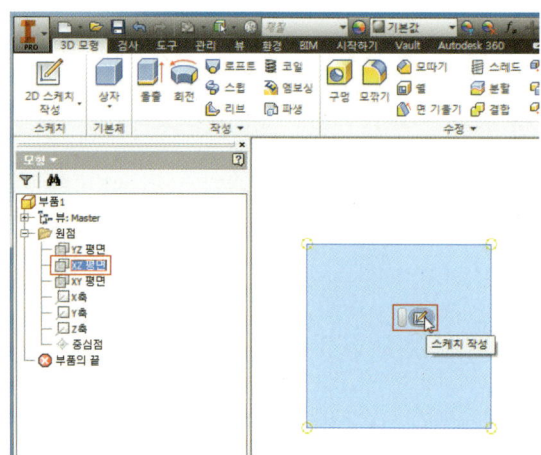

02 두 점 중심 직사각형을 작성한다.

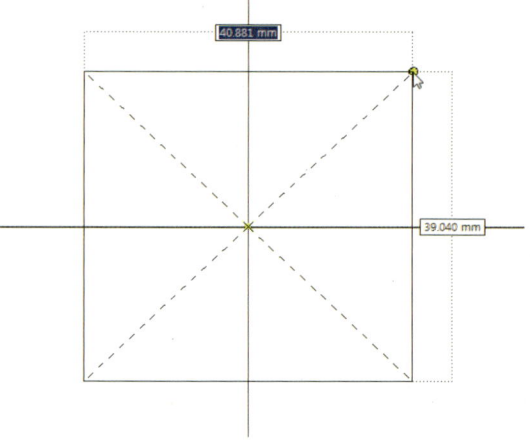

Section3. 초급 모델링 예제

03 수직 치수를 작성한다.

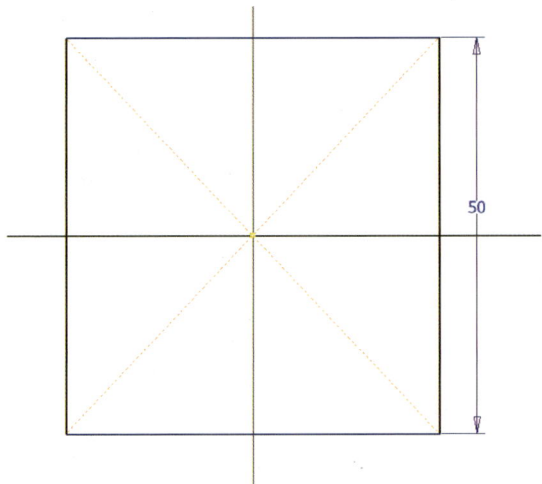

04 가로선과 세로선에 동일 구속조건을 부여한다.

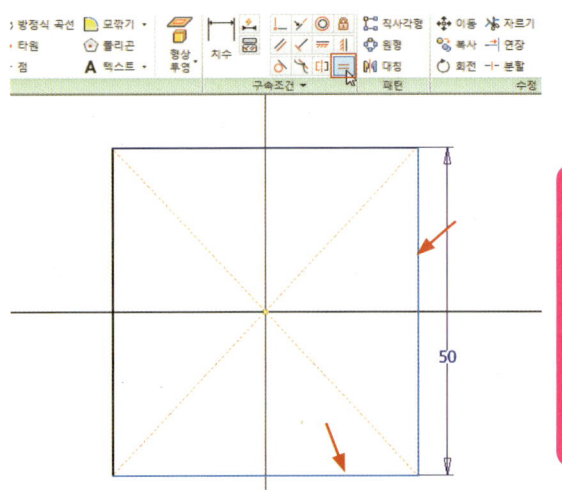

05 돌출 명령 클릭 ▶ 거리 : 20mm ▶ 방향 : 대칭 ▶ 확인 버튼 클릭

06 작성된 솔리드면에 스케치를 작성한다.

07 2점 직사각형 명령을 클릭한다.

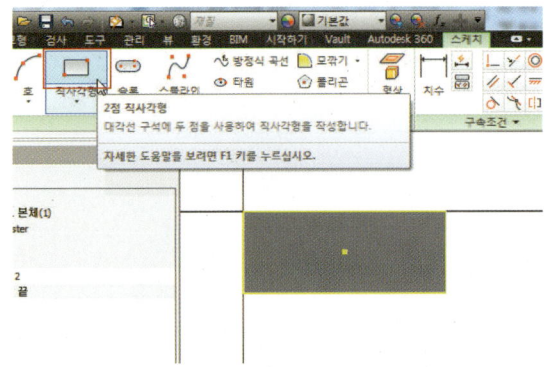

08 다음과 같이 직사각형을 작성한다.

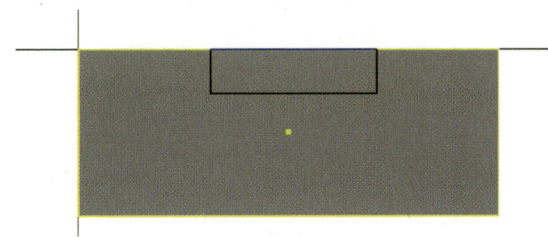

09 직사각형에 치수를 부여한다.

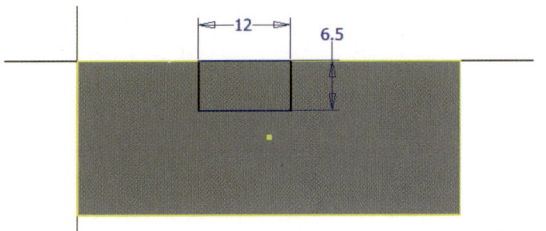

57

10 원점과 직사각형 가로선의 중간점에 수직 구속 조건을 부여한다.

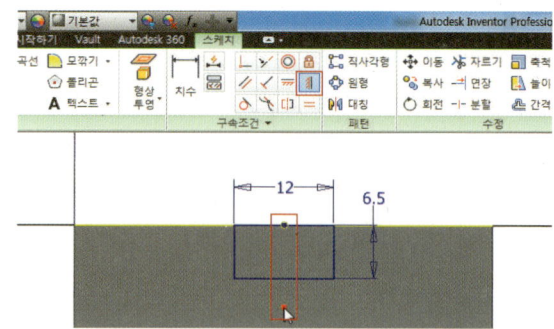

11 돌출 명령 클릭 ▶ 프로파일 선택 ▶ 옵션 : 차집합 ▶ 범위 : 다음 면까지 ▶ 확인 버튼 클릭

02 서브 피쳐 작성

01 작성된 솔리드면에 스케치를 작성한다.

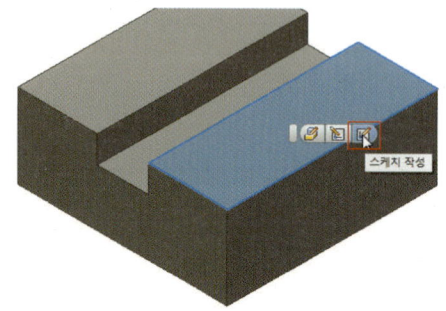

02 두 점 중심 직사각형 명령을 클릭한다.

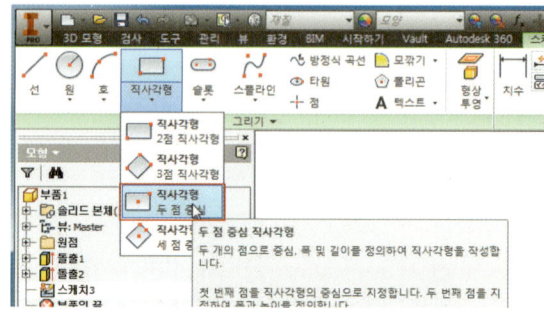

03 원점을 중심으로 직사각형을 작성한다.

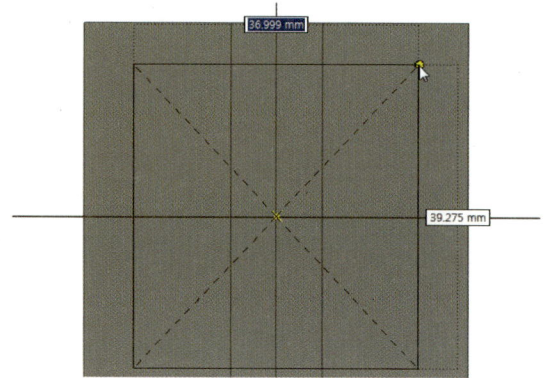

04 세로 치수를 작성한 후에 가로선과 세로선에 동일 구속조건을 부여한다.

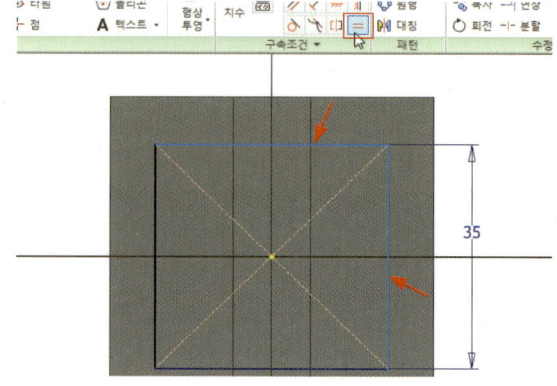

Section3. 초급 모델링 예제

05 사각형의 꼭지점을 선택해 중심점 형식을 클릭한다.

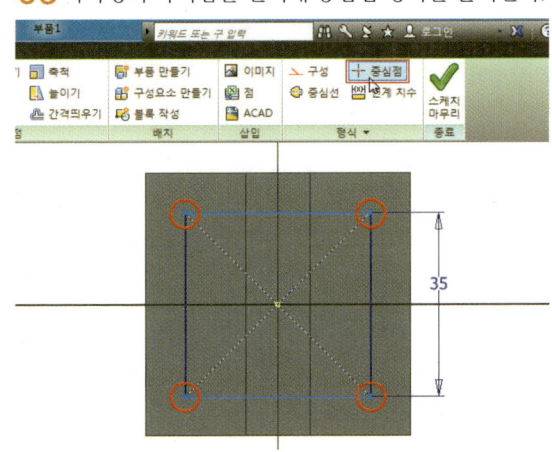

06 사각형의 꼭지점이 중심점으로 변경된다.

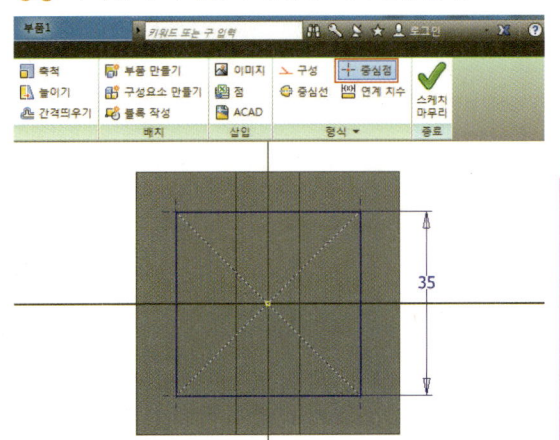

07 구멍 명령을 클릭해 다음과 같이 작성한다.

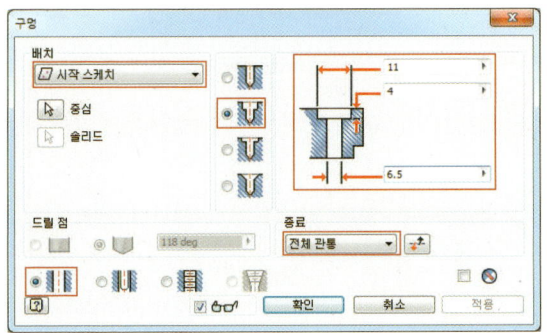

배치 : 시작 스케치 ▶
구멍 유형 : 카운터 보어 (카운터 보어 지름 : 11mm, 카운터 보어 깊이 : 4mm, 드릴 지름 : 6.5mm) ▶
종료 : 전체 관통 ▶
구멍 타입 : 단순 구멍 ▶
확인 버튼 클릭

08 모깎기 명령 클릭 ▶ 반지름 : 6mm ▶ 모서리 선택 ▶ 확인 버튼 클릭

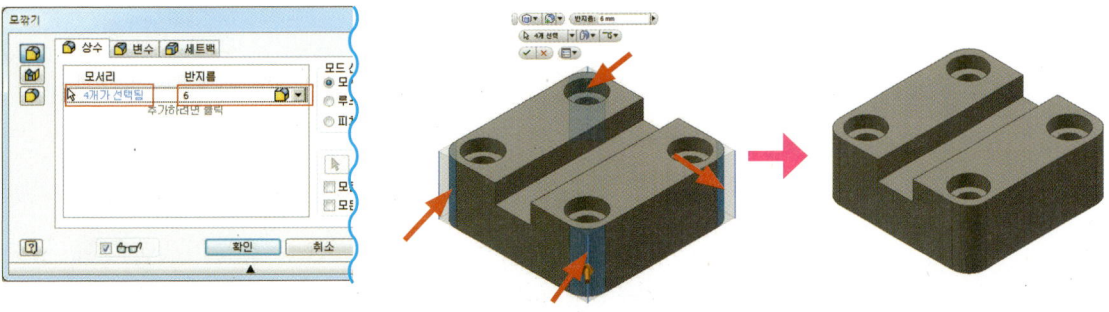

Part 02 파트 모델링

Lesson 2 　피스톤 로드

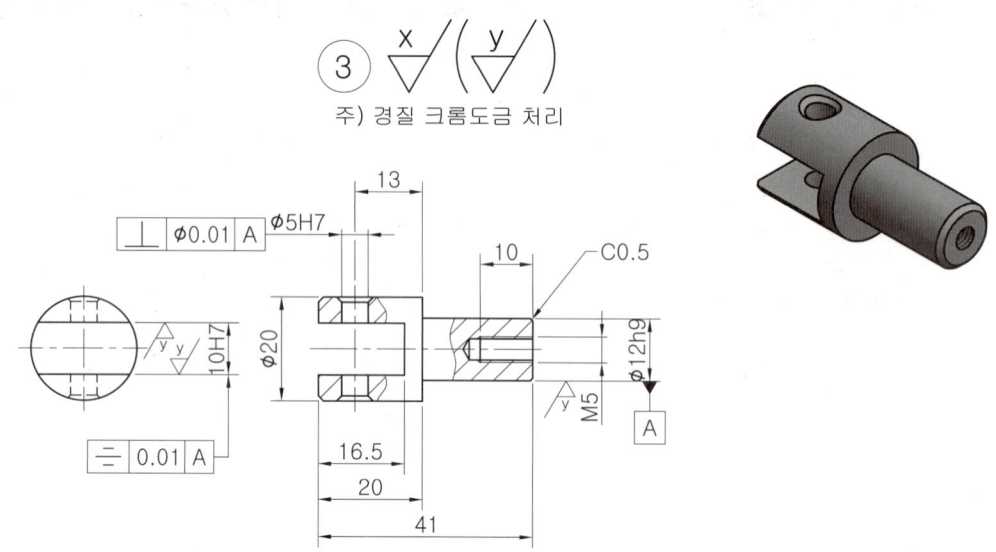

주 석 ▶ 도시되고 지시하지 않은 모따기 1X45°

01 베이스 피쳐 작성

01 XY 평면에 스케치를 작성한다.

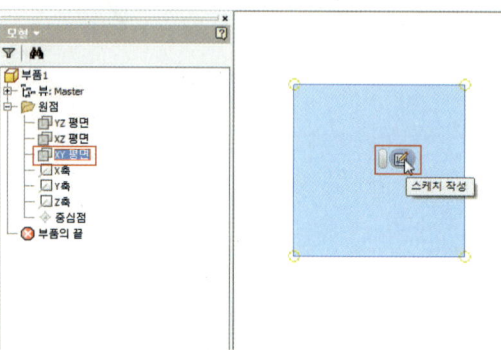

02 스케치 프로파일을 작성한다.

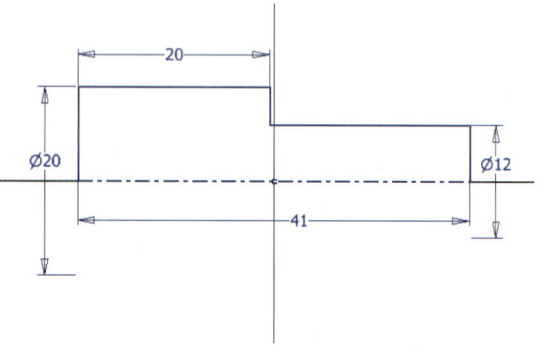

03 회전 명령 클릭 ▶ 프로파일과 축 선택 ▶ 범위 : 전체 ▶ 확인 버튼 클릭

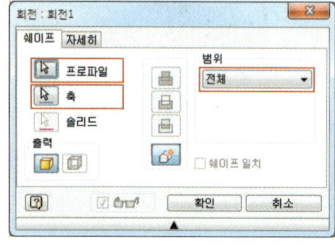

04 작성된 솔리드 면에 스케치를 작성한다.

05 선을 작성해 두 개의 선에 동일 구속조건을 부여한다.

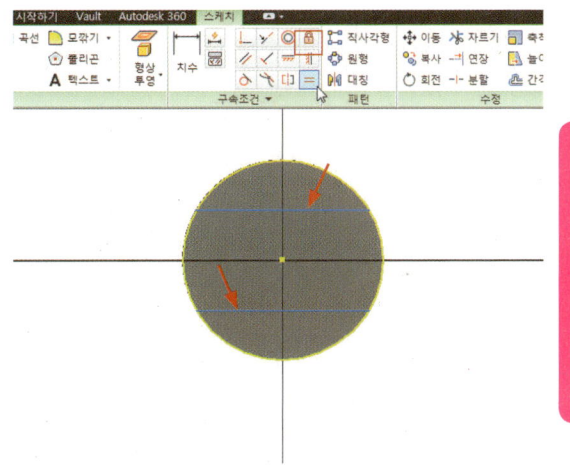

06 치수를 작성한다.

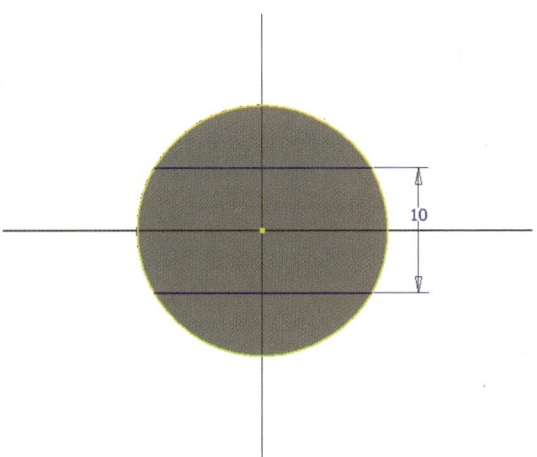

07 돌출 명령 클릭 ▶ 프로파일 선택 ▶ 옵션 : 차집합 ▶ 거리 : 16.5mm ▶ 방향 : 방향2 ▶ 확인 버튼 클릭

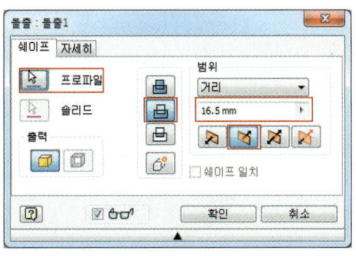
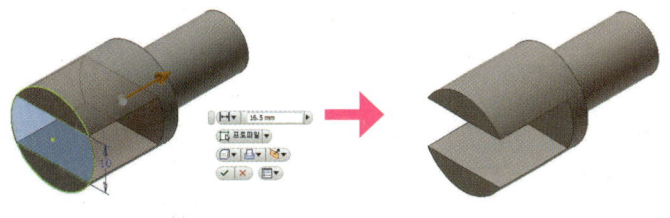

Part 02 파트 모델링

02 서브 피쳐 작성

01 XZ 평면에 스케치를 작성한다.

02 원을 작성해 원의 중심점과 원점에 수평 구속조건을 부여한다.

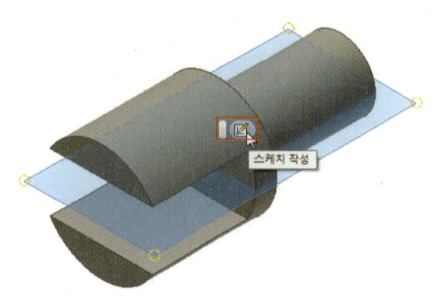

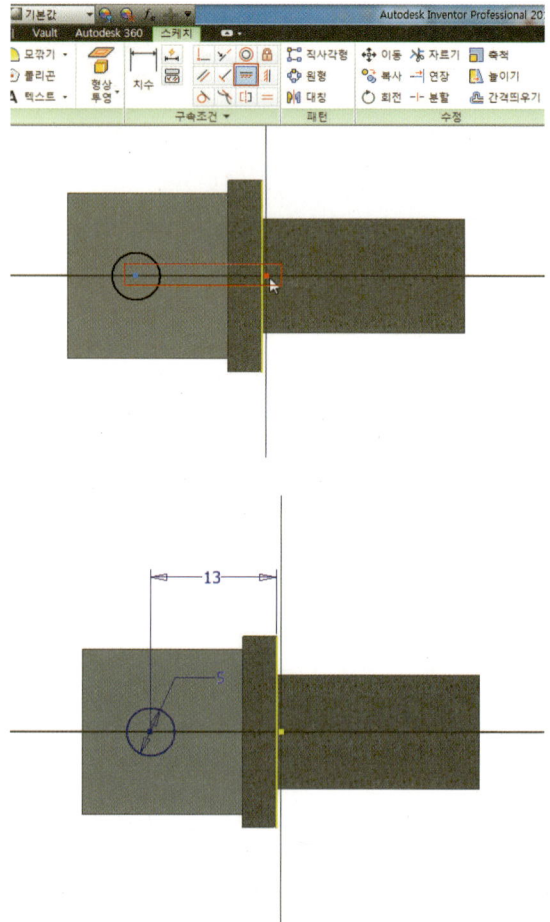

03 치수를 부여한다.

04 돌출 명령 클릭 ▶ 옵션 : 차집합 ▶ 범위 : 전체 ▶ 방향 : 대칭 ▶ 확인 버튼 클릭

Section3. 초급 모델링 예제

03 마무리 피쳐 작성

01 구멍 명령을 클릭해 다음과 같이 작성한다.

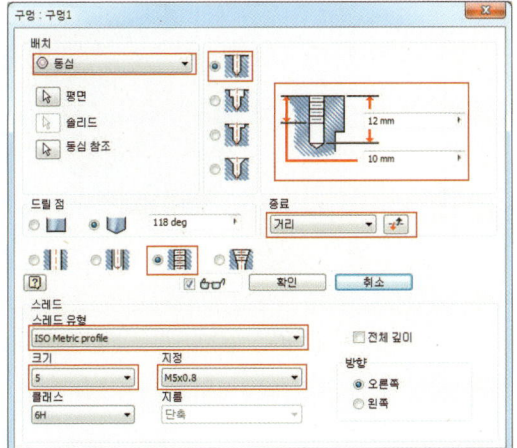

배치 : 동심(평면과 동심 참조를 선택) ▶
구멍 유형 : 드릴 (드릴 깊이 : 12mm, 탭 깊이 : 10mm) ▶
종료 : 거리 ▶
구멍 타입 : 탭 구멍(ISO Metric Profile, M5x0.8) ▶
확인 버튼 클릭

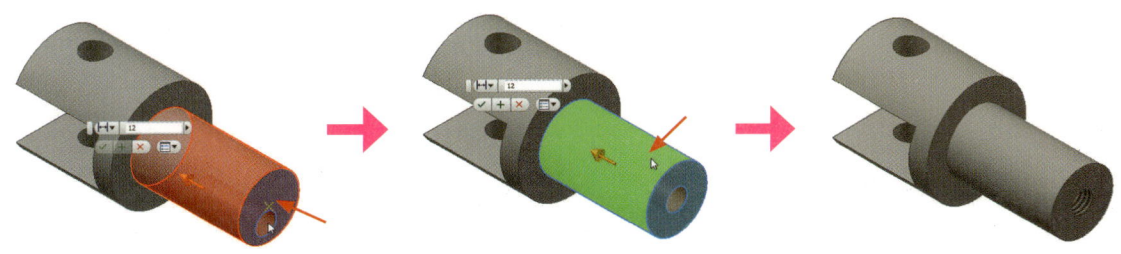

02 모따기 명령 클릭 ▶ 유형:거리 ▶거리 : 1mm ▶ 모서리 선택 ▶ 확인 버튼 클릭

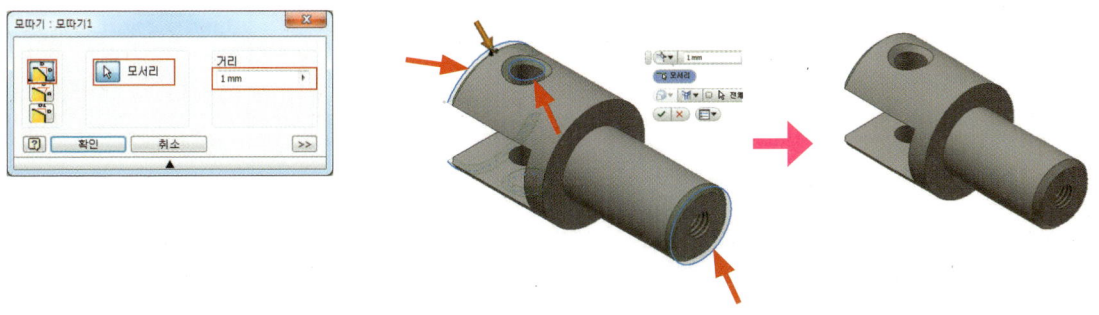

어드바이스 ▶ 배치 옵션을 동심으로 하게 되면 스케치 없이도 구멍을 작성할 수 있다.

Part 02 파트 모델링

Lesson 3 | 노브

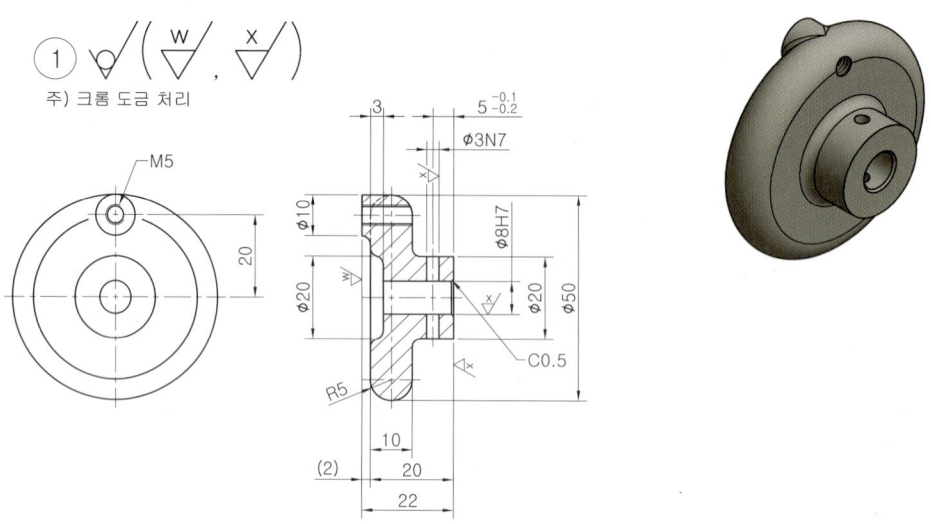

주 석 ▶ 도시되고 지시하지 않은 모따기 1X45°

01 베이스 피쳐 작성

01 XY 평면에 스케치를 작성한다.

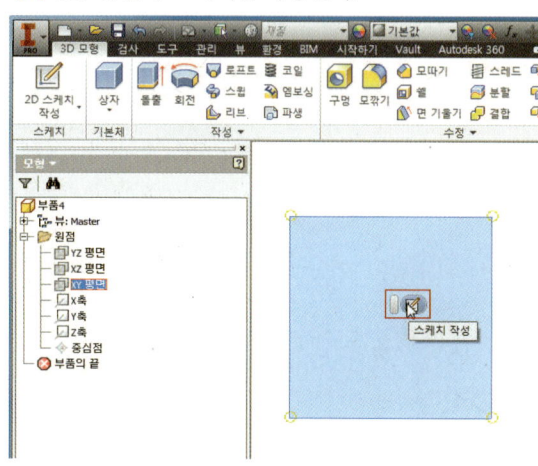

02 스케치 프로파일을 작성한다.

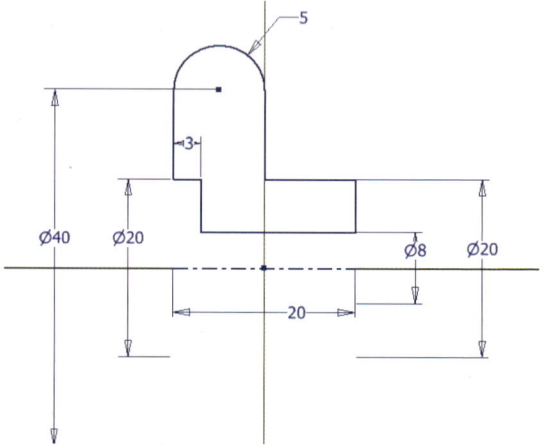

03 회전 명령 클릭 ▶ 프로파일과 축 선택 ▶ 범위 : 전체 ▶ 확인 버튼 클릭

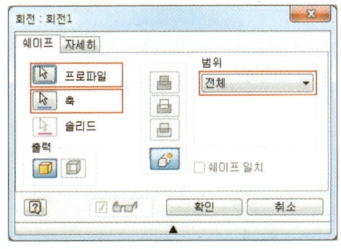 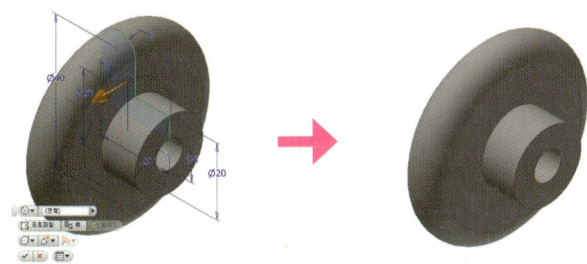

02 서브 피쳐 작성

01 평면 명령을 클릭한 후 솔리드 면을 선택해 거리를 입력한다.(거리 : 2mm)

02 평면이 작성된다.

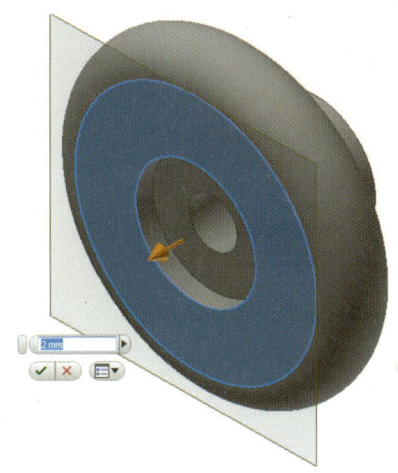 

03 작성된 평면을 클릭해 스케치를 작성한다.

04 스케치 프로파일을 작성한다.

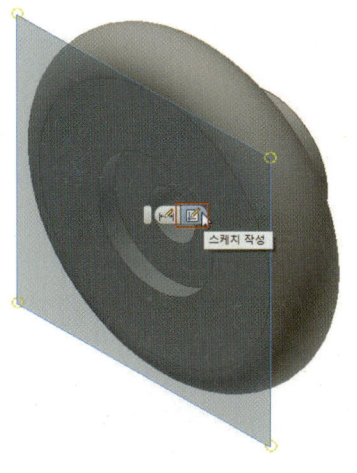 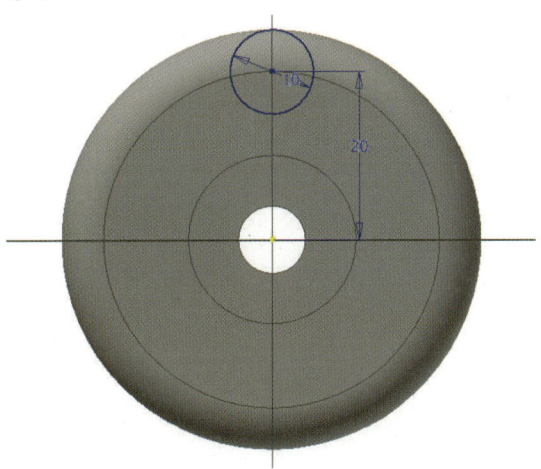

05 돌출 명령 클릭 ▶ 범위 : 다음 면까지 ▶ 확인 버튼 클릭

06 구멍 명령을 클릭해 다음과 같이 작성한다.

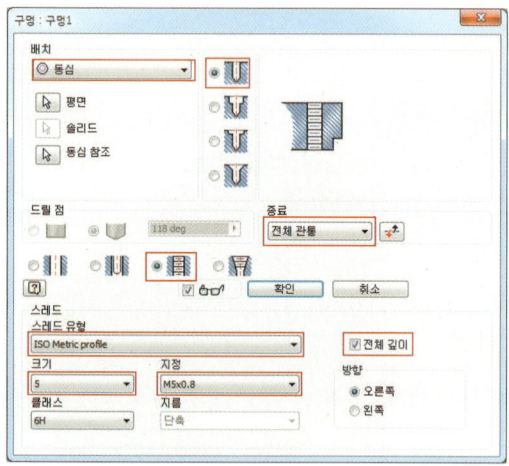

배치 : 동심(평면과 동심 참조 모서리 선택) ▶
구멍 유형 : 드릴 ▶
종료 : 전체 관통 ▶
구멍 타입 : 탭 구멍(ISO Metric profile, M5x0.8) 전체 깊이 체크 ▶
확인 버튼 클릭

07 XZ 평면에 스케치를 작성한다.

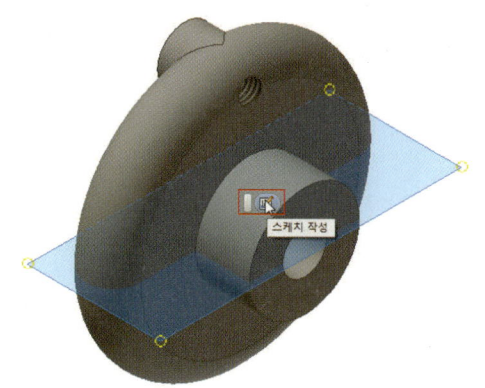

08 스케치 프로파일을 작성한다.

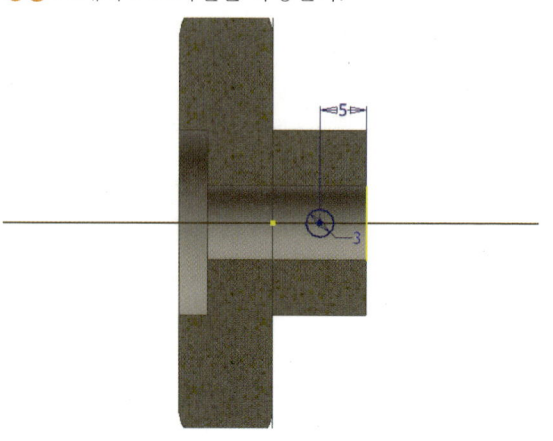

Section3. 초급 모델링 예제

09 돌출 명령 클릭 ▶ 유형 : 차집합 ▶ 범위 : 전체 ▶ 방향 : 대칭 ▶ 확인 버튼 클릭

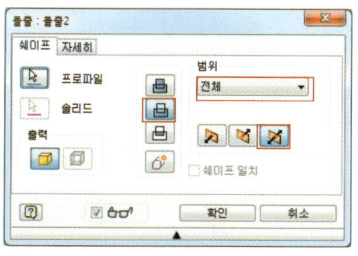 

03 마무리 피쳐 작성

01 모깎기 명령 클릭 ▶ 반지름 : 2mm ▶ 모서리 선택 ▶ 확인 버튼 클릭

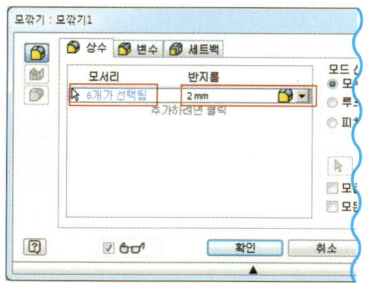 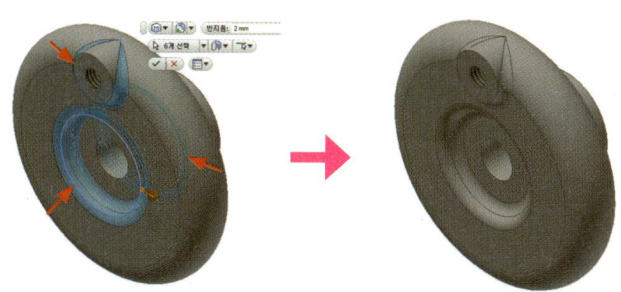

02 모따기 명령 클릭 ▶ 유형 : 거리 ▶ 거리 : 0.5mm ▶ 모서리 선택 ▶ 확인 버튼 클릭

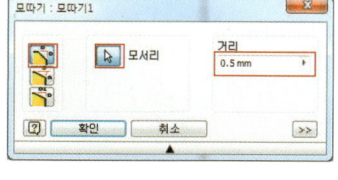 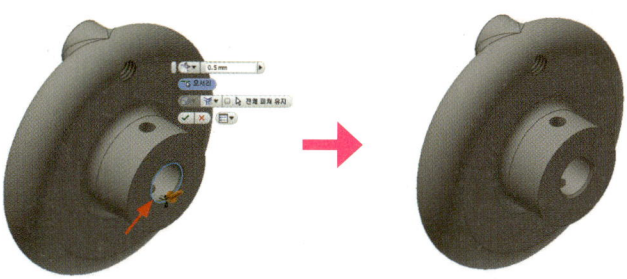

Lesson 4 | 연습 예제도면

01 클램프 암

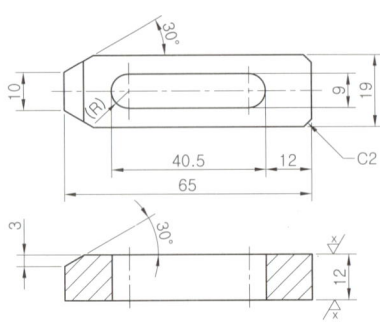
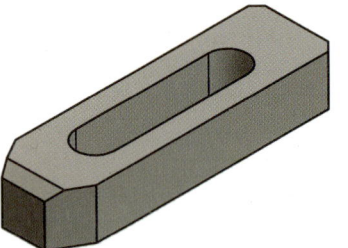
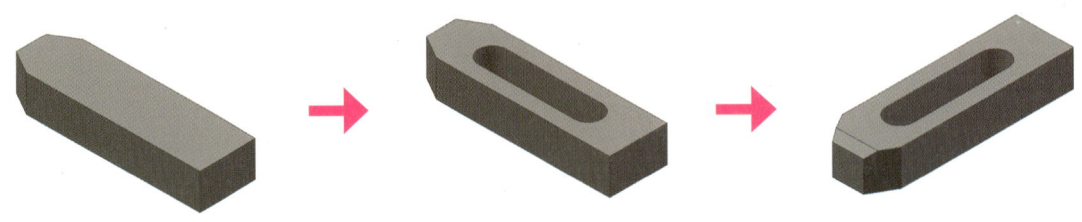

02 링크

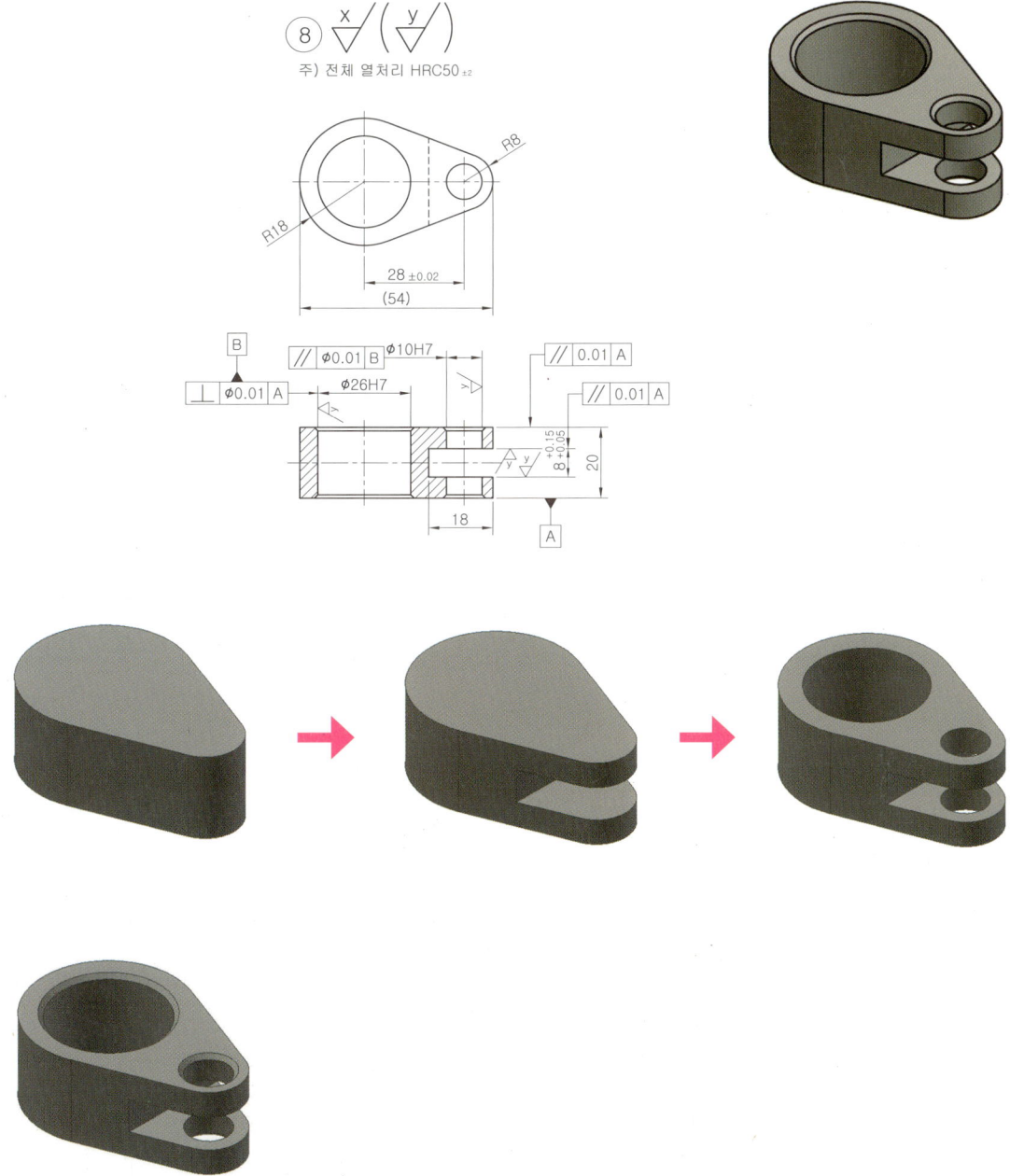

03 로케이팅 핀

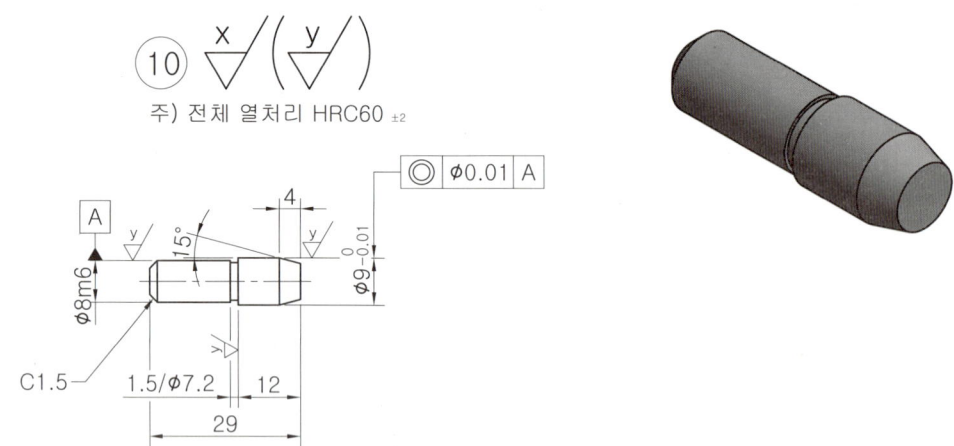

주) 전체 열처리 HRC60 ±2

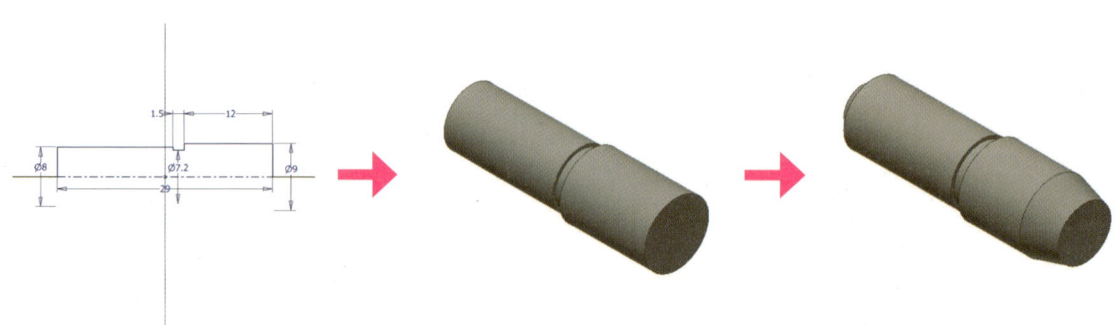

04 잠금 나사

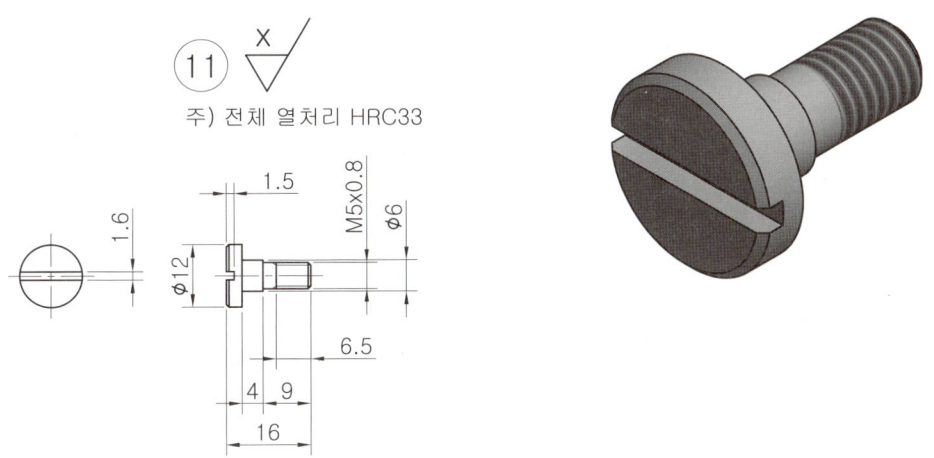

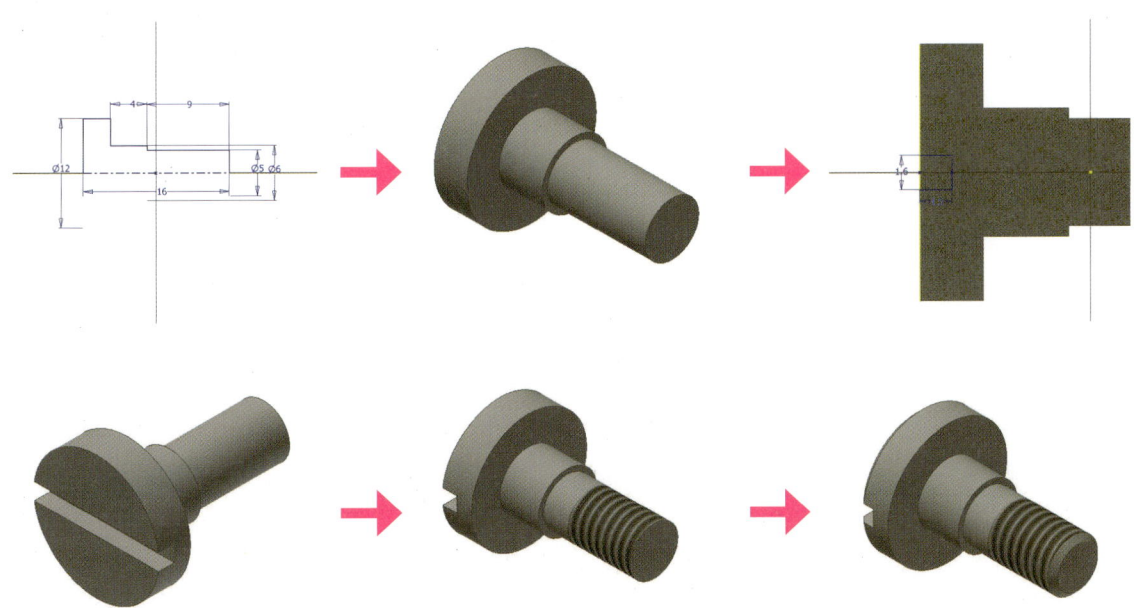

Part 02 파트 모델링

4. 중급 모델링 예제

Autodesk Inventor Standard

Lesson 1 | 커버

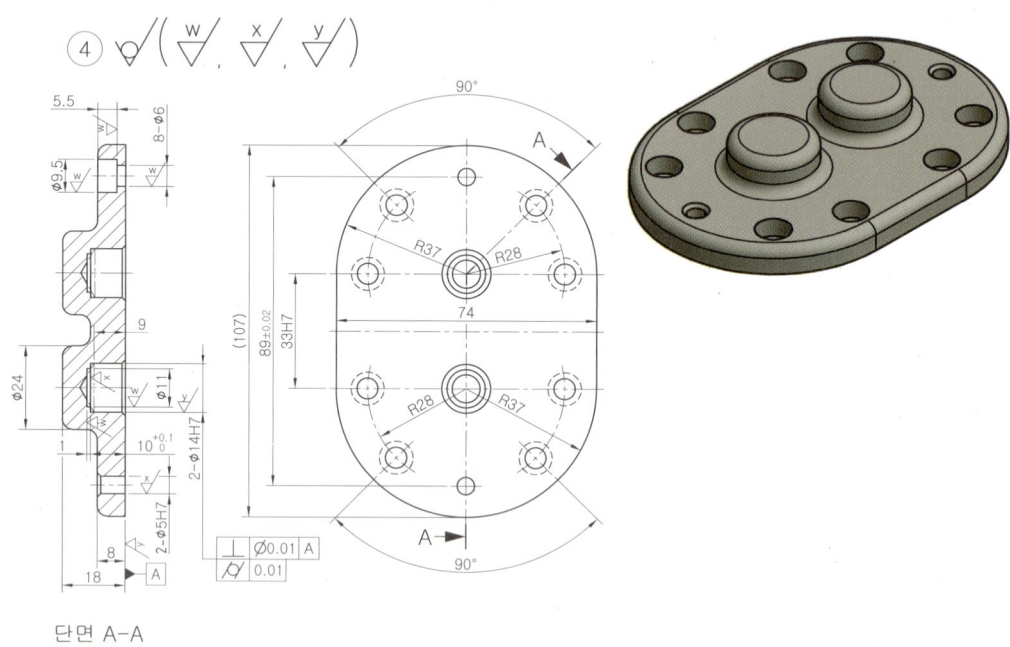

단면 A-A

01 베이스 피쳐 작성

01 YZ 평면에 스케치를 작성한다.

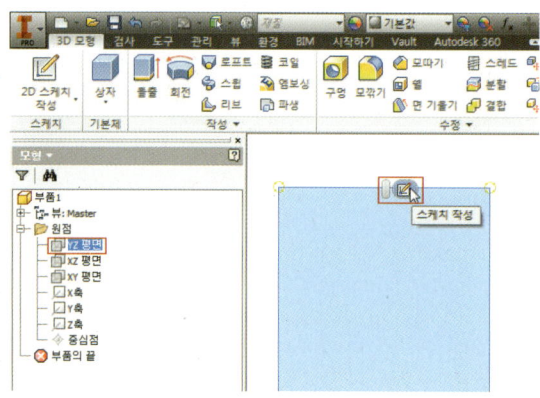

02 중심점 슬롯 명령을 클릭한다.

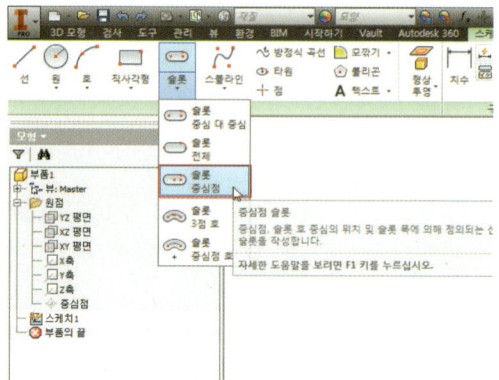

Section4. 중급 모델링 예제

03 원점을 중심으로 슬롯을 작성한다.

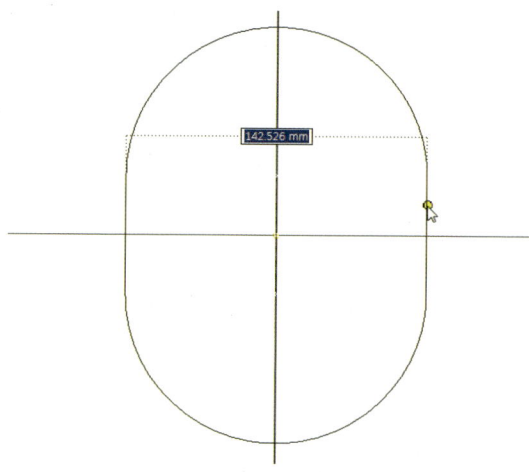

04 치수를 부여해서 스케치를 완전구속 시킨다.

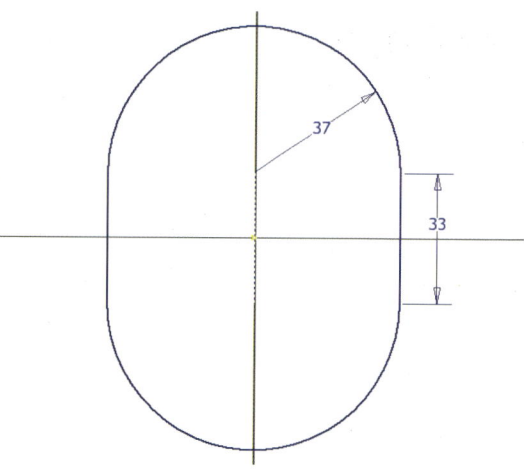

05 돌출 명령 클릭 ▶ 거리 : 10mm ▶ 방향 : 방향2 ▶ 확인 버튼 클릭

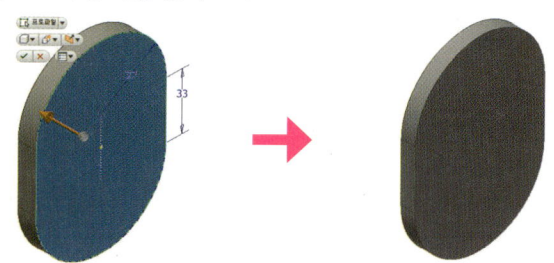

02 서브 피쳐 작성

01 작성된 솔리드 면에 스케치를 작성한다.

02 원 명령을 클릭한다.

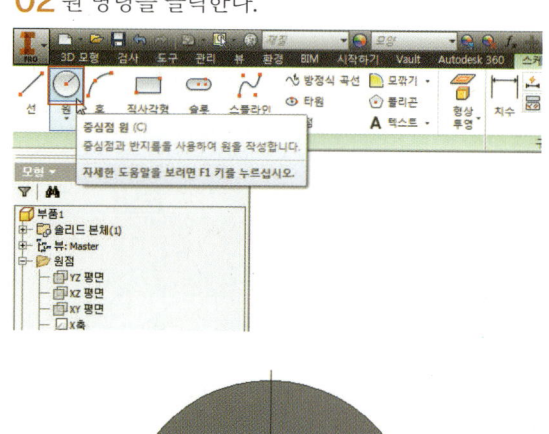

03 원을 작성한다.

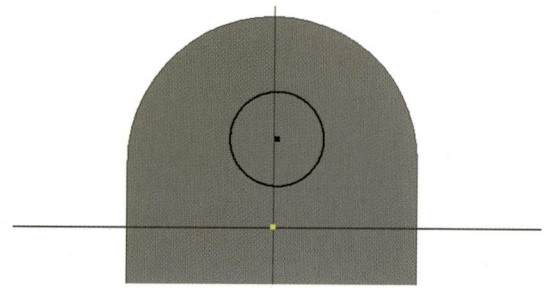

73

04 원과 원호를 선택해 동심 구속조건을 부여한다. **05** 원에 치수를 부여한다.

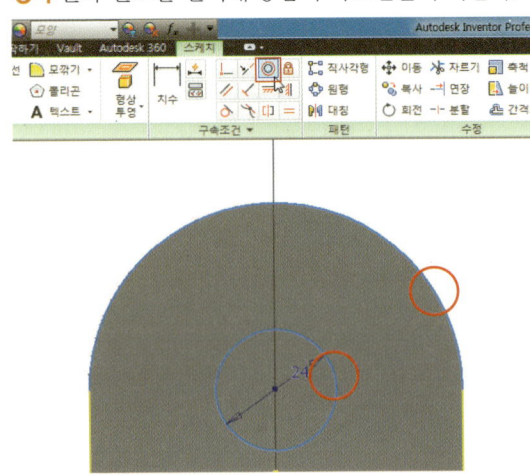 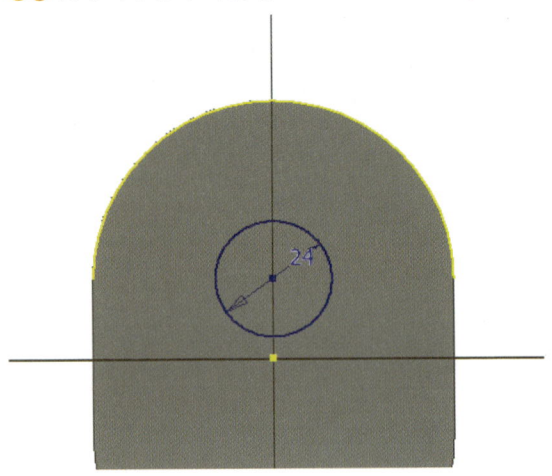

06 돌출 명령 클릭 ▶ 프로파일 선택 ▶ 거리 : 10mm ▶ 방향 : 1방향 ▶ 확인 버튼 클릭

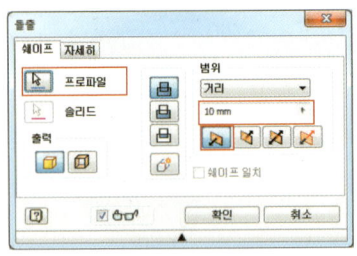 

07 XY 평면에 스케치를 작성한다. **08** 다음 모서리를 참조해 스케치 프로파일을 작성한다.

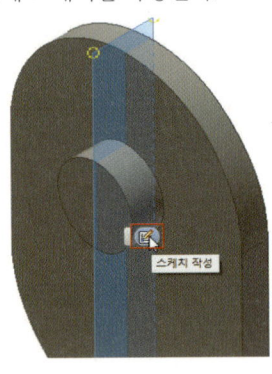 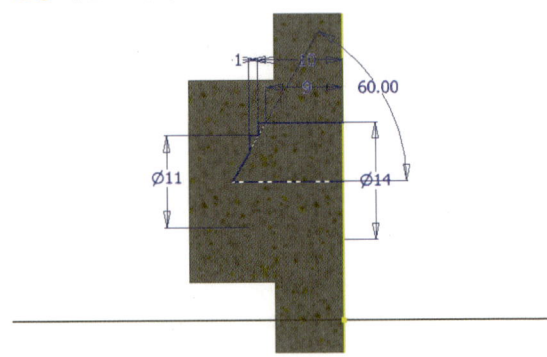

09 회전 명령 클릭 ▶ 프로파일과 축 선택 ▶ 유형 : 차집합 ▶ 범위 : 전체 ▶ 확인 버튼 클릭

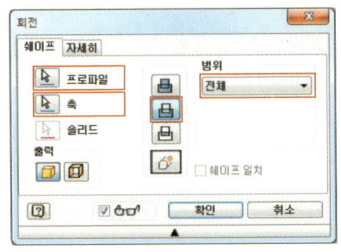 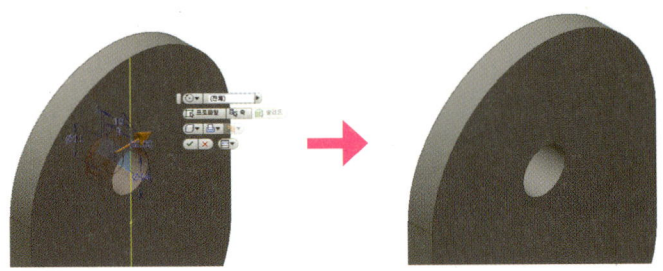

03 구멍 피쳐 작성

01 작성된 솔리드 면에 스케치를 작성한다.

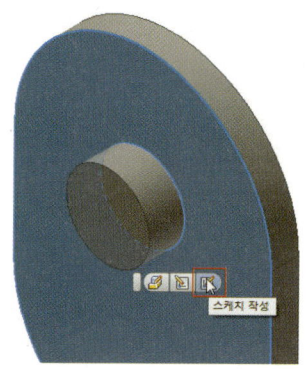

02 구멍의 중심으로 쓸 점을 작성한다.

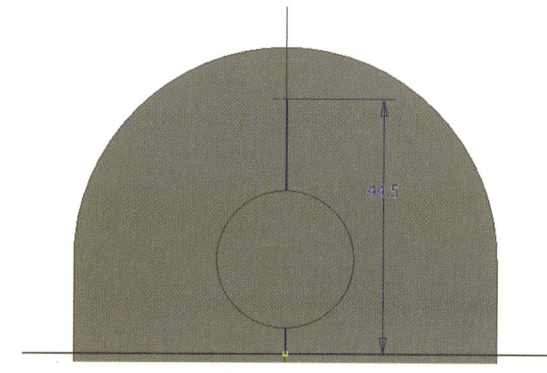

03 구멍 명령을 클릭해 다음과 같이 작성한다.

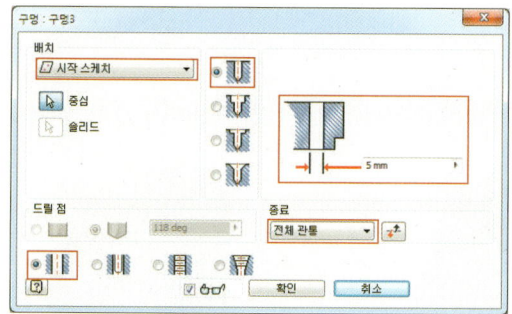

배치 : 시작 스케치 ▶
구멍 유형 : 드릴 (드릴 지름 : 5mm) ▶
종료 : 전체 관통 ▶
구멍 타입 : 단순 구멍 ▶
확인 버튼 클릭

04 작성된 솔리드 면에 스케치를 작성한다.

05 구멍의 중심으로 쓸 점을 작성한다.

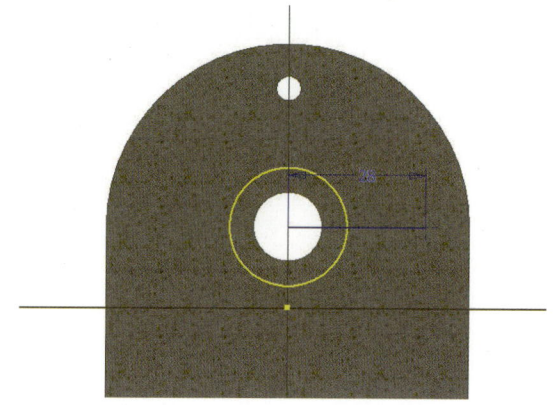

06 구멍 명령을 클릭해 다음과 같이 작성한다.

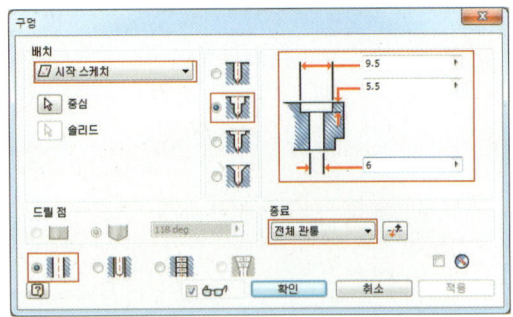

배치 : 시작 스케치 ▶
구멍 유형 : 카운터 보어 (카운터 보어 지름 : 9.5mm,
카운터 보어 깊이 : 5.5mm, 드릴 지름 : 6mm) ▶
종료 : 전체 관통 ▶
구멍 타입 : 단순 구멍 ▶
확인 버튼 클릭

07 원형 패턴 명령 클릭 ▶ 패턴 피쳐와 회전축 선택 ▶ 갯수 : 2개, 범위 각도 : 45도 ▶ 확인 버튼 클릭

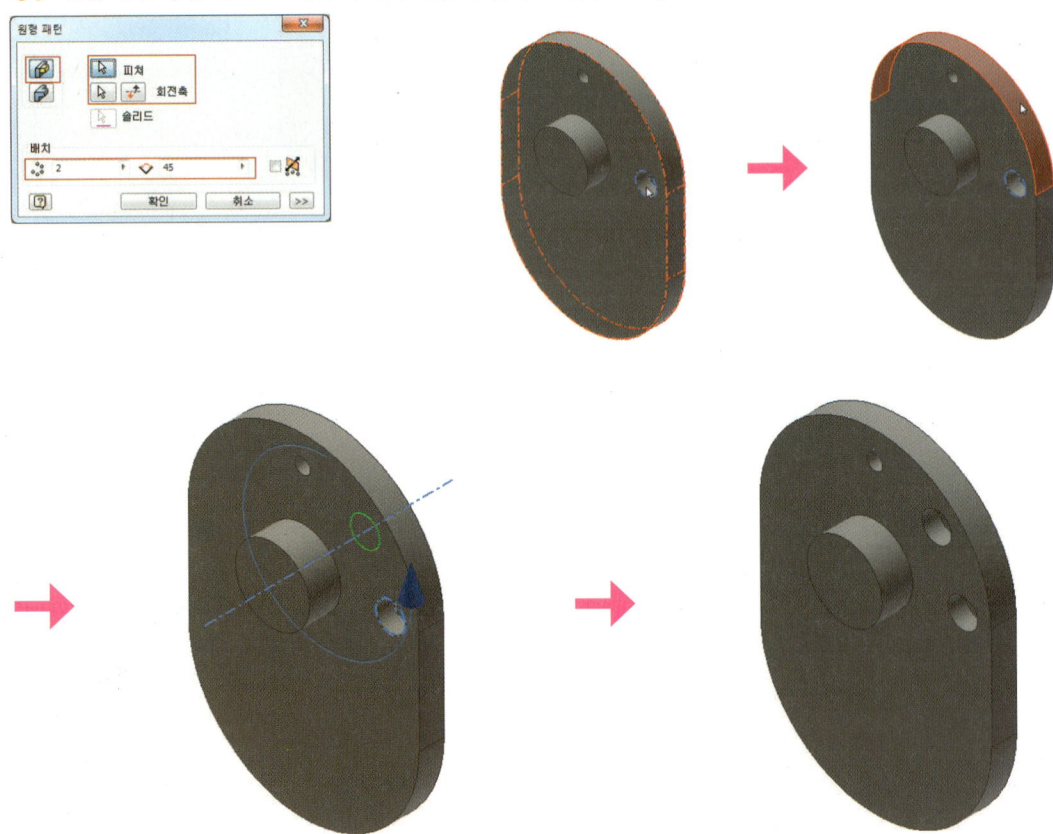

04 대칭 피쳐와 마무리 피쳐 작성

01 대칭 명령 클릭 ▶ 대칭 피쳐와 대칭 평면 선택 ▶ 확인 버튼 클릭

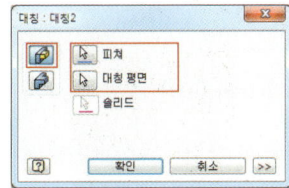

02 모깎기 명령 클릭 ▶ 반지름 : 3mm ▶ 모서리 선택 ▶ 확인 버튼 클릭

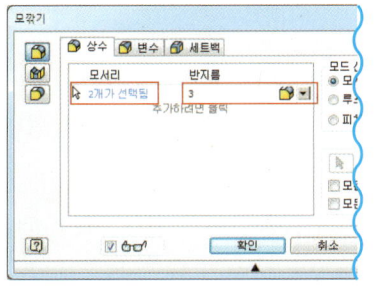
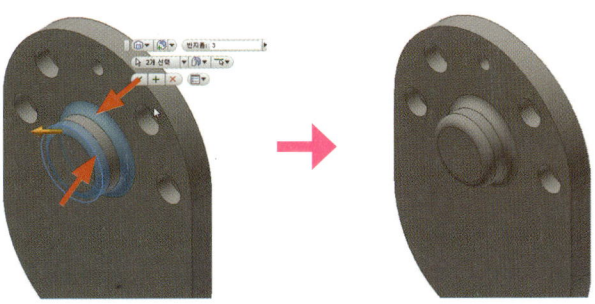

03 모따기 명령 클릭 ▶ 유형 : 거리 ▶ 거리 : 1mm ▶ 모서리 선택 ▶ 확인 버튼 클릭

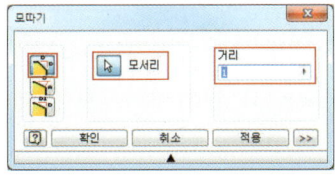
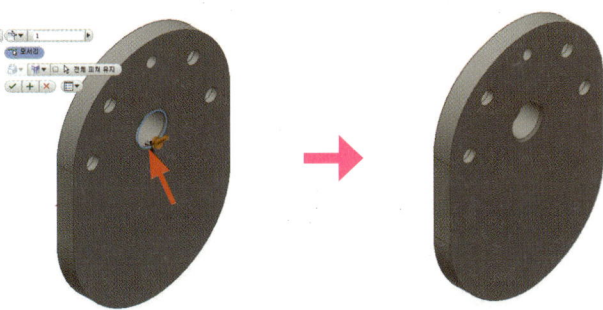

04 대칭 명령 클릭 ▶ 대칭 피쳐와 대칭 평면 선택 ▶ 확인 버튼 클릭

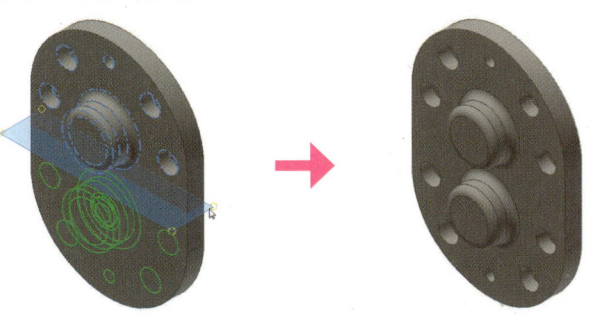

05 모깎기 명령 클릭 ▶ 반지름 : 3mm ▶ 모서리 선택 ▶ 확인 버튼 클릭

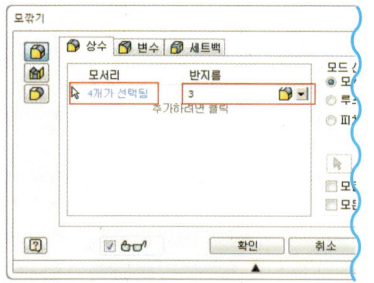 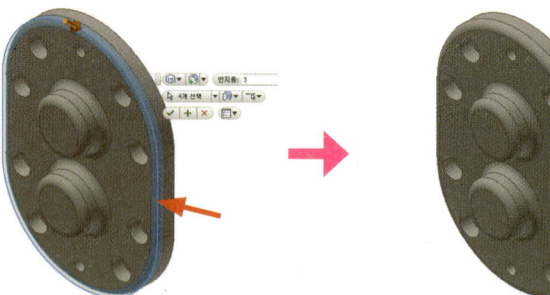

Lesson 2 | 편심축

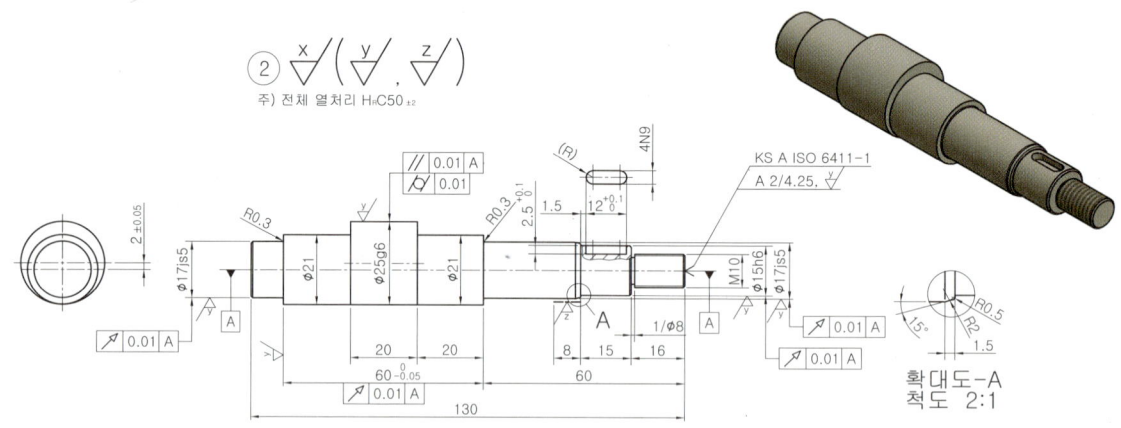

주 석 ▶ 도시되고 지시하지 않은 모따기 1X45°

01 베이스 피쳐 작성

01 XY 평면에 스케치를 작성한다.

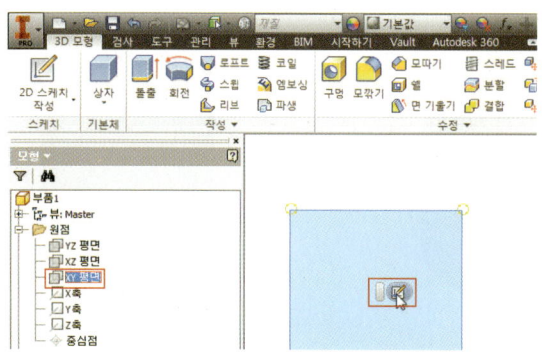

02 전체 길이에 해당하는 중심선을 작성한다.

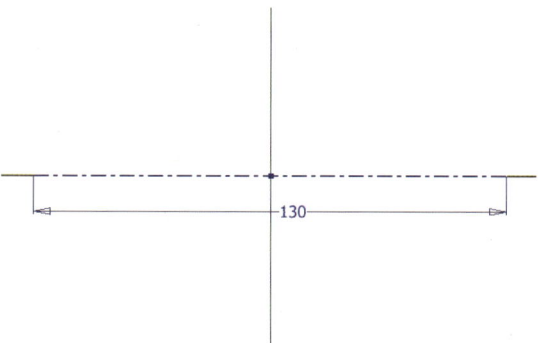

Section4. 중급 모델링 예제

03 선 명령으로 대략적인 프로파일을 작성한다.

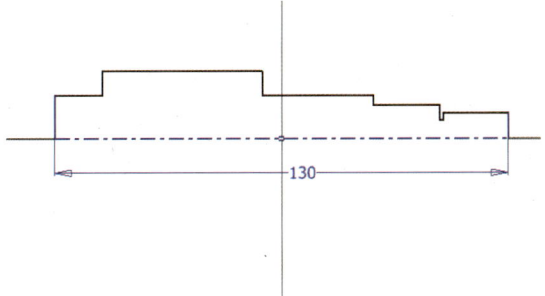

04 지름 치수를 작성한다.

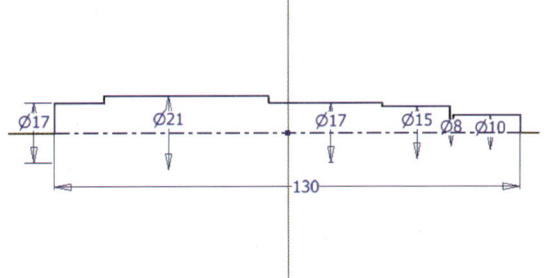

05 폭 치수를 작성한다.

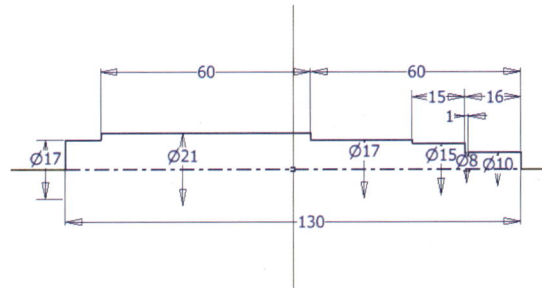

06 편심축에 해당하는 프로파일을 작성한다.

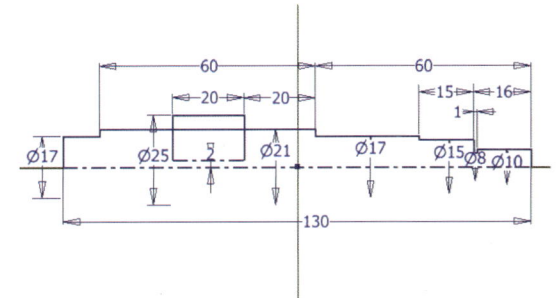

07 회전 명령 클릭 ▶ 프로파일과 축 선택 ▶ 범위 : 전체 ▶ 확인 버튼 클릭

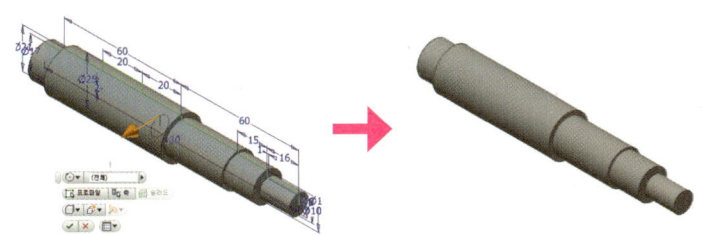

08 작성한 돌출 피쳐를 확장해 종속 스케치를 마우스 우측 버튼으로 선택하고 스케치 공유를 클릭한다.

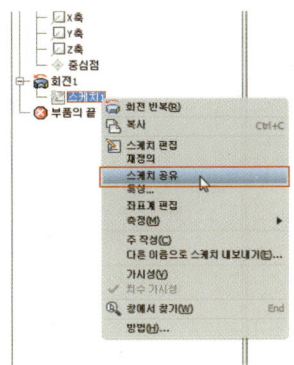

어드바이스 ▶ 스케치의 상태에서 가시성을 체크하여 화면에 표시한 상태도 스케치 공유와 같은 작업을 할 수 있다.

79

Part 02 파트 모델링

09 회전 명령 클릭 ▶ 프로파일과 축 선택 ▶ 범위 : 전체 ▶ 확인 버튼 클릭

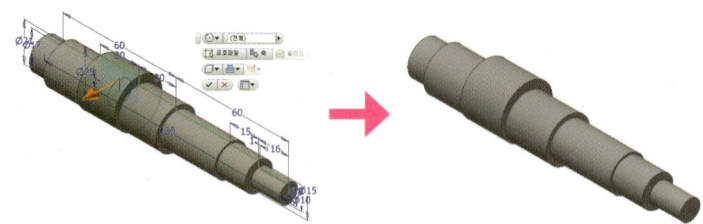

02 서브 피쳐 작성

01 공유 상태의 스케치를 마우스 우측 버튼으로 클릭해 가시성을 체크 해제한다.

02 평면 명령으로 XZ 평면에 평행하면서 원통면 위에 접하는 면을 작성한다.

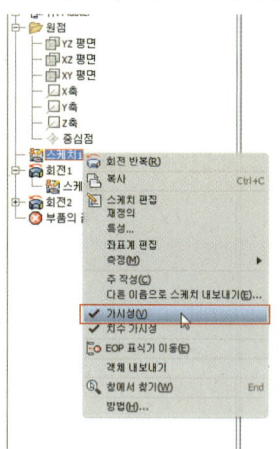
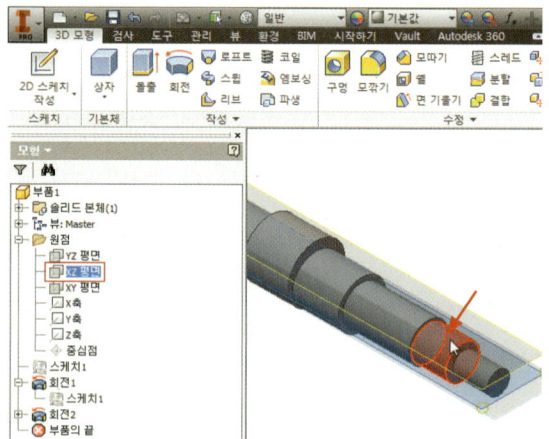

03 작성된 평면에 스케치를 작성한다.

04 키 모양의 스케치 프로파일을 작성한다.

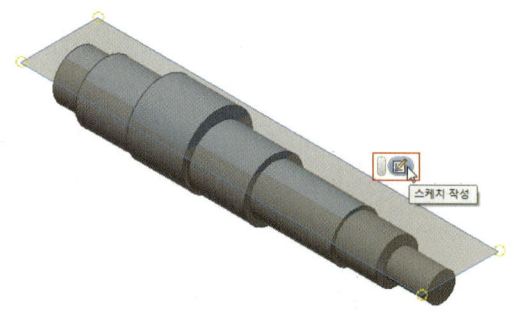
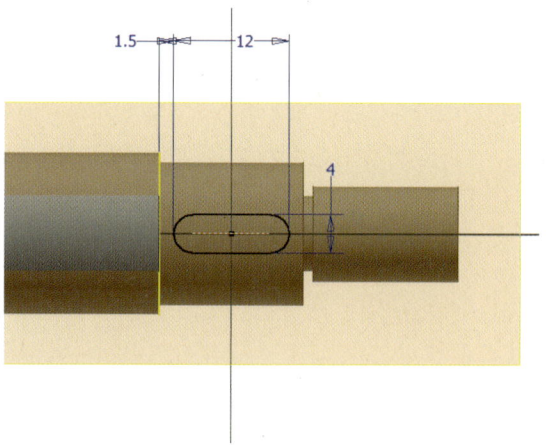

어드바이스 ▶ 어떠한 원점 평면을 선택하느냐에 따라서 평면이 작성되는 방향이 틀려진다.

Section4. 중급 모델링 예제

05 돌출 명령 클릭 ▶ 옵션 : 차집합 ▶ 거리 : 2.5mm ▶ 방향 : 방향2 ▶ 확인 버튼 클릭

06 작성한 작업 평면을 마우스 우측 버튼으로 클릭해 가시성을 체크 해제한다.

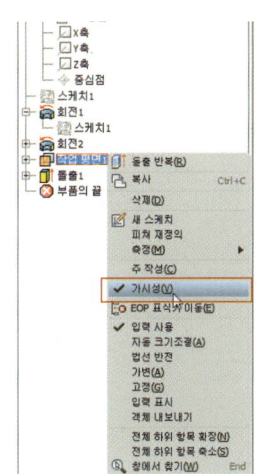

07 스레드 명령 클릭 ▶ 면 선택 ▶ 전체 길이에 체크 ▶

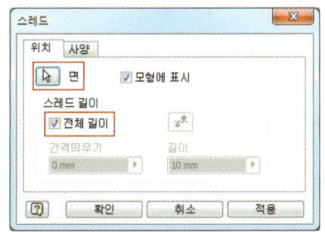

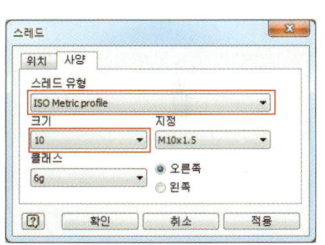

사양 탭 클릭 ▶ 스레드 유형 : ISO Metric Profile
▶ 크기 : 10 ▶ 확인 버튼 클릭

어드바이스 ▶ 원통 모서리를 클릭하면 직경에 따라 스레드의 크기가 자동 지정된다.

03 마무리 피쳐 작성

01 모따기 명령 클릭 ▶ 유형 : 거리 ▶ 거리 : 0.5mm ▶ 모서리 선택 ▶ 확인 버튼 클릭

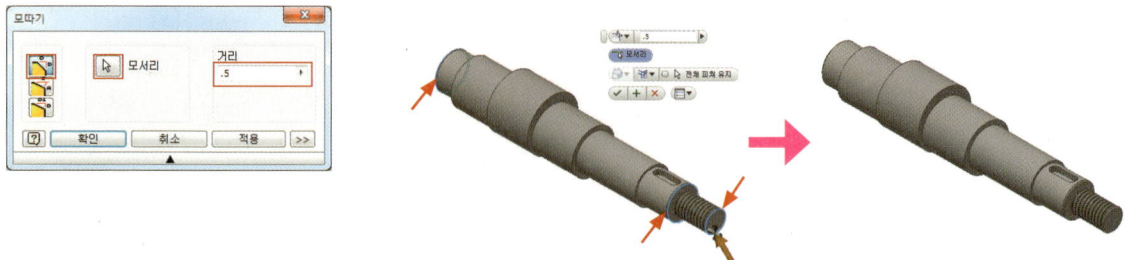

02 모깎기 명령 클릭 ▶ 반지름 : 0.5mm, 2mm ▶ 모서리 선택 ▶ 확인 버튼 클릭

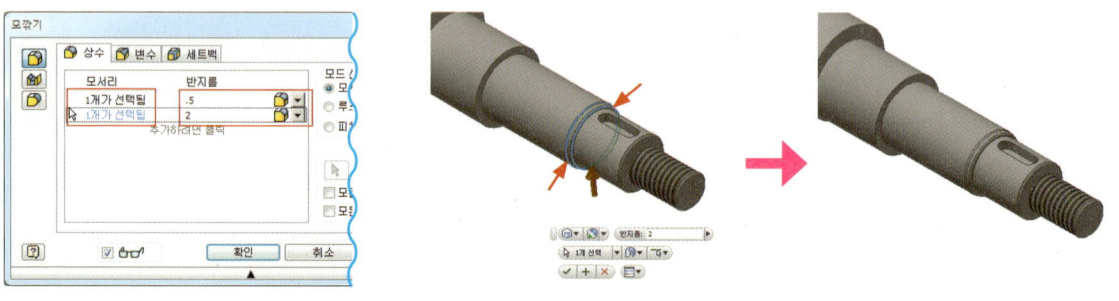

03 모깎기 명령 클릭 ▶ 반지름 : 0.3mm ▶ 모서리 선택 ▶ 확인 버튼 클릭

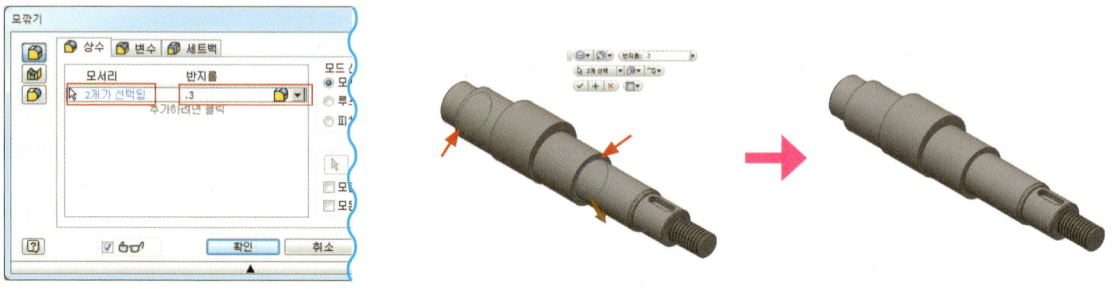

어드바이스 ▶ 모따기와 모깎기는 큰 거리값에서 작은 거리값 순으로 작성한다.

Lesson 3 | 연습 예제도면

01 블록

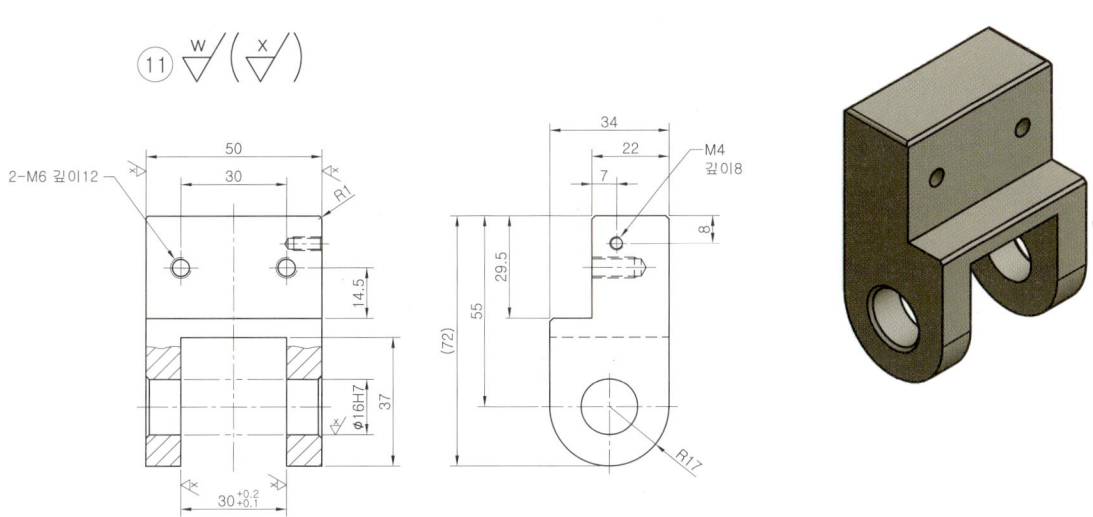

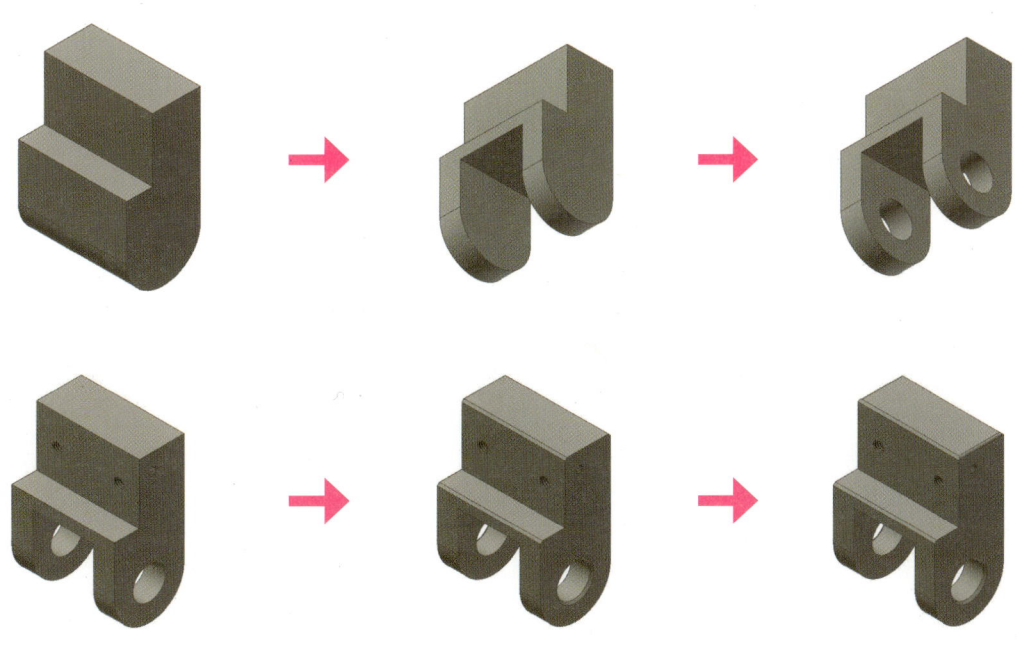

02 플랜지

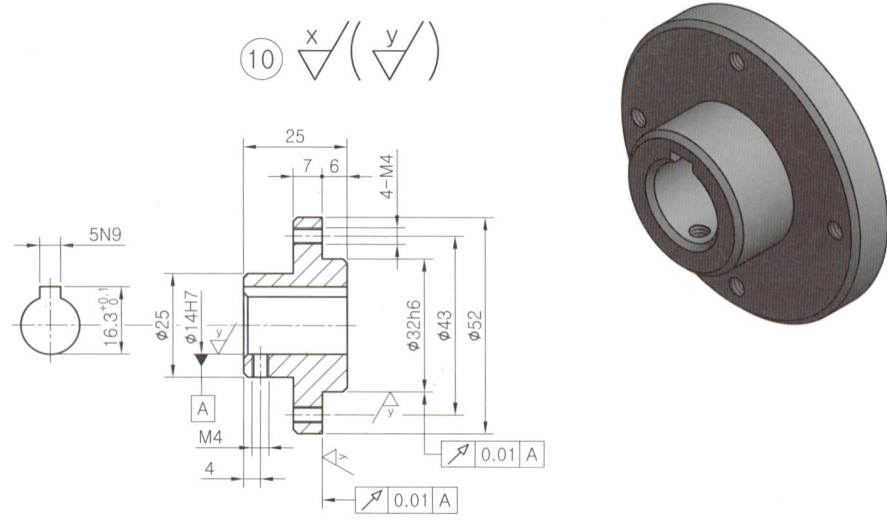

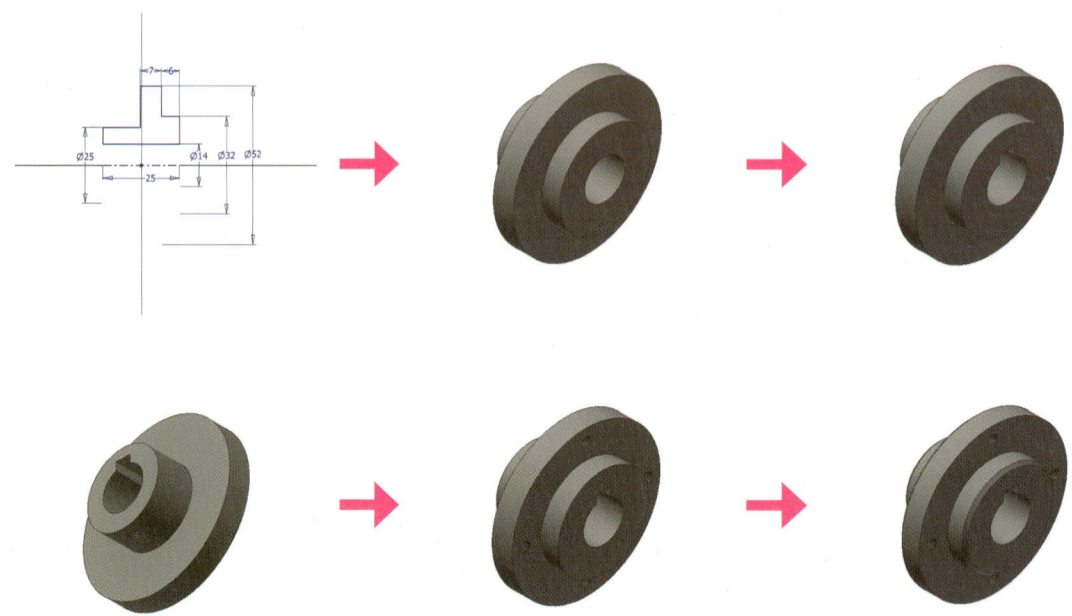

03 축

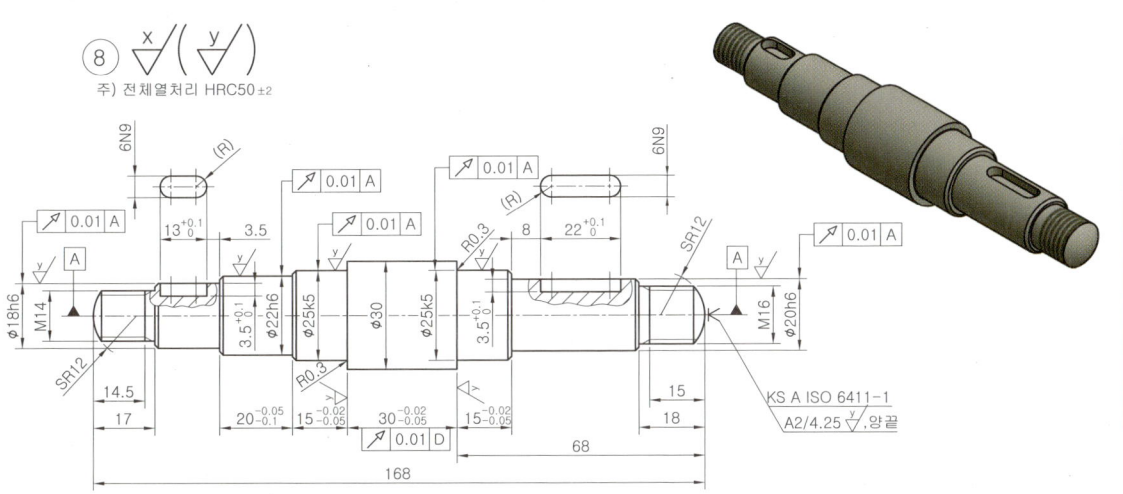

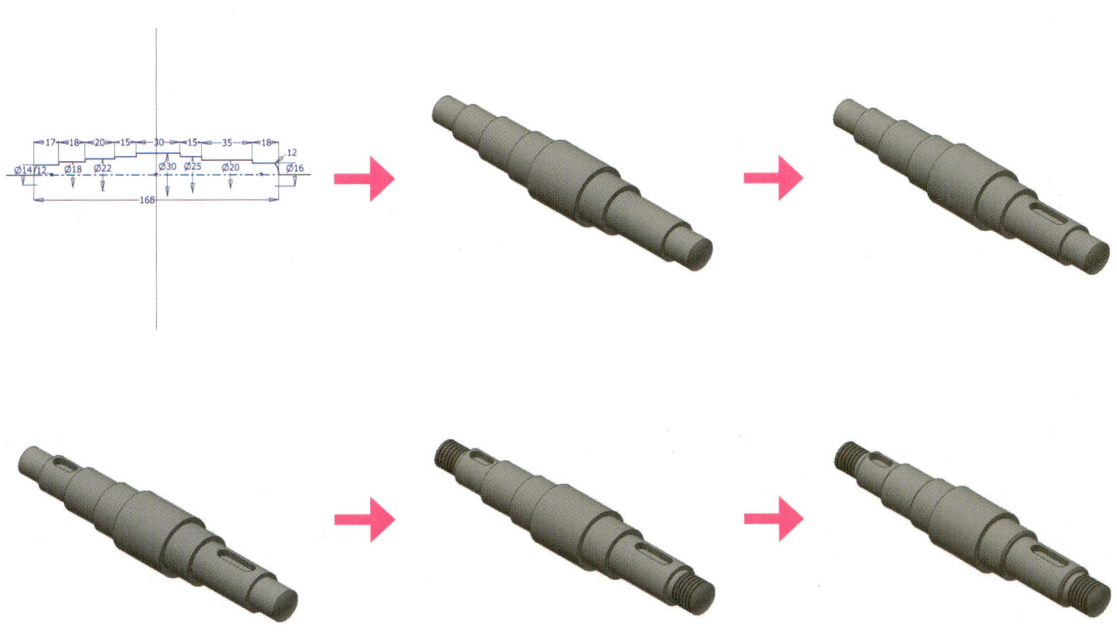

Part 02 파트 모델링

5. 고급 모델링 예제

Autodesk Inventor Standard

Lesson 1 | 헬리컬 기어

주. 전체열처리 HRC 50 ±2

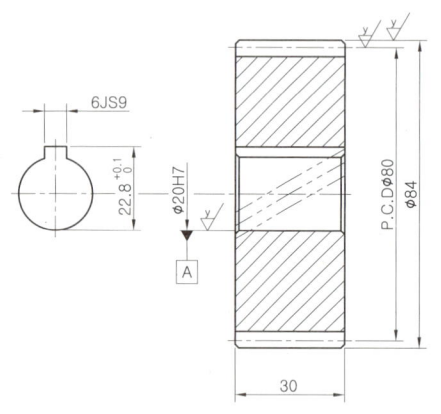

헬리컬 기어		
기어치형		표준
치형기준단면		치직각
공구	치형	보통이
	모듈	2
	압력각	20°
비틀림 각		30°
비틀림 방향		우
잇수		40
피치원지름		Ø80
전체이높이		4.5
다듬질방법		호 브 절 삭
정밀도		KS B ISO 1328-1, 3급

| 주 석 | ▶ 도시되고 지시하지 않은 모따기 1X45° |

01 베이스 피쳐 작성

01 YZ 평면에 스케치를 작성한다.

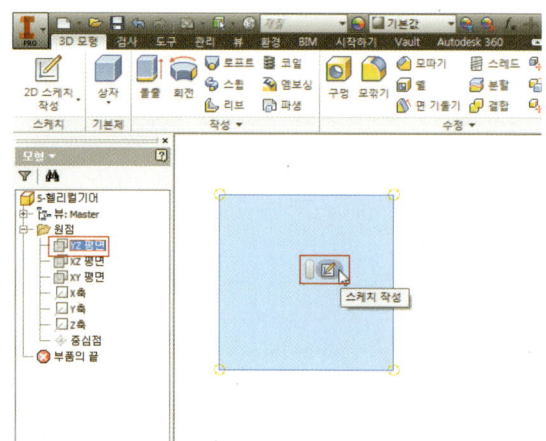

02 프로파일을 작성한다.

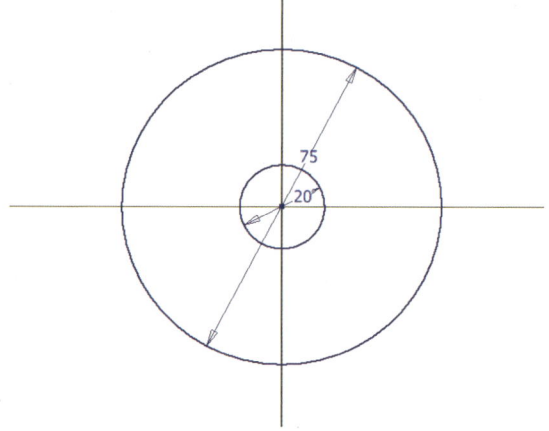

03 돌출 명령 클릭 ▶ 프로파일 선택 ▶ 거리 : 30mm ▶ 방향 : 대칭 ▶ 확인 버튼 클릭

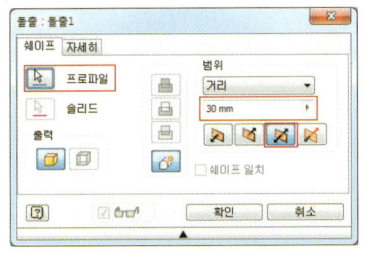
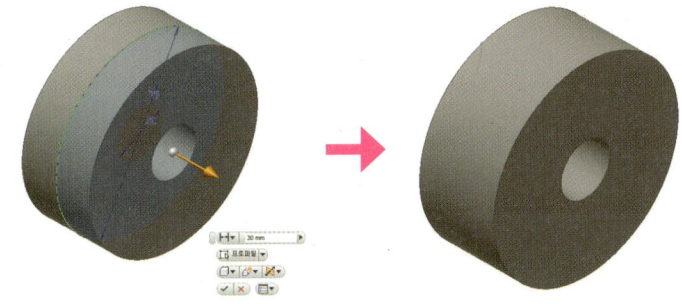

02 이빨 피쳐 작성

01 작성된 솔리드 면에 스케치를 작성한다.

02 프로파일을 작성한다.(스퍼 기어와 동일)

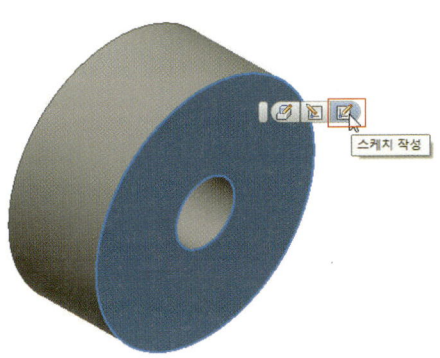
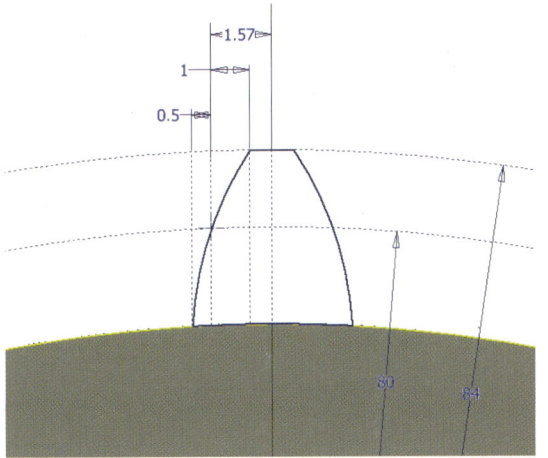

03 스케치를 마무리한 후 선과 점을 선택해 작업평면을 작성한다.

04 다음과 같이 작업평면이 작성된다.

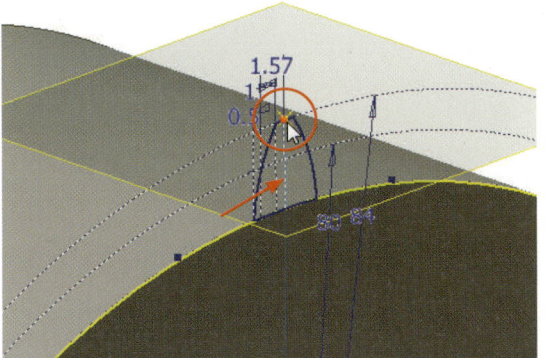
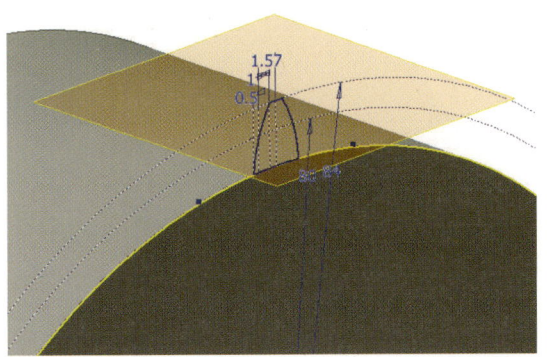

05 작성된 작업평면을 선택해 스케치를 다음과 같이 작성한다.

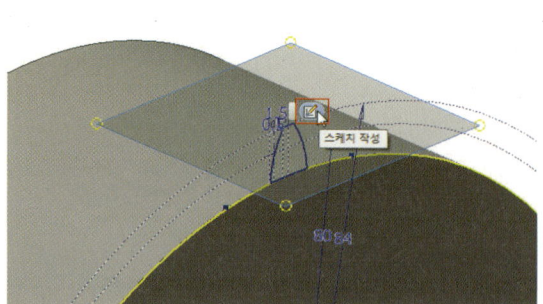

06 스케치 프로파일을 다음과 같이 작성한 후 스케치를 마무리한다.

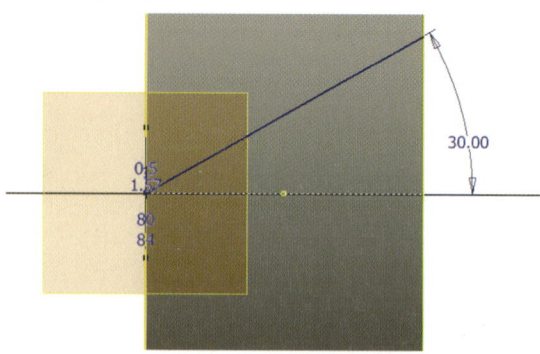

07 3D 스케치 작성 명령을 클릭한다.

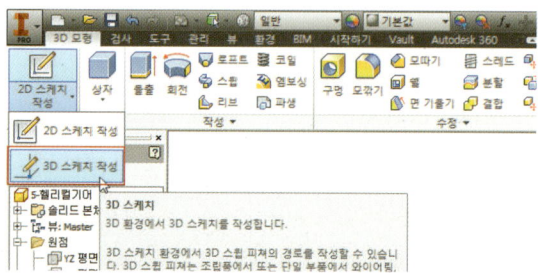

08 곡면에 투영 명령을 클릭한다.

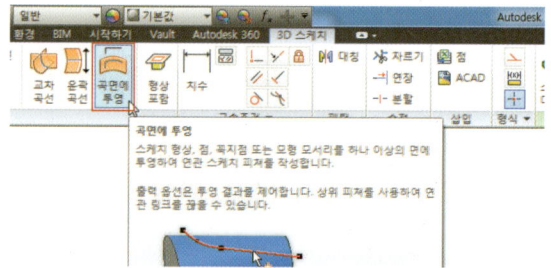

09 면과 곡선을 선택하고 출력 옵션을 다음과 같이 설정한다.

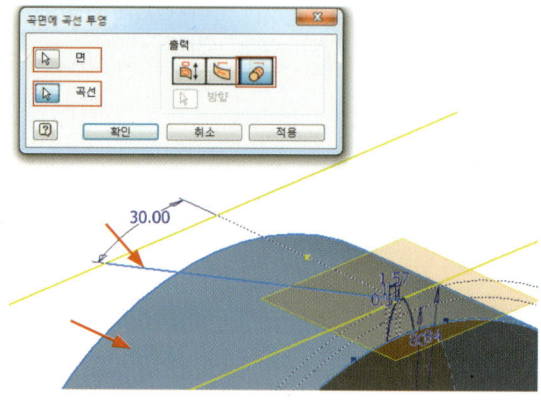

10 확인 버튼을 클릭하면 곡면에 투영 곡선이 작성된다.

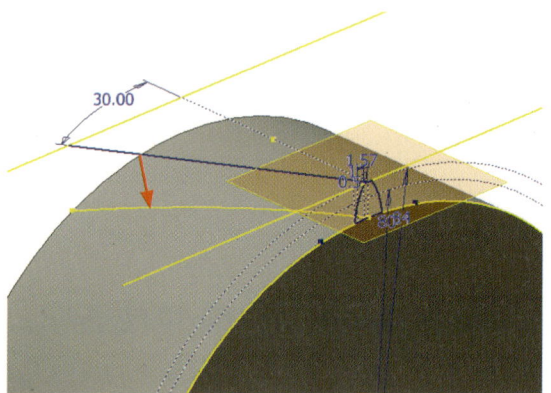

11 스윕 명령 클릭 ▶ 프로파일과 경로 선택 ▶ 유형 : 경로 및 안내 곡면(곡면 선택) ▶ 확인 버튼 클릭

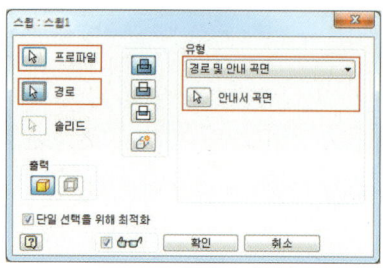
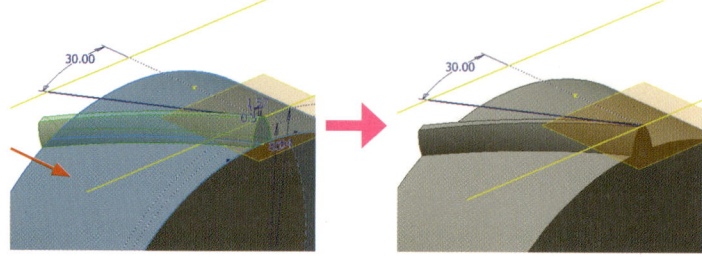

Section5. 고급 모델링 예제

12 모따기 명령 클릭 ▶ 유형:거리 ▶ 거리 : 1mm ▶ 모서리 선택 ▶ 확인 버튼 클릭

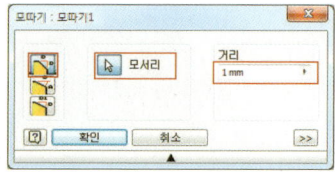
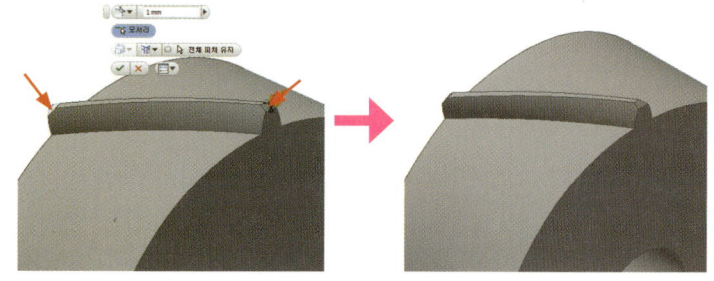

13 모깎기 명령 클릭 ▶ 반지름 : 0.5mm ▶ 모서리 선택 ▶ 확인 버튼 클릭

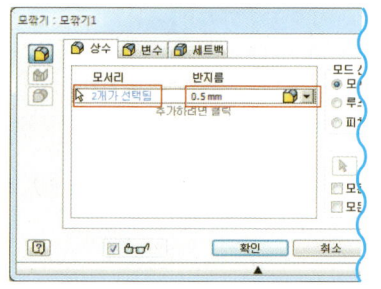
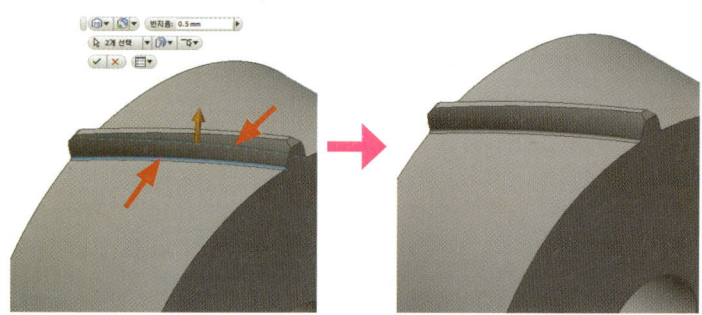

14 원형 패턴 명령 클릭 ▶ 패턴 피쳐와 회전축 선택 ▶ 갯수 : 40개, 범위 각도 : 360도 ▶ 확인 버튼 클릭

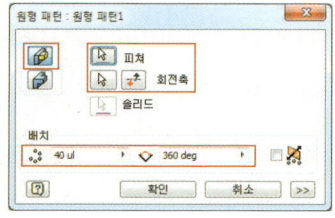
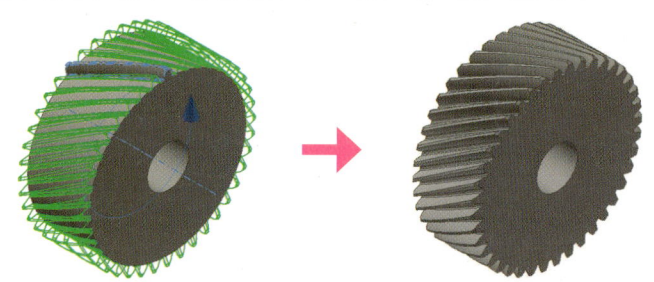

03 마무리 피쳐 작성

01 작성된 솔리드면에 스케치를 작성한다.

02 프로파일을 작성한다.

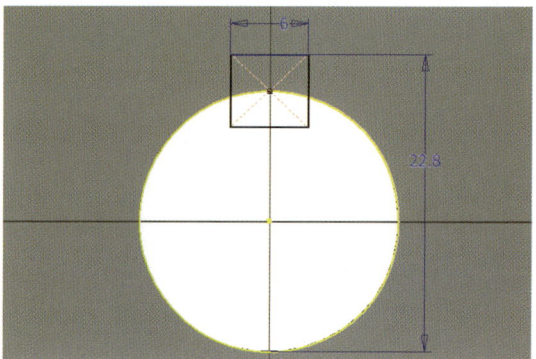

89

03 돌출 명령 클릭 ▶ 프로파일 선택 ▶ 옵션 : 차집합 ▶ 범위 : 다음 면까지 ▶ 확인 버튼 클릭

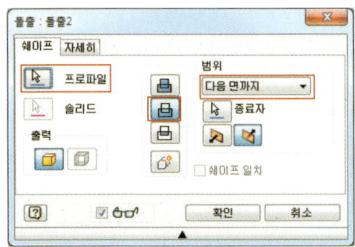

04 모따기 명령 클릭 ▶ 유형 : 거리 ▶ 거리 : 1mm ▶ 모서리 선택 ▶ 확인 버튼 클릭

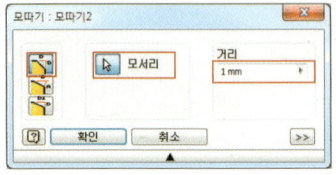
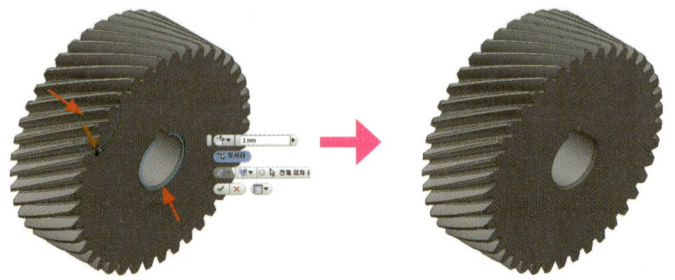

Lesson 2 | 본체

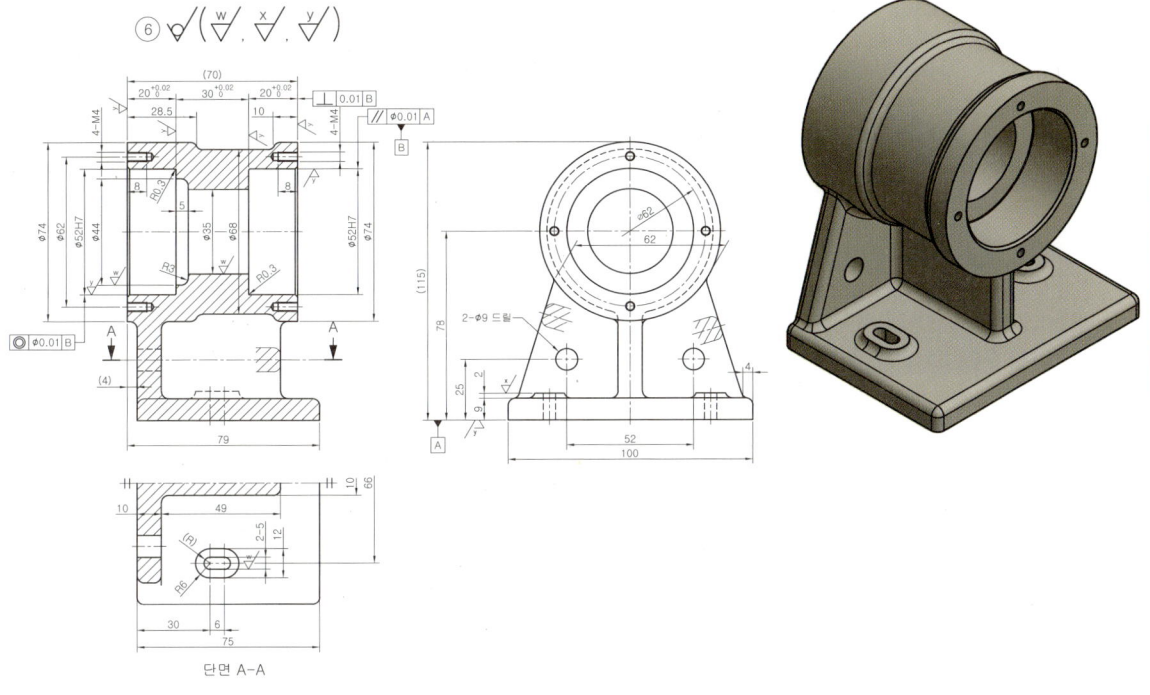

주 석 ▶ 도시되고 지시하지 않은 모따기 1X45°

01 베이스 피쳐 작성

01 XY 평면에 스케치를 작성한다.

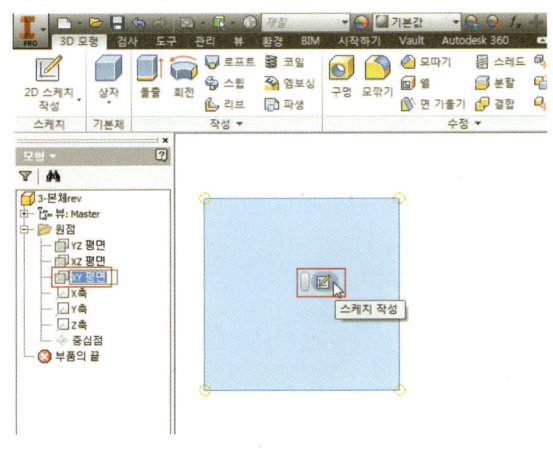

02 스케치 프로파일을 다음과 같이 작성한다.

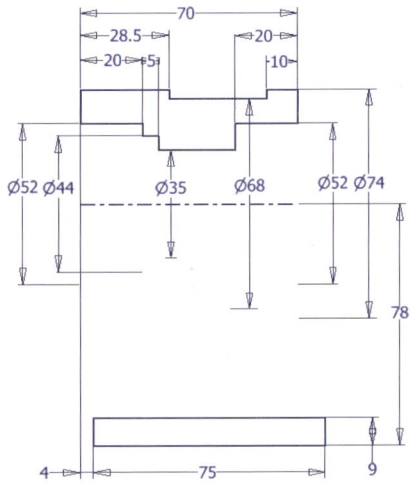

03 회전 명령 클릭 ▶ 프로파일과 축 선택 ▶ 범위 : 전체 ▶ 확인 버튼 클릭

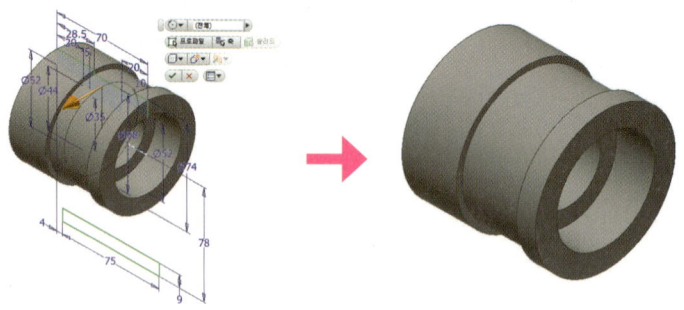

04 스케치1을 마우스 우측 버튼으로 선택해 가시성을 클릭한다.

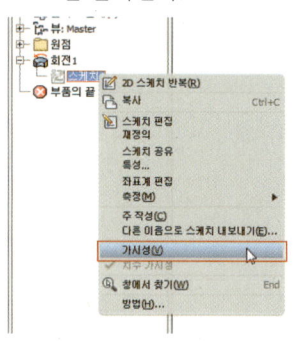

05 스케치1이 화면에 표시된다.

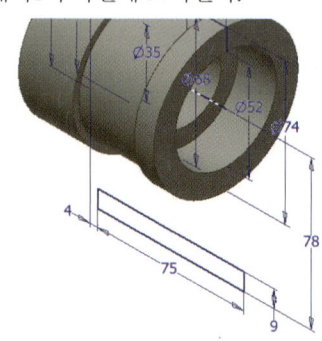

06 돌출 명령 클릭 ▶ 프로파일 선택 ▶ 거리 : 100mm ▶ 방향 : 대칭 ▶ 확인 버튼 클릭

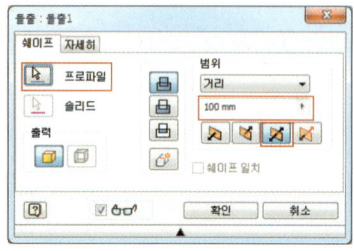
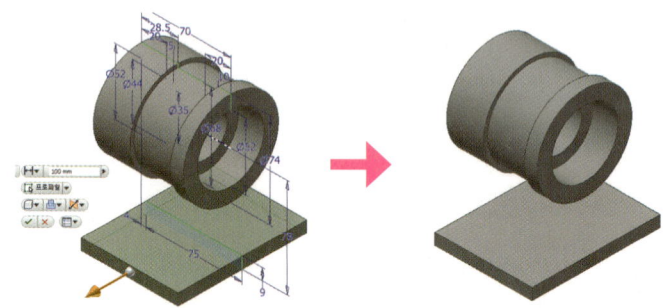

07 작성한 솔리드 면에 스케치를 작성한다.

08 스케치 프로파일을 작성한다.

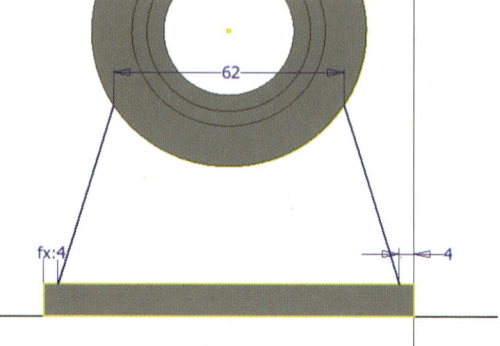

Section5. 고급 모델링 예제

09 돌출 명령 클릭 ▶ 프로파일 선택 ▶ 거리 : 10mm ▶ 방향 : 방향2 ▶ 확인 버튼 클릭

 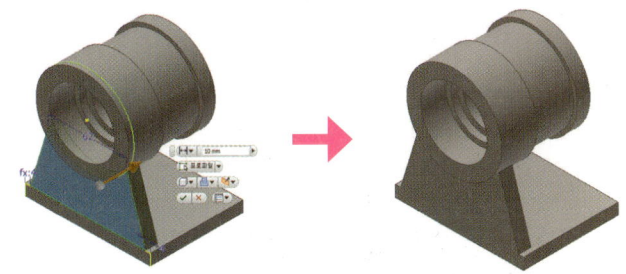

10 XY 평면에 스케치를 작성한다.

11 스케치 프로파일을 작성한다.

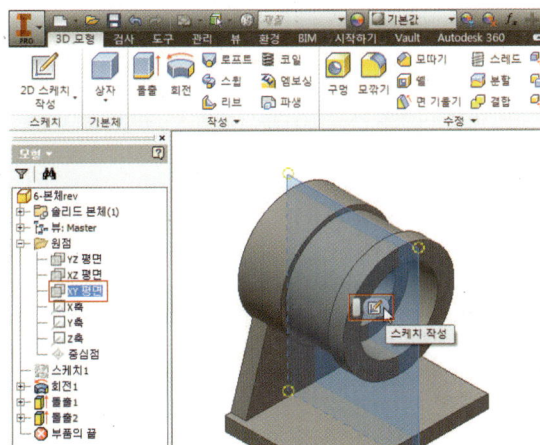 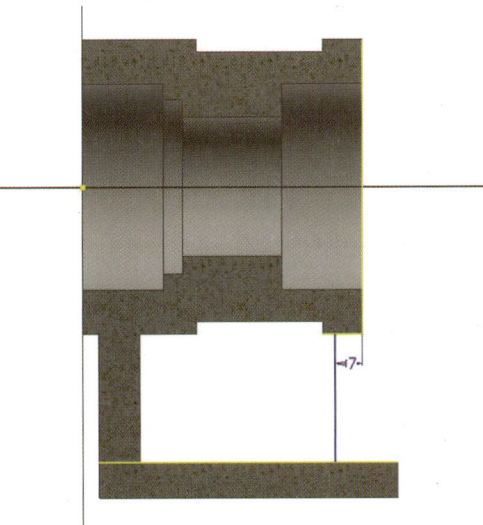

12 리브 명령 클릭 ▶ 프로파일 선택 ▶ 스케치 평면에 평행 ▶ 방향 : 방향1 ▶ 두께 : 10mm(방향 : 대칭) ▶ 확인

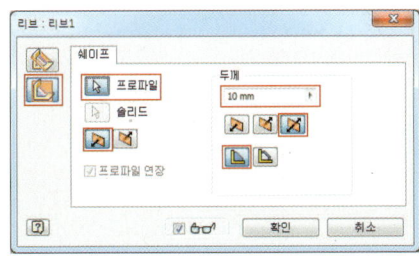 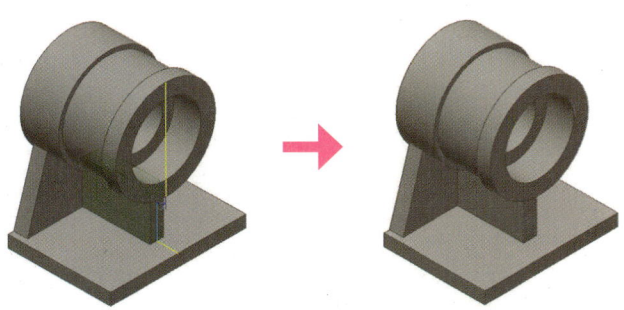

어드바이스 ▶ 리브 스케치는 면과 면을 이어주는 가교역할을 하므로 반드시 두 개의 면에 맞닿아 있어야 한다.

13 작성된 솔리드 면에 스케치를 작성한다.

14 스케치 프로파일을 작성한다.

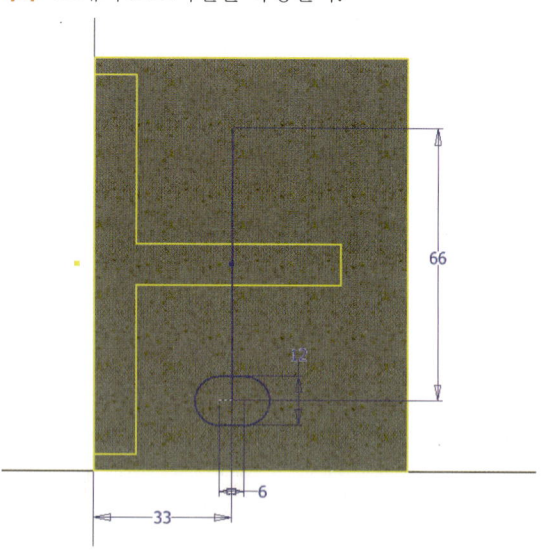

15 돌출 명령 클릭 ▶ 프로파일 선택 ▶ 거리 : 3mm ▶ 확인 버튼 클릭

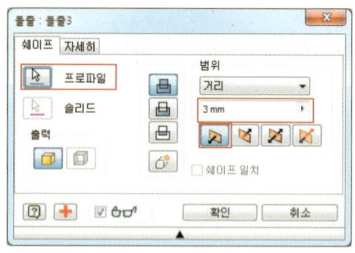
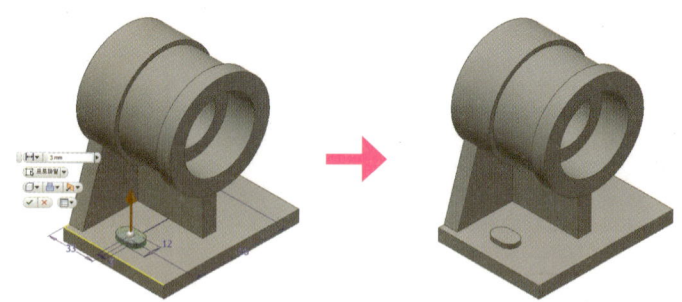

16 작성된 솔리드 면에 스케치를 작성한다.

17 스케치 프로파일을 작성한다.

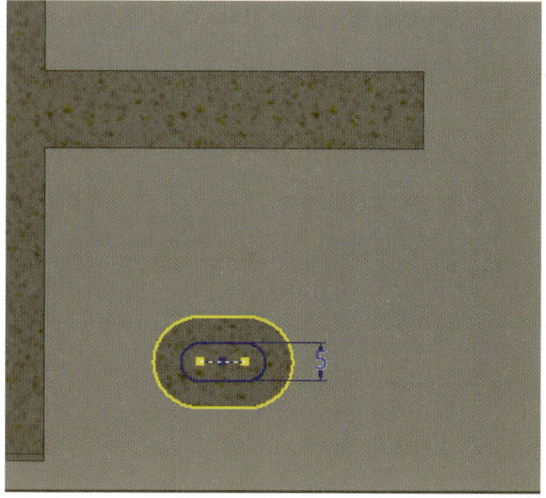

Section5. 고급 모델링 예제

18 돌출 명령 클릭 ▶ 프로파일 선택 ▶ 유형 : 차집합 ▶ 범위 : 전체 ▶ 방향 : 방향2 ▶ 확인 버튼 클릭

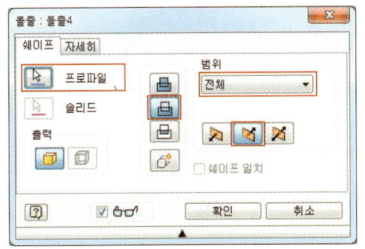 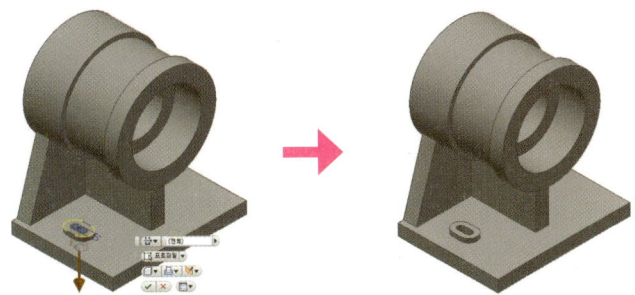

19 모깎기 명령 클릭 ▶ 반지름 : 3mm ▶ 모서리 선택 ▶ 확인 버튼 클릭

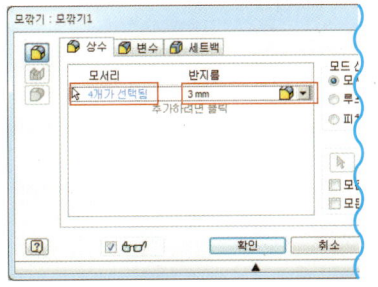 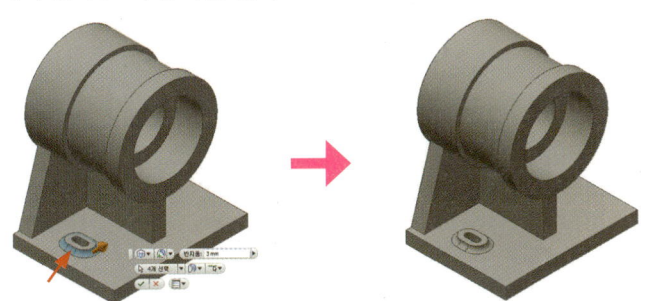

어드바이스 ▶ 원칙적으로 모깎기는 현 상황보다 나중에 하는 것이지만 모델링의 편의성을 위해 먼저 작성하기도 한다.

20 돌출3의 스케치를 마우스 우측 버튼으로 클릭해 가시성을 클릭한다.

21 스케치3이 표시된다.

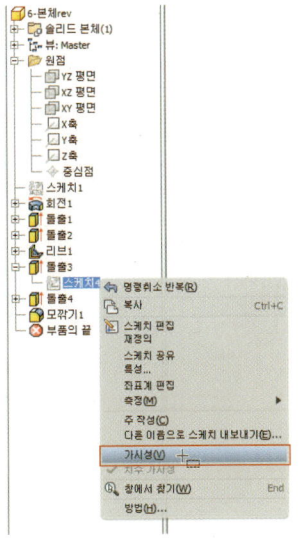 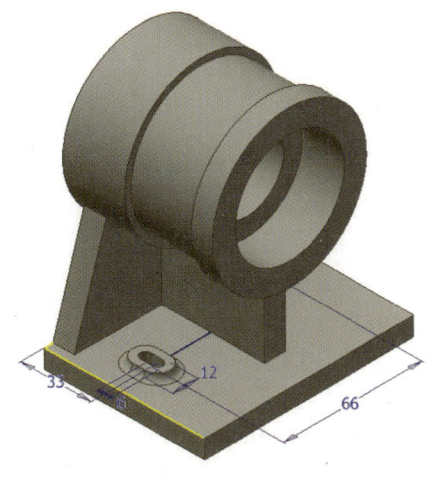

22 직사각형 패턴 명령 클릭 ▶ 패턴할 피쳐 선택 ▶ 방향1 : 방향과 개수와 거리 선택 ▶ 확인 버튼 클릭

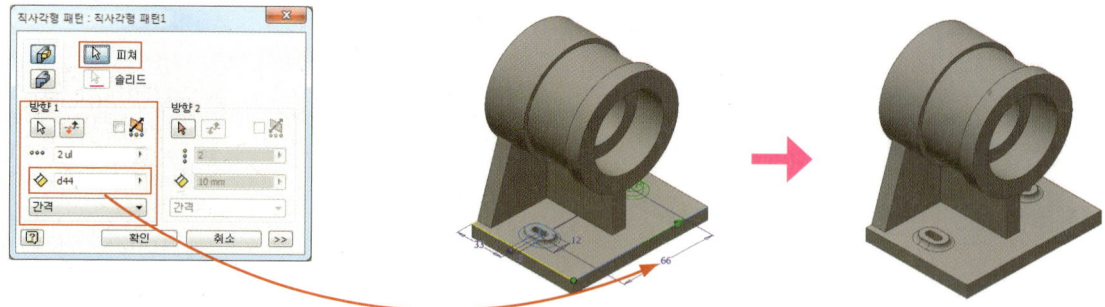

02 서브 피쳐 작성

01 작성된 솔리드 면에 스케치를 작성된다.

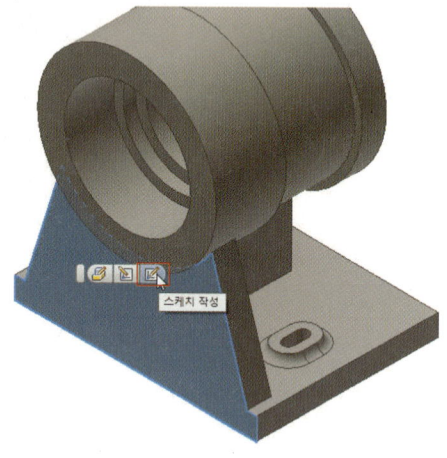

02 구멍의 중심으로 쓸 점을 작성한다.

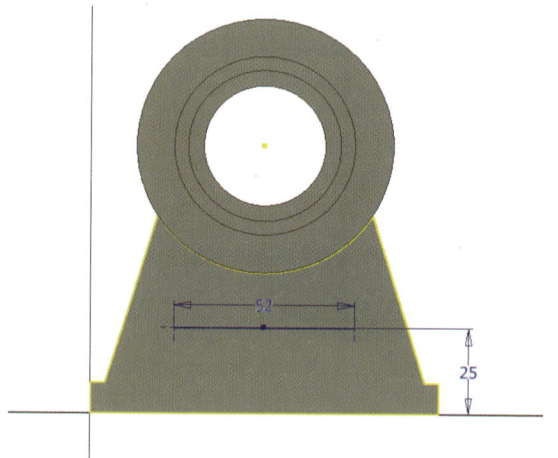

03 구멍 명령을 클릭해 다음과 같이 작성한다.

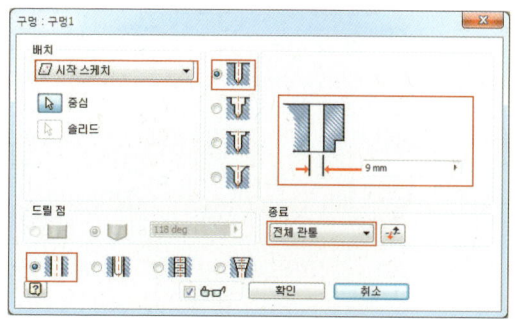

배치 : 시작 스케치 ▶

구멍 유형 : 드릴 (드릴 지름 : 9mm) ▶

종료 : 전체 관통 ▶

구멍 타입 : 단순 구멍 ▶

확인 버튼 클릭

04 작성된 솔리드 면에 스케치를 작성된다.

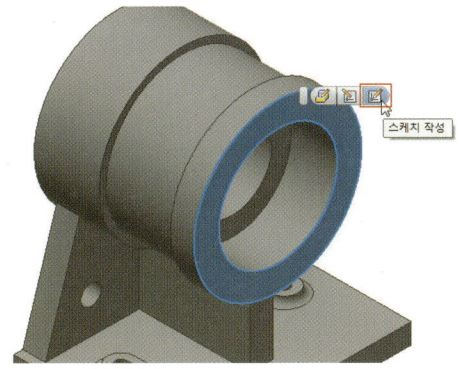

05 구멍의 중심으로 쓸 점을 작성한다.

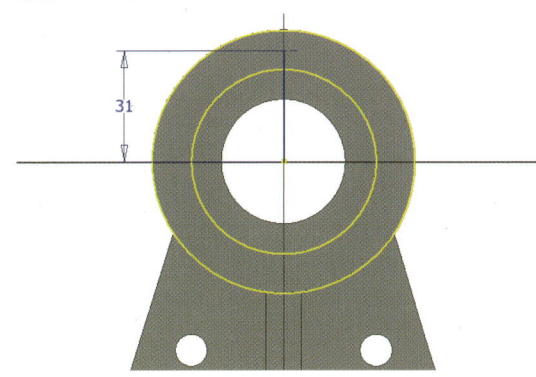

06 구멍 명령을 클릭해 다음과 같이 작성한다.

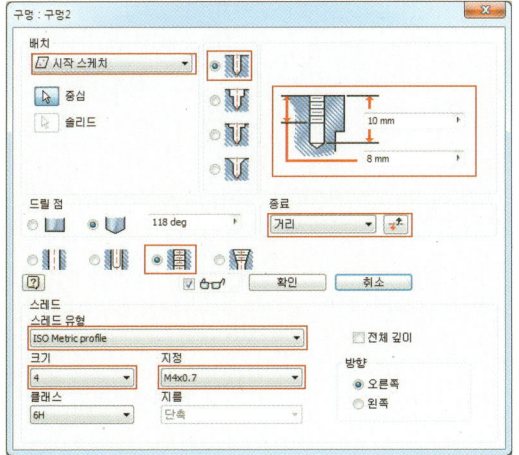

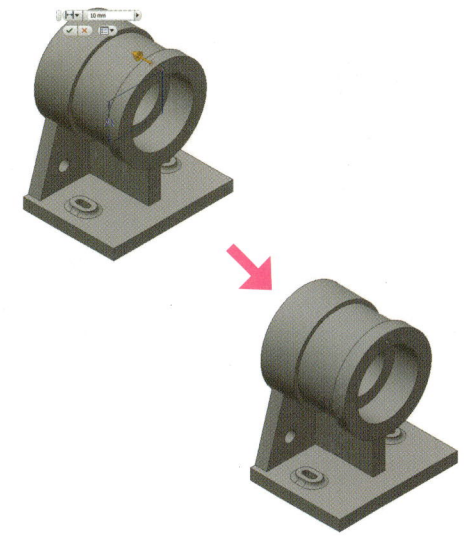

배치 : 시작 스케치 ▶
구멍 유형 : 드릴 (드릴 깊이 : 10mm, 탭 깊이 : 8mm) ▶
종료 : 거리 ▶
구멍 타입 : 탭 구멍(ISO Metric profile, M4x0.7) ▶
확인 버튼 클릭

07 작성된 솔리드 면에 스케치를 작성된다.

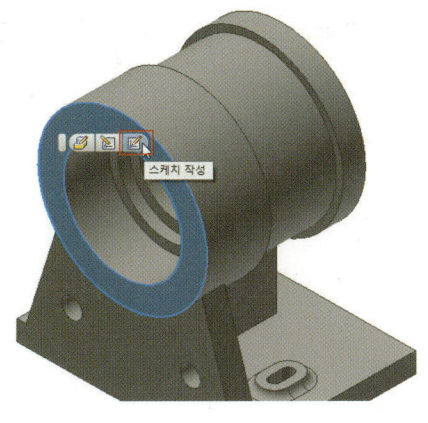

08 구멍의 중심으로 쓸 점을 작성한다.

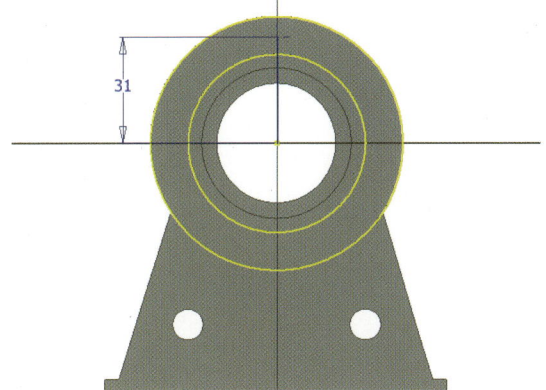

09 구멍 명령을 클릭해 다음과 같이 작성한다.

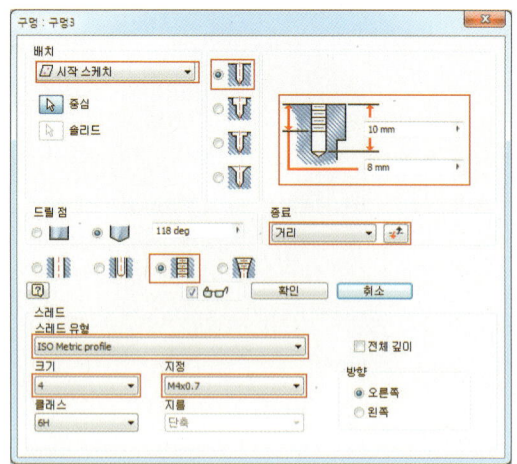

배치 : 시작 스케치 ▶

구멍 유형 : 드릴 (드릴 깊이 : 10mm, 탭 깊이 : 8mm) ▶

종료 : 거리 ▶

구멍 타입 : 탭 구멍(ISO Metric profile, M4x0.7) ▶

확인 버튼 클릭

10 원형 패턴 명령 클릭 ▶ 패턴 피쳐와 회전축 선택 ▶ 갯수 : 4개, 범위 각도 : 360도 ▶ 확인 버튼 클릭

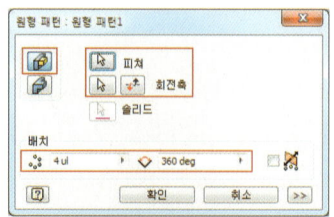

어드바이스 ▶ 양쪽의 구멍이 같은 개수일 경우 위와 같이 양쪽 구멍을 한꺼번에 원형 패턴을 해도 된다.

03 마무리 피처 작성

01 모깎기 명령 클릭 ▶ 반지름 : 3mm ▶ 모서리 선택 ▶ 확인 버튼 클릭

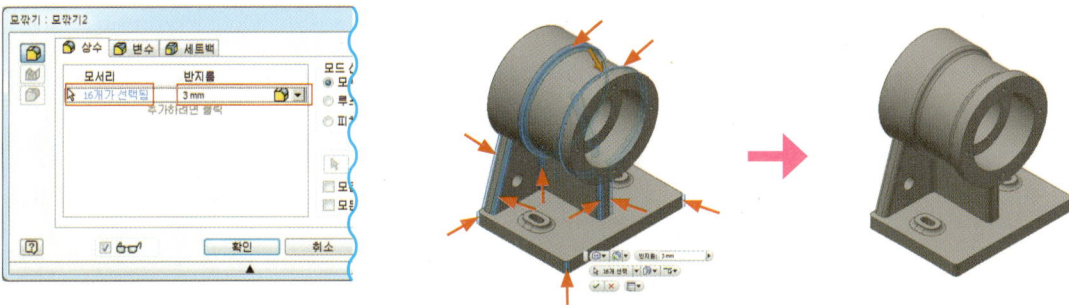

02 모깎기 명령 클릭 ▶ 반지름 : 3mm ▶ 모서리 선택 ▶ 확인 버튼 클릭

03 추가하려면 클릭을 클릭 ▶ 반지름 : 0.3mm ▶ 모서리 선택 ▶ 확인 버튼 클릭

04 모따기 명령 클릭 ▶ 유형 : 거리 ▶ 거리 : 1mm ▶ 모서리 선택 ▶ 확인 버튼 클릭

Lesson 3 연습 예제도면

01 지지대

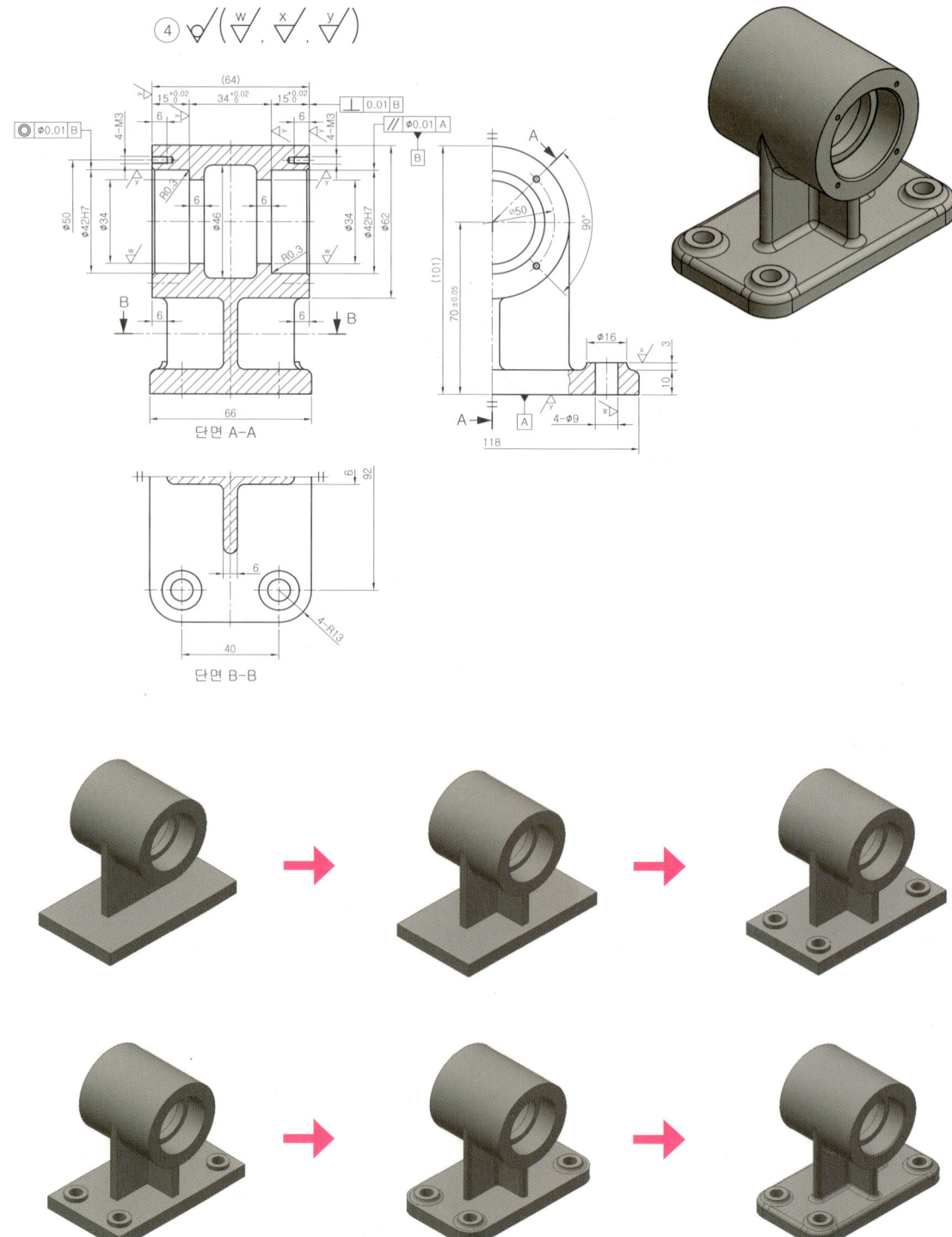

02 본체

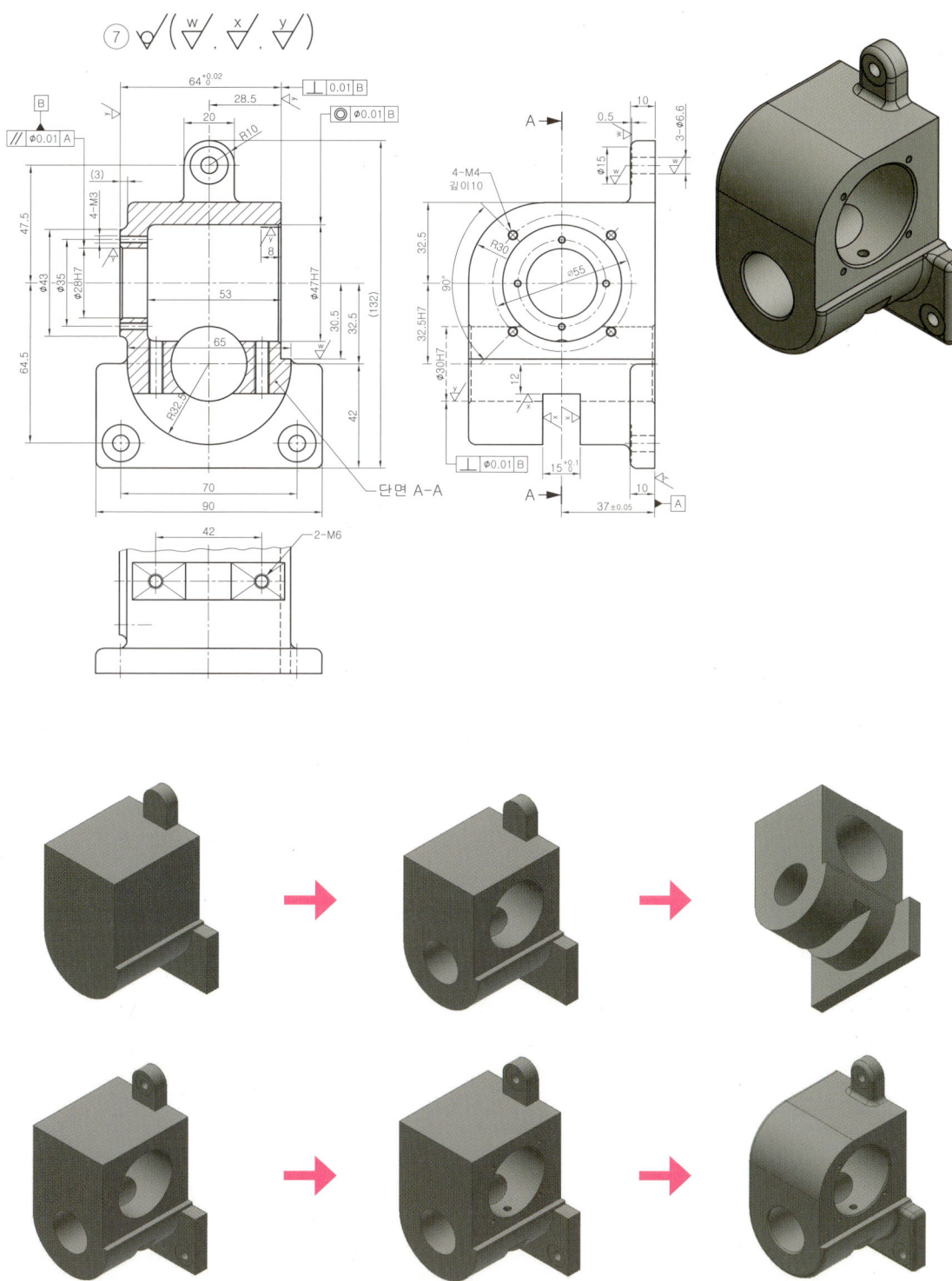

PART 03

판금 모델링

Section 1	판금 환경과 판금 기본값	94p
Section 2	판금 예제	140p

1. 판금 환경과 판금 기본값

Lesson 1 | 판금 환경 알아보기

판금 환경은 다음과 같습니다.

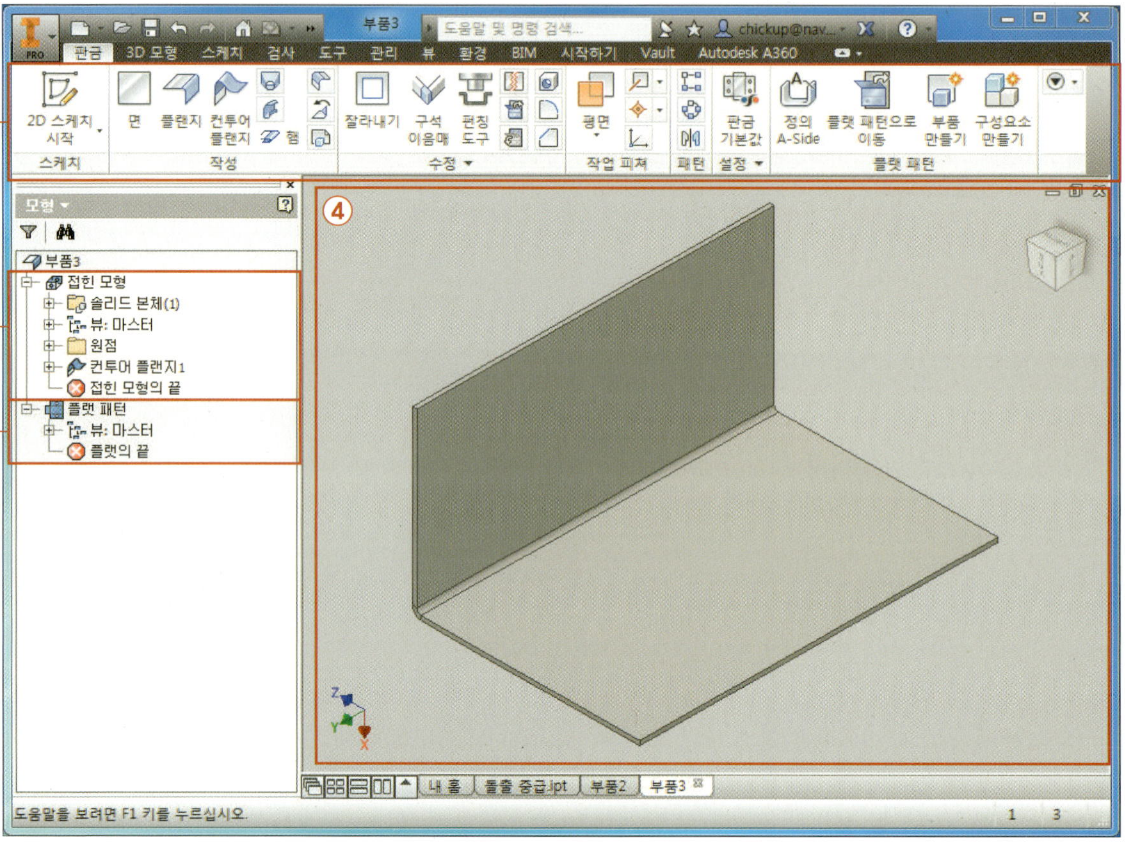

❶ **판금 탭** : 판금 작성과 수정을 할 수 있는 판금 명령어 탭입니다.

❷ **접힌 모형** : 접힌 모형 상태의 피쳐 영역입니다.

❸ **플랫 패턴** : 전개도 상태의 피쳐 영역입니다.

❹ **작업 공간** : 판금 작업을 하는 실제 공간입니다.

Lesson 2 | 판금 기본값

판금 명령어 탭에서 판금 기본값 명령을 클릭하면 다음과 같이 판금 기본값을 설정할 수 있습니다.

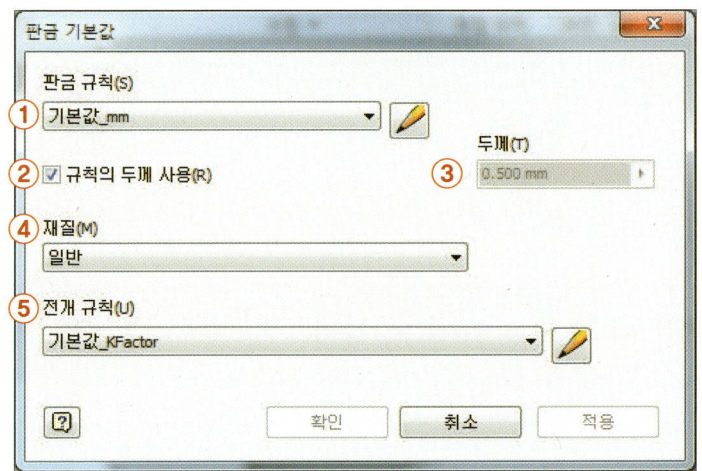

❶ **판금 규칙** : 판금 규칙 스타일을 선택할 수 있습니다.

❷ **규칙의 두께 사용** : 체크 해제하면 두께를 따로 설정할 수 있습니다.

❸ **두께** : 판금의 기본 두께를 지정할 수 있습니다.

❹ **재질** : 판금의 재질을 선택할 수 있습니다.

❺ **전개 규칙** : 전개 규칙 스타일을 선택할 수 있습니다.

Lesson 3 | 판금 스타일

스타일 편집기를 실행하면 다음과 같이 판금 규칙과 판금 전개값을 작성/편집할 수 있습니다.

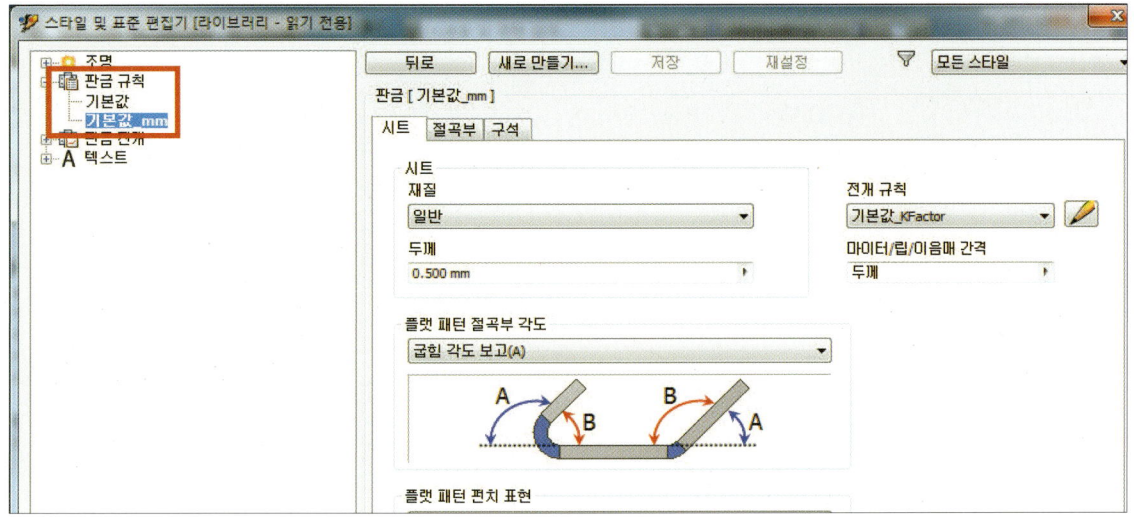

Part 03 판금 모델링

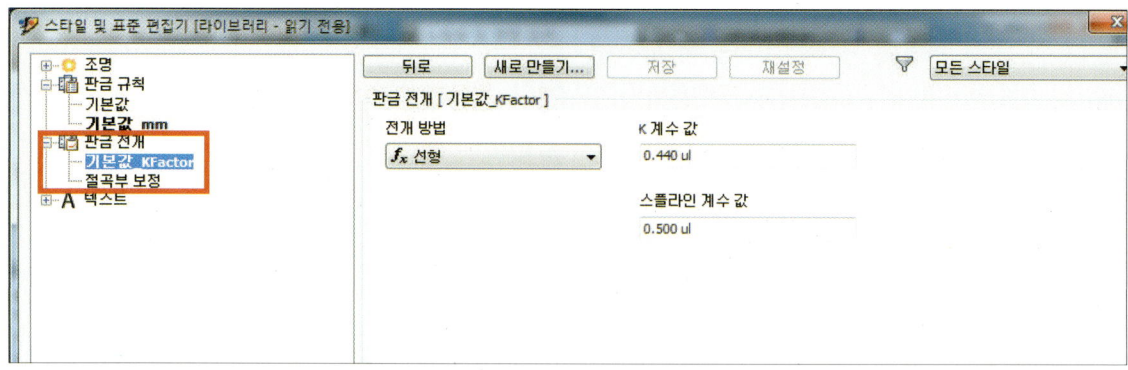

Lesson 4 　작성 명령

작성 명령에는 다음과 같은 것들이 있습니다.

01 면

스케치 프로파일을 이용해 기본 판금 면을 작성합니다.

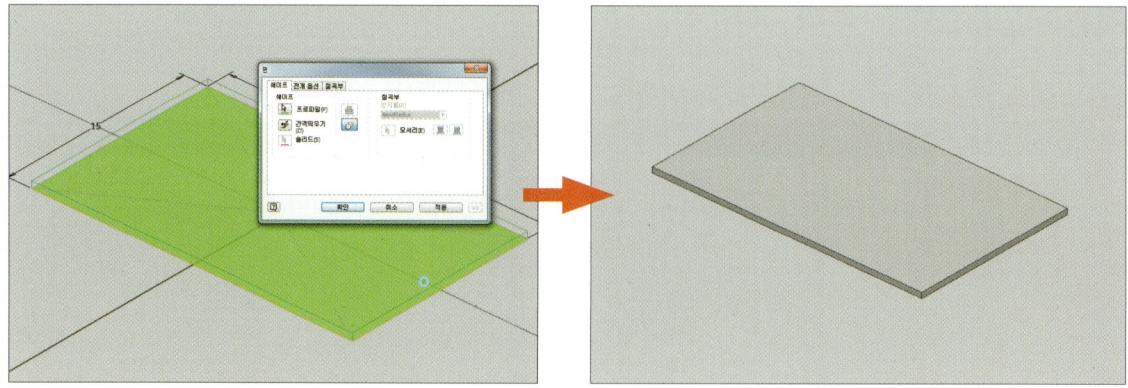

02 플랜지

판금 면 모서리를 절곡하는 플랜지를 작성합니다.

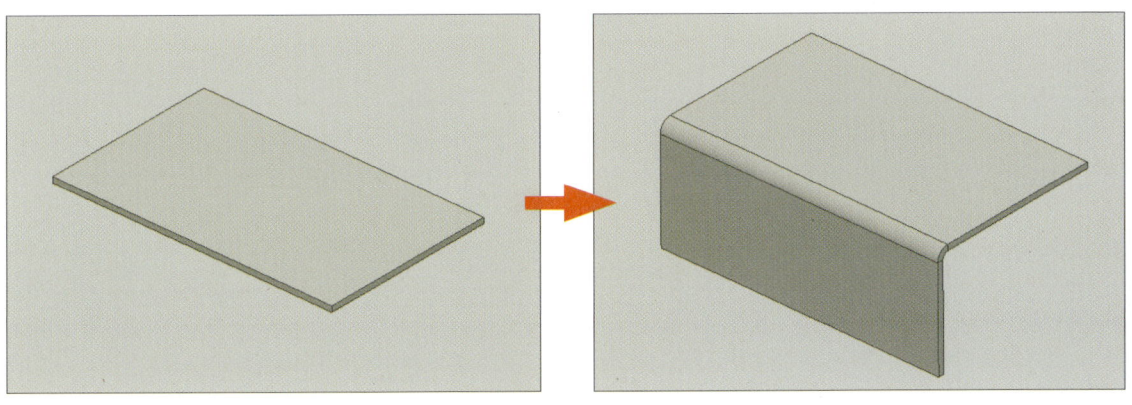

03 컨투어 플랜지

스케치 프로파일에 높이 방향으로 판금 기본값을 이용한 플랜지를 작성합니다.

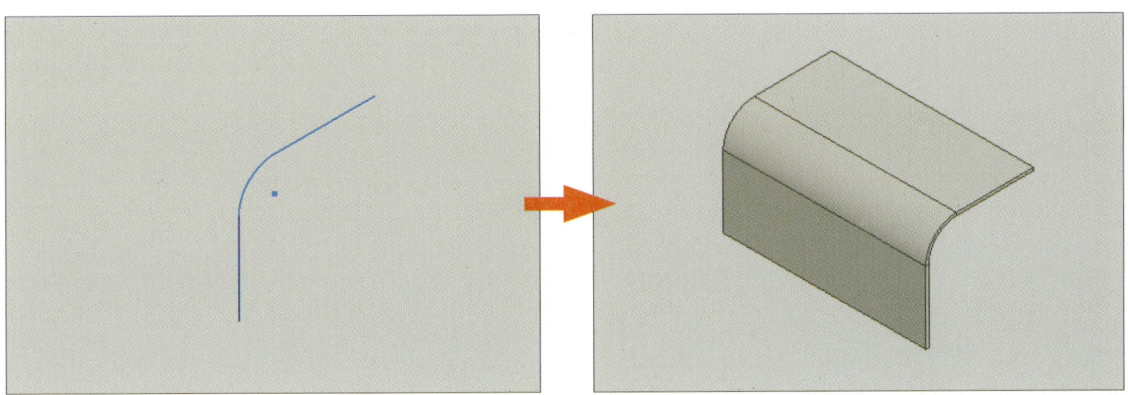

04 로프트 플랜지

두 개의 프로파일을 잇는 로프트 모양의 판금 형상을 작성합니다.

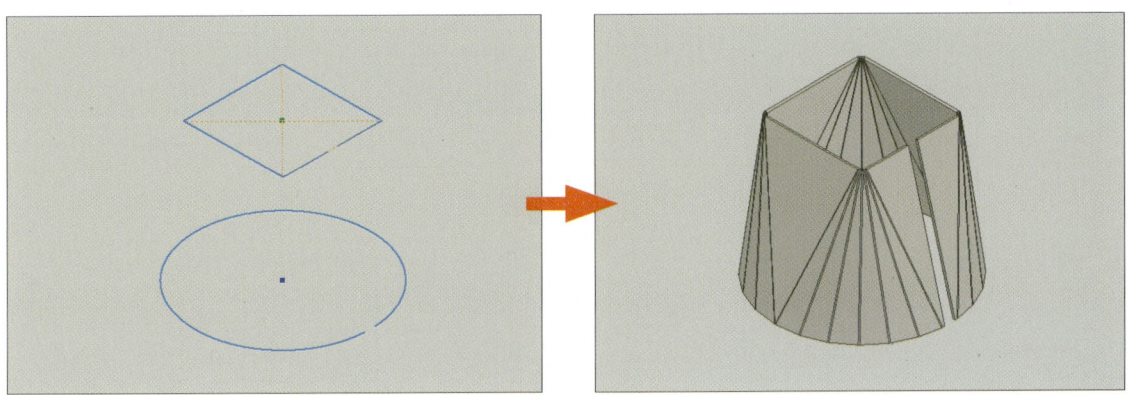

05 윤곽선 롤

열린 프로파일과 축을 이용해 회전 판금 형상을 작성합니다.

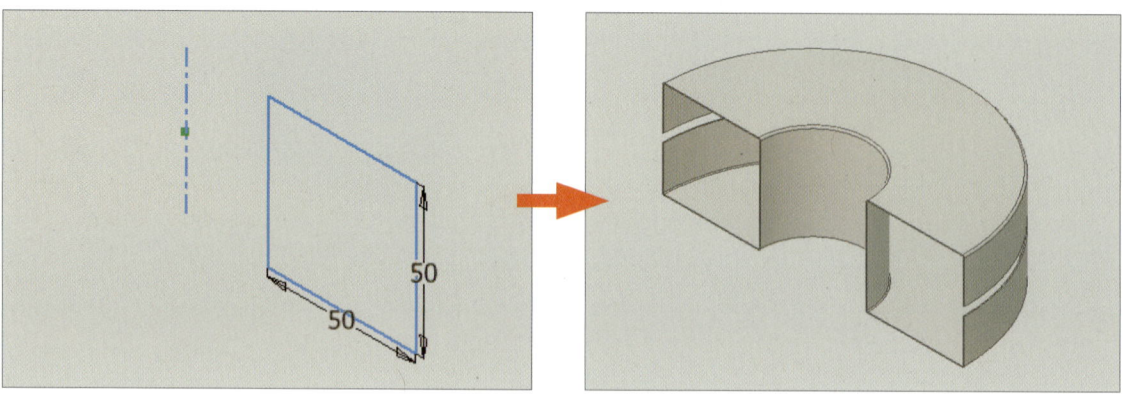

06 햄

판금 면 모서리를 접는 형상을 작성합니다.

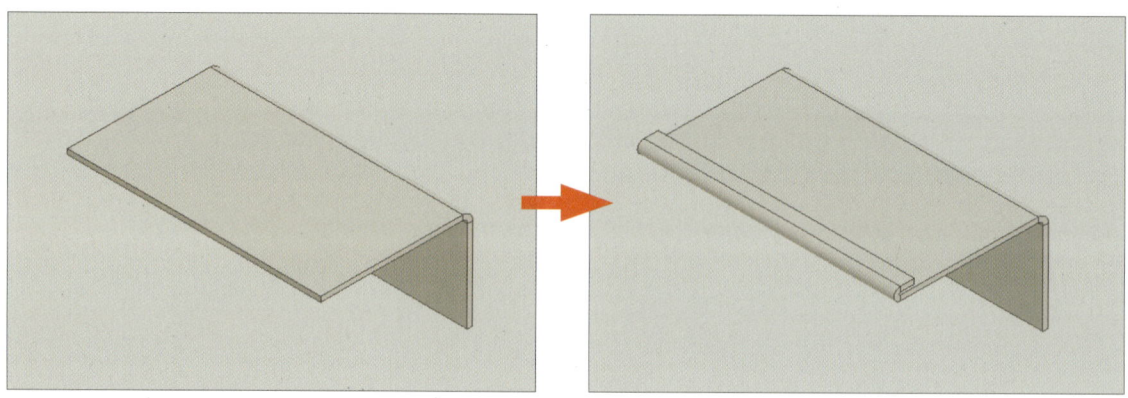

07 절곡부

서로 떨어진 두 개의 모서리를 이어주는 판금 형상을 작성합니다.

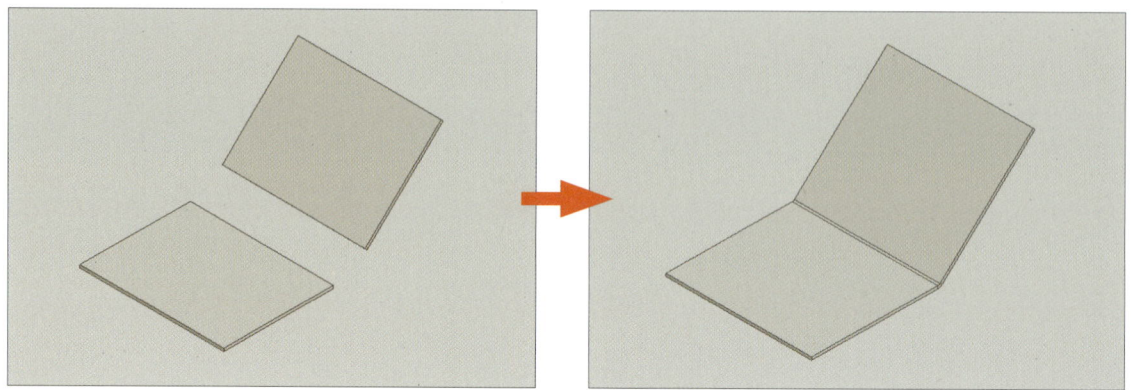

08 접기

스케치 선을 이용해서 판금 면을 접습니다.

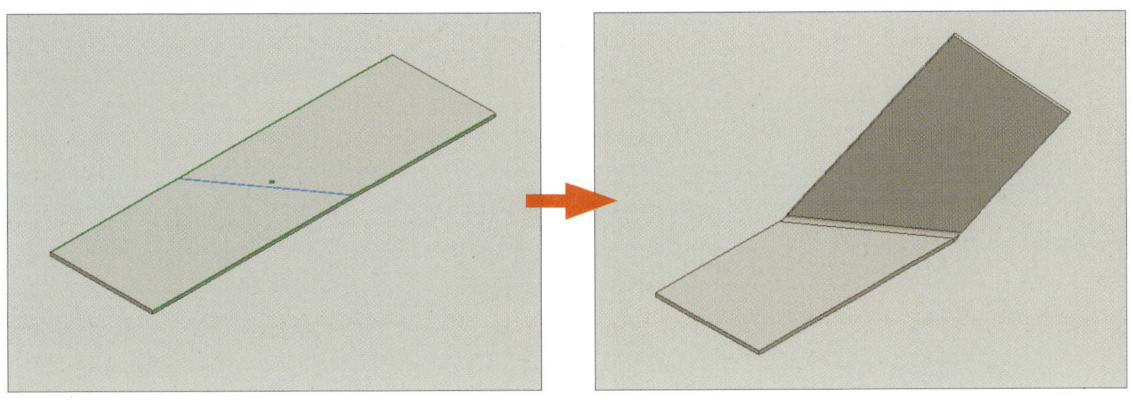

Lesson 5 | 수정 명령

수정 명령에는 다음과 같은 것들이 있습니다.

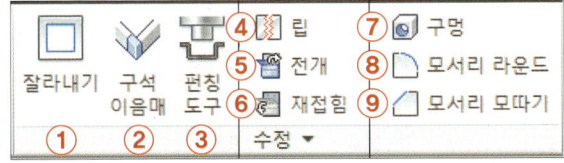

01 잘라내기

스케치 프로파일을 이용해 판금 형상을 잘라냅니다.

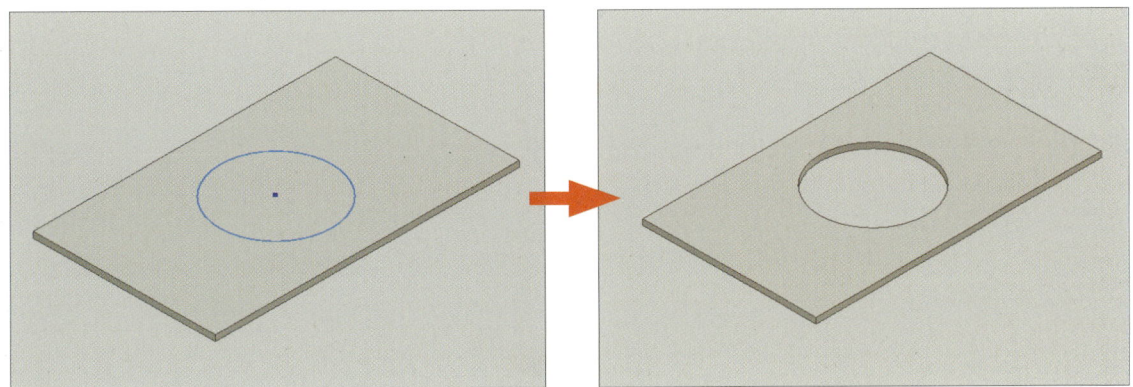

02 구석 이음매

이미 작성된 판금 형상의 구석 이음매를 수정합니다.

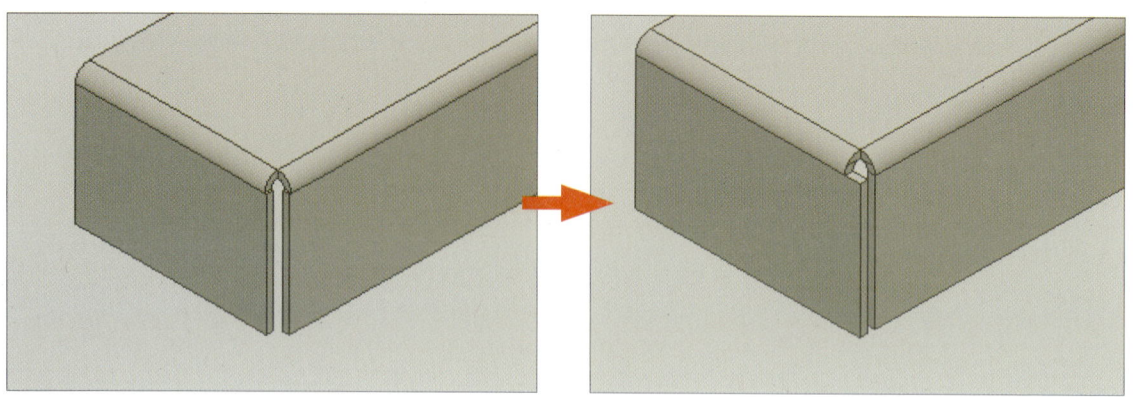

03 펀칭 도구

이미 작성된 펀칭 iFeature를 삽입합니다.

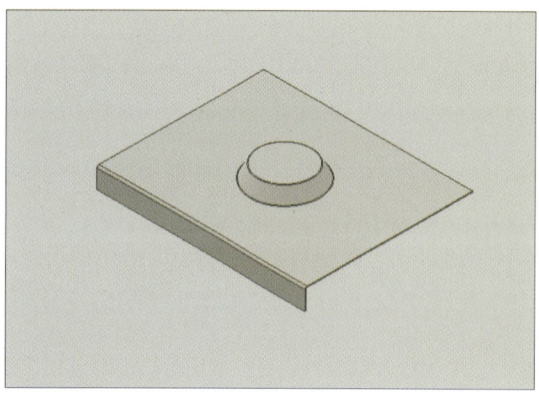

04 립

점과 점 포인트나 모서리를 선택해 판금 형상을 찢습니다.

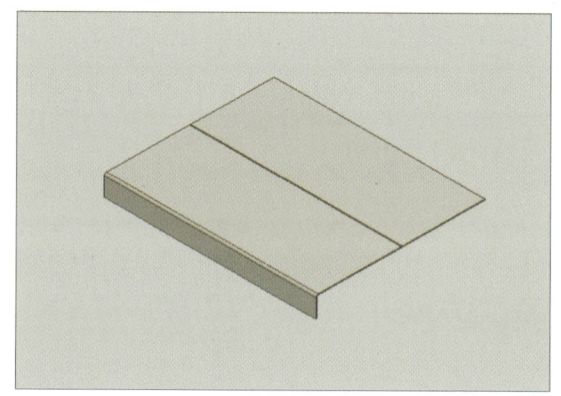

05 전개

판금 절곡부를 펼칩니다.

06 재접힘

전개 명령으로 펼친 절곡부를 다시 접습니다.

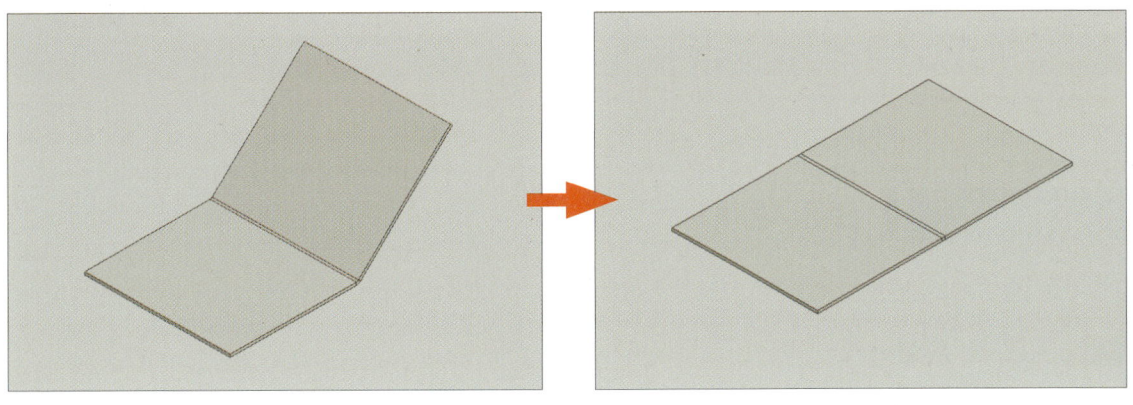

07 구멍

판금 형상에 구멍을 작성합니다.

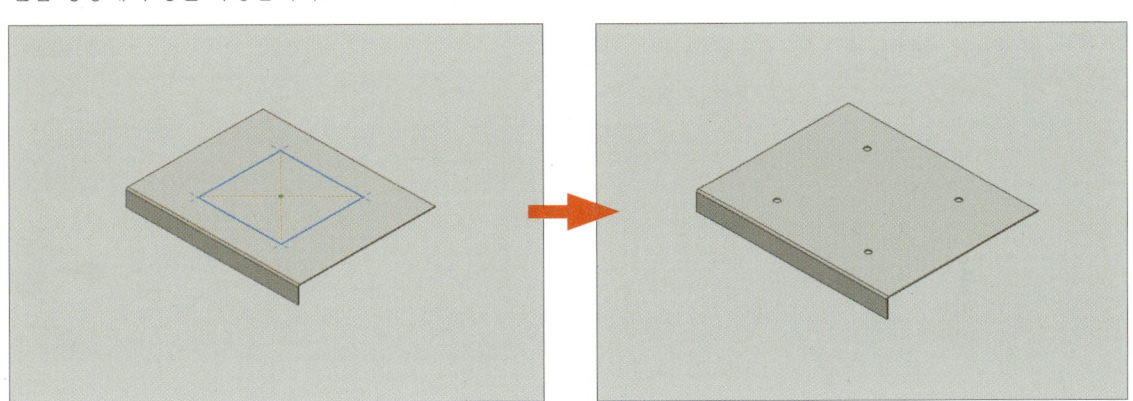

08 모서리 라운드

판금 구석 모서리에 모깎기를 작성합니다.

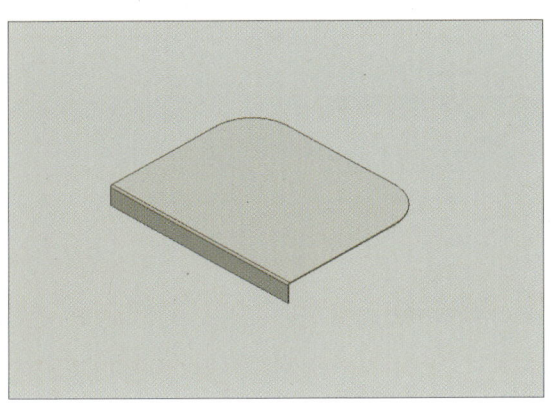

09 모서리 모따기

판금 구석 모서리에 모따기를 작성합니다.

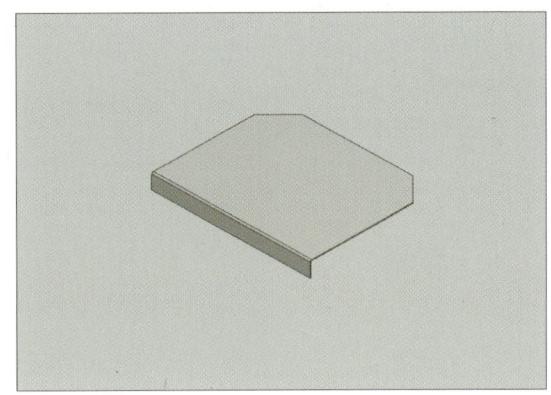

2. 판금 예제

Autodesk Inventor Standard

Lesson 1 | 판금 예제1

01 기본 면 작성하기

01 새로 만들기를 클릭한다.

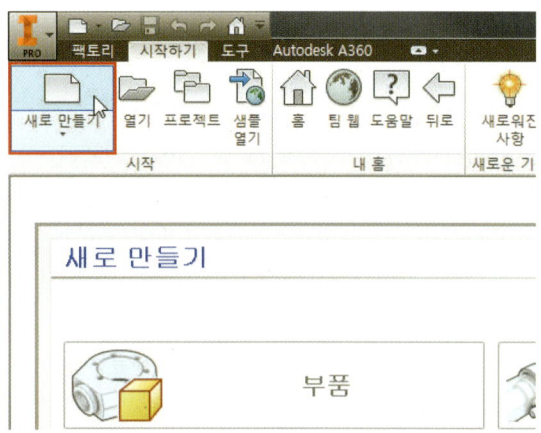

02 Sheet Metal.ipt(부품 템플릿)을 선택한 후, 작성 버튼을 클릭해서 부품 환경을 연다.

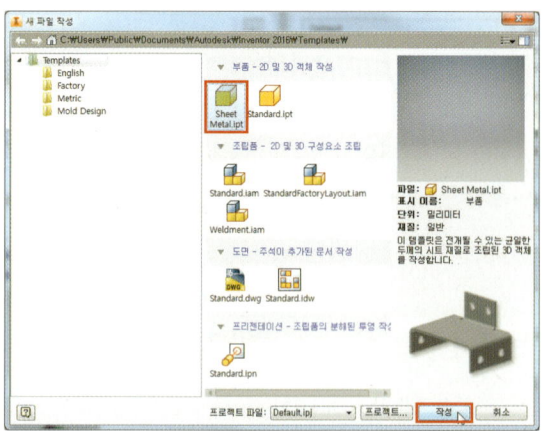

03 XZ 평면을 선택하고 2D 스케치 시작 버튼을 클릭한다.

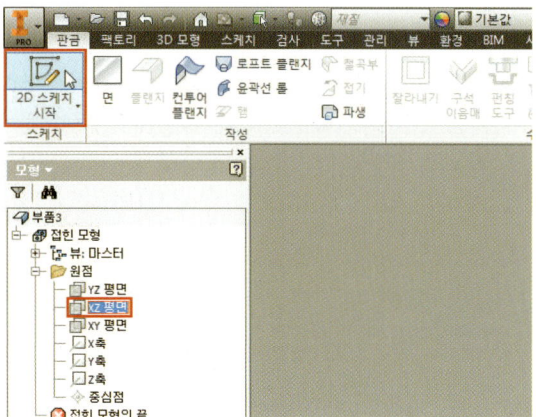

04 다음과 같이 스케치를 할 수 있는 화면이 표시된다.

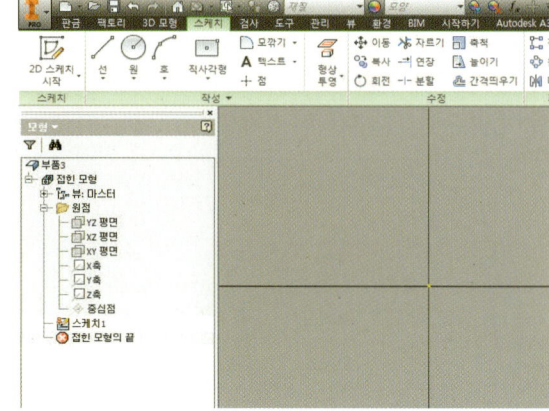

05 두 점 중심 직사각형 명령을 클릭한다.

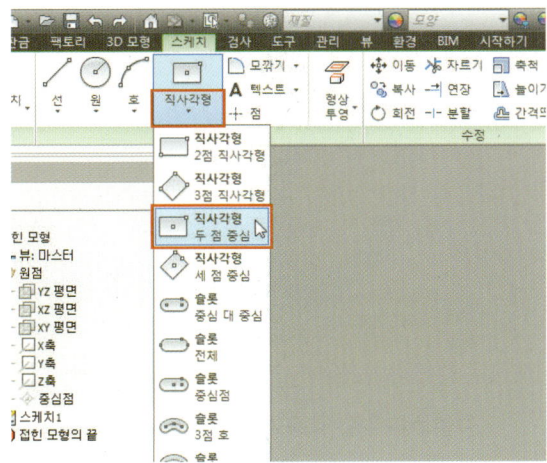

06 직사각형의 중심을 원점으로 선택한다.

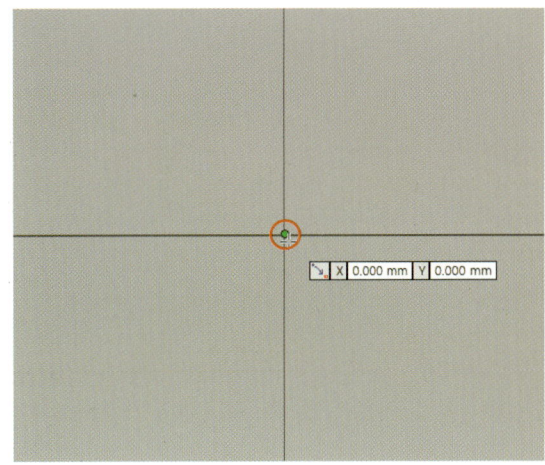

07 다음과 같이 스케치를 한다.

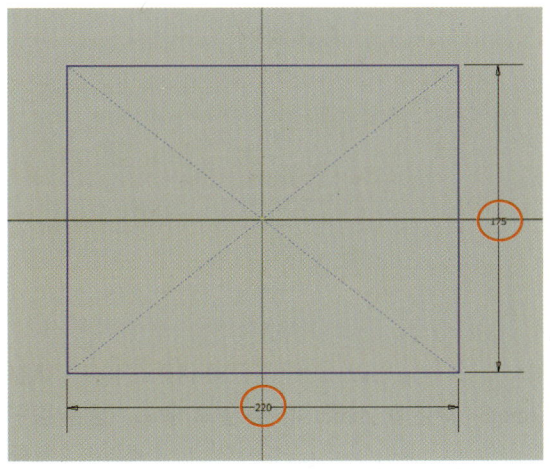

08 스케치 마무리 버튼을 선택하여 종료한다.

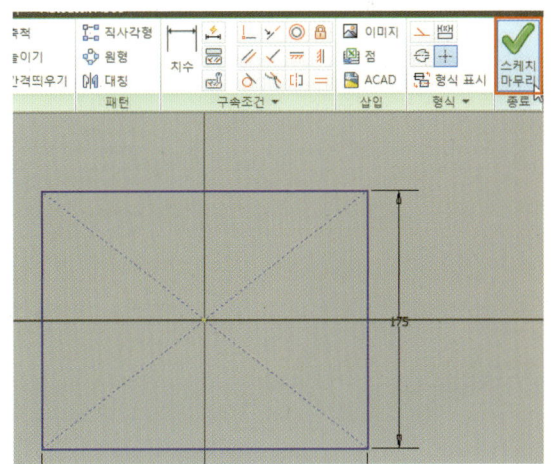

09 면 명령을 클릭한다.

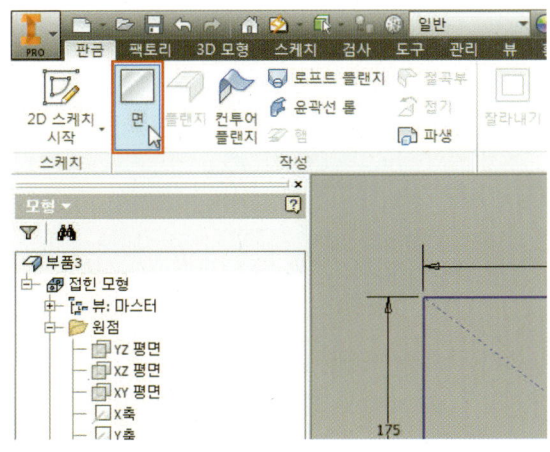

10 확인 버튼을 클릭한다.

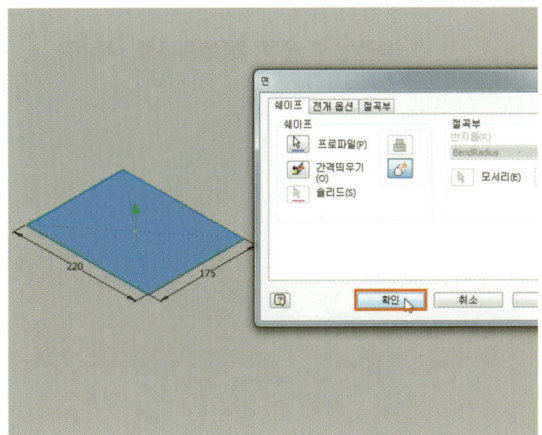

11 다음과 같이 판금 기본값에 의한 면이 작성된다.

12 플랜지 명령을 클릭한다.

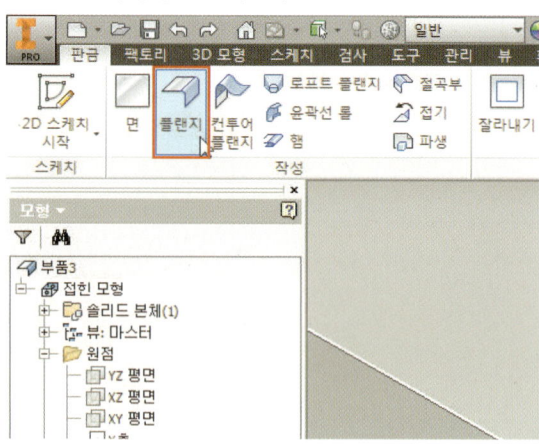

13 플랜지 거리를 입력하고 다음 모서리를 선택한다.

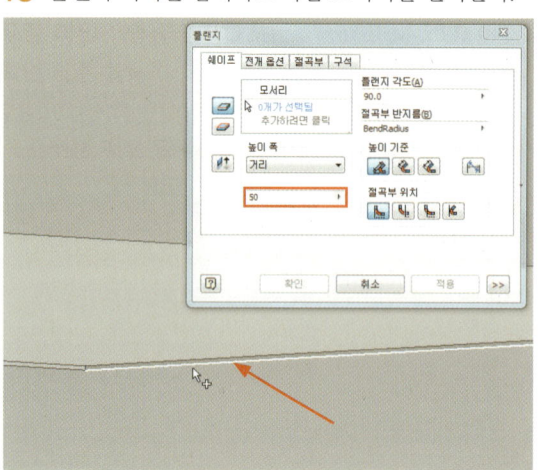

14 나머지 2개의 모서리도 선택한 후 확인 버튼을 클릭한다.

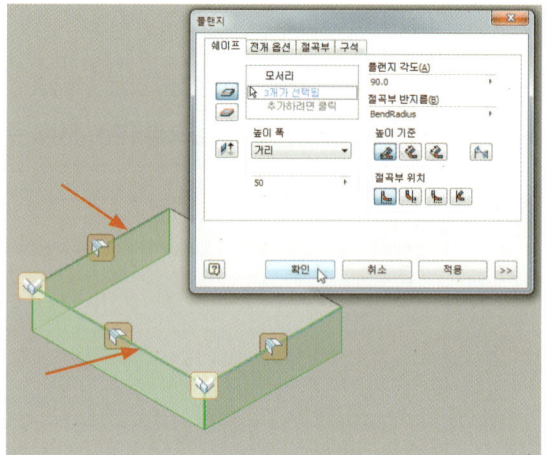

15 다음과 같이 플랜지가 작성된다.

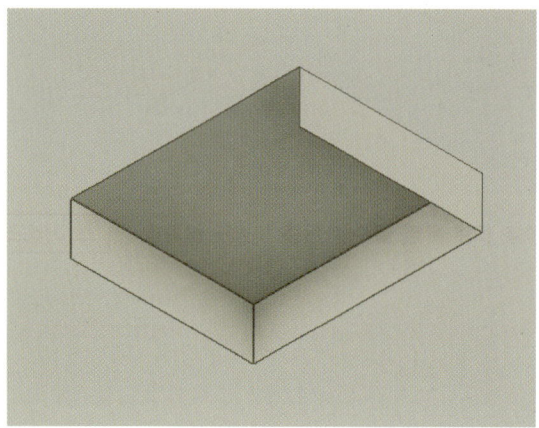

16 플랜지 명령을 클릭한다.

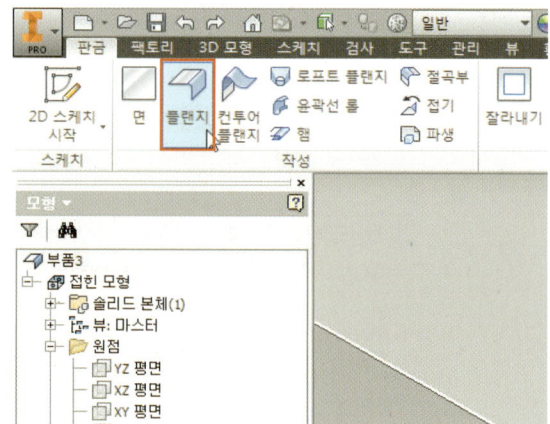

17 플랜지 거리와 각도를 입력한 후 다음 모서리를 선택한다.

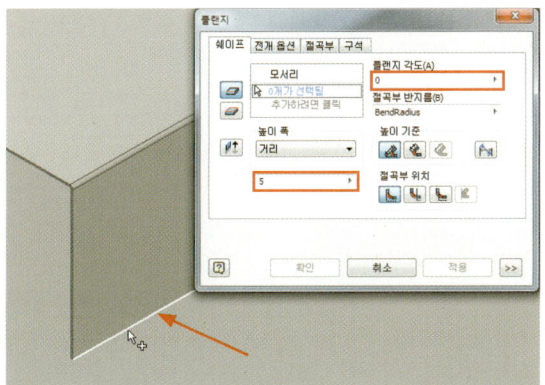

18 확장 버튼을 클릭한다.

19 다음과 같은 창이 뜨게 된다.

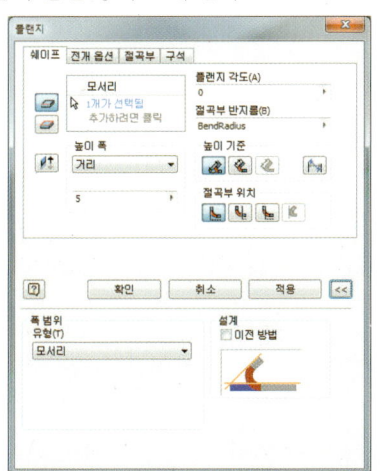

20 폭 범위 유형을 다음과 같이 설정한 후 해당 모서리를 선택한다.

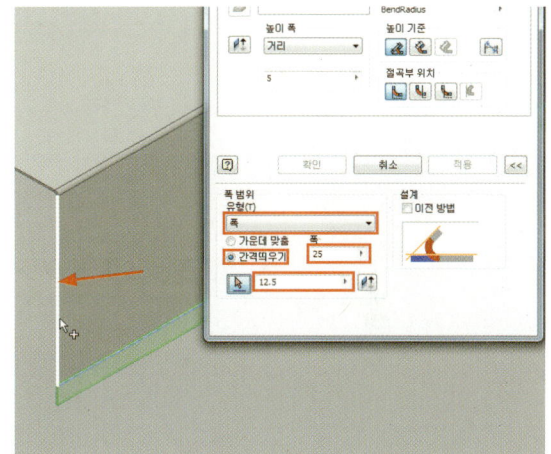

21 미리보기가 나타나면 확인 버튼을 클릭한다.

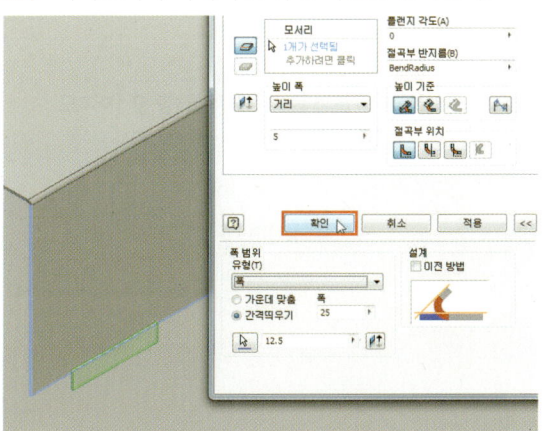

22 다음과 같이 플랜지가 작성된다.

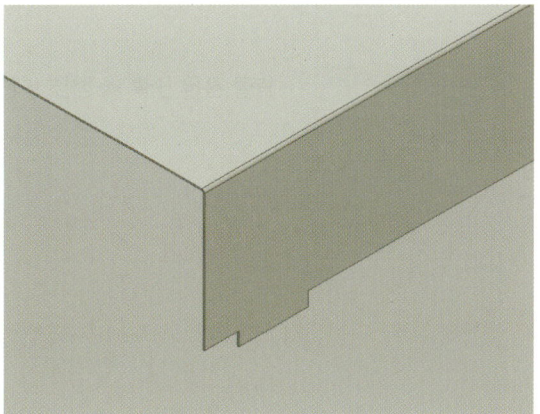

23 플랜지 명령을 클릭한다.

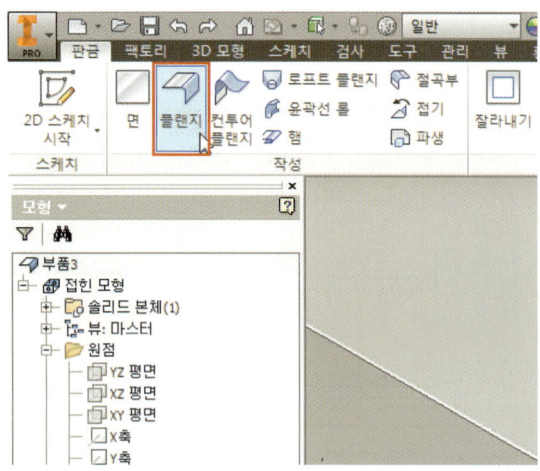

24 플랜지 거리와 각도를 입력한 후 다음 모서리를 선택한다.

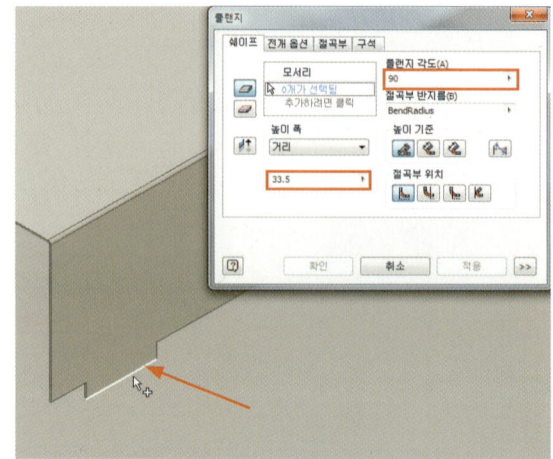

25 미리보기가 나타나면 확인 버튼을 클릭한다.

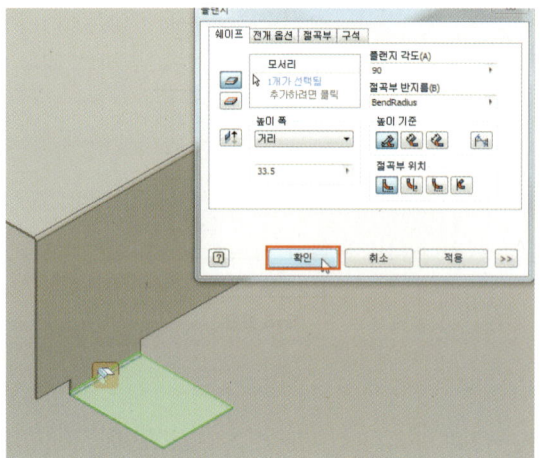

26 다음과 같이 플랜지가 작성된다.

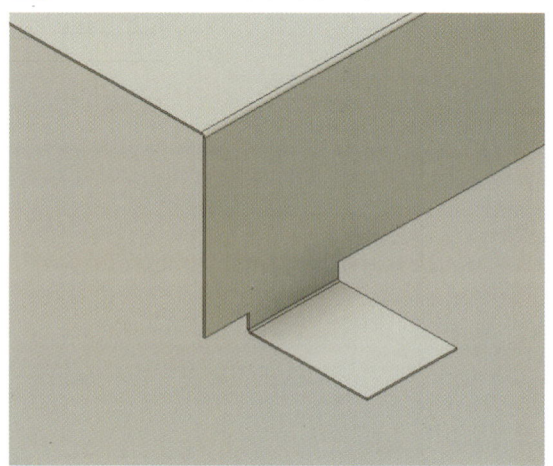

27 모서리 라운드 명령을 클릭한다.

28 반지름을 다음과 같이 입력한 후 해당 모서리를 클릭한다.

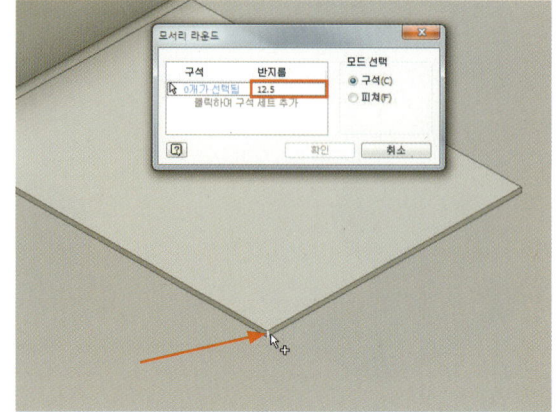

29 반대편 모서리도 선택한다.

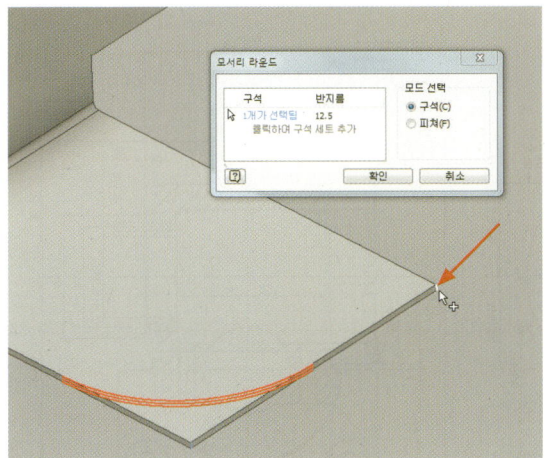

30 미리보기가 나타나면 확인 버튼을 선택한다.

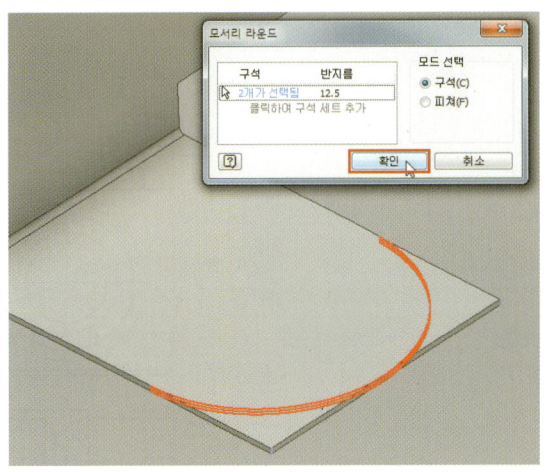

31 다음과 같이 플랜지 모서리에 라운드가 작성된다.

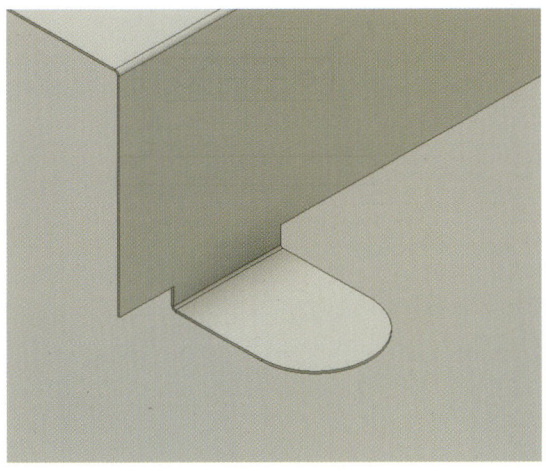

32 구멍 명령을 클릭한다.

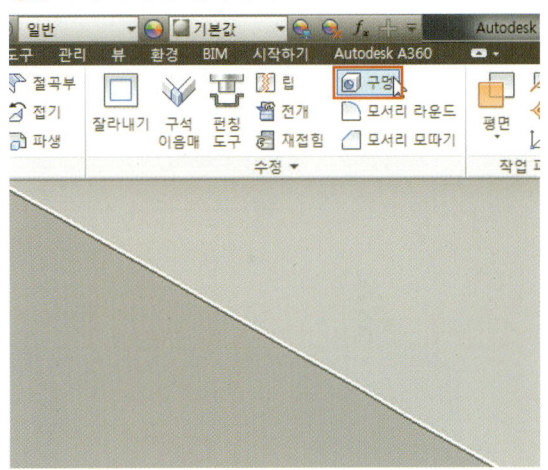

33 다음과 같이 작성한 후 해당 평면을 선택한다.

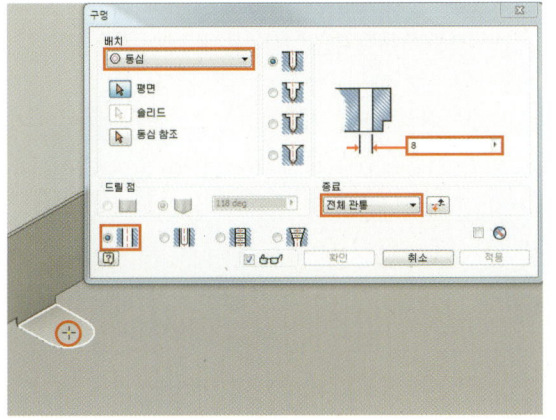

34 동심 참조를 다음과 같이 선택한다.

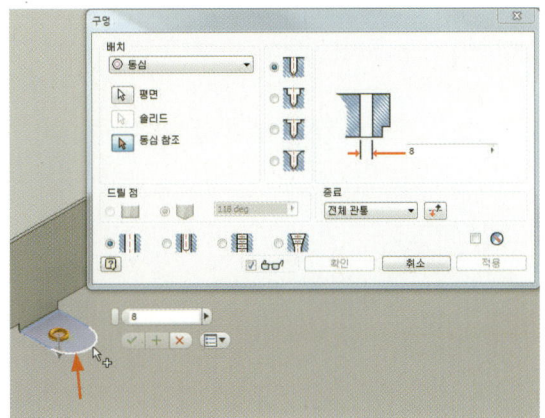

35 미리보기가 나타나면 확인 버튼을 누른다.

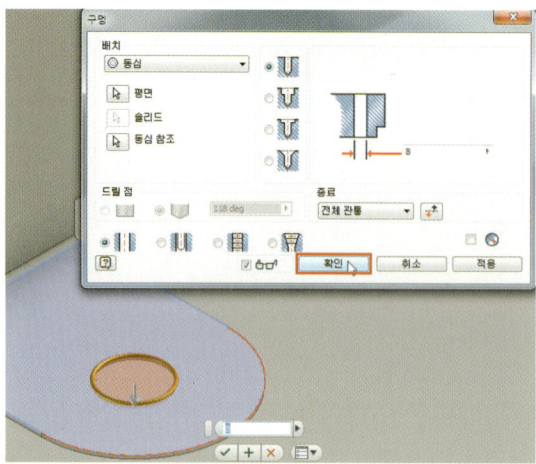

36 다음과 같이 구멍이 작성되었다.

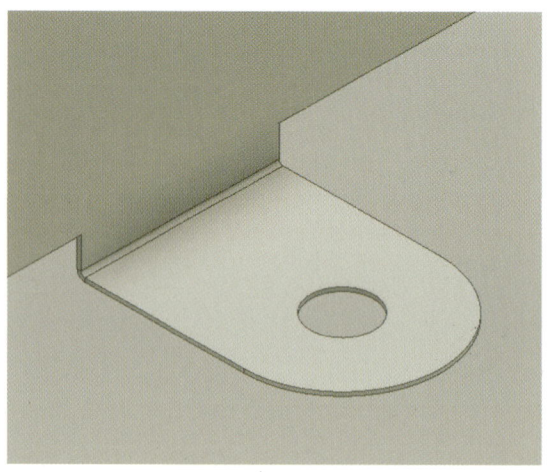

37 대칭 명령을 클릭한다.

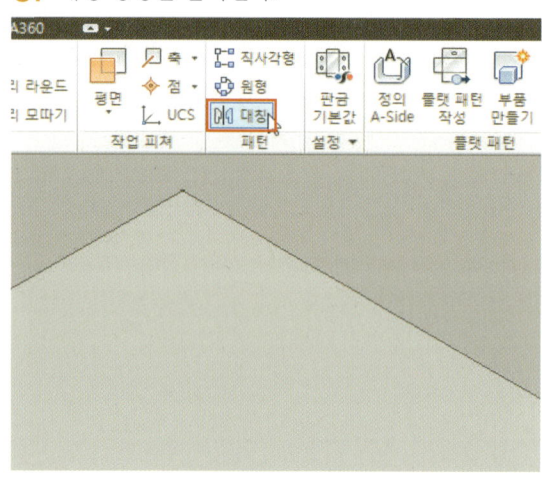

38 피쳐를 다음과 같이 선택한다.

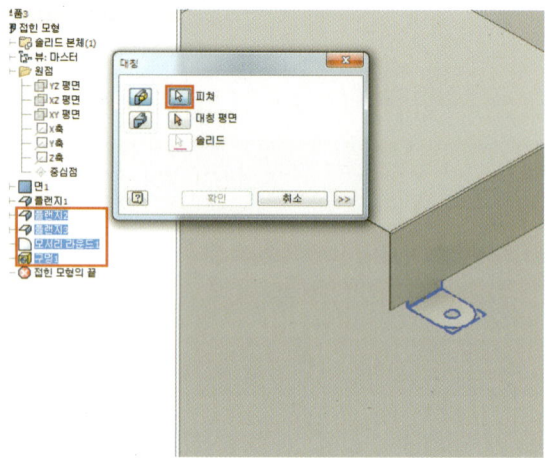

39 대칭 평면을 다음과 같이 선택한다.

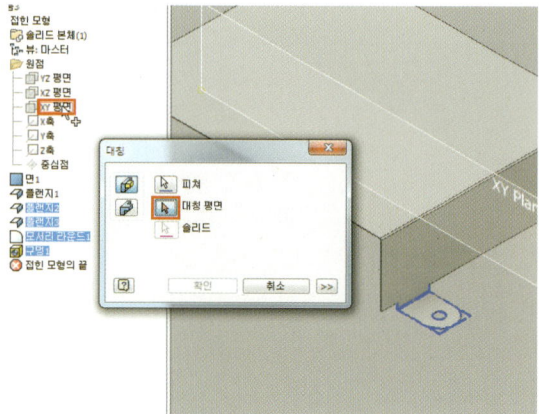

40 미리보기가 나타나면 확인 버튼을 누른다.

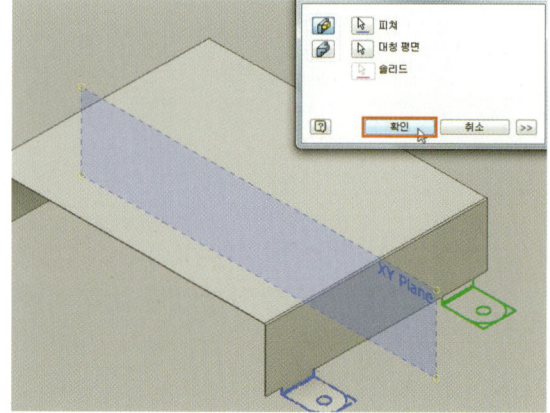

41 다음과 같이 형상이 대칭되었다.

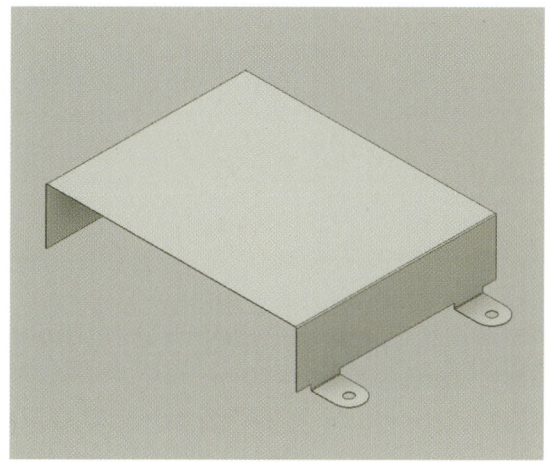

42 다시 대칭 명령을 실행해 피쳐를 다음과 같이 선택한다.

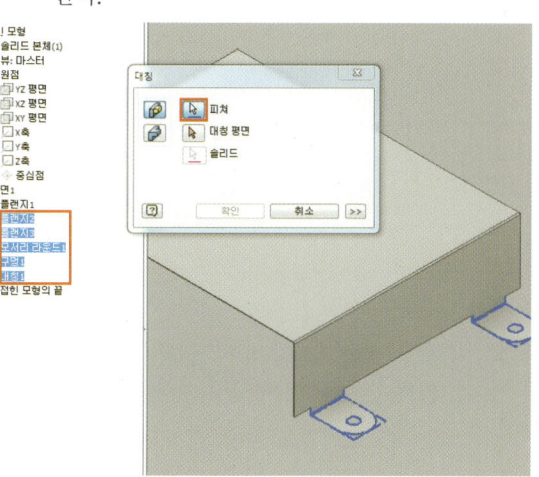

43 대칭 평면을 다음과 같이 선택한다.

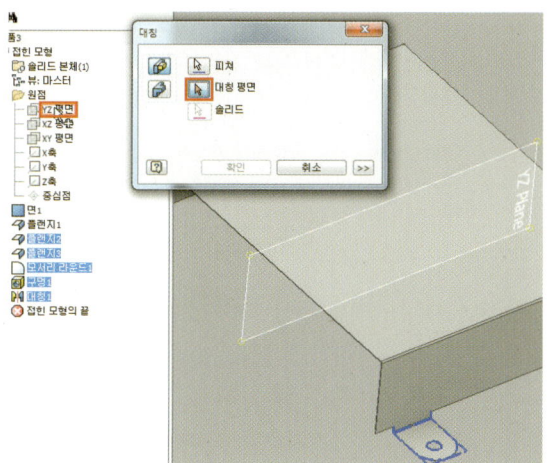

44 미리보기가 나타나면 확인 버튼을 누른다.

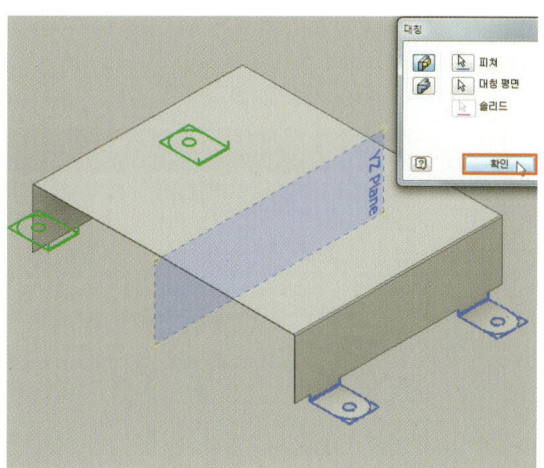

45 다음과 같이 판금 형상 작성이 완료된다.

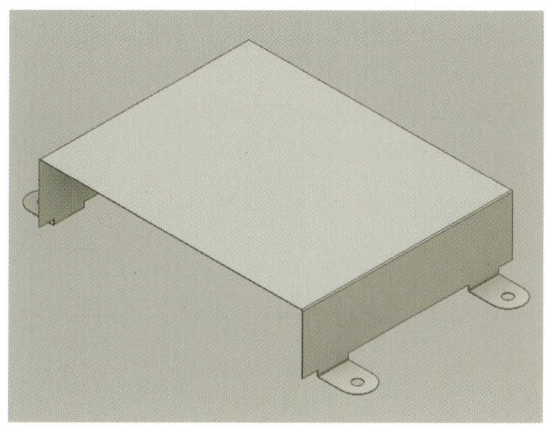

46 전개도 형상을 보기 위해 플랫 패턴 작성 명령을 클릭한다.

47 다음과 같이 전개도 형상이 작성된다.

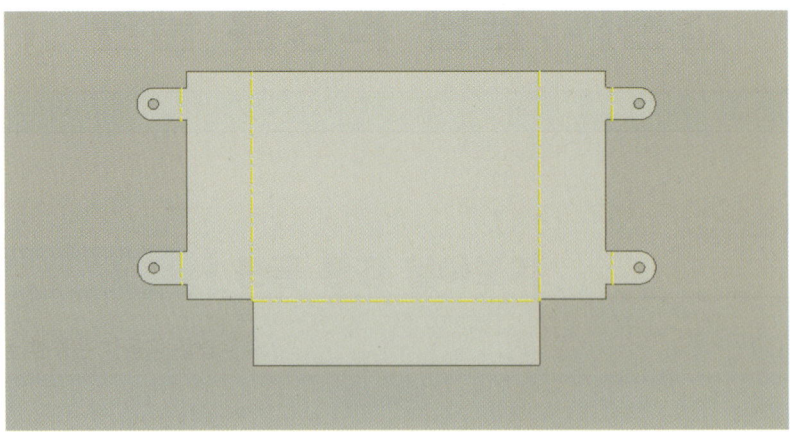

Lesson 2 | 판금 예제2

01 새로 만들기를 클릭한다.

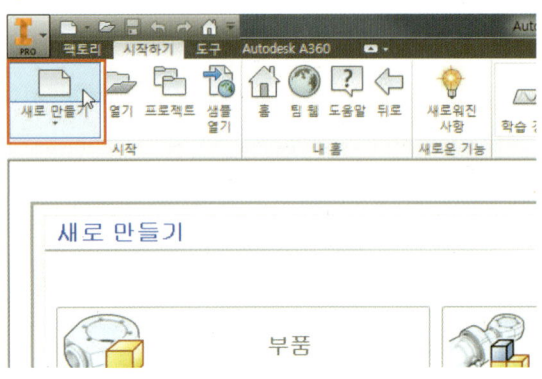

02 Sheet Metal.ipt(부품 템플릿)을 선택한 후, 작성 버튼을 클릭해서 부품 환경을 연다.

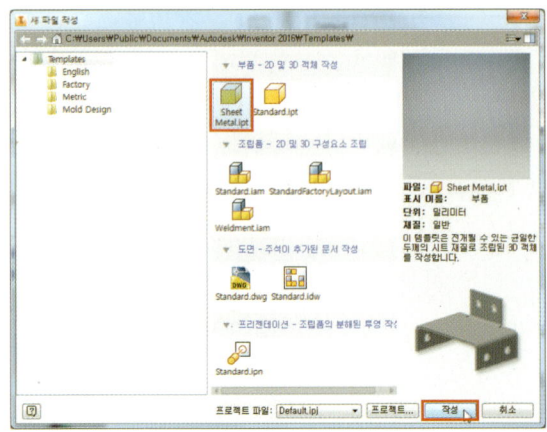

03 XY 평면을 선택하고 2D 스케치 시작 버튼을 클릭한다.

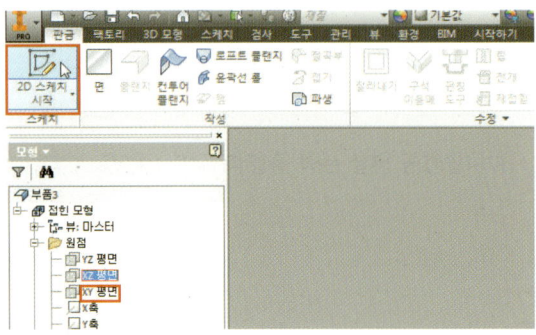

04 다음과 같이 스케치를 할 수 있는 화면이 표시된다.

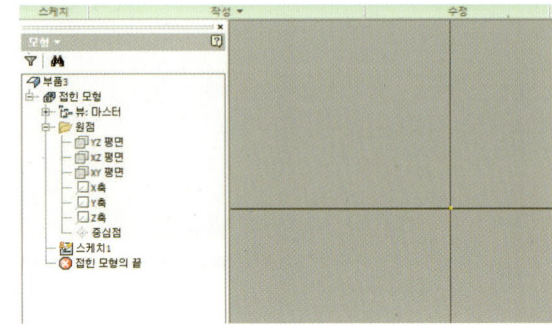

05 두 점 중심 직사각형 명령을 클릭한다.

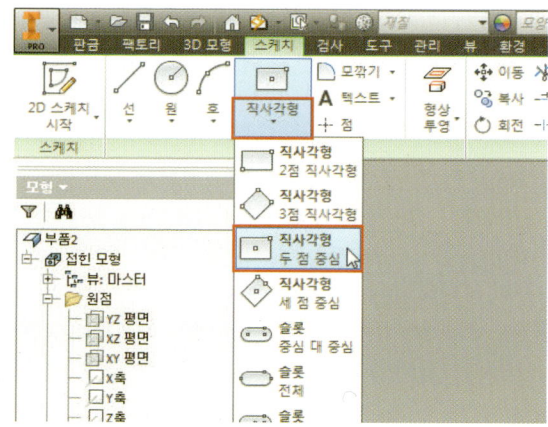

06 직사각형의 중심을 원점으로 선택한다.

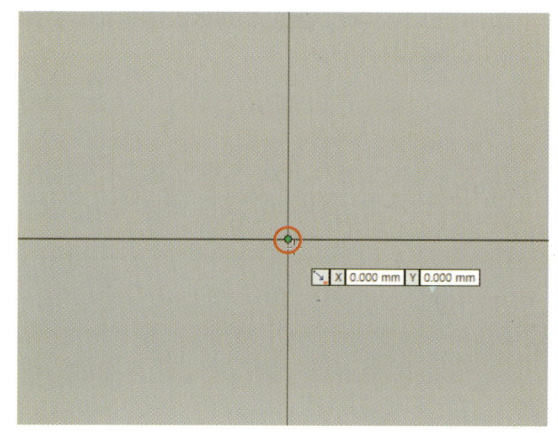

07 다음과 같이 스케치를 한다.

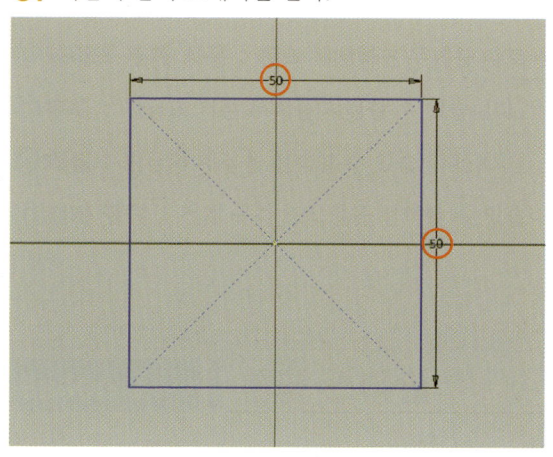

08 해당 변을 마우스 우측 클릭하여 구성선으로 변경한다.

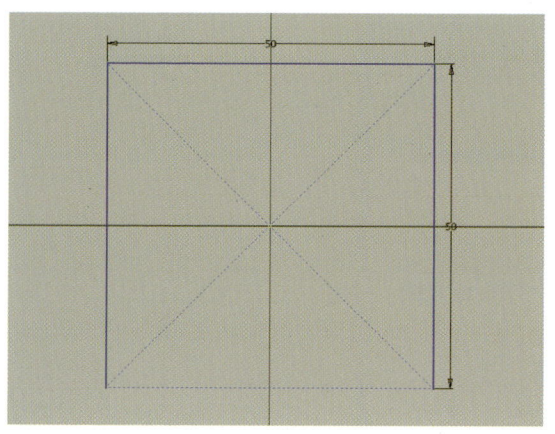

09 다음과 같이 해당 변이 구성선으로 변경되었다.

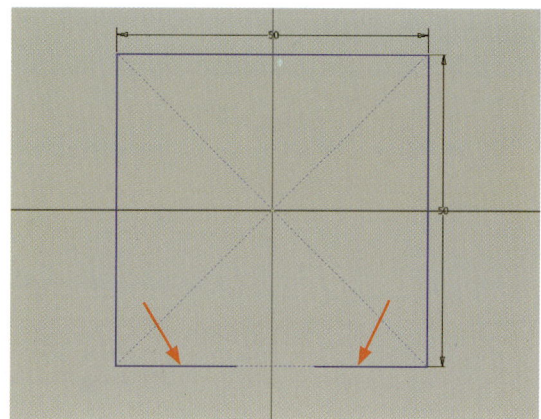

10 구성선 위에 2개의 선을 작성한다.

11 동일 구속조건 명령을 클릭한다.

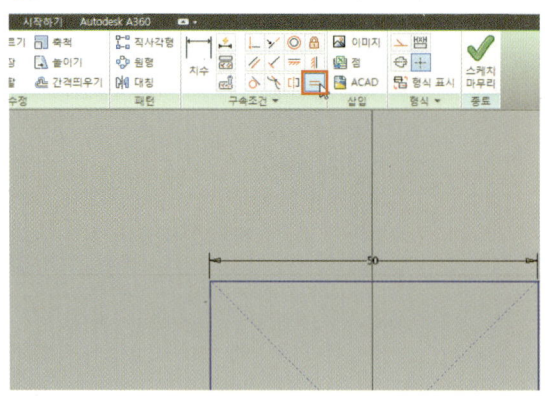

12 해당 선 위에 마우스 커서를 올려 놓고 대기하면 기타 선택 옵션이 뜨게 된다.

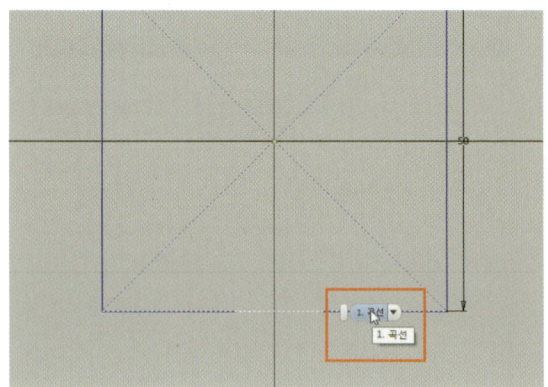

13 확장 버튼을 눌러 해당 선을 클릭한다.

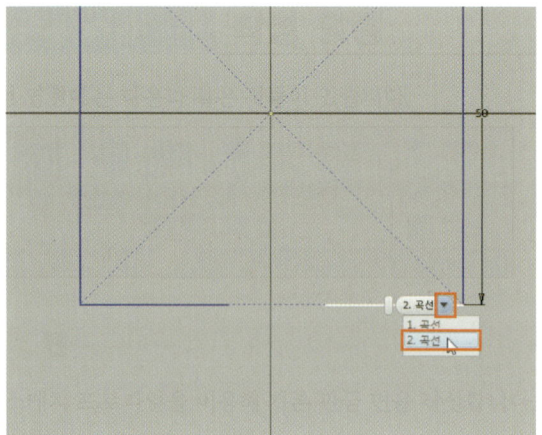

14 나머지 선도 동일하게 클릭한다.

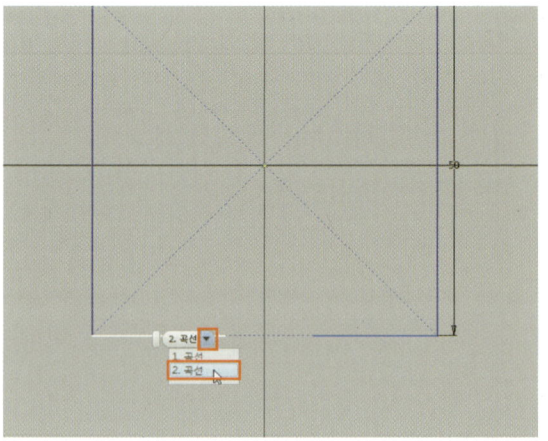

15 다음과 같이 치수를 기입한다.

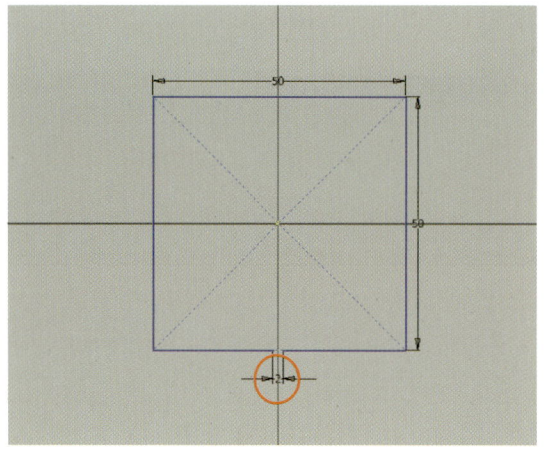

16 축이 될 선을 스케치하고 치수를 기입한다.

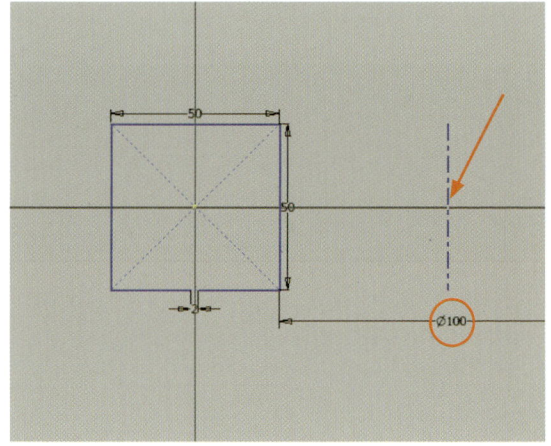

17 스케치 마무리 버튼을 선택하여 종료한다.

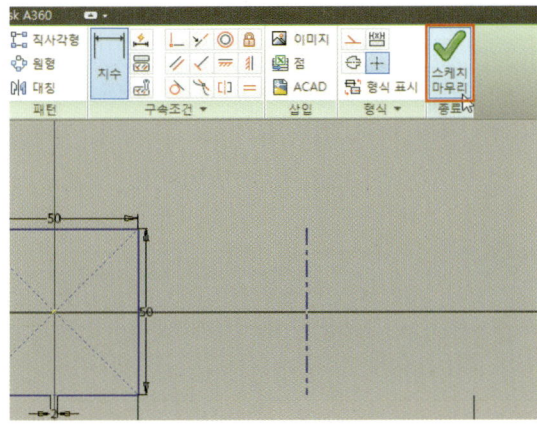

18 윤곽선 롤 명령을 실행한다.

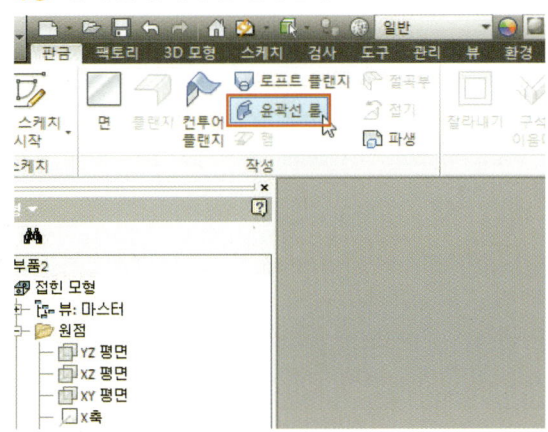

19 다음과 같이 판금 형상이 미리보기가 되면 확인 버튼을 클릭한다.

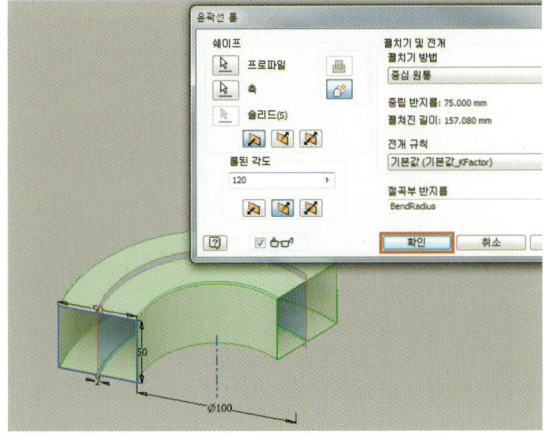

20 확인 버튼을 클릭하면 판금 형상이 작성된다.

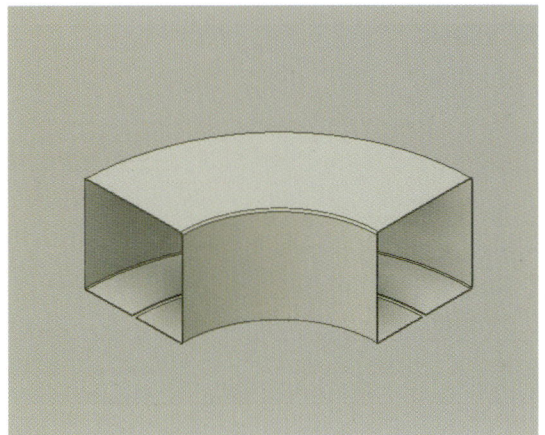

21 전개 명령을 클릭한다.

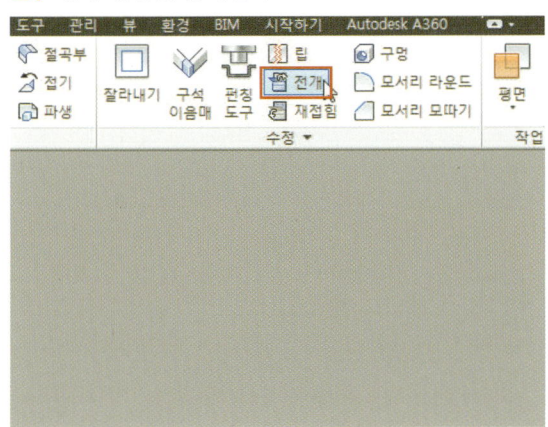

22 고정 참조면을 다음과 같이 선택한다.

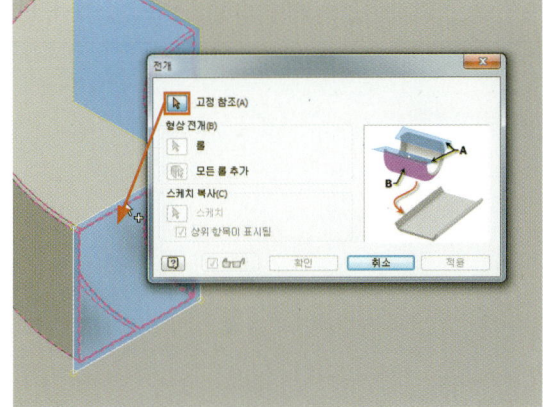

23 모든 롤 추가 명령을 클릭하면 다음과 같이 전개된 형상이 미리보기가 된다.

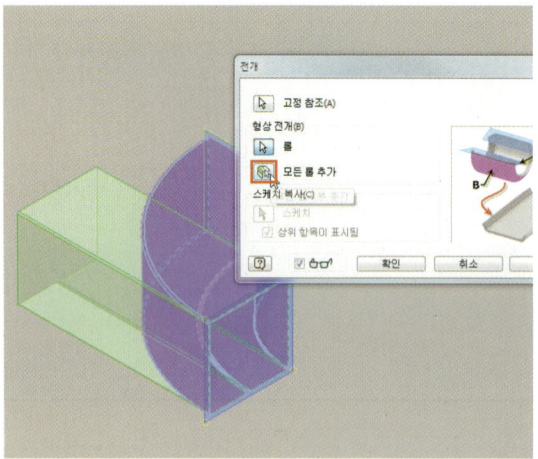

24 확인 버튼을 클릭하면 판금 형상이 전개된다.

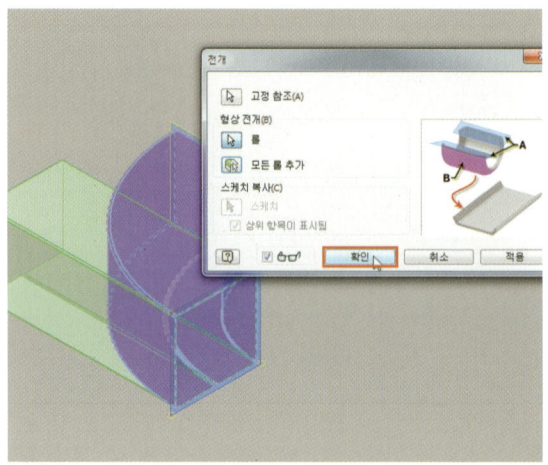

25 다음과 같이 판금 형상이 전개되었다.

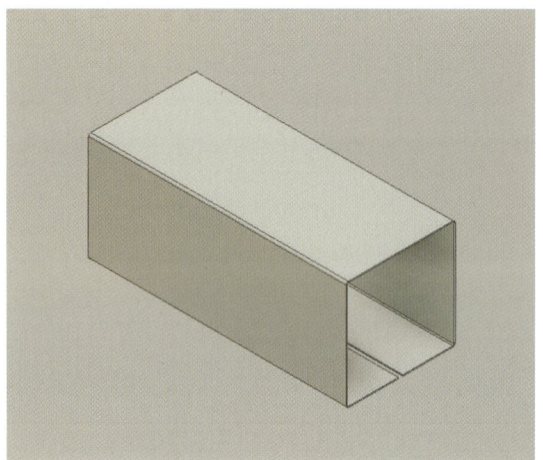

26 해당 면을 선택하고 스케치 작성 명령을 클릭한다.

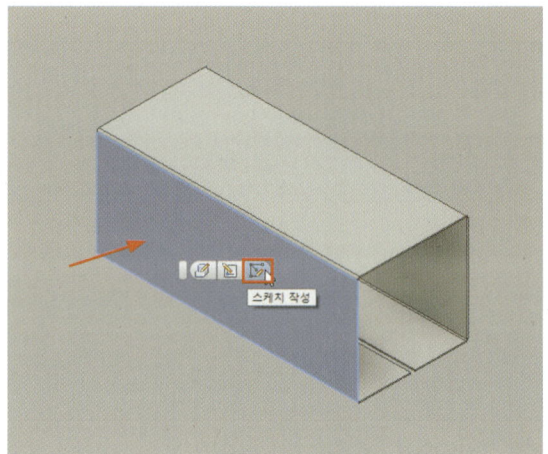

27 다음과 같이 스케치하고 마무리한다.

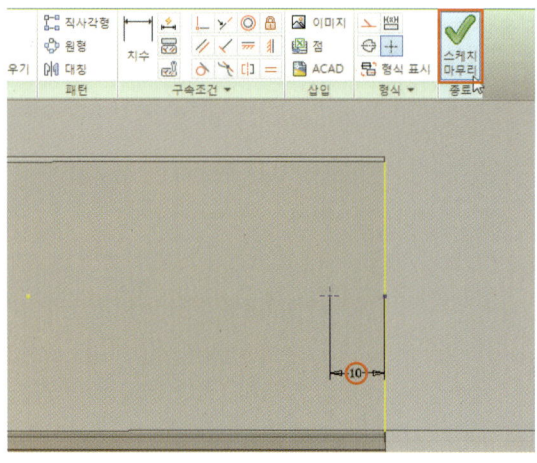

28 구멍 명령을 클릭한다.

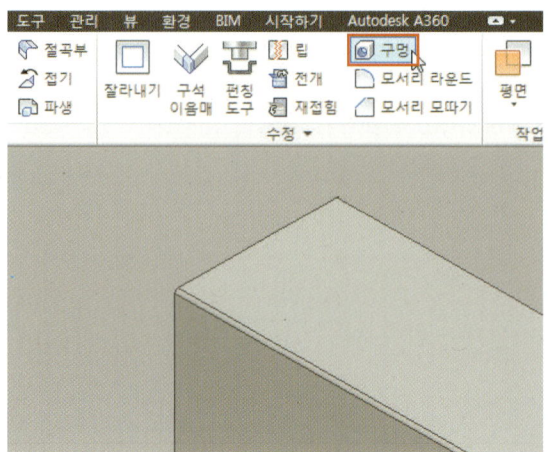

29 다음과 같이 작성하고 확인 버튼을 클릭한다.

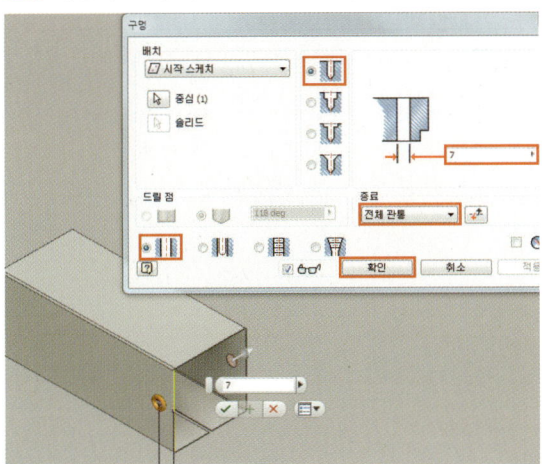

30 구멍 작성이 완료되었다.

31 직사각형 패턴 명령을 클릭한다.

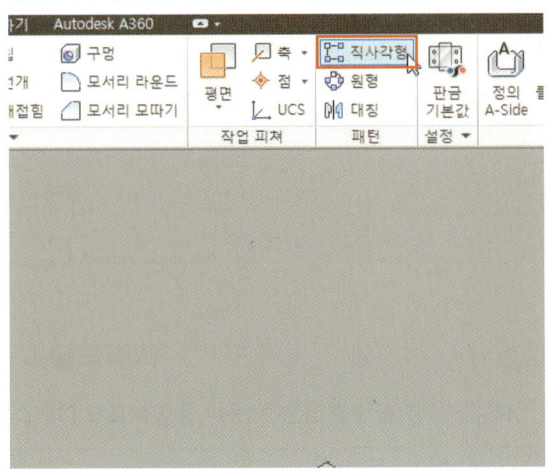

32 피쳐를 다음과 같이 선택한다.

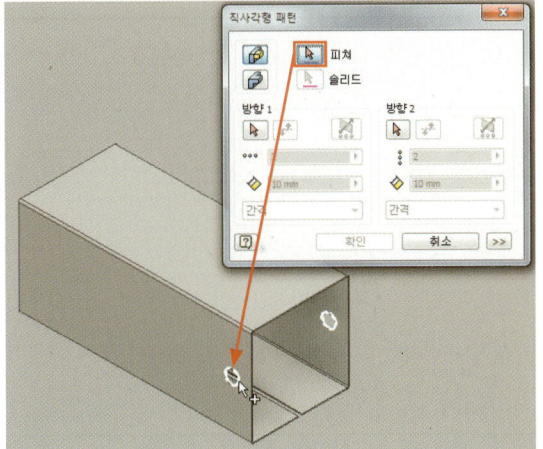

33 방향 1을 다음과 같이 선택한다.

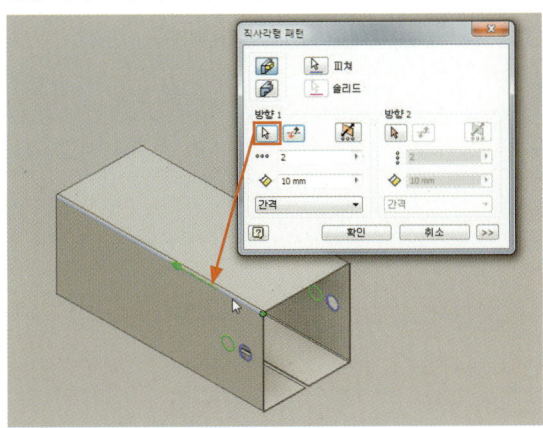

34 개수와 간격을 다음과 같이 작성하고 확인 버튼을 클릭한다.

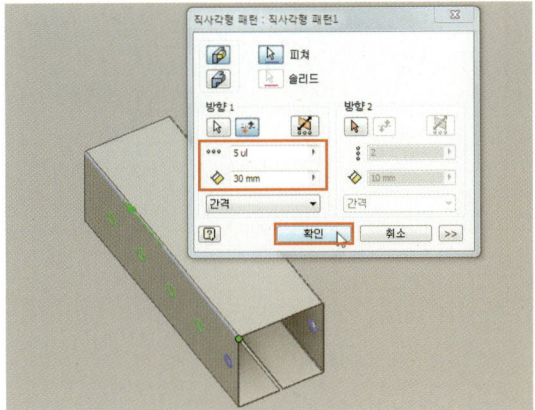

35 직사각형 패턴이 완료되었다.

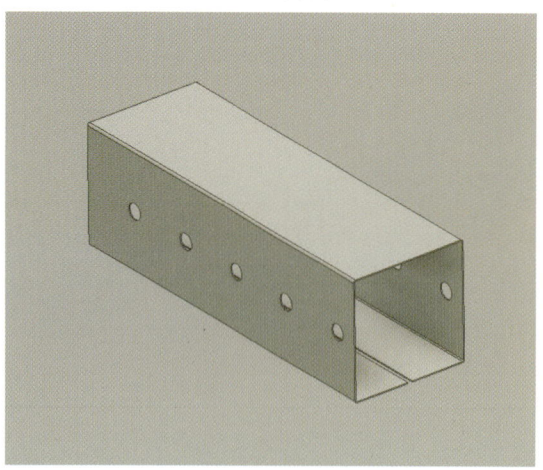

36 검색기에서 전개 피쳐를 마우스 우측 버튼으로 클릭해 재접힘 피쳐를 클릭한다.

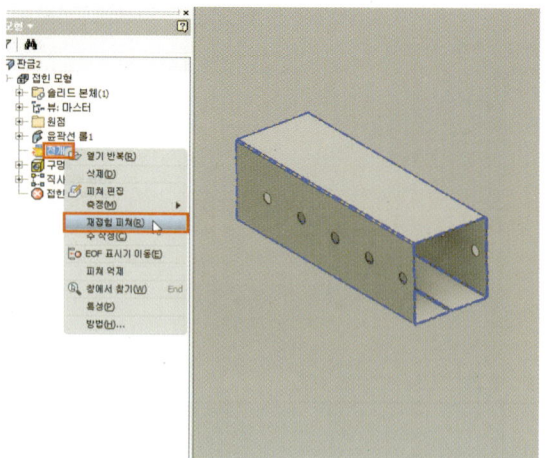

37 판금 형상이 다시 접힘 상태로 바뀐다.

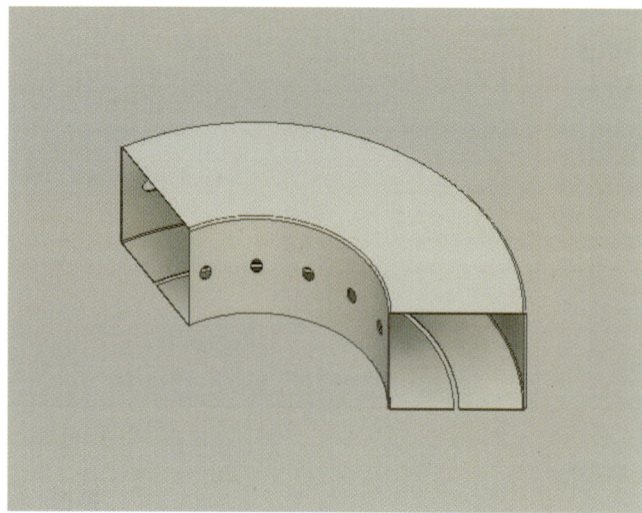

Lesson 3 | 판금 예제3

01 새로 만들기를 클릭한다.

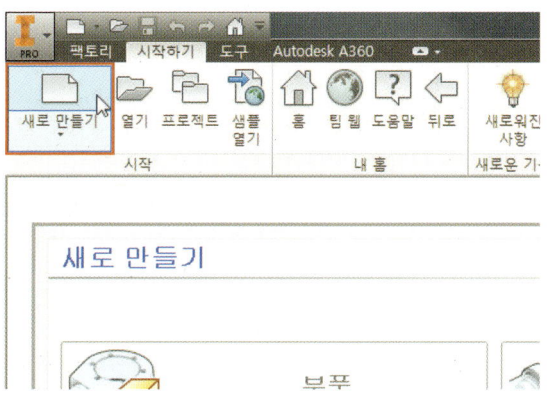

02 Sheet Metal.ipt(부품 템플릿)을 선택한 후, 작성 버튼을 클릭해서 부품 환경을 연다.

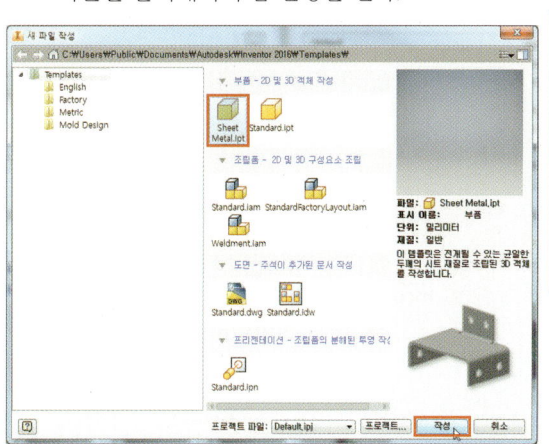

03 XZ 평면을 선택하고 2D 스케치 시작 버튼을 클릭한다.

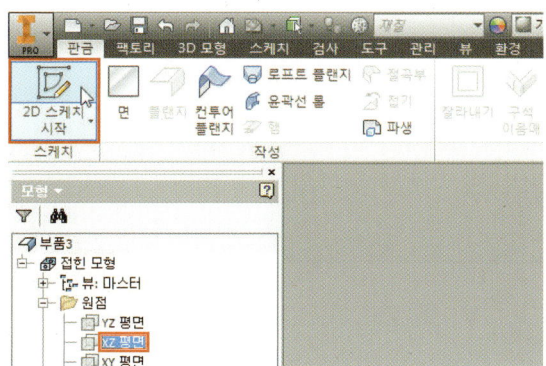

04 다음과 같이 스케치를 할 수 있는 화면이 표시된다.

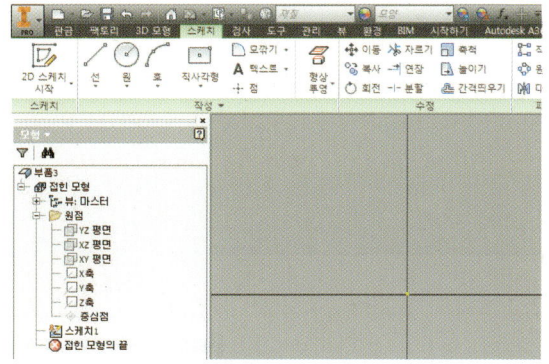

05 두 점 중심 직사각형 명령을 클릭한다.

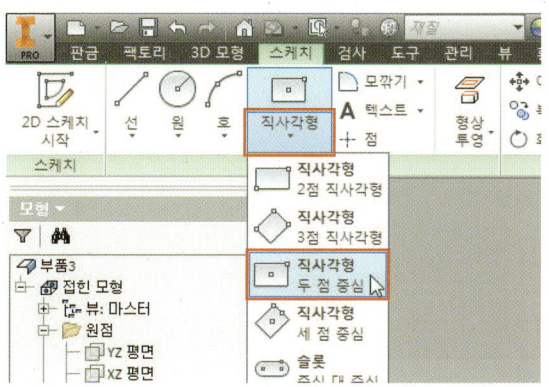

06 직사각형의 중심을 원점으로 선택한다.

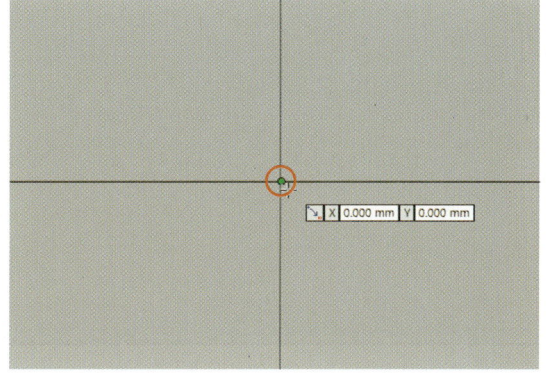

07 다음과 같이 스케치를 작성한다.

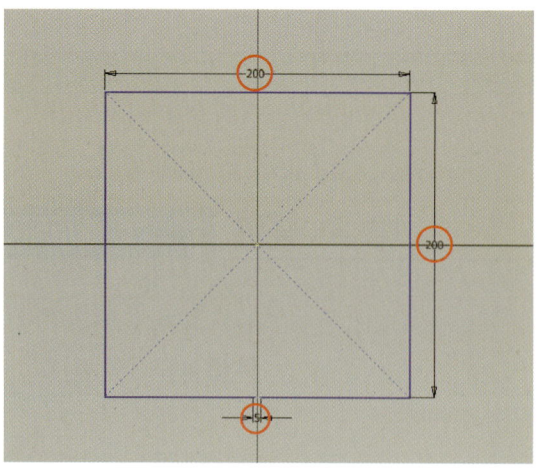

08 스케치 마무리 버튼을 선택하여 종료한다.

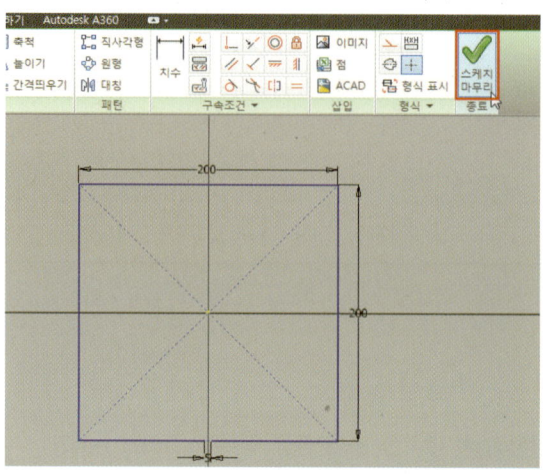

09 평면 명령을 클릭한다.

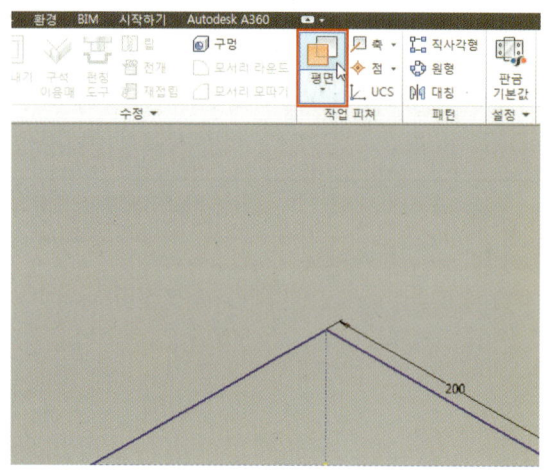

10 해당 평면을 선택한다.

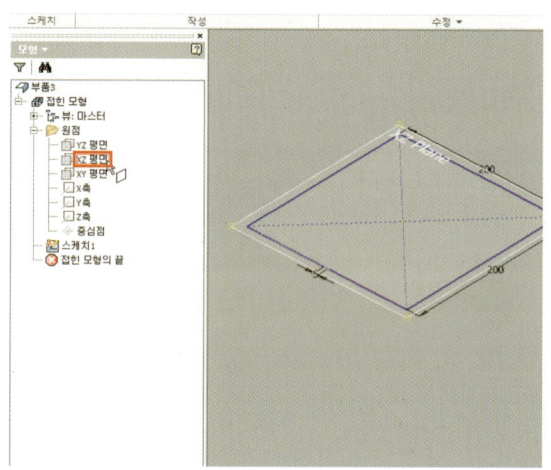

11 위로 드래그하여 새로운 평면을 만든다.

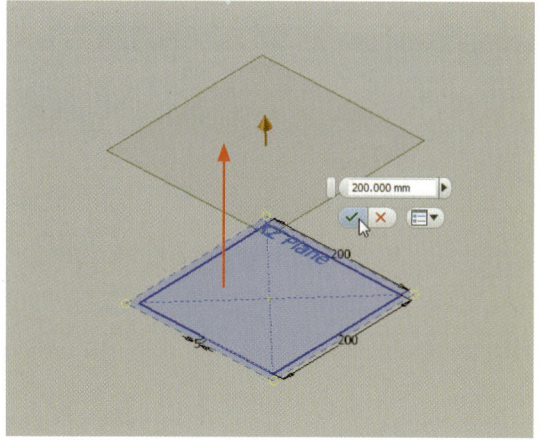

12 생성한 평면에 스케치를 작성한다.

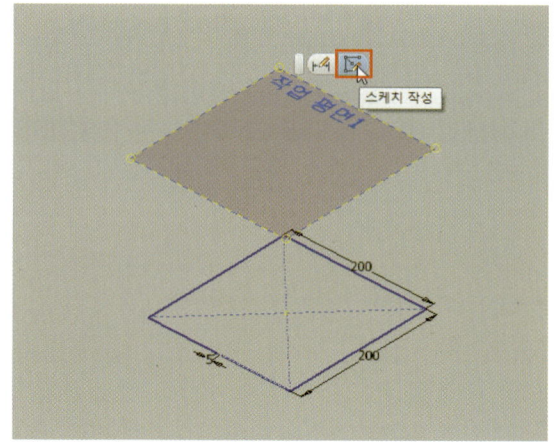

13 다음과 같이 스케치 프로파일을 작성하고 마무리한다.

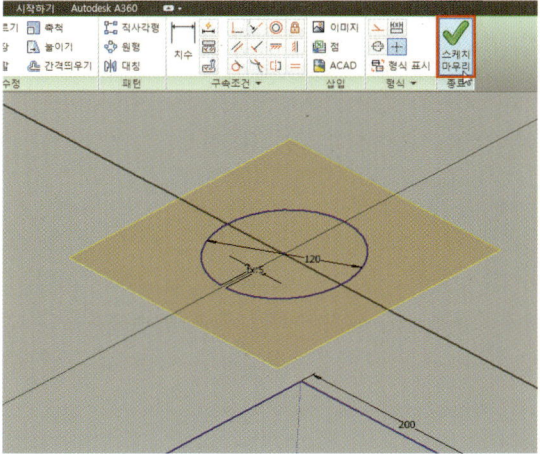

14 로프트 플랜지 명령을 실행한다.

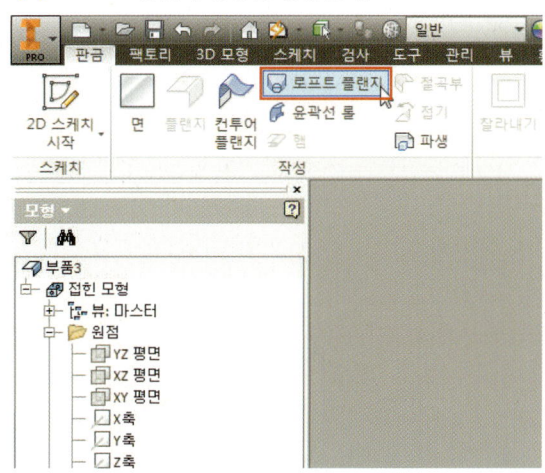

15 첫 번째 프로파일을 선택한다.

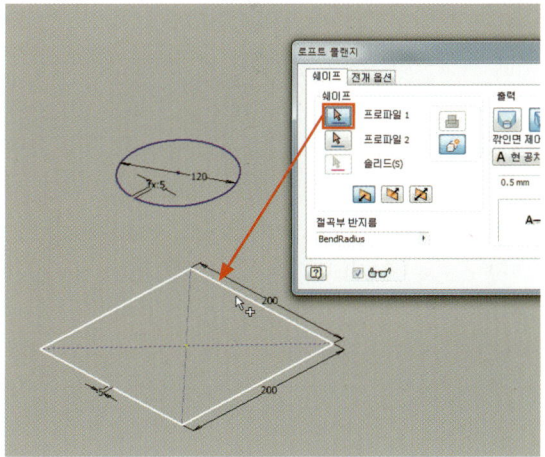

16 두 번째 프로파일을 선택한다.

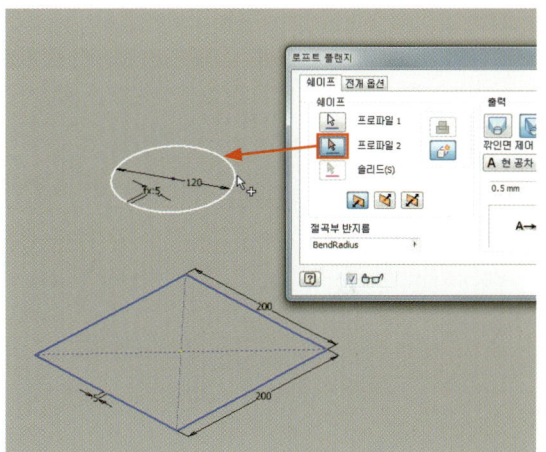

17 로프트 판금 형상이 미리보기가 되면 확인 버튼을 클릭한다.

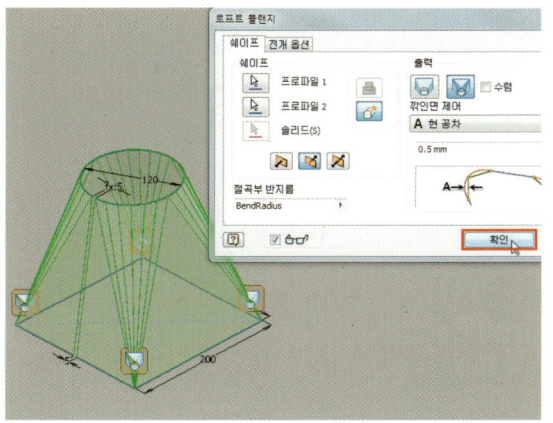

18 다음과 같이 판금 형상 작성이 완료되었다.

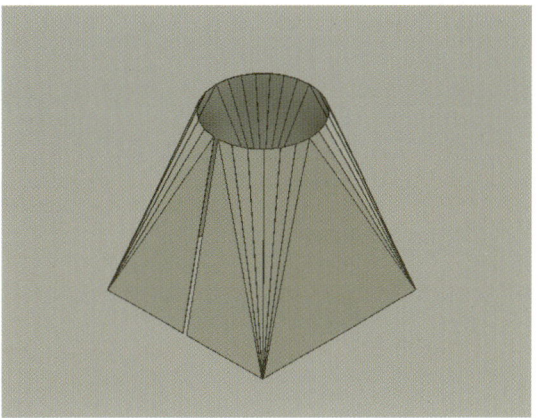

19 플랫 패턴 작성 명령을 실행한다.

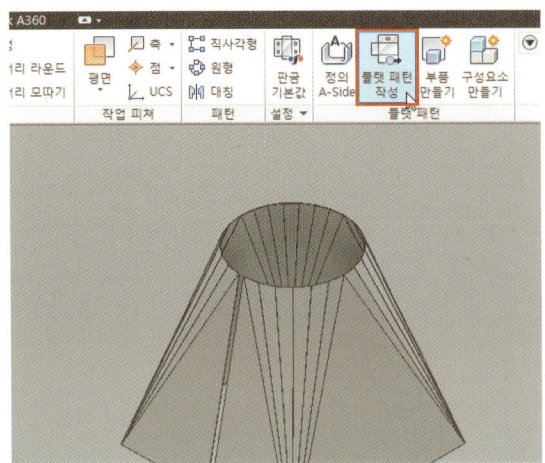

20 전개도 형상이 작성된다.

21 절곡부 순서 주석 명령을 클릭한다.

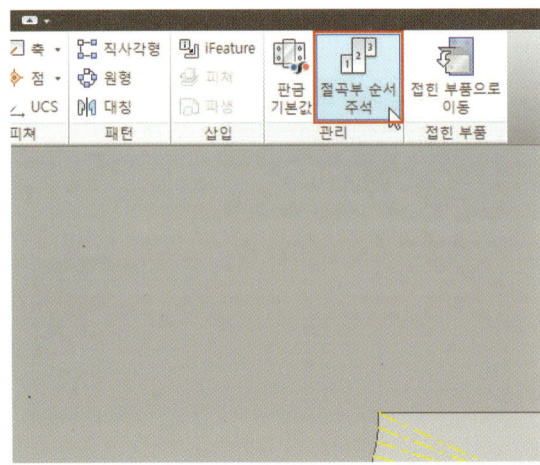

22 다음과 같이 절곡부 모서리에 주석 순서가 표시된다.

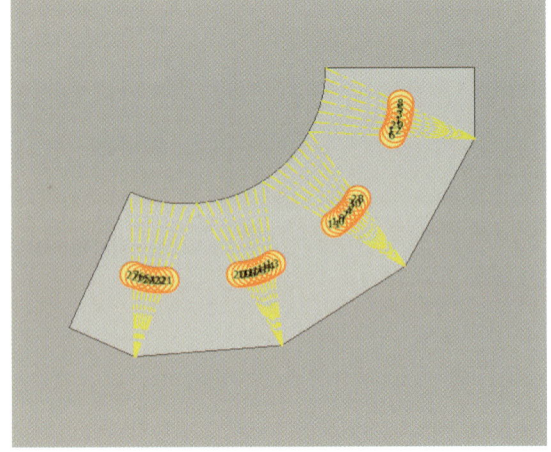

Lesson 4 | 판금 예제4

01 전개 뷰 작성하기

01 새로 만들기를 클릭한다.

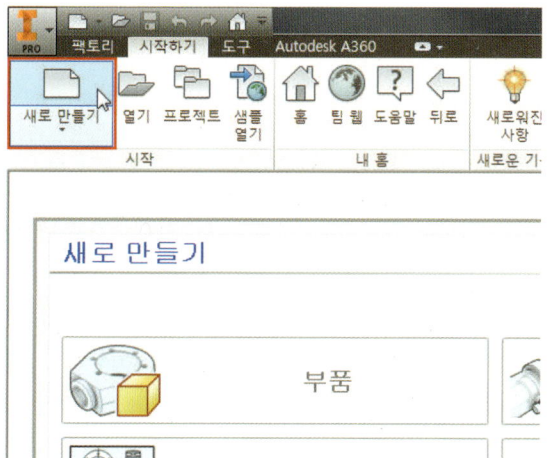

02 Standard.idw(도면 템플릿)을 선택한 후, 작성 버튼을 클릭해서 도면 환경을 연다.

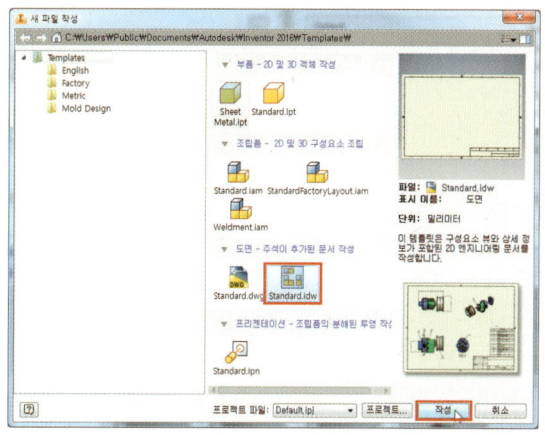

03 도면 환경에서 기준 뷰 명령을 실행한다.

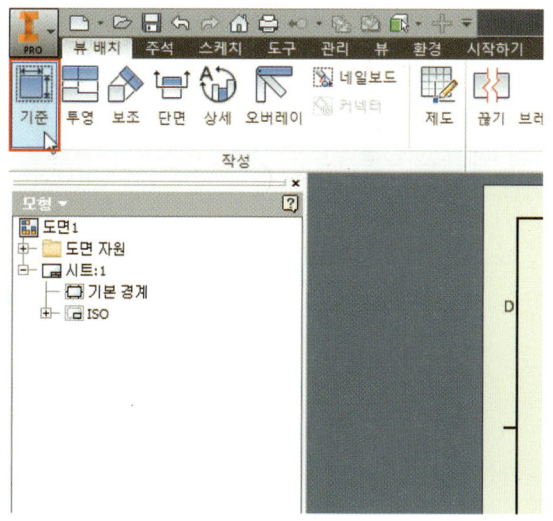

04 기존 파일 열기 버튼을 클릭한다.

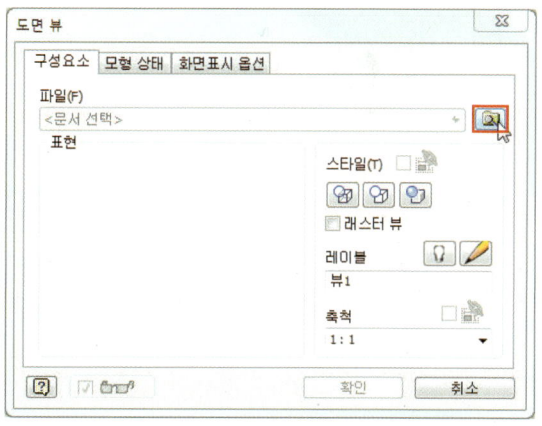

05 작성한 판금 파일을 불러온다.

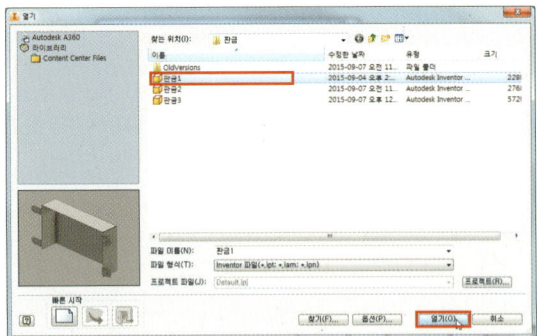

06 다음과 같이 판금이 배치된다.

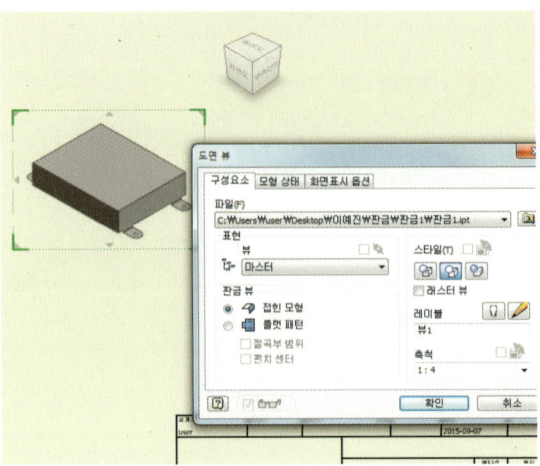

07 판금 뷰 항목에서 플랫 패턴 항목을 체크하면 전개도 모양이 미리보기가 된다.

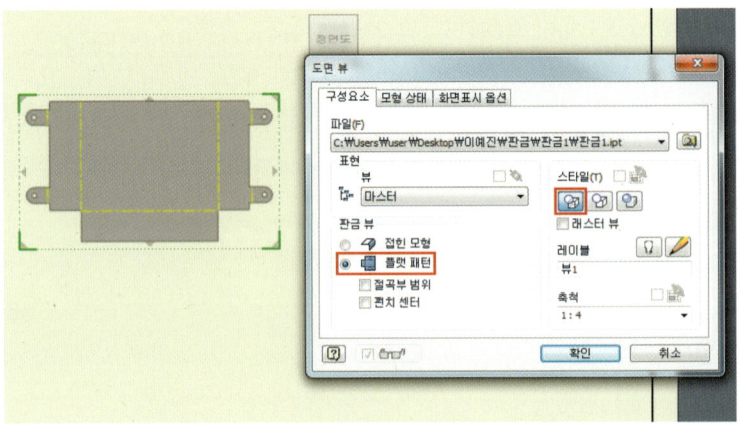

08 확인 버튼을 클릭하면 전개도 뷰가 작성된다.

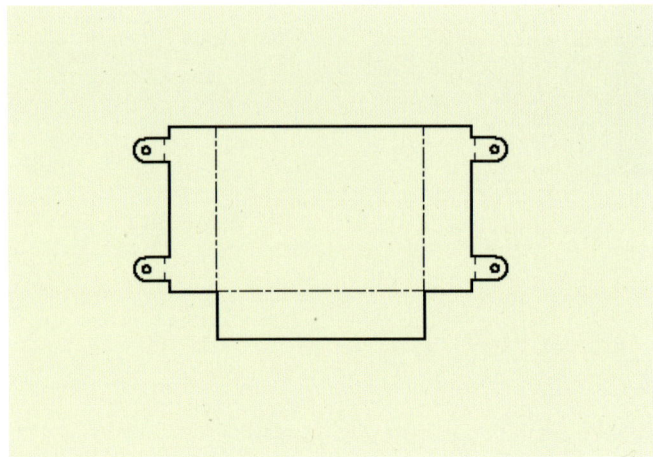

02 판금 절곡부 테이블 작성하기

01 주석 탭에서 일반 테이블 명령을 클릭한다.

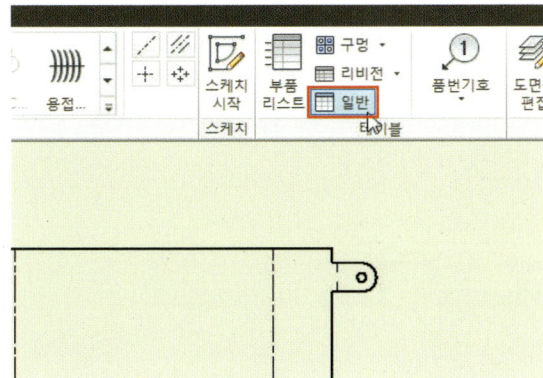

02 전개뷰를 클릭한다.

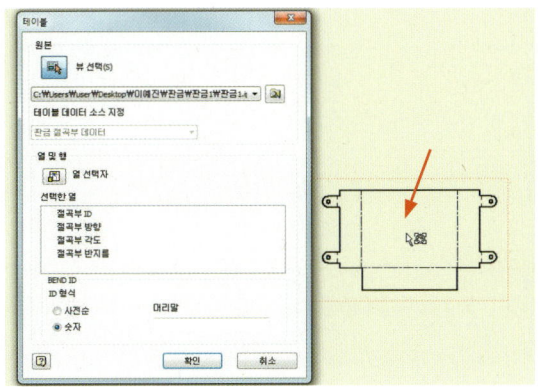

03 테이블이 판금 절곡부 테이블로 변경된다.

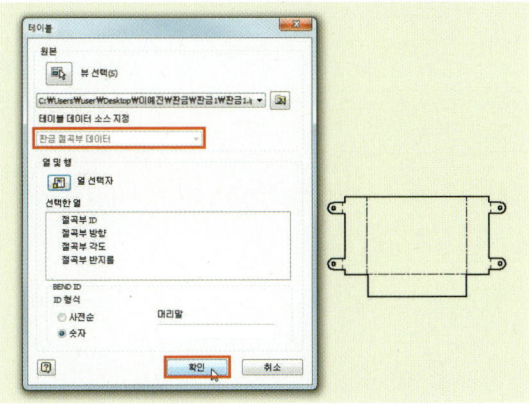

04 확인 버튼을 클릭해서 테이블이 미리보기가 되면 적당한 위치에 클릭한다.

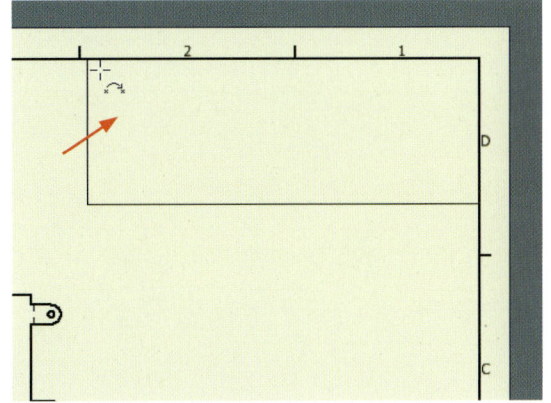

05 다음과 같이 판금 절곡부 테이블이 작성된다.

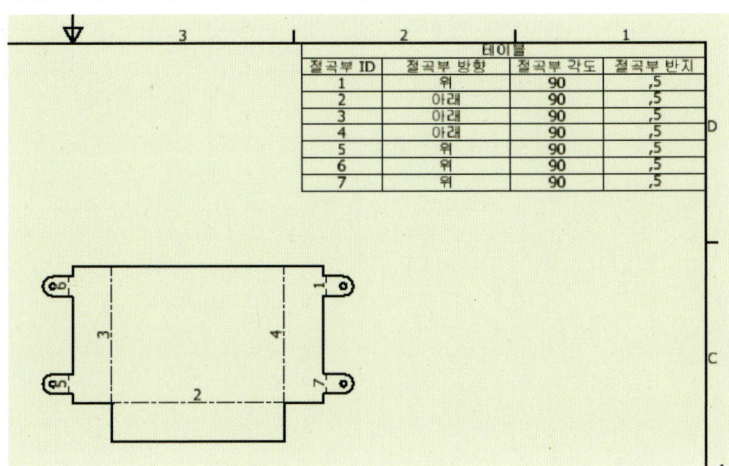

PART 04

조립품 모델링

Section 1	프로젝트의 기본 개념	136p
Section 2	조립품 환경과 조립품 명령	140p
Section 3	조립품 예제	148p
Section 4	프리젠테이션 명령	170p
Section 5	프리젠테이션 예제	172p
Section 6	인벤터 스튜디오	188p

1. 프로젝트의 기본 개념

Autodesk Inventor Standard

Lesson 1 | 프로젝트란?

프로젝트란 인벤터가 고유하게 지정하는 설계 영역 정의를 뜻합니다.

예를 하나 들면, 여러분이 일반적으로 회사에서 하나의 프로젝트를 진행할 때에 그 파일들을 어떻게 관리합니까? 여기저기 분산시켜서 필요시에 일일이 찾아서 사용하십니까?

그렇지 않지요? 통상적으로 시스템 하드인 C드라이브는 주기적으로 포맷을 해야하므로 파일관리를 하기 위한 하위 드라이브 혹은 외부 드라이브에 프로젝트별로, 회사별로, 제품별로 별도의 폴더를 만들어서 관리를 하게 됩니다. 그래서 해당 프로젝트에 해당하는 자료들만 모아서 별도로 잘 관리를 할 것입니다.

이렇게 하는 이유는 간단합니다. 나중에 프로젝트 폴더를 통째로 관리할 수 있고, 찾아가기가 매우 용이하기 때문입니다.

인벤터의 프로젝트도 이러한 개념으로 이해하시면 됩니다. 게다가 인벤터의 프로젝트의 개념은 여기다가 더해서 파일간의 링크관계를 정의하기도 하고, 각각의 설계정의 파일들의 위치를 개념적으로 탑재시켜서 완벽한 설계환경을 구성하는데 도움을 줍니다.

인벤터의 프로젝트 파일의 속성관계는 다음과 같습니다.

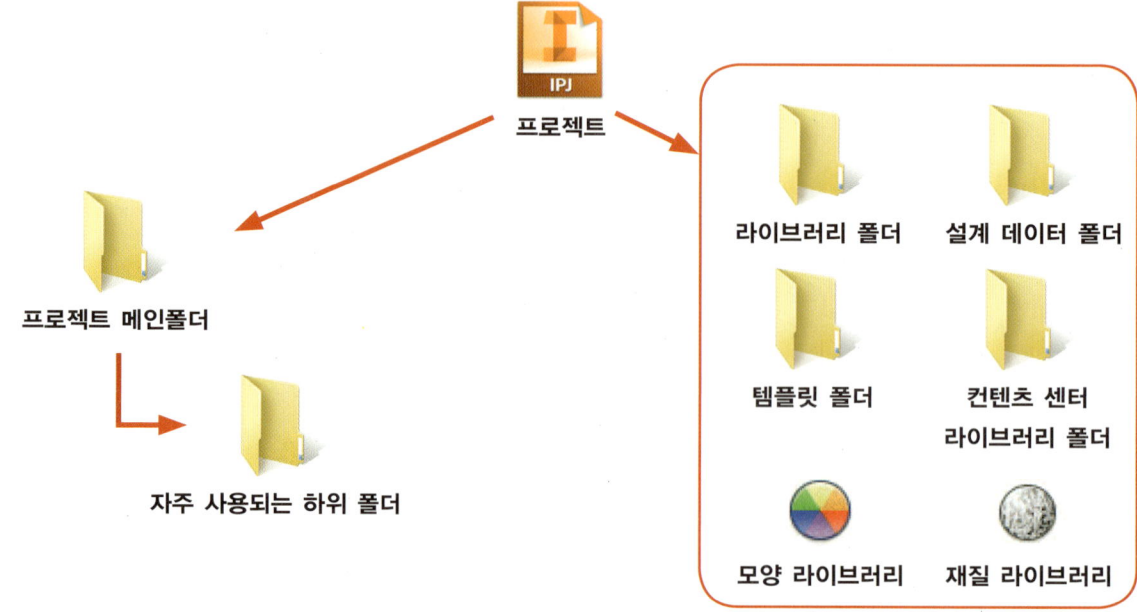

Lesson 2 | 프로젝트 파일

01 프로젝트 파일의 형태

인벤터의 프로젝트는 앞서 이야기했던 폴더를 만들어서 관리하는 차원을 넘어서서 프로젝트의 폴더위치 및 파일 간의 유대관계나 프로젝트 설정을 하나의 XML 형식의 〈프로젝트 이름〉.ipj 파일로 저장하게 됩니다.

> 어드바이스 ▶ IPJ = Inventor ProJect의 약자입니다.

02 프로젝트 파일의 구성

프로젝트 파일은 다음과 같은 형식들을 저장하고 있습니다.

❶ **프로젝트 이름**

❷ **프로젝트의 유형** : 단일 사용자인지 VAULT 사용자인지

❸ **프로젝트의 기본 위치** : 프로젝트가 실제로 작동하는 폴더 위치를 뜻합니다.

❹ **포함된 파일** : 프로젝트에 포함된 다른 프로젝트 파일의 이름과 위치를 뜻합니다. 이 위치는 다중 프로젝트 연결 작업시에 필요하므로 반드시 필수는 아닙니다.

❺ **스타일 라이브러리 사용 상태** : 읽기 전용인지, 아니면 읽기-쓰기 상태인지

❻ **모양 라이브러리** : 부품의 색상을 지정하는 라이브러리 꾸러미를 등록할 수 있습니다.

❼ **재질 라이브러리** : 부품의 재질을 지정하는 라이브러리 꾸러미를 등록할 수 있습니다.

❽ **작업 공간** : 프로젝트가 실제로 작동하는 폴더 위치입니다. 프로젝트의 기본 위치와 중복되는 개념이며 기본적으로 프로젝트의 기본 위치와 연동되지만 수정해서 다른 폴더를 지정할 수도 있습니다.

❾ **라이브러리** : 사용자가 라이브러리로 지정하는 폴더의 위치를 등록합니다.

❿ **자주 사용된 하위 폴더** : 작업 공간의 하위에 위치한 현재 작업중인 폴더를 임시적으로 등록할 수 있습니다. 이 위치는 상당히 유동적이며 프로젝트가 마무리될 때까지 수시로 변경시켜 사용하게 될 겁니다.

⓫ **폴더 옵션** : 프로젝트가 가지고 있어야 하는 기본 설계 파일들의 위치를 지정합니다.

⓬ **옵션** : 프로젝트의 기타 설정들을 저장합니다.

Lesson 3 | 프로젝트 창의 인터페이스

프로젝트 창은 아래와 같은 인터페이스를 가지고 있습니다.

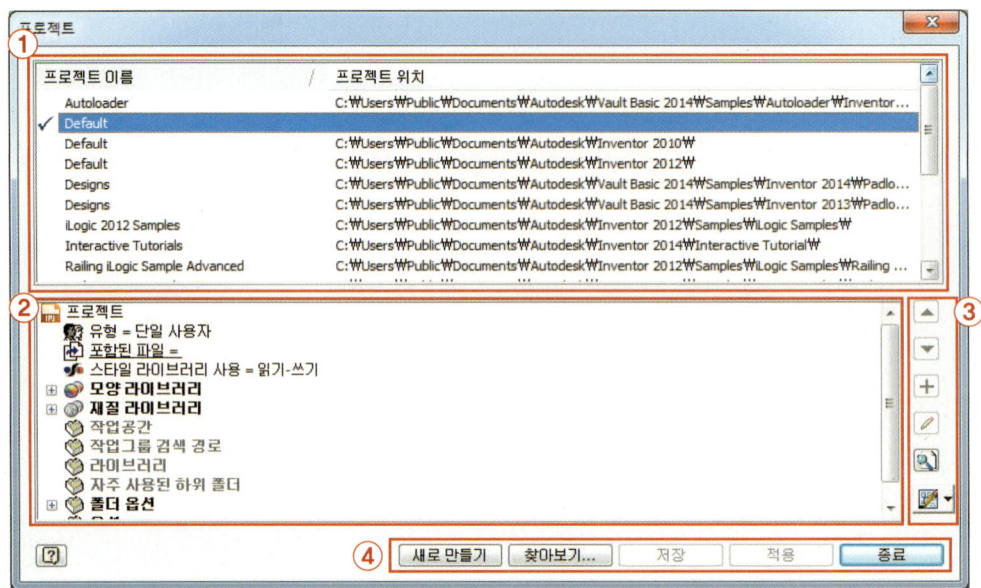

① **프로젝트 선택창** : 현재 활성화할 프로젝트를 선택합니다. 해당 프로젝트를 더블클릭하면 변경됩니다.

② **프로젝트 속성창** : 현재 활성화된 프로젝트의 속성을 확인하고 편집할 수 있습니다.

③ **편집 아이콘창** : 속성 리스트에 있는 각각의 속성들을 편집하는 아이콘입니다.

④ **프로젝트 등록창** : 프로젝트를 새로 만들거나 기존의 다른 프로젝트 파일을 찾아서 등록할 수 있습니다.

Lesson 4 | 프로젝트 작성하기

01 프로젝트 시작하기

01 새로 만들기를 클릭합니다.

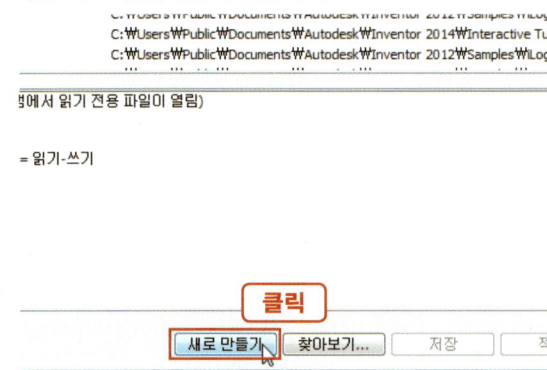

02 다음의 유형 중 하나를 고른 후 다음을 클릭합니다.

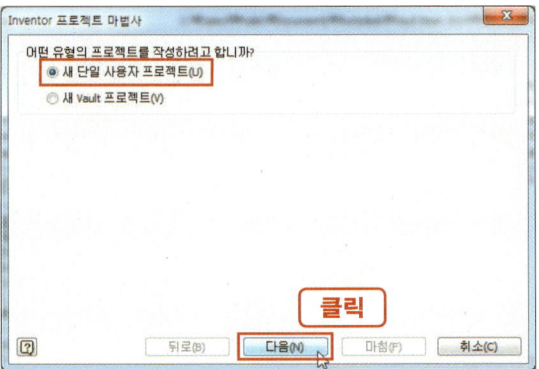

❶ **새 단일 사용자 프로젝트** : 단일 컴퓨터에서 개인 사용자가 개인 프로젝트를 진행할 때 사용합니다.

❷ **새 Vault 프로젝트** : Vault로 네트워크 협업을 하기 위해 작성하는 프로젝트 유형입니다.

> 어드바이스 ▶ **Vault란?** = 오토데스크 사의 PDM(Product Data Management) 전용 프로그램으로써 네트워크 상에서 여러명의 설계자가 협업 설계를 할 수 있게 도와줍니다.

03 Vault 관련 프로젝트에 대해서는 다음 기회에 다시 언급할 것이므로 여기서는 기본적으로 개인 사용자용인 단일 사용자 프로젝트를 선택합니다.

04 이제 프로젝트 파일의 이름을 정하는 란이 나옵니다. 이름을 지정한 후에 **프로젝트 위치 찾아보기** 버튼을 클릭합니다.

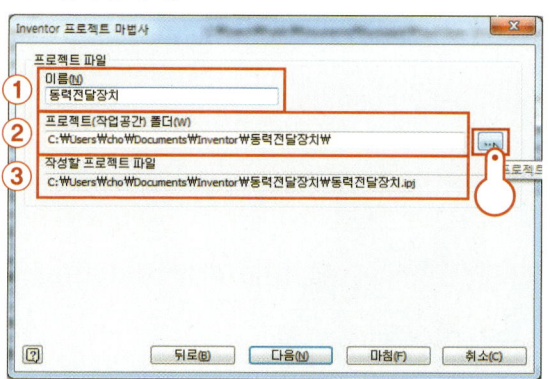

❶ **이름** : 현재 프로젝트의 이름을 정합니다.

❷ **프로젝트(작업공간)폴더** : 프로젝트가 실제로 작동하는 메인 폴더를 지정합니다. 여기서 지정한 공간이 바로 위에서 설명했던 프로젝트의 기본 위치가 됩니다.

❸ **작성할 프로젝트 파일** : 다른 란은 하얗게 활성화가 되어 있는데 이 부분만 유독 회색으로 비활성화가 되어있을 것입니다. 그 이유는 이 란은 프로젝트의 이름과 프로젝트 폴더를 어떻게 설정하느냐에 따라 자동으로 작성되기 때문입니다.

05 다음과 같이 타겟 폴더를 생성해 지정합니다.

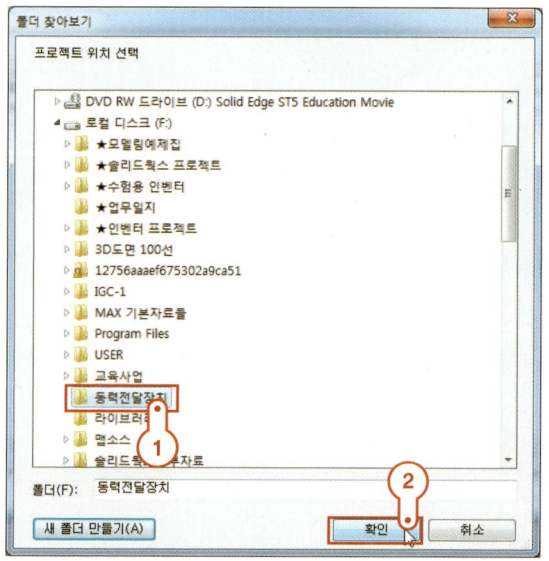

06 **마침** 버튼을 클릭하면 프로젝트가 작성됩니다.

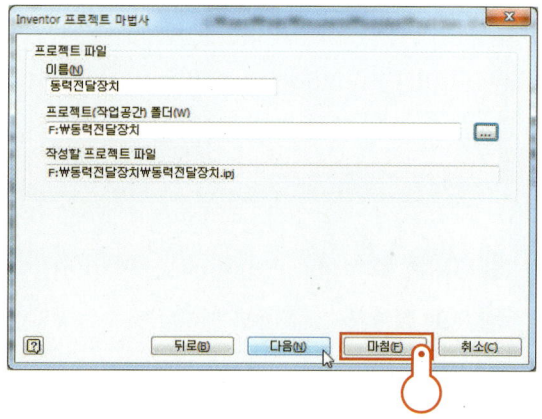

2. 조립품 환경과 조립품 명령

Autodesk Inventor Standard

Lesson 1 | 조립품 환경의 인터페이스

조립품 환경에 대한 기본적인 인터페이스에 대해서 알아보도록 합시다.

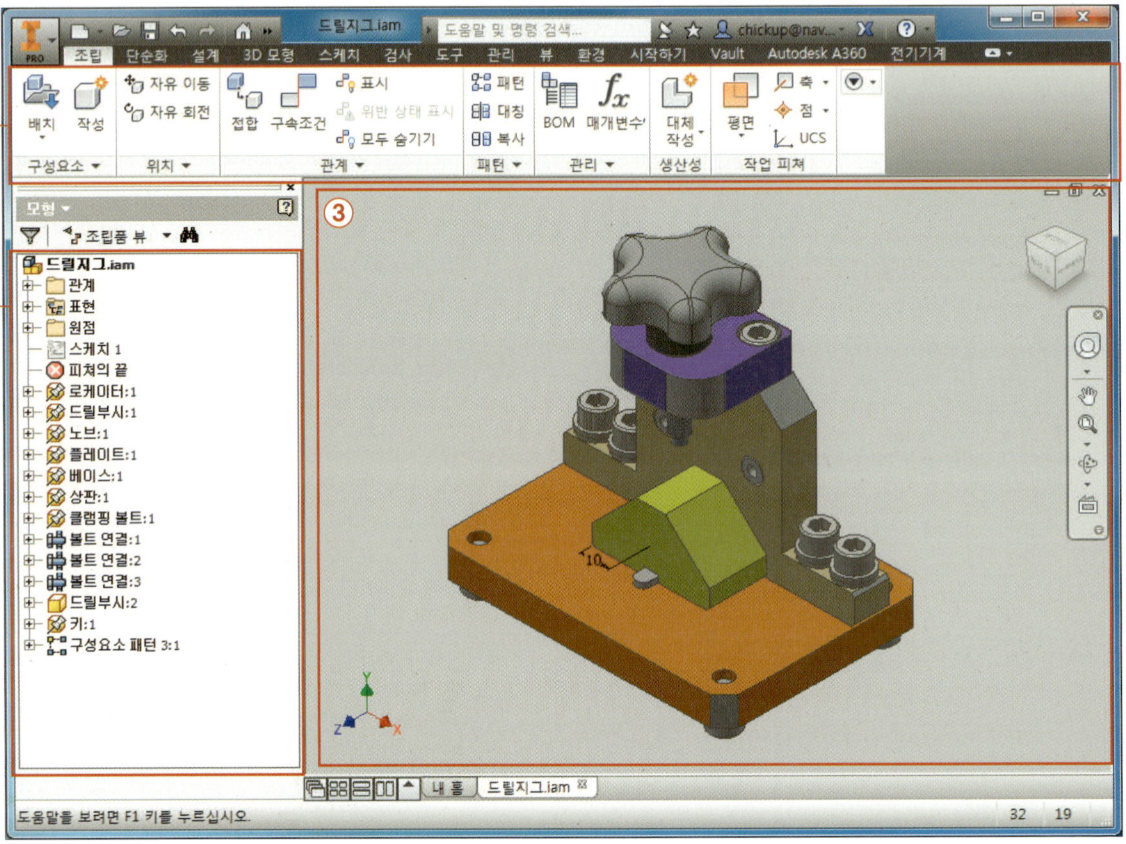

❶ **조립품 탭** : 부품을 배치하고 조립하여 조립품을 작성하는 명령어 탭입니다.

❷ **부품 검색기** : 조립품에 배치된 부품 검색기입니다.

❸ **그래픽 창** : 조립품 작업을 하는 창입니다.

Lesson 2 | 조립품의 구조 알아보기

인벤터의 조립품 구조에 대해서 알아봅시다.

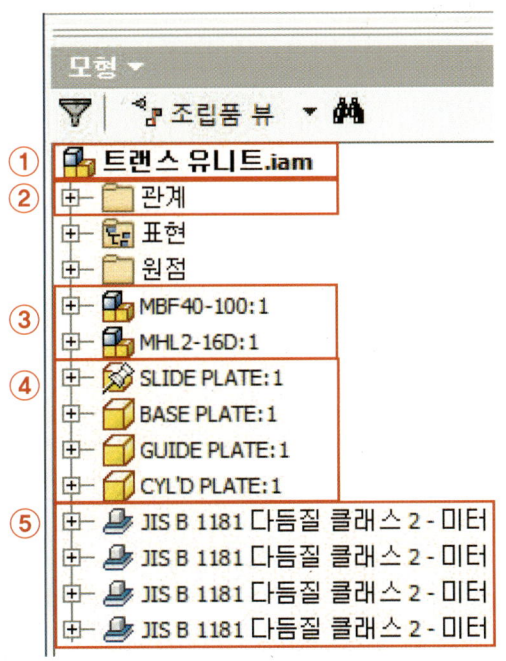

① **메인 조립품** : 현재 가장 상단에 자리한 맨 위쪽 계통에 있는 조립품입니다.

② **관계** : 조립품 상의 모든 부품들끼리 가지고 있는 구속조건의 리스트입니다.

③ **서브 조립품** : 조립품 환경안에 포함된 하위 조립품입니다. 설계도면으로 이야기하자만 메인 조립품은 전체조립도이고, 서브 조립품은 부분조립도라고 보시면 됩니다.

④ **부품** : 조립품의 기본 구성요소인 일반 부품입니다.

⑤ **컨텐츠 센터 부품** : 컨텐츠 센터에서 가져온 인벤터의 기본 라이브러리 부품입니다.

부품간의 조립 명령인 구속조건의 구조에 대해서 알아봅시다.

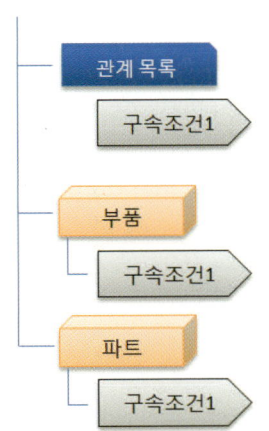

구속조건이라는 명령이 원래 두 개의 부품을 서로 짝지어주는 성질을 가지고 있어서 이 구속조건 항목이 어느 하나의 부품이 아니라 양쪽 부품에 동시에 표시가 되게 되어 있습니다.

그리고 이 구속조건을 수정해야 할 때, 부품수가 너무 많으면 그 파트를 일일이 다 찾기 힘드므로 인벤터는 모든 부품의 구속조건을 리스트로 부품 리스트의 최상단에 관계라는 폴더에 모아놓게 됩니다. 여기서 찾아보시면 현재 조립품 안의 모든 구속조건을 편집할 수 있습니다.

Lesson 3 | 조립 명령

조립품 명령에는 다음과 같은 것들이 있습니다.

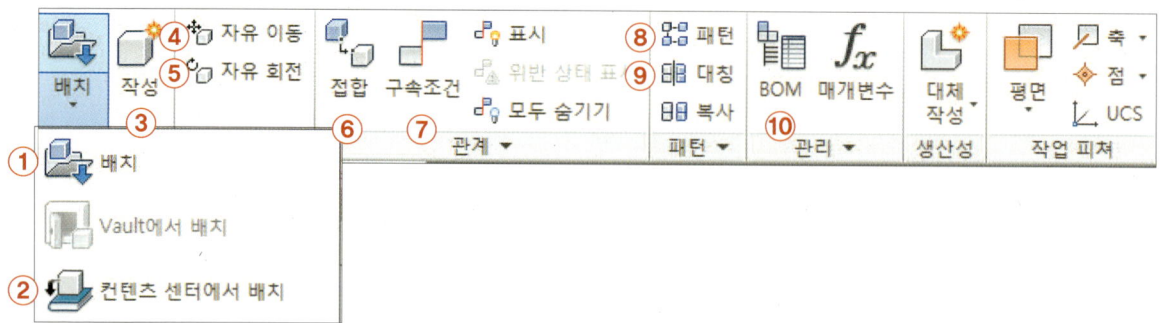

01 배치

작성된 부품/조립품 파일을 배치합니다.

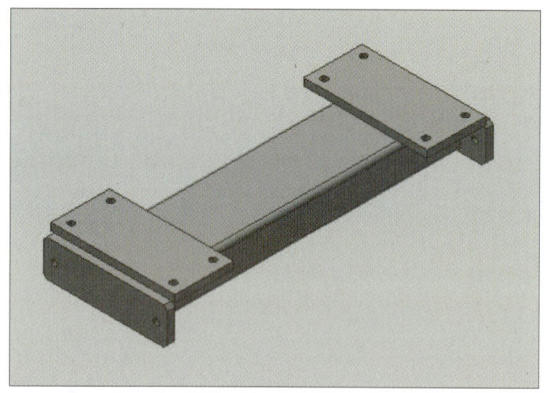

02 컨텐츠 센터에서 배치

컨텐츠 센터 라이브러리 부품을 배치합니다.

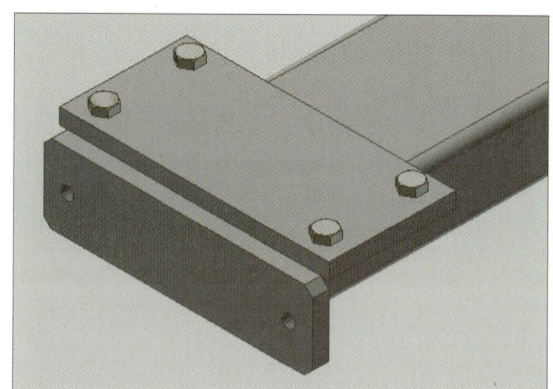

03 작성

조립품 내에 기준을 지정해 부품을 작성합니다.

04 자유 이동

부품에 부여된 구속에 상관없이 부품을 이동합니다.

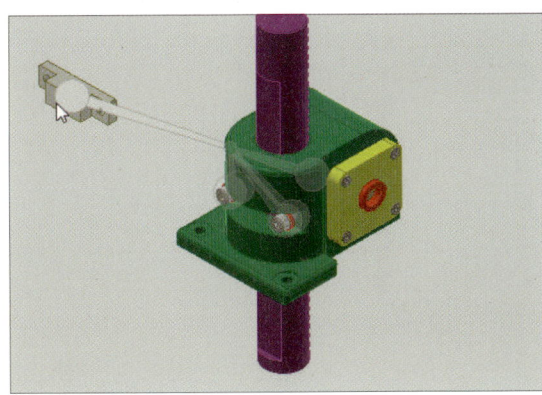

05 자유 회전

부품에 부여된 구속에 상관없이 부품을 회전합니다.

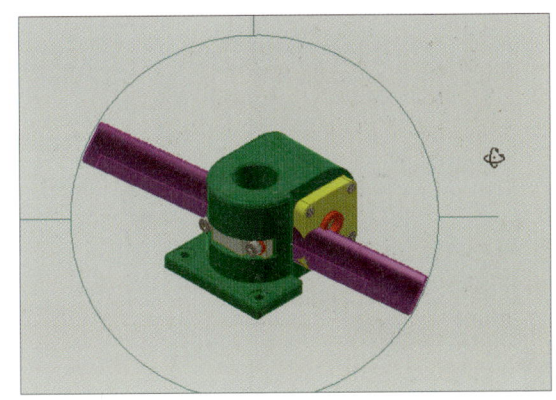

06 접합

부품끼리의 동작을 결정할 수 있는 조건을 부여합니다.

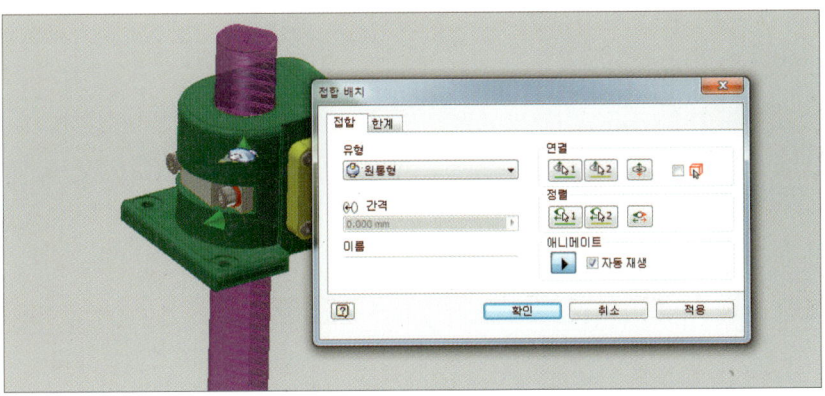

07 구속

부품끼리의 위치와 동작을 제어할 수 있는 조건을 부여합니다.

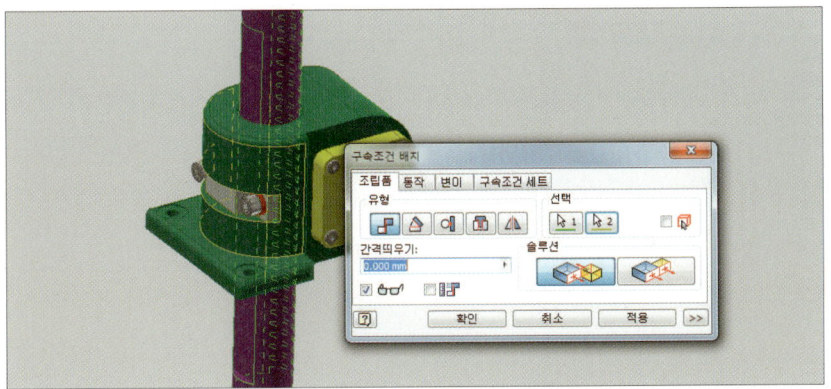

08 패턴

한 개 이상의 구성요소를 직사각형/원형/피쳐인식 법칙으로 패턴합니다.

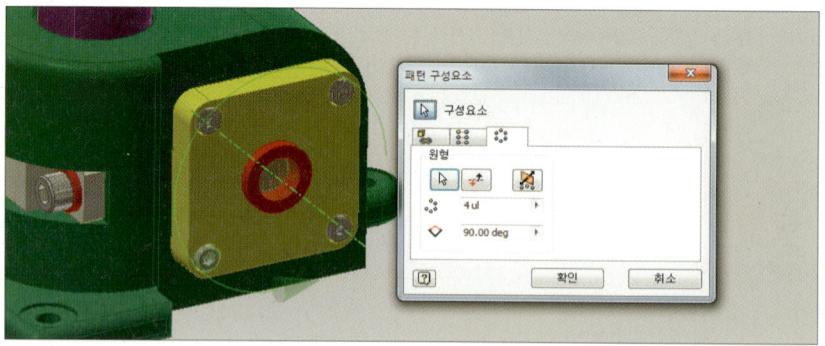

09 대칭

한 개 이상의 구성요소를 대칭평면을 기준으로 대칭복사합니다.

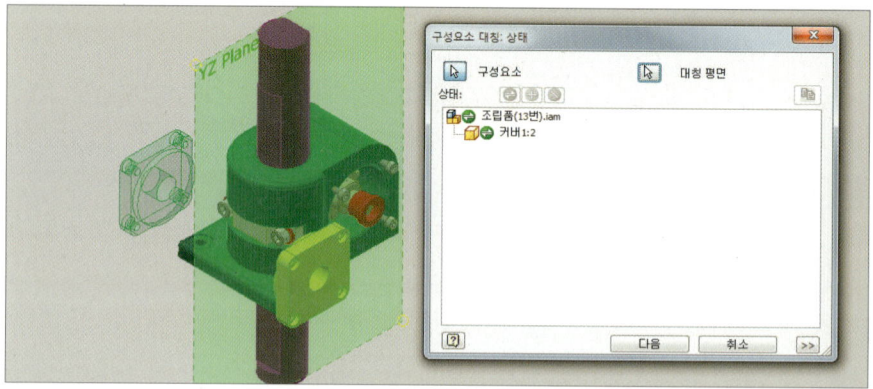

10 BOM

조립품의 구성요소 리스트를 관리합니다.

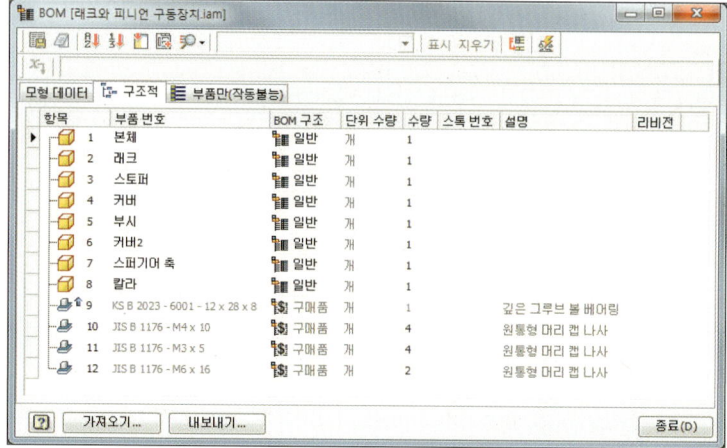

Lesson 4 　 설계 명령

설계 탭 명령에는 다음과 같은 것들이 있습니다.

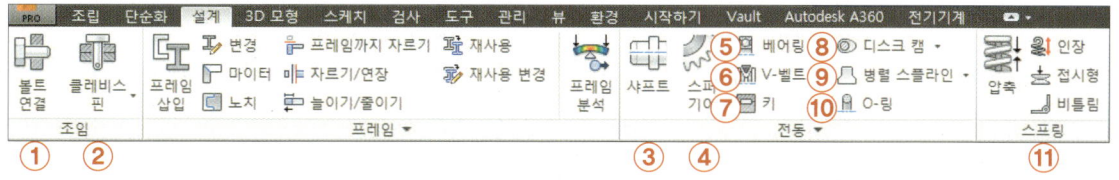

01 볼트 연결

부품끼리의 볼트 연결을 작성합니다.

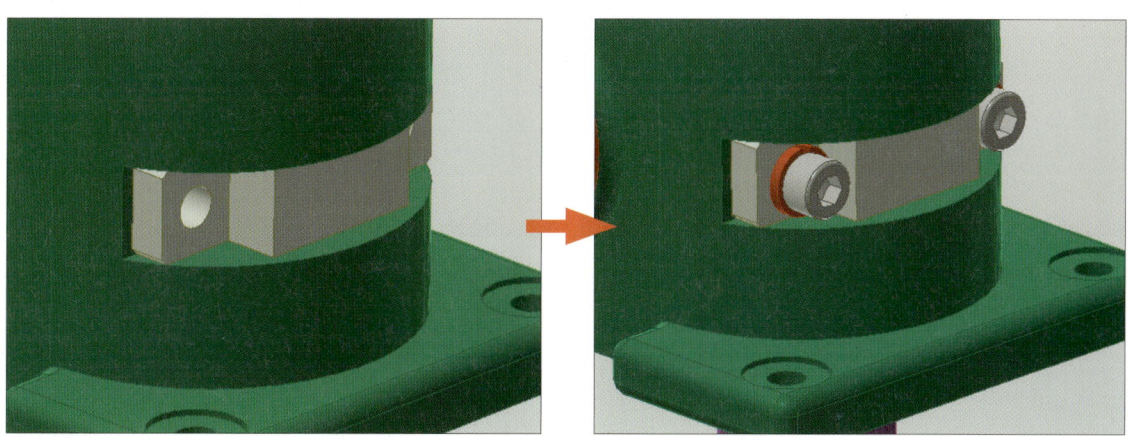

02 핀

부품끼리의 핀 연결을 작성합니다.

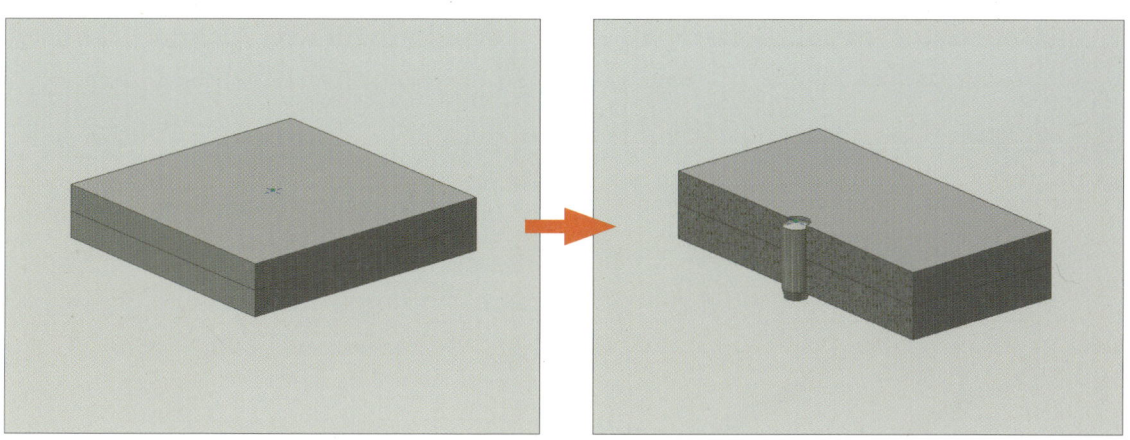

03 샤프트

기계적인 단차와 구성요소를 추가해 샤프트를 작성합니다.

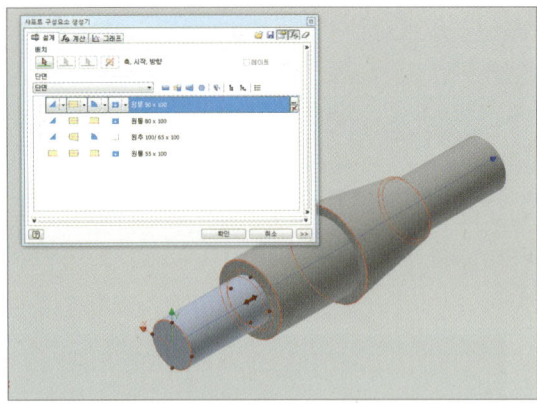

04 스퍼기어

공학적인 계산과 요소 선택을 통해 스퍼기어를 작성합니다.

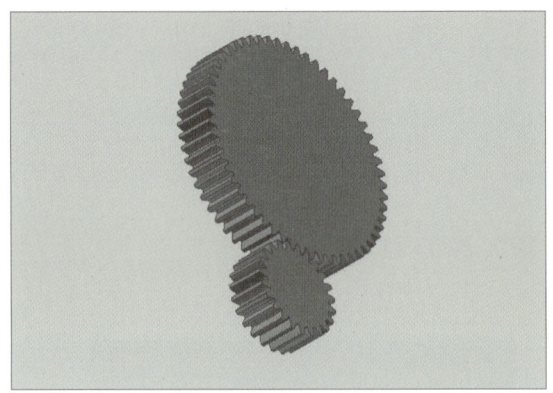

05 베어링

구성품이 존재하는 형상을 측정하여 그에 알맞은 베어링을 삽입합니다.

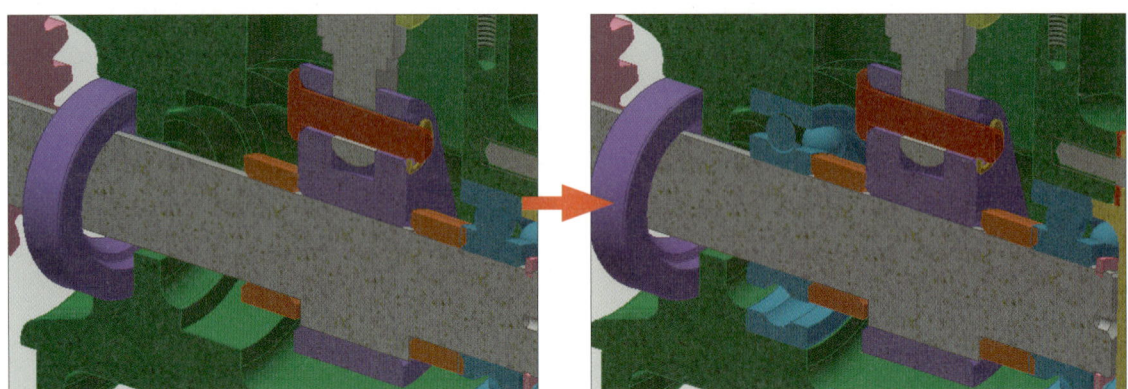

06 V-벨트

벨트가 위치할 형상에 맞추어 풀리와 벨트를 배치합니다.

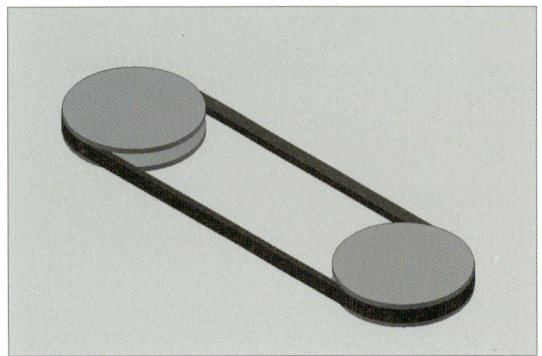

07 키

원통 샤프트와 허브를 이어주는 키 자리와 구매품 키를 배치합니다.

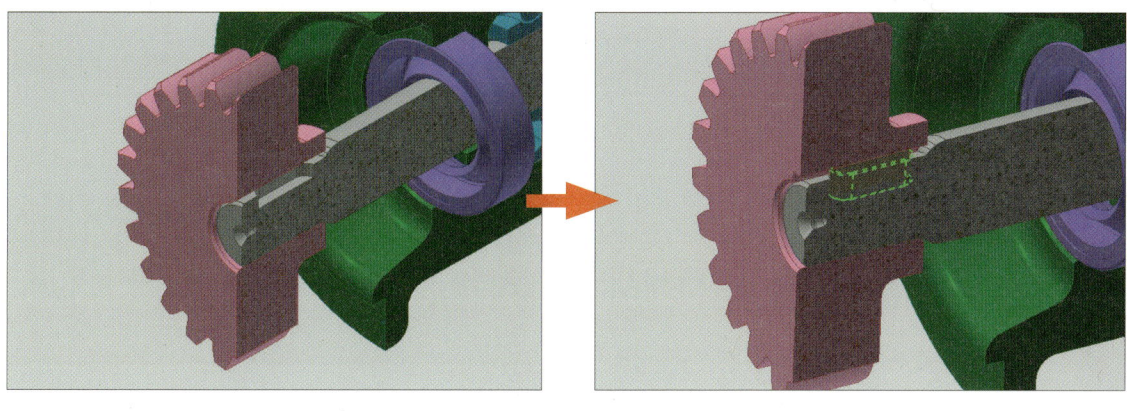

08 디스크 캠

디스크 캠 형상을 작성합니다.

09 병렬 스플라인

병렬 스플라인 형상을 작성합니다.

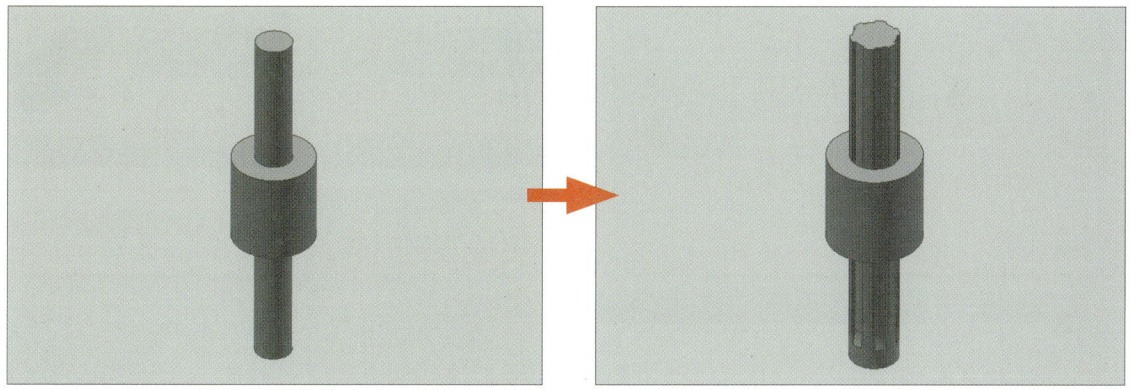

10 O-링

O-링 형상이 들어갈 위치를 측정하여 그에 알맞은 O-링을 배치합니다.

11 스프링

다양한 스프링 형상을 공학적인 계산을 통해 선정합니다.

3. 조립품 예제

Autodesk Inventor Standard

Lesson 1 | 조립품 배치해서 조립하기

01 새로 만들기를 클릭한다.

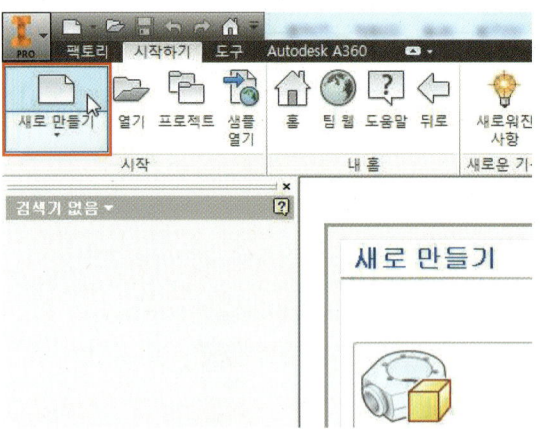

02 Standard.iam(조립품 템플릿)을 선택한 후, 작성 버튼을 클릭해서 조립품 환경을 연다.

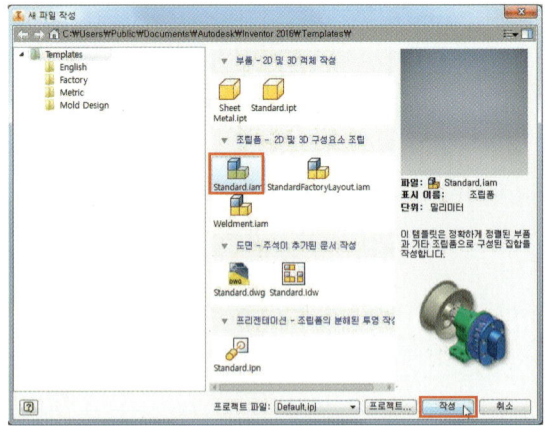

03 배치 명령을 클릭한다.

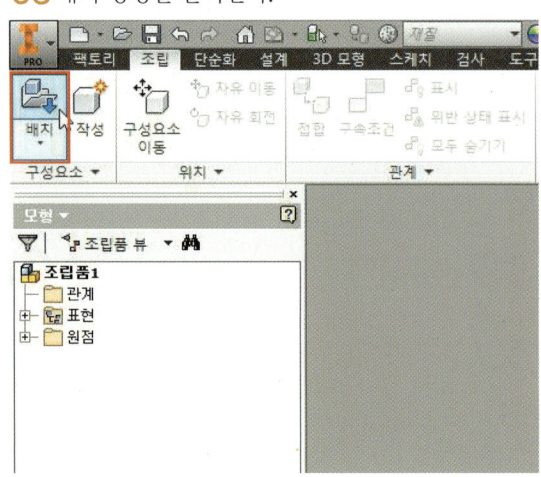

04 본체 부품을 선택해서 연다.

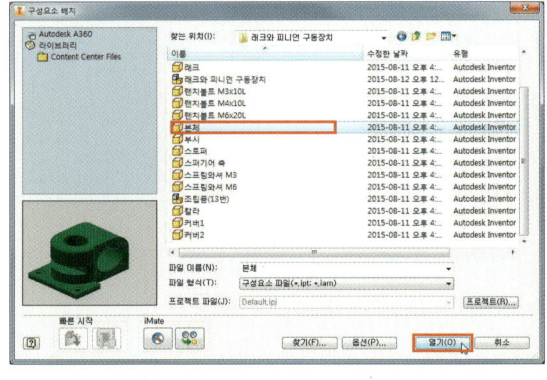

05 부품이 미리보기가 되면 마우스 우측 버튼을 클릭해서 원점에 고정 배치를 선택한다.

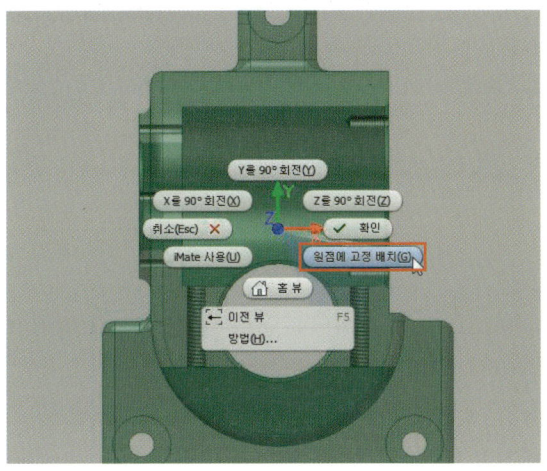

06 부품이 배치되면, Esc를 눌러 현재 작업을 종료한다.

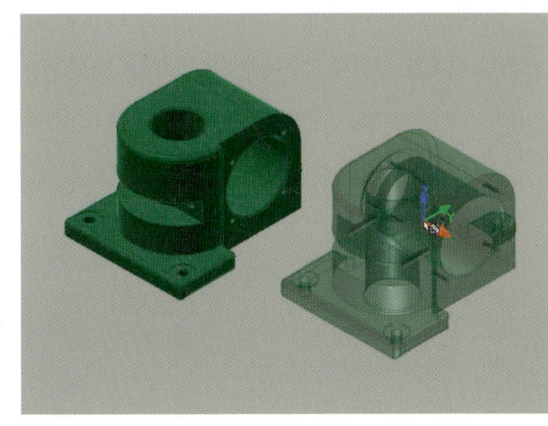

07 본체 부품이 배치되었다.

08 배치 명령을 클릭한다.

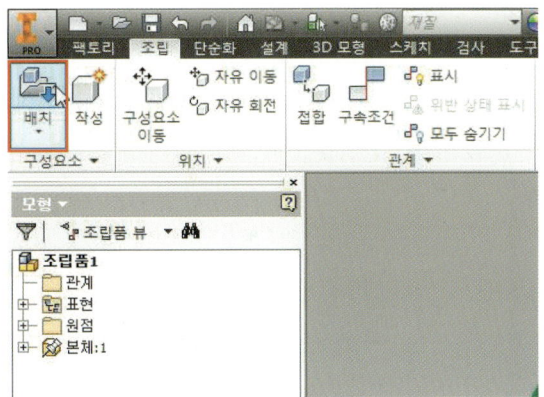

09 래크 부품을 불러온다.

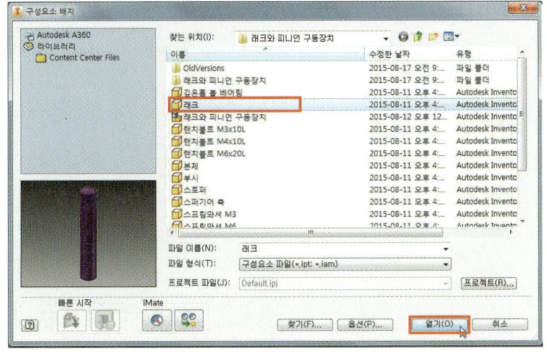

10 부품이 미리보기가 되면 적당한 곳에 마우스를 클릭해서 배치한다.

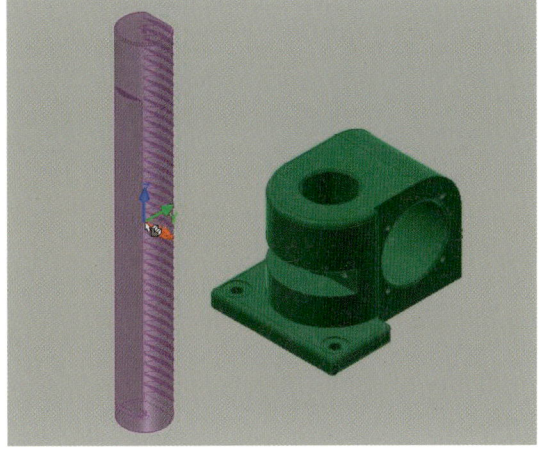

11 래크 부품이 배치되었다.

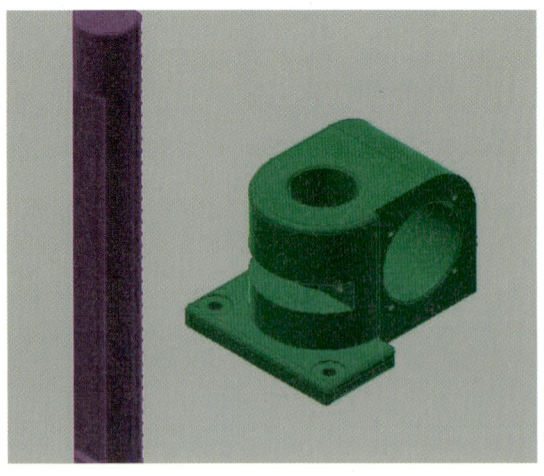

12 구속조건 명령을 클릭한다.

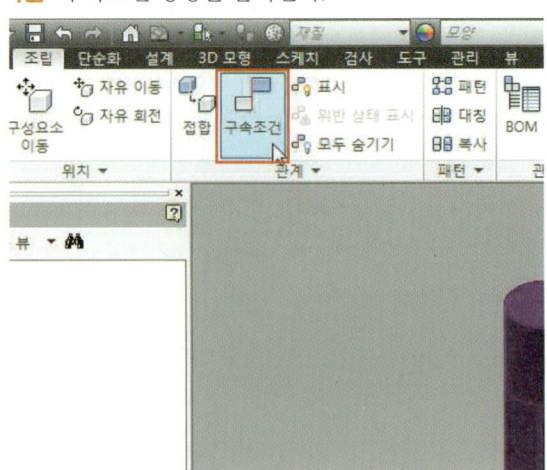

13 메이트 구속조건 유형으로 래크 원통을 선택한다.

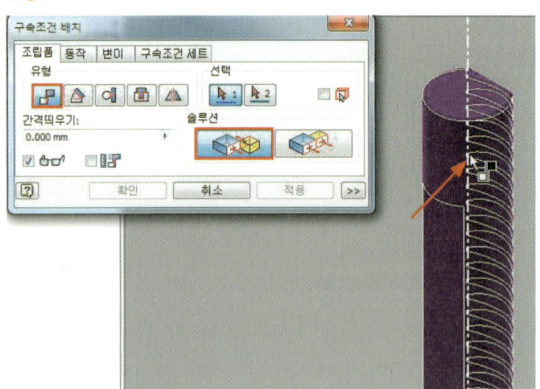

14 두 번째로, 본체 원통을 선택한다.

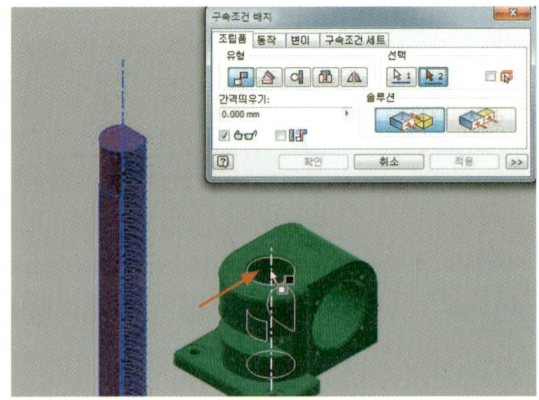

15 미리보기가 되면 확인을 눌러 종료한다.

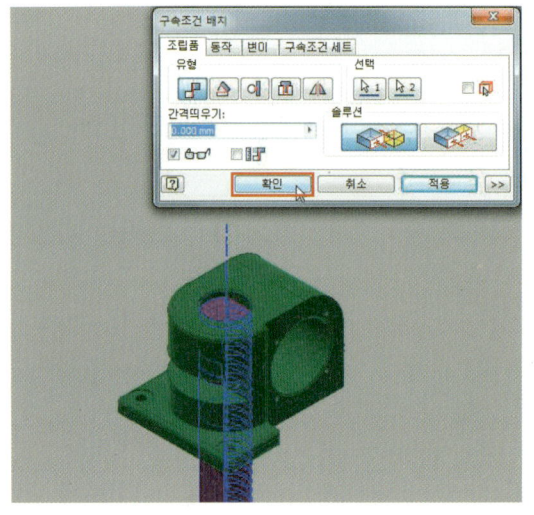

16 다음과 같이 원통 축 조립이 완료되었다.

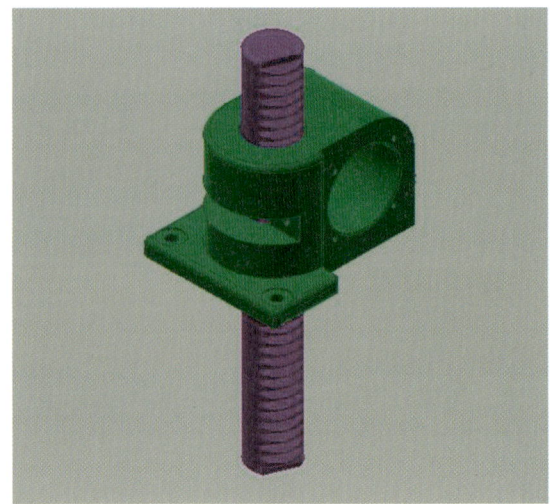

Section3. 조립품 예제

17 배치 명령을 클릭한다.

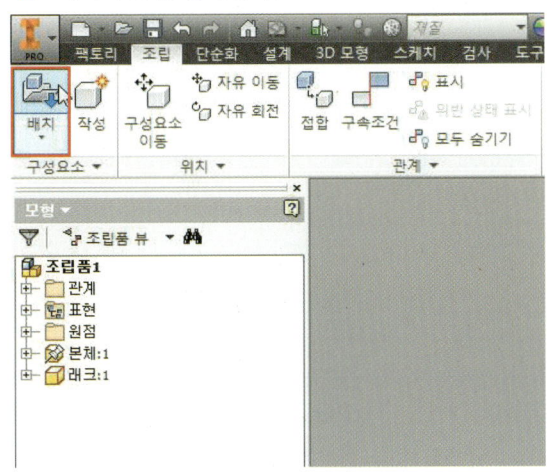

18 스토퍼 부품을 불러온다.

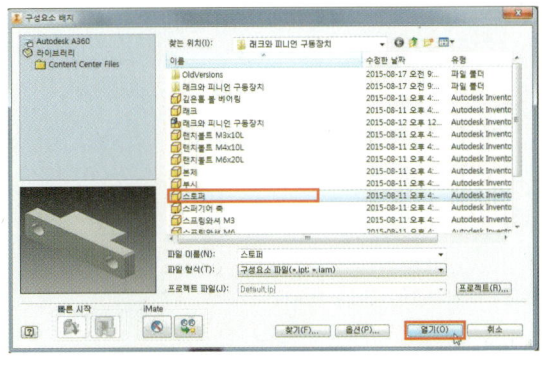

19 부품이 미리보기가 되면 적당한 곳에 마우스를 클릭해서 배치한다.

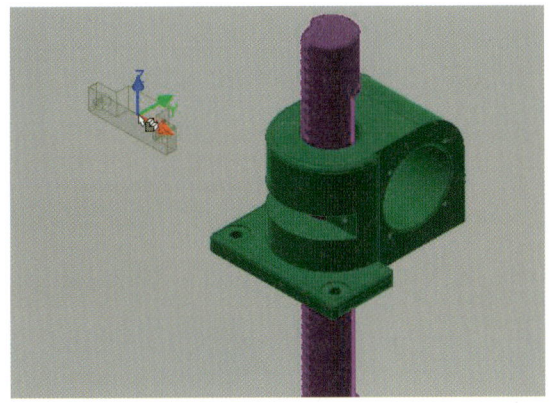

20 스토퍼 부품이 배치되었다.

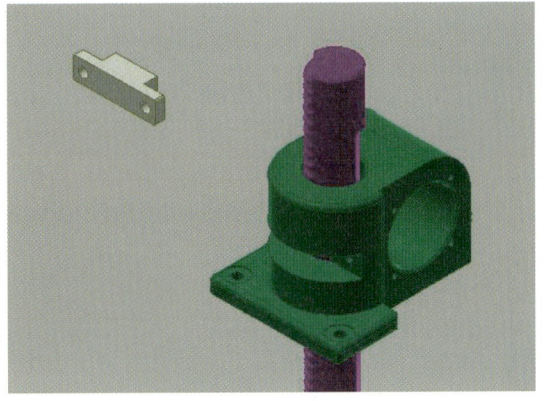

21 구속조건 명령을 클릭한다.

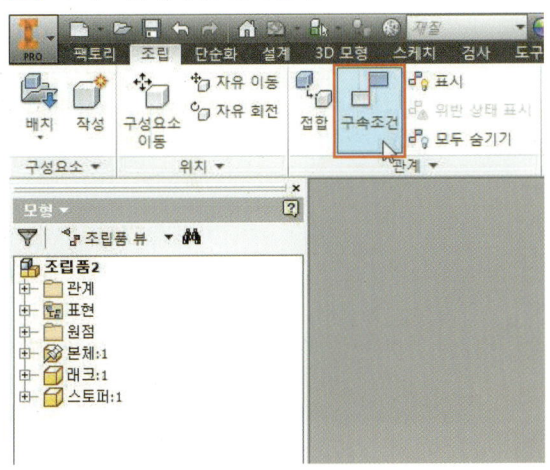

22 메이트 구속조건 유형으로 스토퍼의 바닥면을 선택한다.

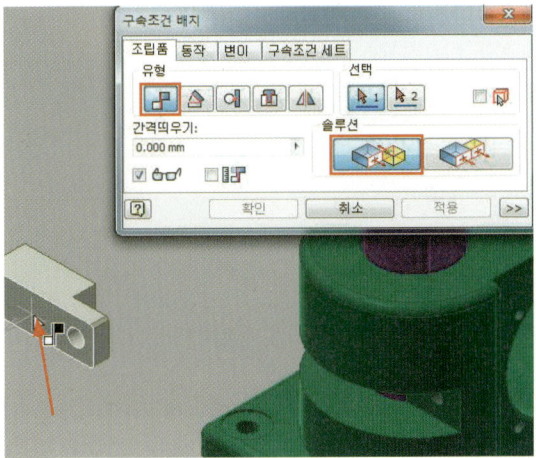

23 두 번째로, 본체의 해당 면을 선택한다.

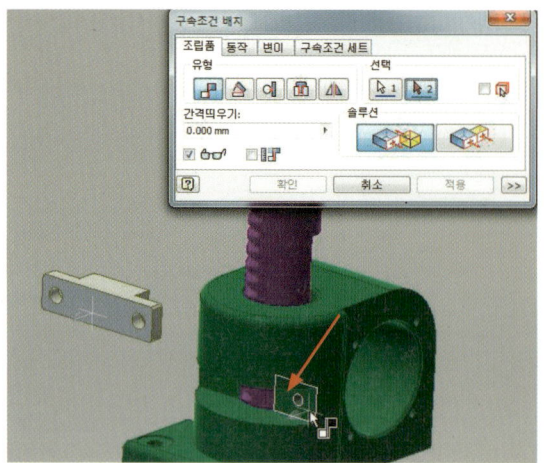

24 미리보기가 되면 적용 버튼을 누른다.

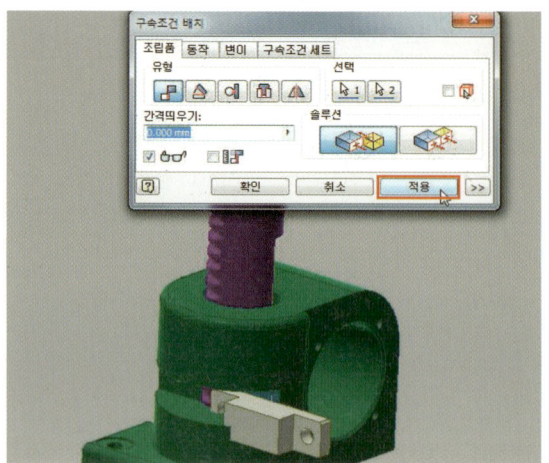

25 메이트 구속조건 유형으로 본체의 YZ 평면을 선택한다.

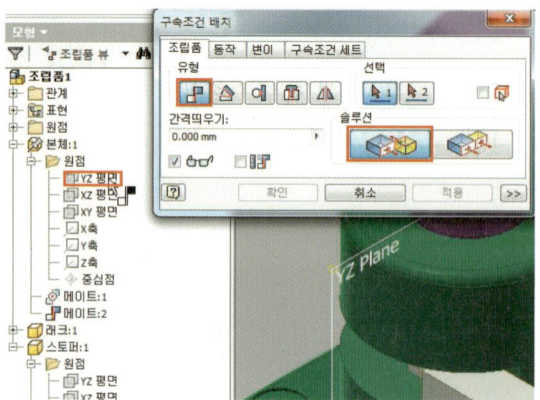

26 두 번째로, 스토퍼의 YZ 평면을 선택한다.

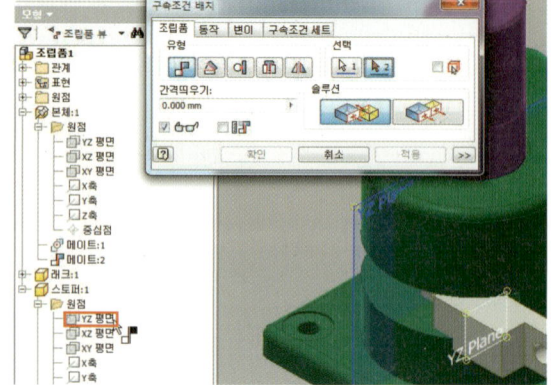

27 미리보기가 되면 적용 버튼을 누른다.

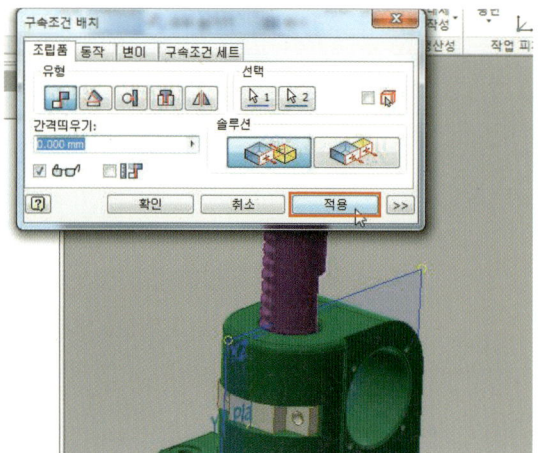

28 메이트 구속조건 유형으로 다음과 같이 작성한다.

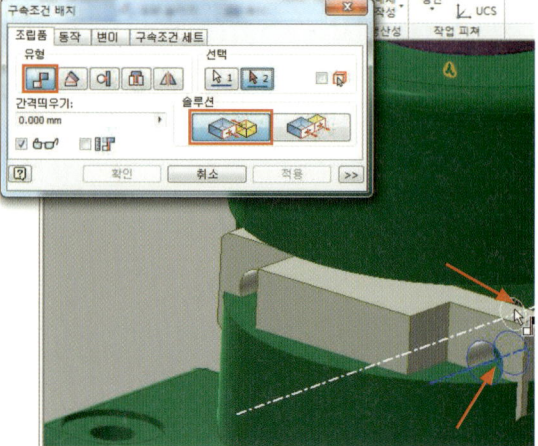

29 미리보기가 되면 확인 버튼을 눌러 종료한다.

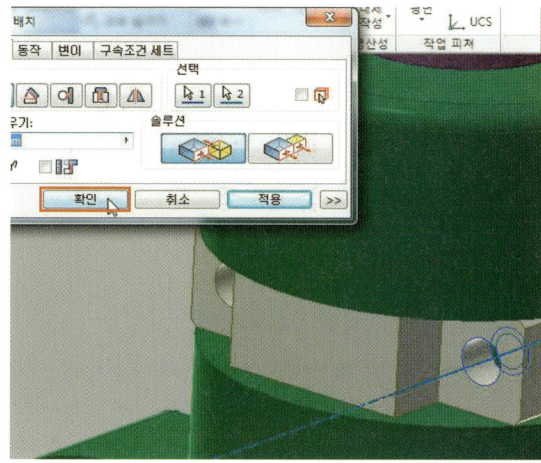

30 스토퍼 부품이 조립되었다.

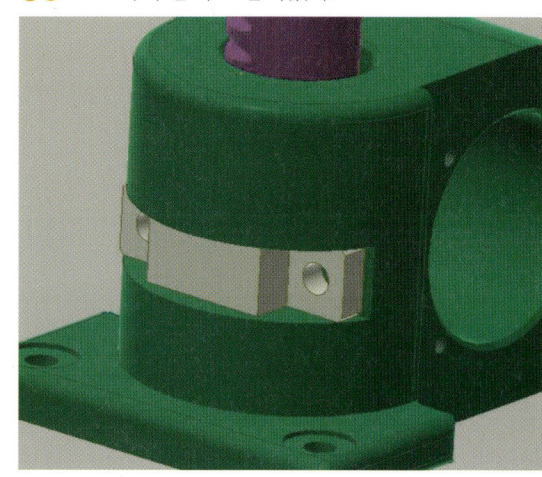

31 배치 명령을 클릭한다.

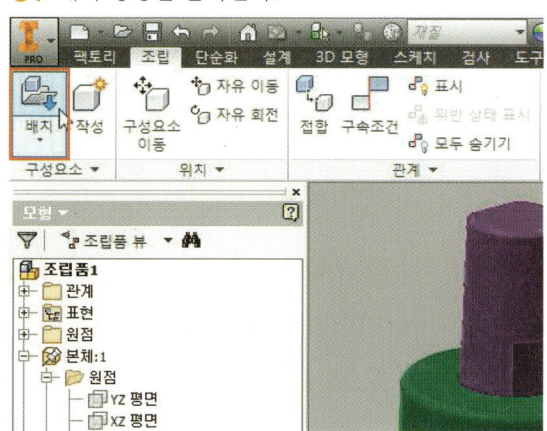

32 커버1 부품을 불러온다.

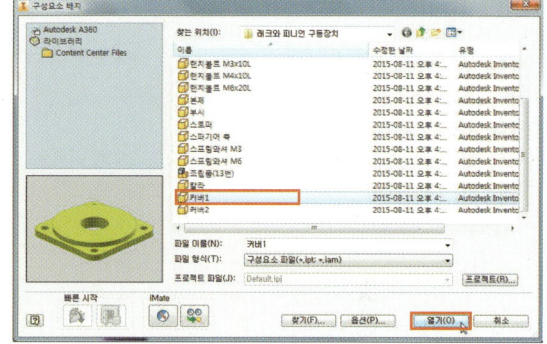

33 부품이 미리보기가 되면 적당한 곳에 마우스를 클릭해서 배치한다.

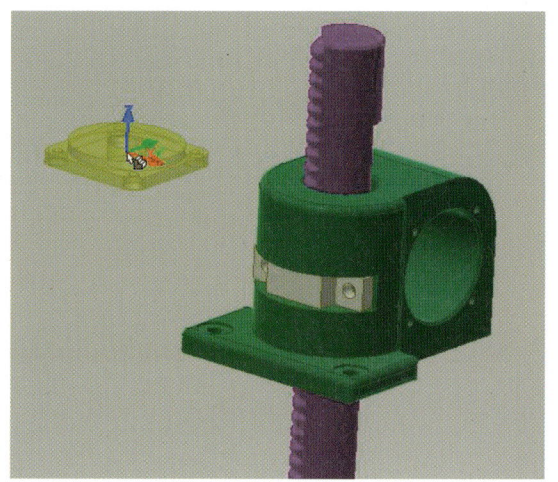

34 커버1 부품이 배치되었다.

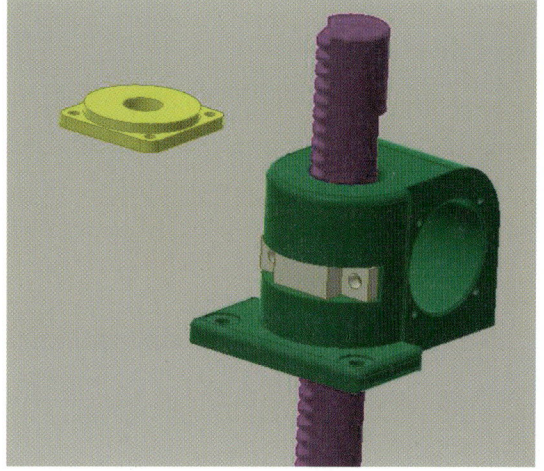

35 구속조건 명령을 클릭한다.

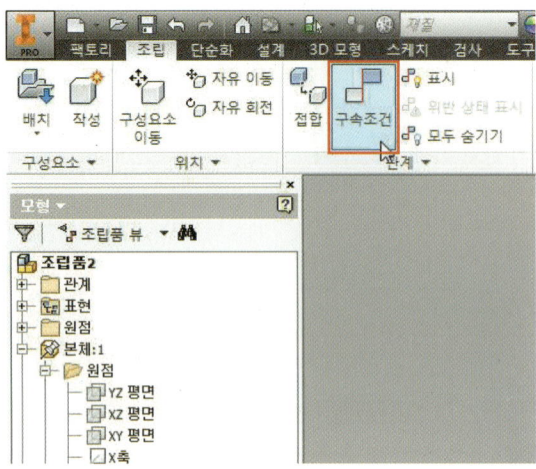

36 삽입 구속조건 유형으로 본체의 해당 모서리를 선택한다.

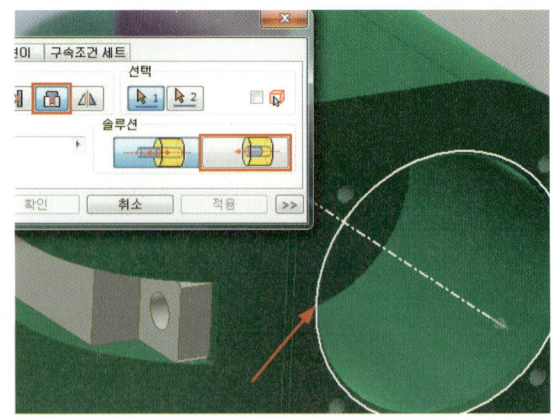

37 두 번째로, 커버1 부품의 해당 모서리를 클릭한다.

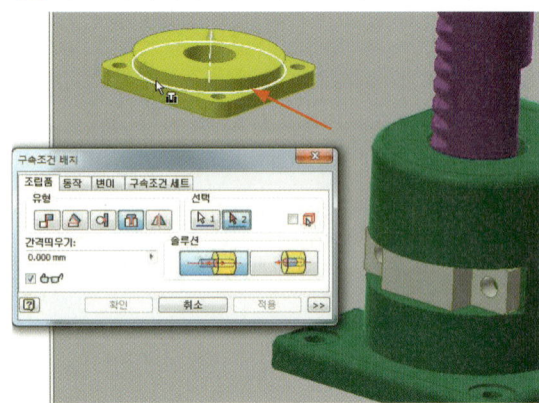

38 미리보기가 되면 적용 버튼을 누른다.

39 메이트 구속조건으로 다음 두 축을 정렬한다.

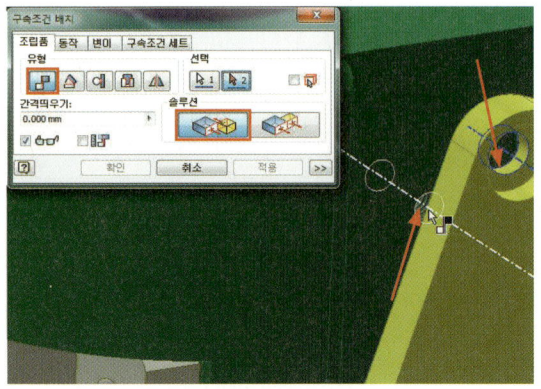

40 미리보기가 되면 확인 버튼을 눌러 종료한다.

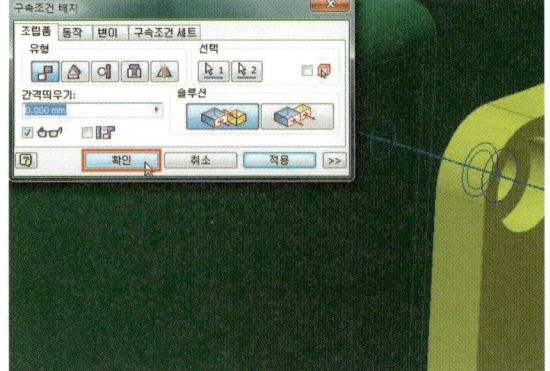

Section3. 조립품 예제

41 커버1 부품이 조립되었다.

42 배치 명령을 클릭한다.

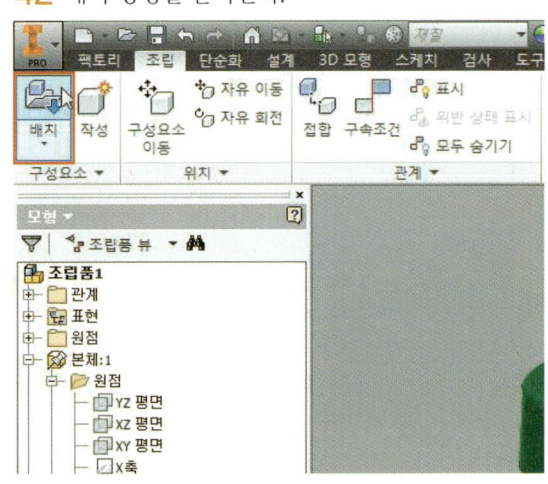

43 부시 부품을 불러온다.

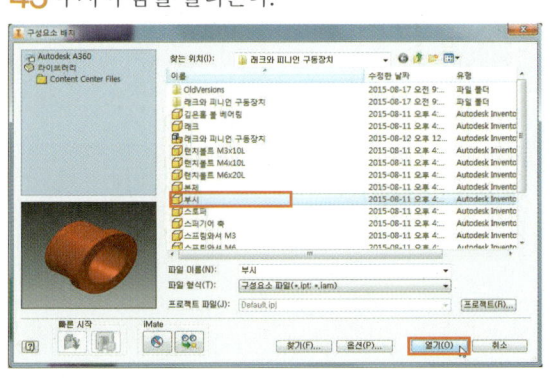

44 부품이 미리보기가 되면 적당한 곳에 마우스를 클릭해서 배치한다.

45 부시 부품이 배치되었다.

46 구속조건 명령을 클릭한다.

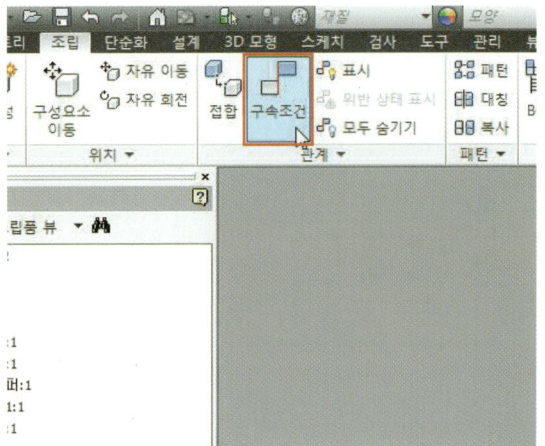

155

47 삽입 구속조건 유형으로 다음과 같이 작성한다.

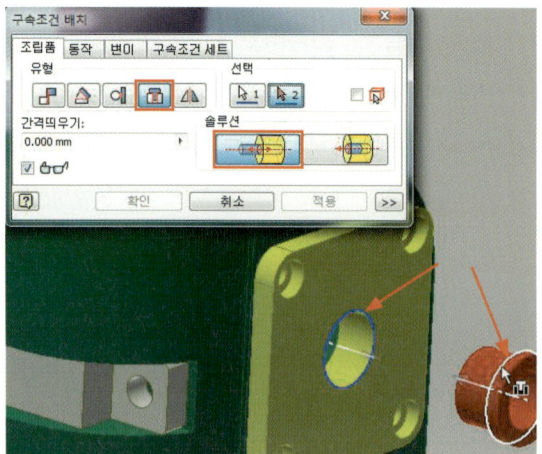

48 미리보기가 되면 확인 버튼을 눌러 종료한다.

49 부시 부품이 조립되었다.

50 배치 명령을 클릭한다.

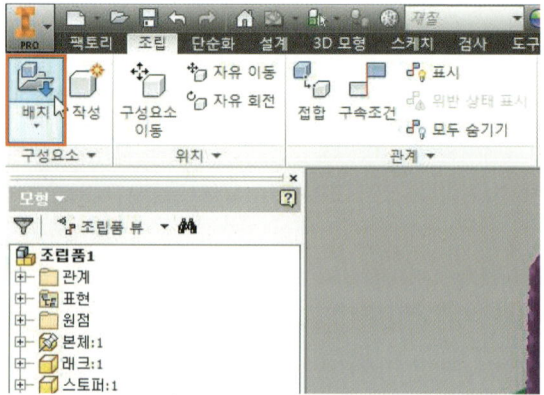

51 커버2 부품을 불러온다.

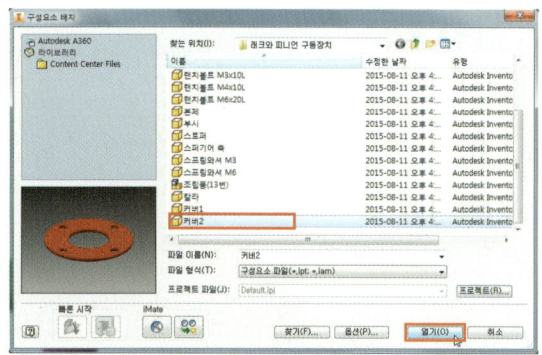

52 부품이 미리보기가 되면 적당한 곳에 마우스를 클릭해서 배치한다.

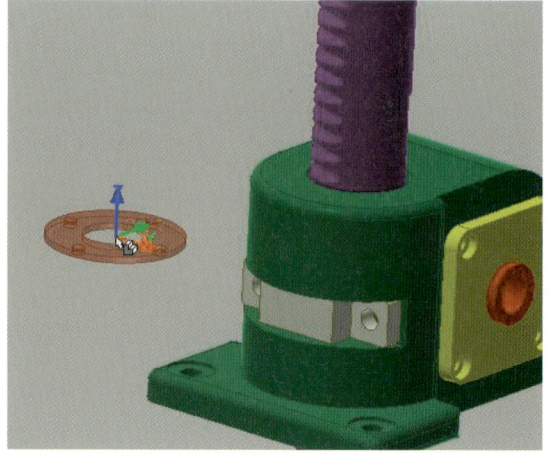

53 커버2 부품이 배치되었다.

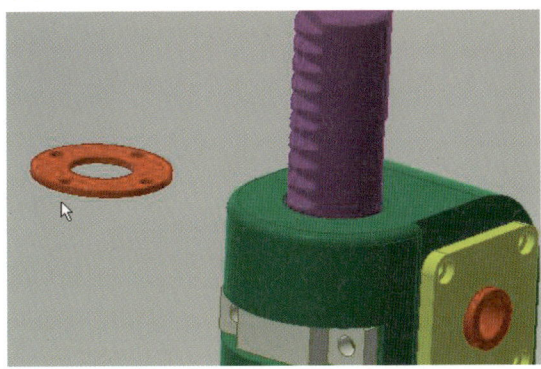

54 구속조건 명령을 클릭한다.

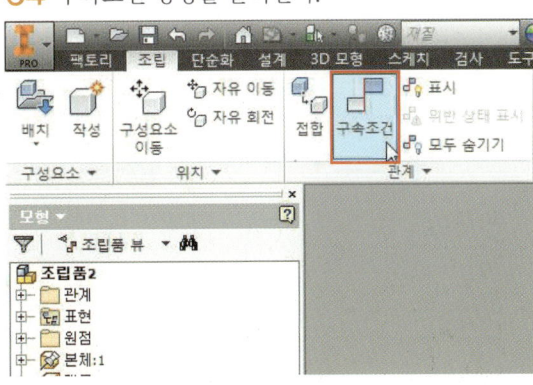

55 메이트 구속조건 유형으로 다음과 같이 작성한다.

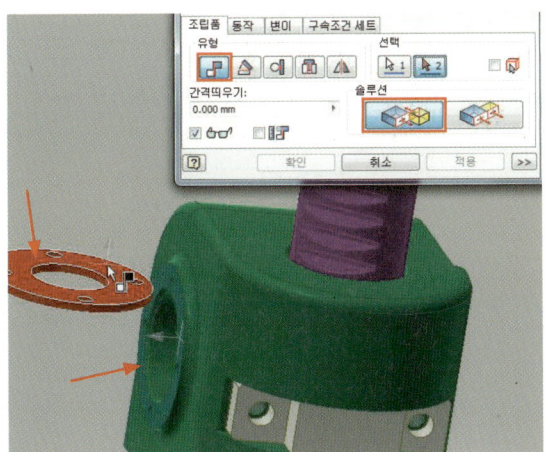

56 미리보기가 되면 적용 버튼을 누른다.

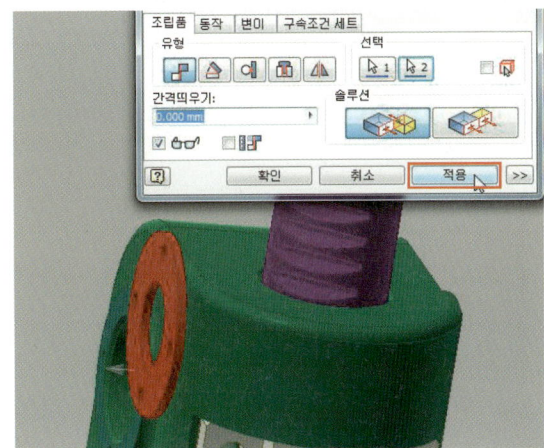

57 메이트 구속조건 유형으로 다음 두 축을 정렬한다.

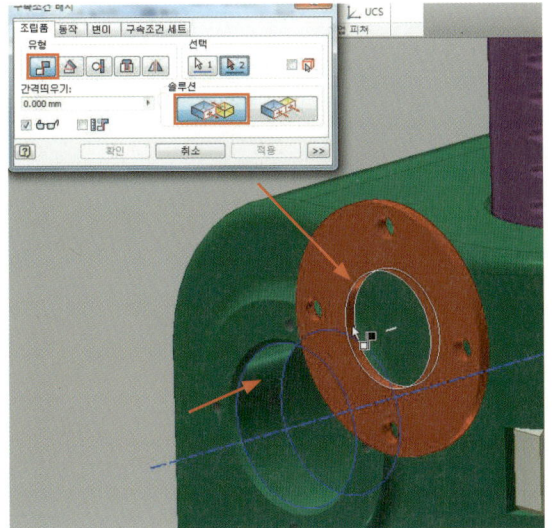

58 미리보기가 되면 적용 버튼을 누른다.

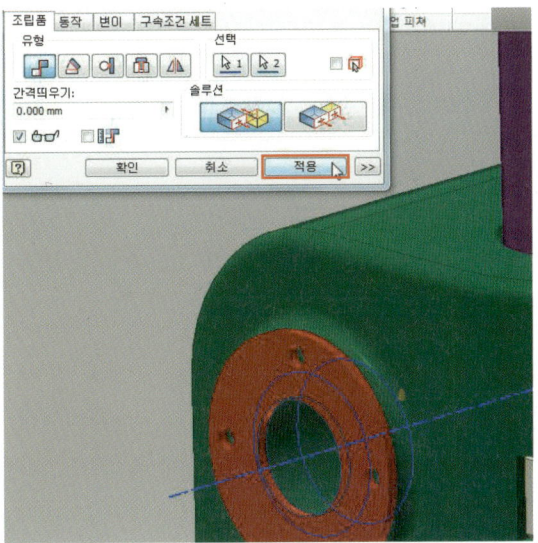

59 메이트 구속조건 유형으로 다음과 같이 작성한다.

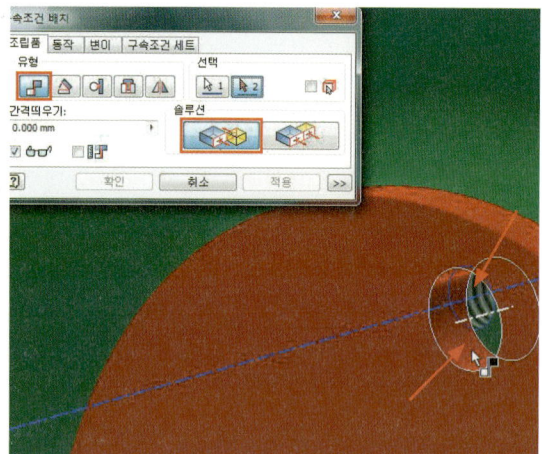

60 미리보기가 되면 확인 버튼을 눌러 종료한다.

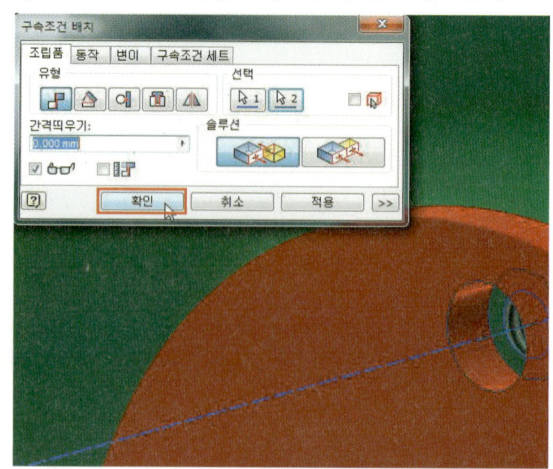

61 커버2 부품이 조립되었다.

62 본체 부품을 선택한다.

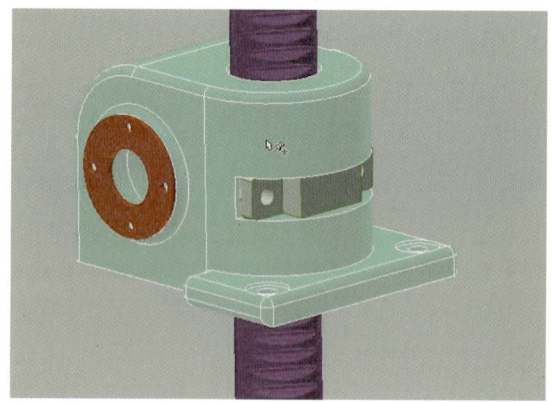

63 마우스 우측 버튼을 클릭하여 가시성을 체크 해제한다.

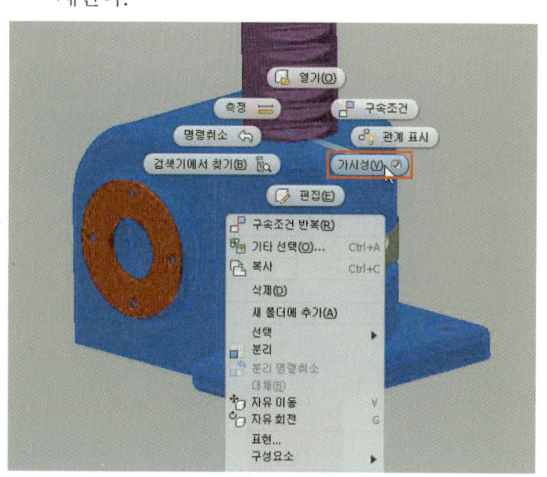

64 본체 부품의 가시성이 해제 되었다.

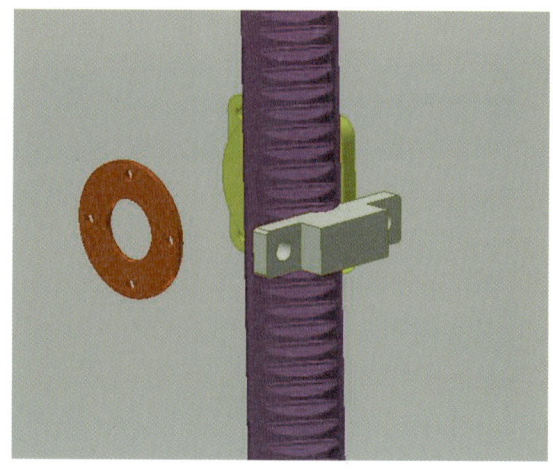

65 배치 명령을 클릭한다.

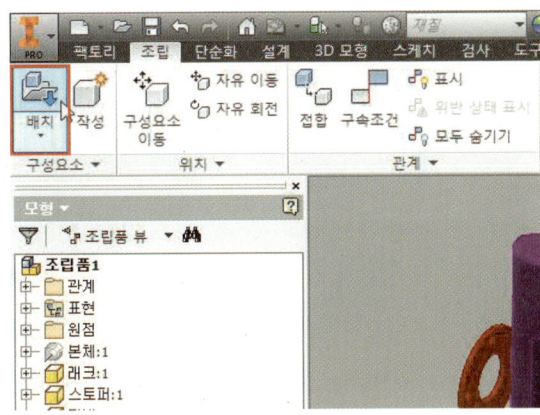

66 스퍼기어 축 부품을 불러온다.

67 부품이 미리보기가 되면 적당한 곳에 마우스를 클릭해서 배치한다.

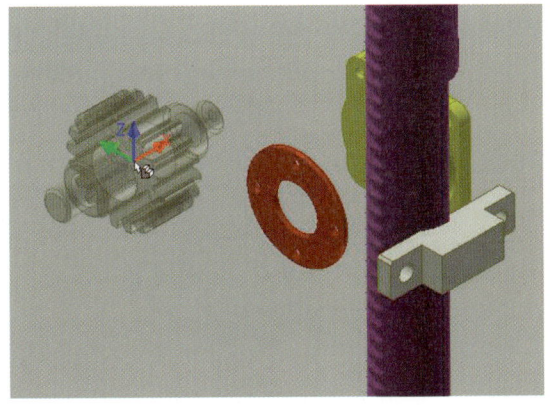

68 스퍼기어 축 부품이 배치되었다.

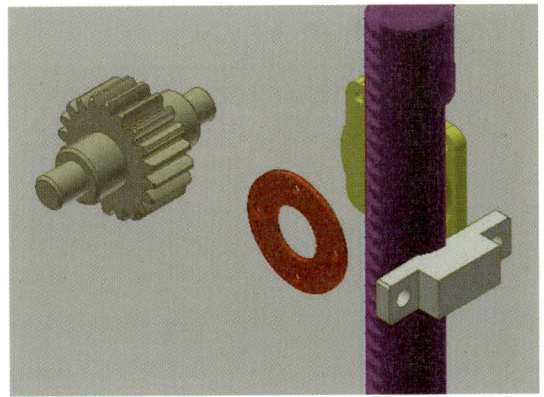

69 구속조건 명령을 클릭한다.

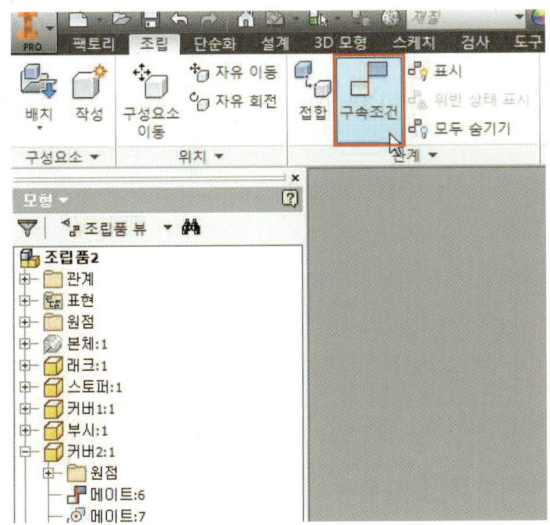

70 메이트 구속조건 유형으로 다음 두 축을 정렬한다.

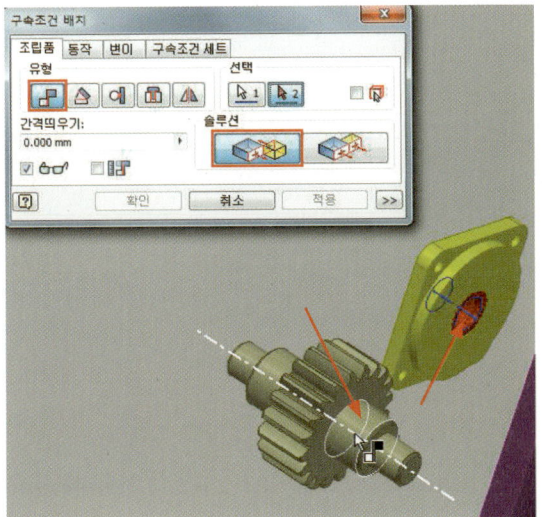

71 미리보기가 되면 적용 버튼을 누른다.

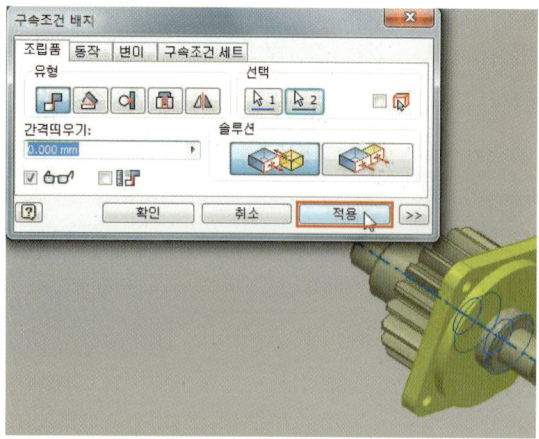

72 메이트 구속조건 유형으로 다음 두 개의 평면을 조립한다.

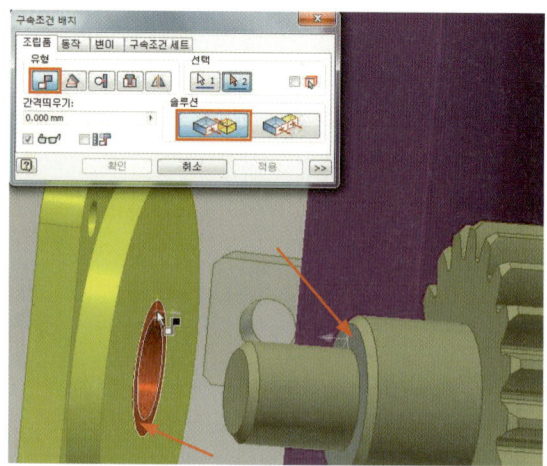

73 미리보기가 되면 확인 버튼을 누른다.

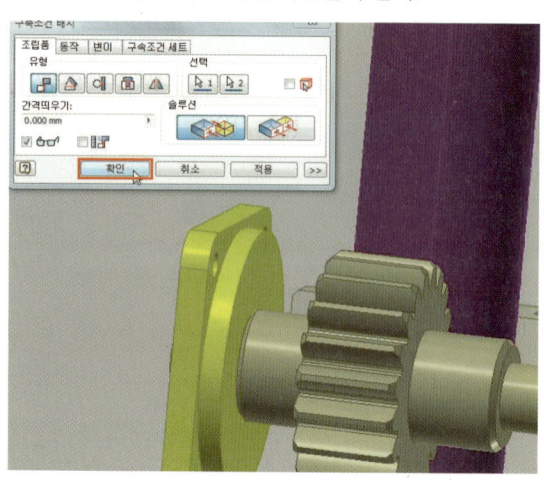

74 스퍼기어 축 부품이 조립되었다.

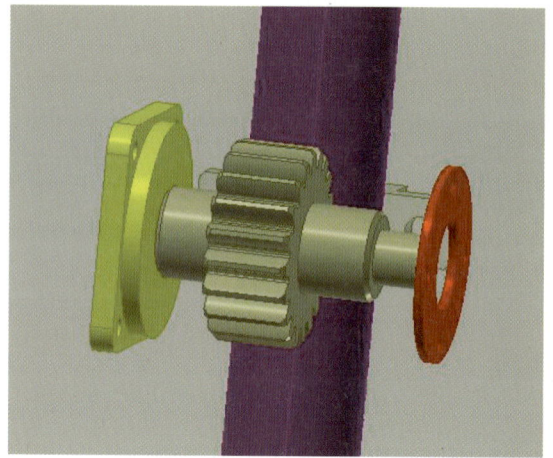

75 배치 명령을 클릭한다.

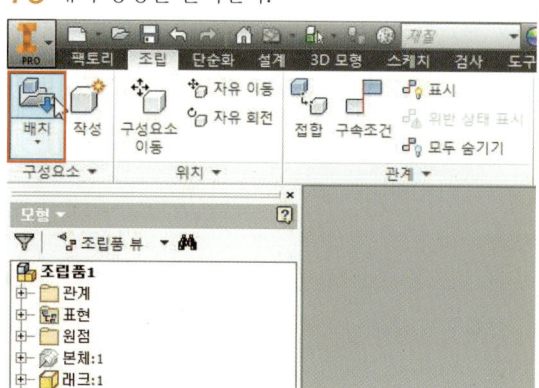

76 칼라 부품을 불러온다.

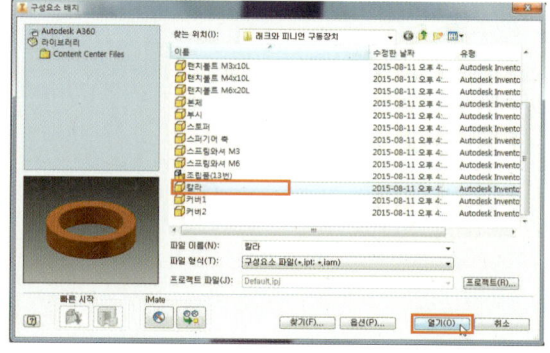

77 부품이 미리보기가 되면 적당한 곳에 마우스를 클릭해서 배치한다.

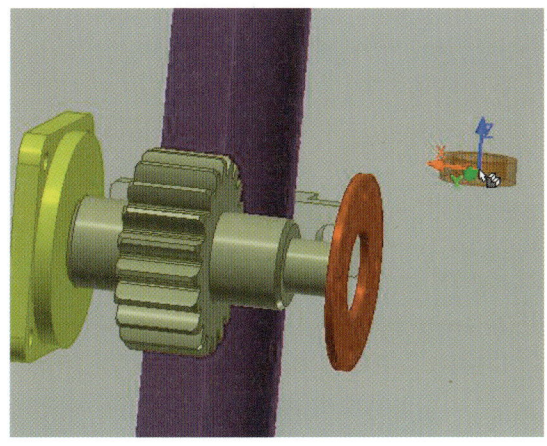

78 칼라 부품이 배치되었다.

79 구속조건 명령을 클릭한다.

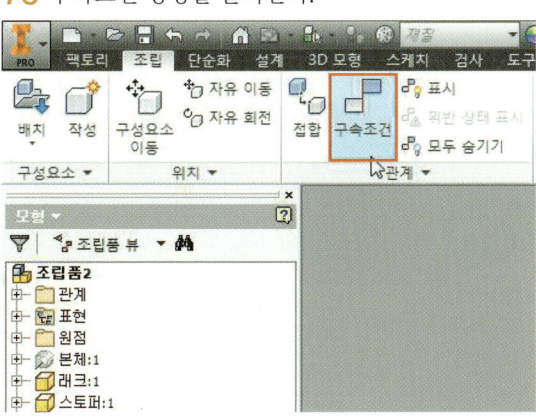

80 삽입 구속조건 유형으로 다음과 같이 작성한다.

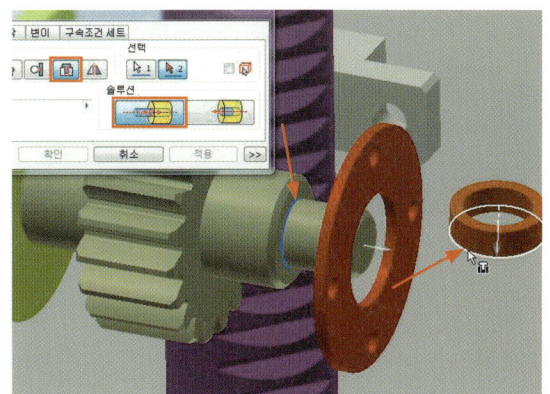

81 미리보기가 되면 확인 버튼을 눌러 종료한다.

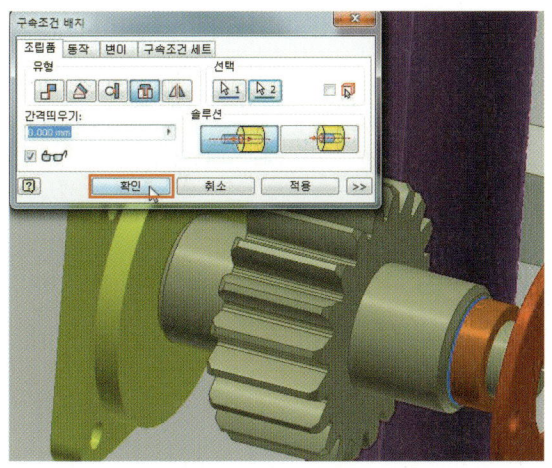

82 칼라 부품이 조립되었다.

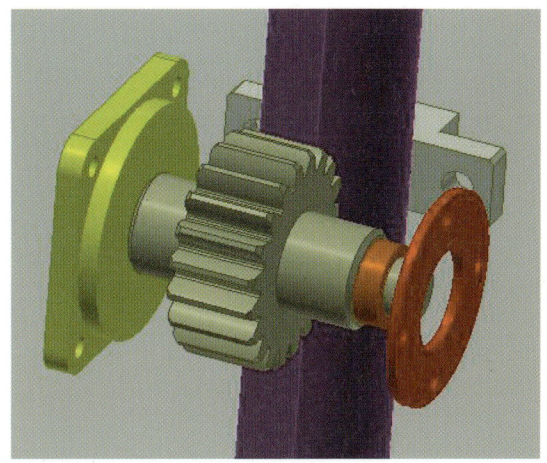

Lesson 2 | 컨텐츠 센터 부품 배치하기

01 본체 부품의 가시성을 체크해서 다시 화면에 표시한다.

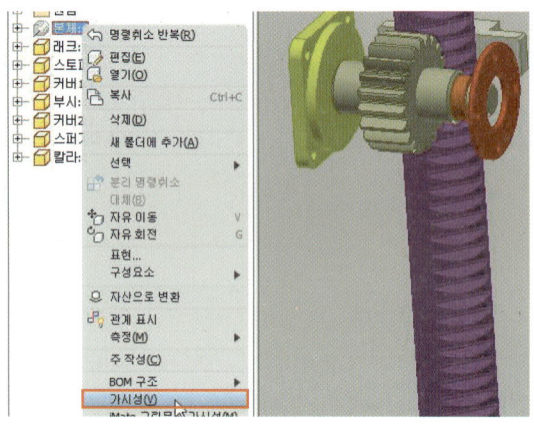

02 본체 부품이 다시 화면에 표시되었다.

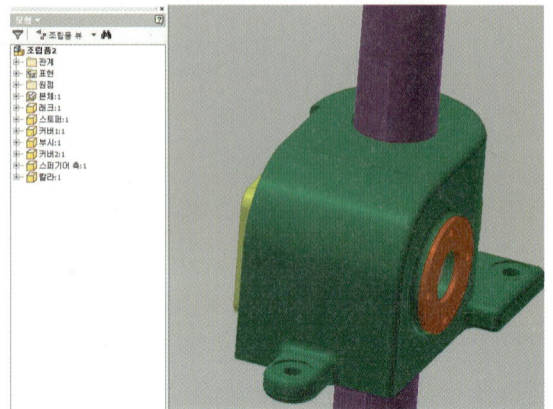

03 뷰 탭에서 반 단면도 명령을 클릭한다.

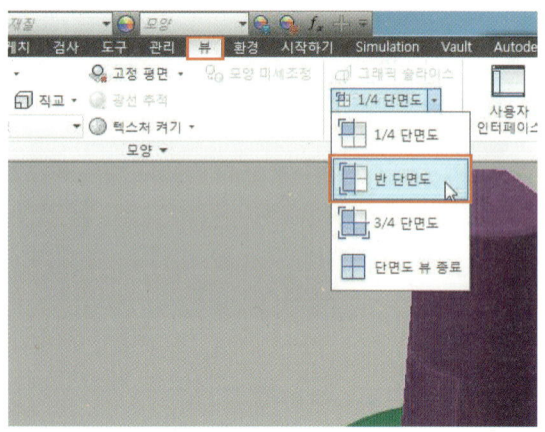

04 기준 평면을 다음과 같이 선택한다.

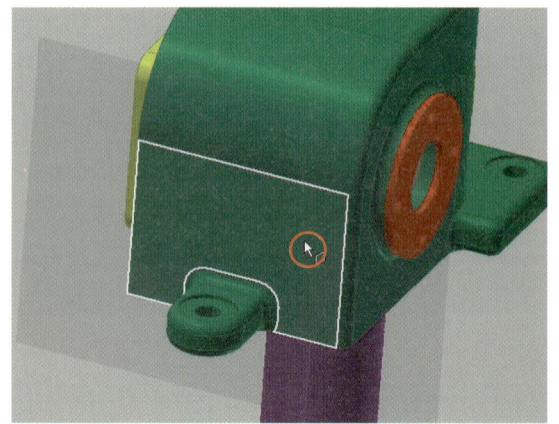

05 거리를 입력한 후 확인 버튼을 클릭한다.

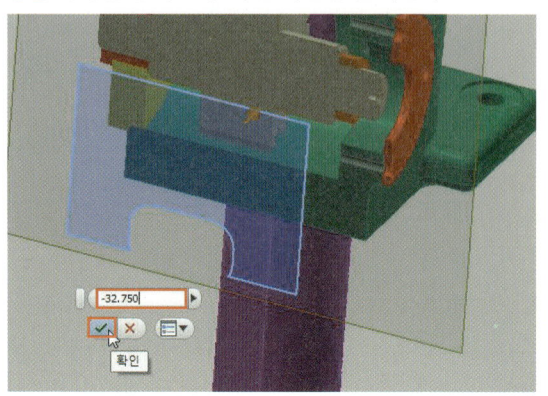

06 다음과 같이 단면이 표시되었다.

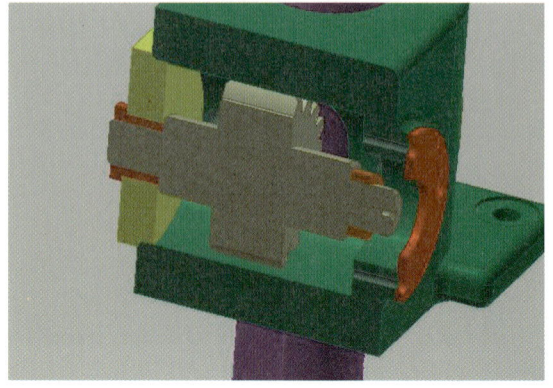

07 설계 탭의 베어링 명령을 실행한다.

08 확인 버튼을 클릭해 저장한다.

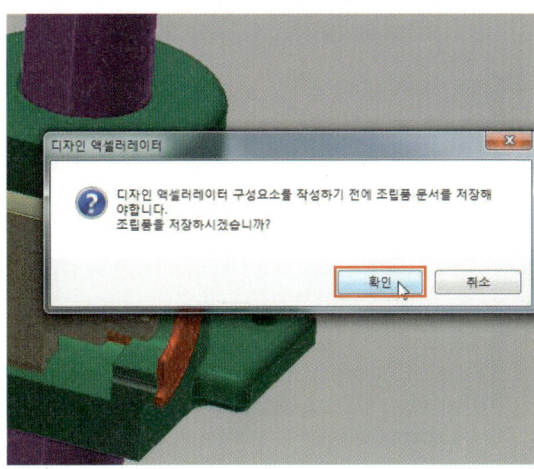

09 베어링 창이 뜨면 베어링 찾아보기 버튼을 누른다.

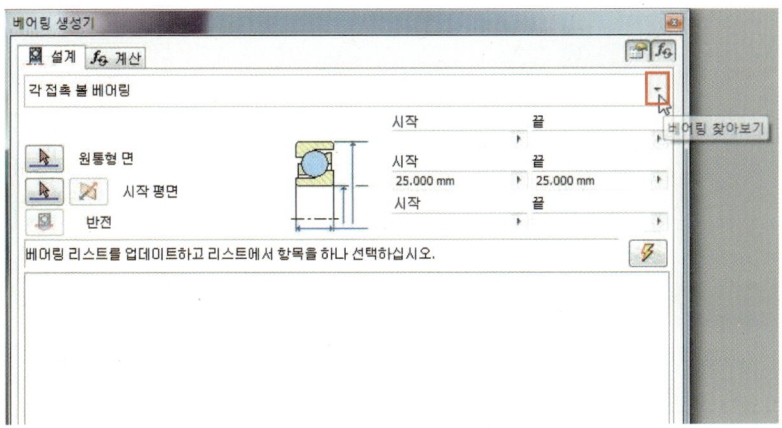

10 해당 베어링을 찾아 클릭한다.

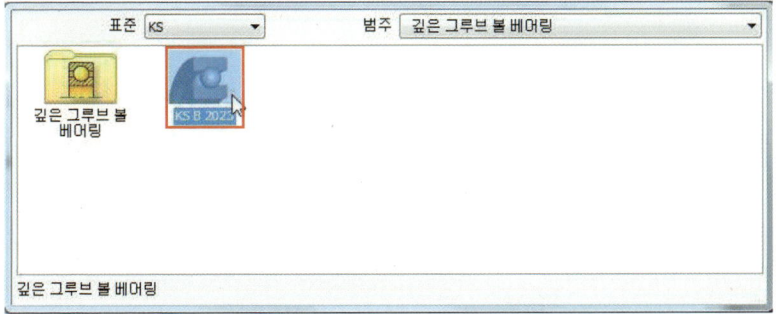

11 창 하단에 베어링 리스트가 표시된다.

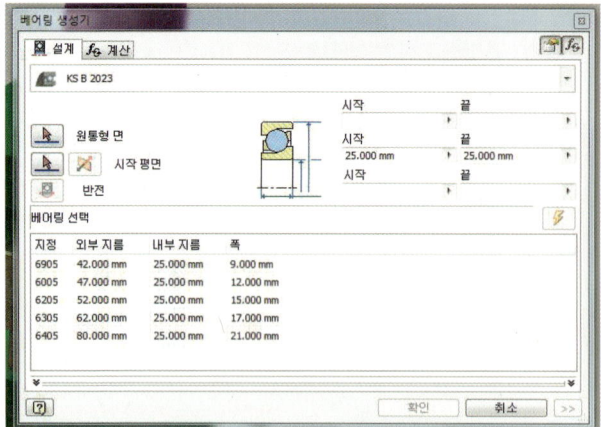

12 베어링이 삽입될 원통 면을 선택한다.

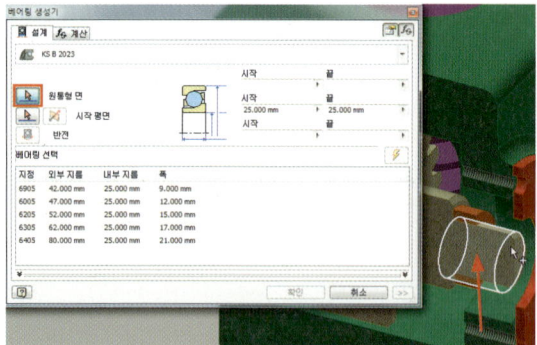

13 시작 평면을 선택한다.

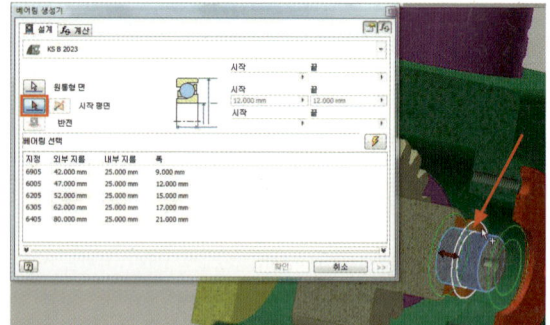

14 베어링 삽입 방향이 반대로 되어 있으면 방향을 바꿔 준다.

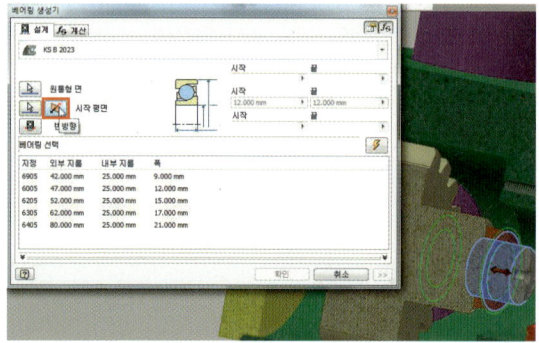

15 삽입될 베어링의 외경과 폭을 측정한다.

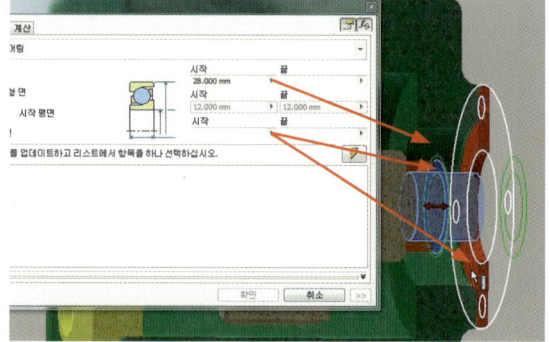

Section3. 조립품 예제

16 업데이트 버튼을 클릭한다.

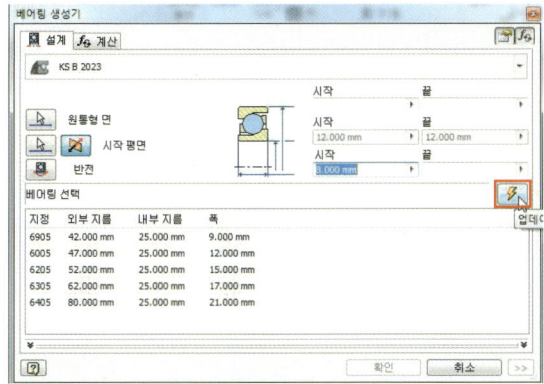

17 다음과 같이 베어링 리스트가 표시된다. 리스트를 클릭하고 확인을 누른다.

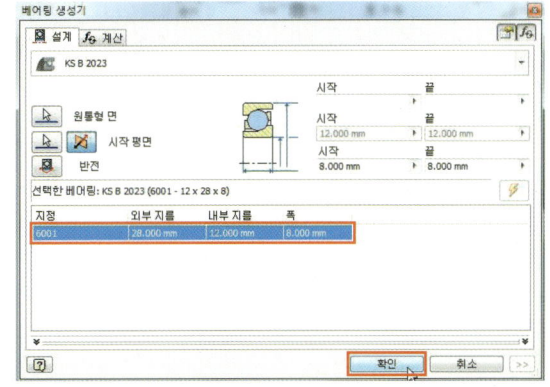

18 베어링이 배치되었다.

19 뷰 탭에서 단면도 뷰를 종료한다.

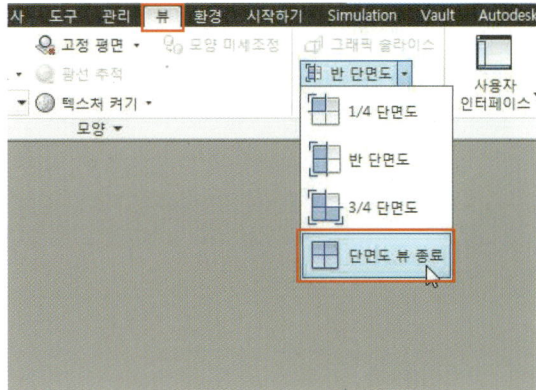

20 단면도 뷰가 종료되었다.

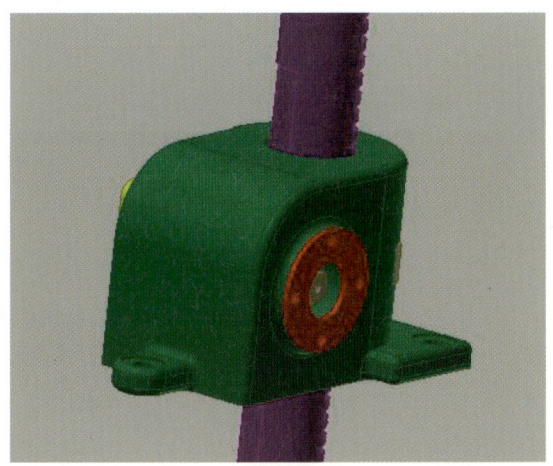

21 조립 탭의 컨텐츠 센터에서 배치 명령을 클릭한다.

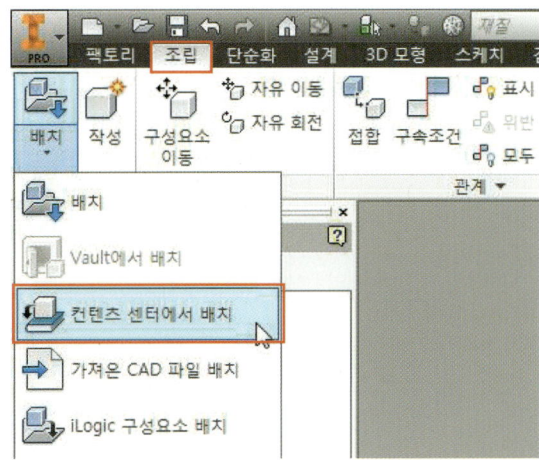

22 화면 빈곳에 마우스 우측 버튼을 클릭해 필터를 JIS로 선택한다.

23 다음 볼트를 선택하고 확인 버튼을 누른다.

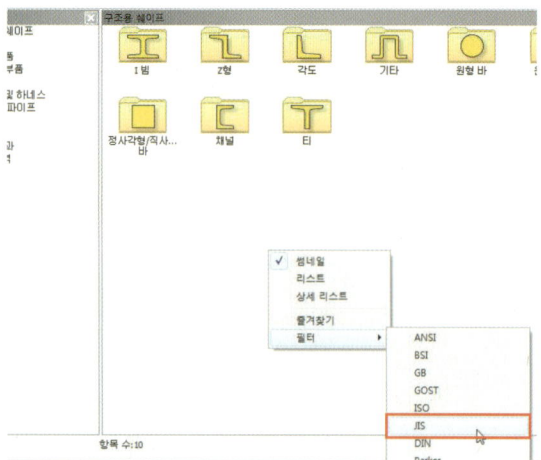
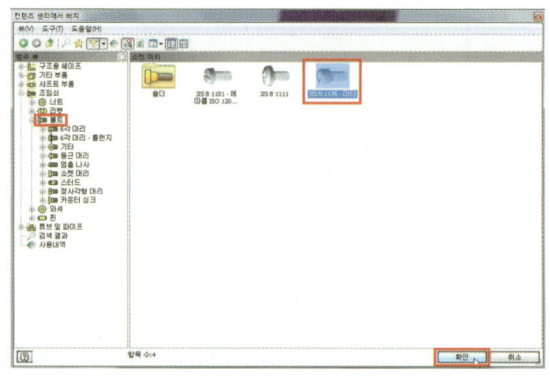

24 다음과 같이 볼트가 미리보기 된다.

25 미리보기 된 볼트가 배치될 구멍에 위치하면 다음과 같이 볼트의 규격 크기가 자동으로 변경된다.

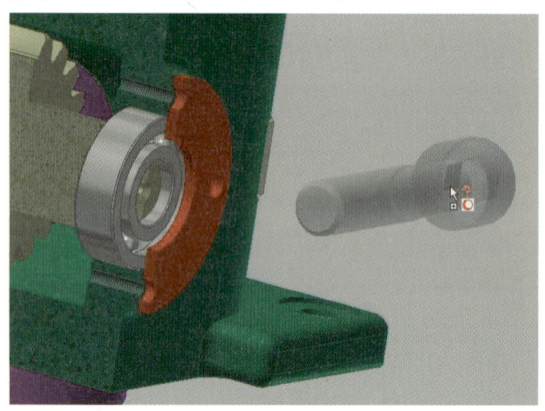
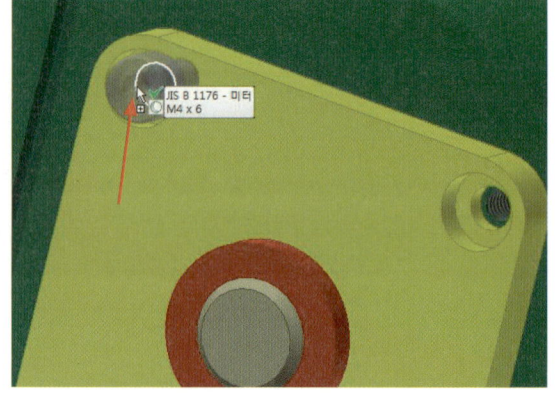

26 확인 버튼을 클릭하면 볼트가 배치된다.

27 다음과 같이 볼트가 배치되었다.

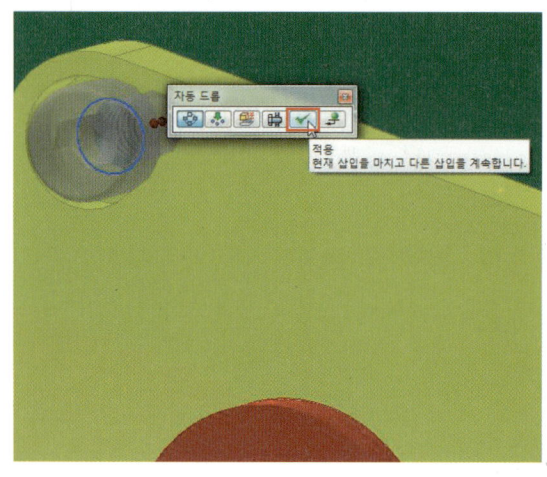

28 마찬가지 방법으로 반대편 항목에도 볼트를 배치한다.

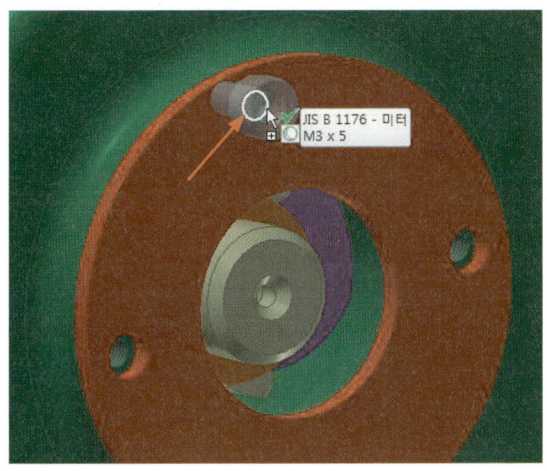

29 적용 버튼을 클릭하면 볼트가 배치된다.

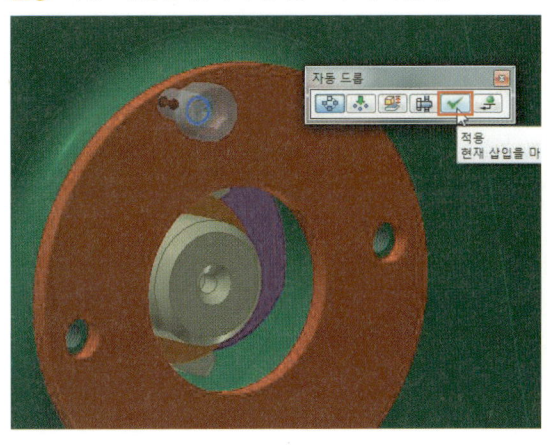

30 다음과 같이 볼트가 배치되었다.

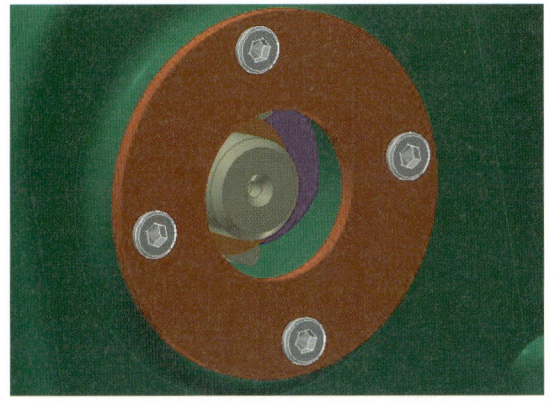

31 마찬가지 방법으로 스토퍼 부품 항목에도 볼트를 배치한다.

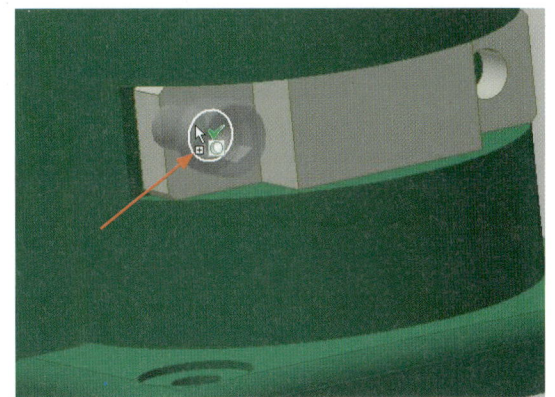

32 확인 버튼을 클릭하면 볼트가 배치된다.

Lesson 3 | 동작 구속조건 작성하기

01 기어 축과 래크를 Ctrl키로 동시에 눌러준 후 마우스 우측 클릭으로 분리 명령을 선택한다.

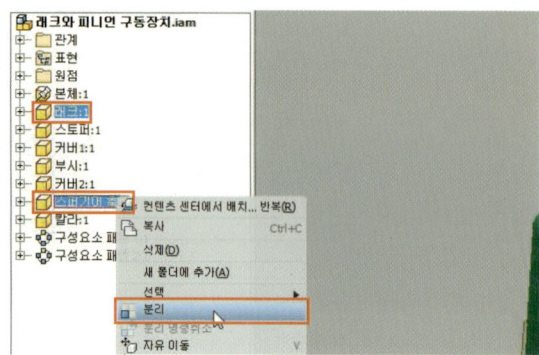

02 다음과 같이 기어 축과 래크가 분리되었다.

03 구속조건 명령을 클릭한다.

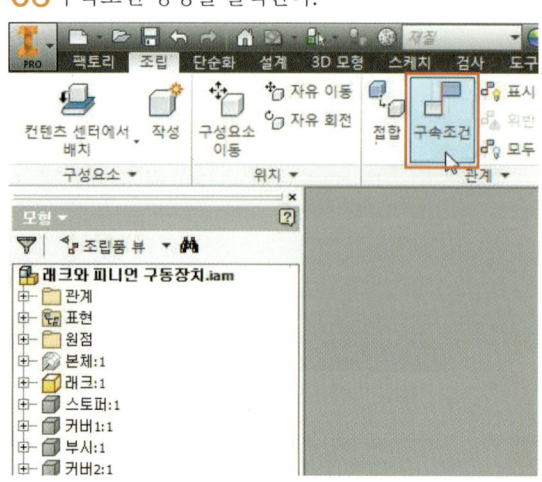

04 동작 탭에서 다음과 같이 회전-변환 구속조건으로 각각의 축을 선택한다.

05 거리를 다음과 같이 입력한다.

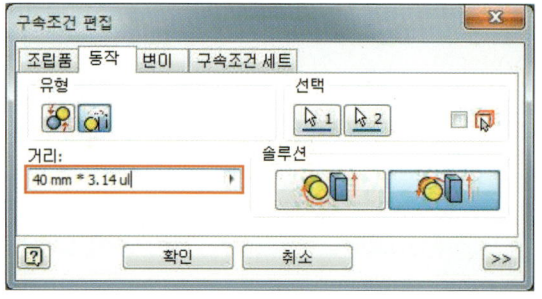

06 거리 설정 후 확인 버튼을 클릭하여 종료한다.

07 기어 축을 드래그해서 회전하면 래크 부품도 그에 맞춰서 이동하게 된다.

08 Ctrl키로 기어 축과 래크를 동시에 눌러준 후 분리 명령취소를 선택한다.

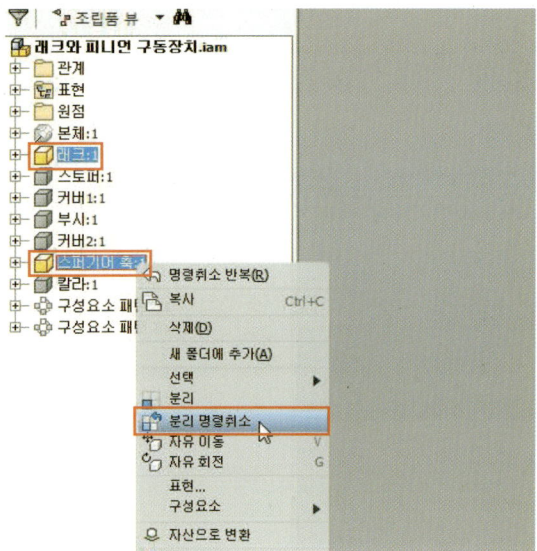

09 조립품 작성이 완료되었다.

4. 프리젠테이션 명령

Autodesk Inventor Standard

Lesson 1 | 프리젠테이션 명령

프리젠테이션 명령에는 다음과 같은 것들이 있습니다.

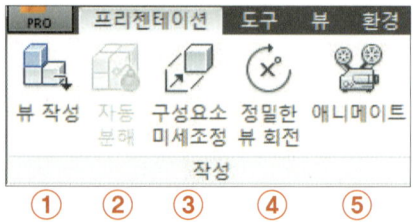

① ② ③ ④ ⑤

01 뷰 작성

분해도를 작성할 뷰를 불러옵니다.

02 자동 분해

화면에 배치된 조립품을 자동분해 합니다.

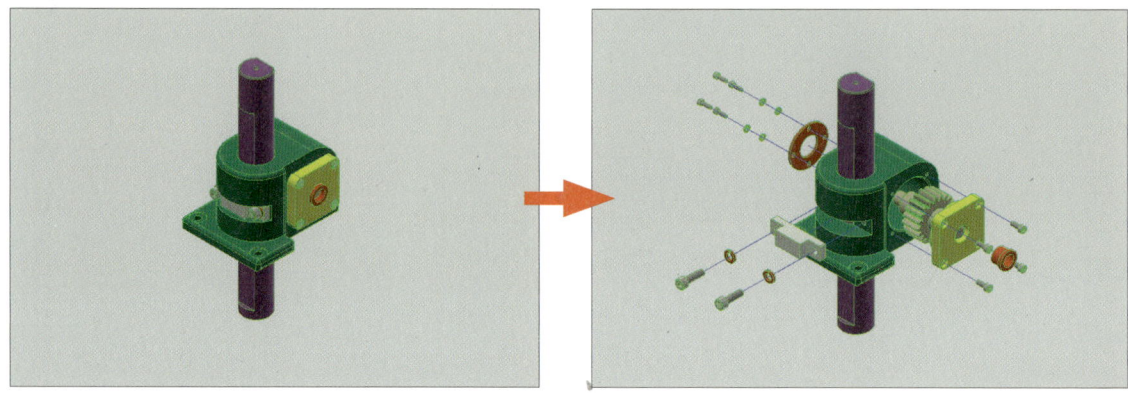

03 구성요소 미세조정

구성요소를 이동 및 회전해서 분해도를 작성합니다.

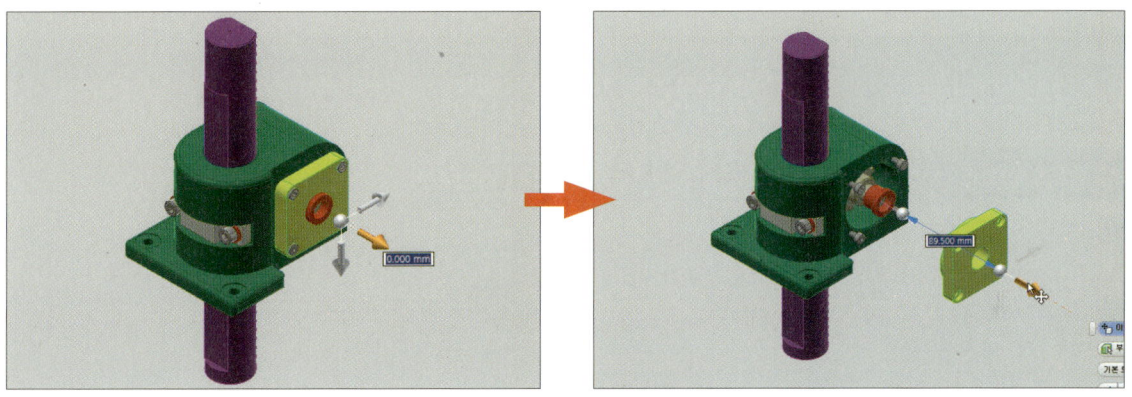

04 정밀한 뷰 표현

뷰의 위치를 정밀하게 조정합니다.

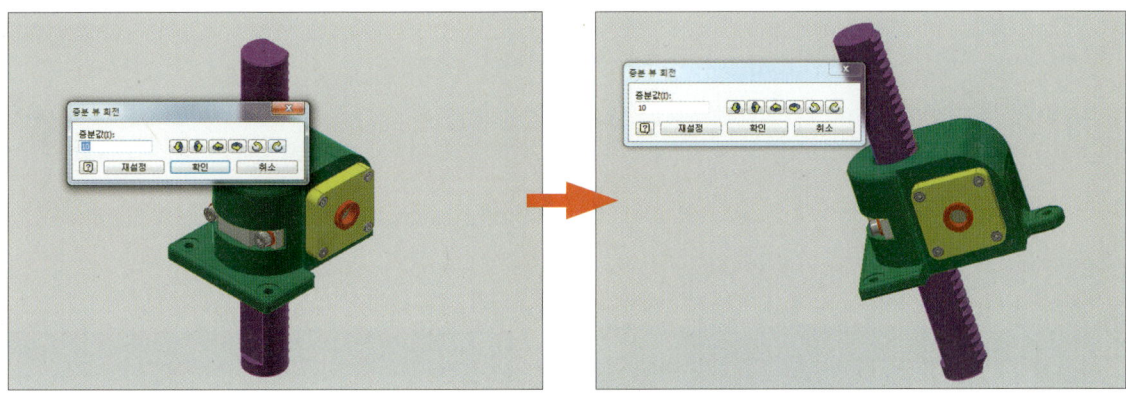

05 애니메이트

분해 시퀀스를 편집하거나 분해/조립 애니메이션을 재생/녹화 합니다.

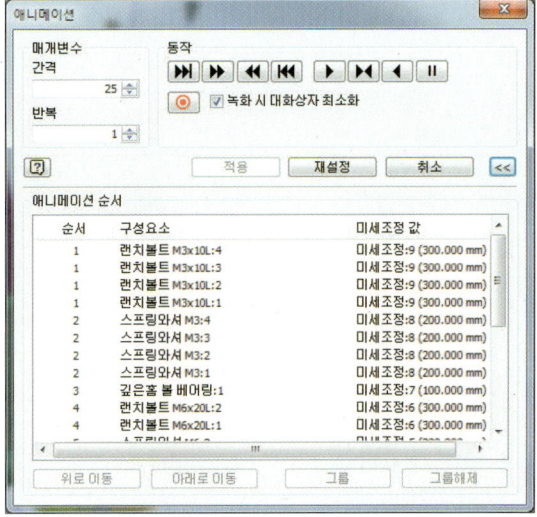

Part 04 조립품 모델링

5. 분해도 예제

Autodesk Inventor Standard

Lesson 1 | 분해도 작성하기

01 새로 만들기를 클릭한다.

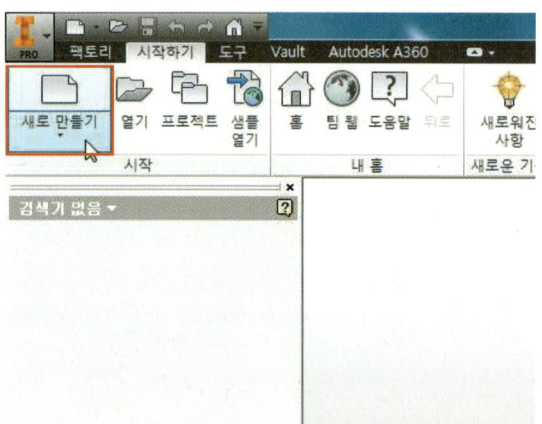

02 Standard.ipn(분해도 템플릿)을 선택한 후, 작성 버튼을 클릭해서 분해도 환경을 연다.

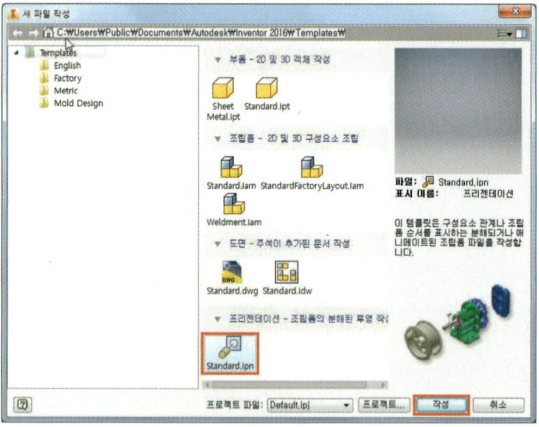

03 프리젠테이션 탭에서 뷰 작성 명령을 클릭한다.

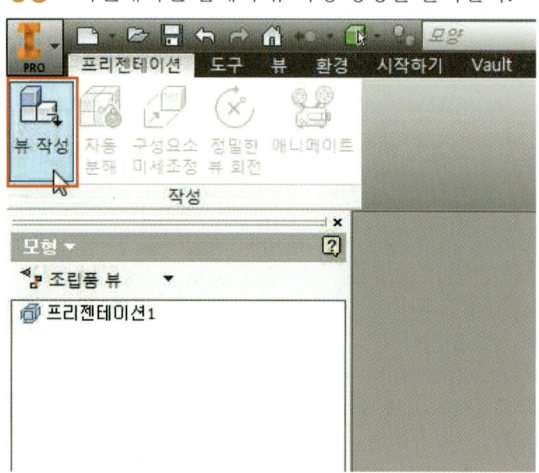

04 기존 파일 열기 버튼을 클릭한다.

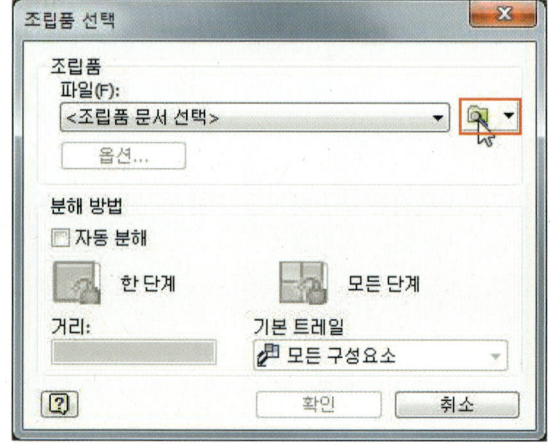

05 앞서 조립했던 조립품 파일을 선택 후 열기 버튼을 클릭한다.

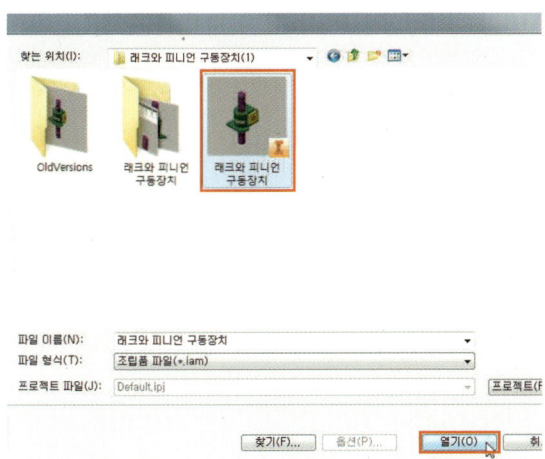

06 확인 버튼을 선택하여 종료한다.

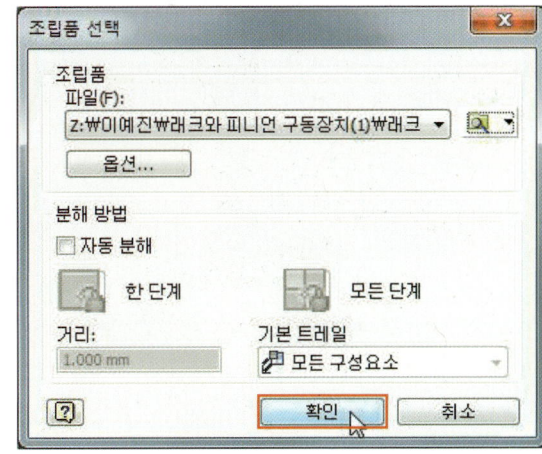

07 다음과 같이 화면에 조립품이 배치된다.

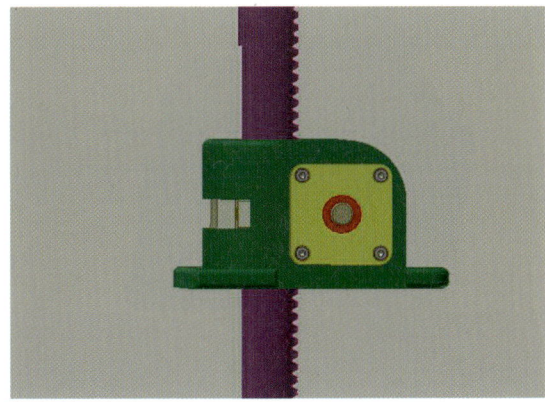

08 구성요소 미세조정 버튼을 클릭한다.

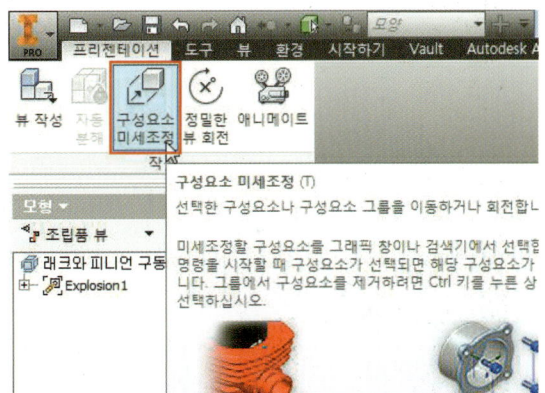

09 이동할 부시 부품의 원형 모서리를 선택한다.

10 화살표를 드래그해서 부품의 위치를 변경한다.

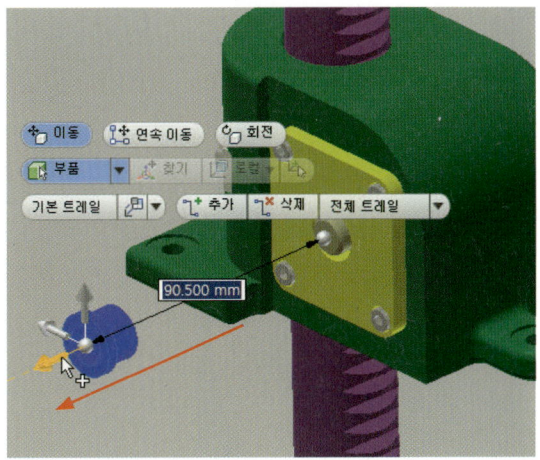

173

11 적용 버튼을 클릭하여 부품 이동을 마무리한다.

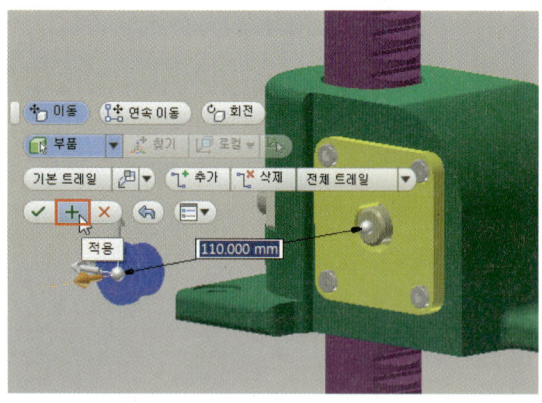

12 부시 부품의 이동이 완료되었다.

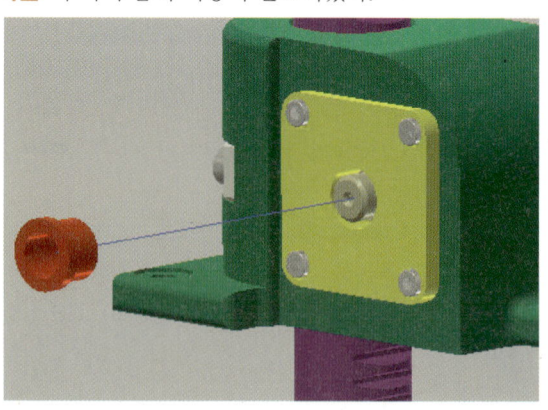

13 이동할 볼트의 원형 모서리를 선택해서 볼트 요소를 선택한다.

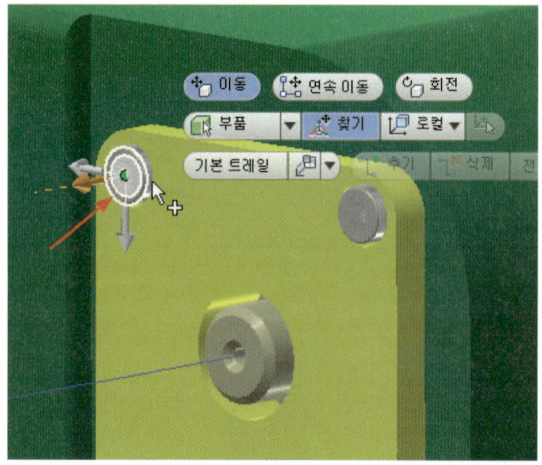

14 나머지 세 개의 볼트도 선택한다.

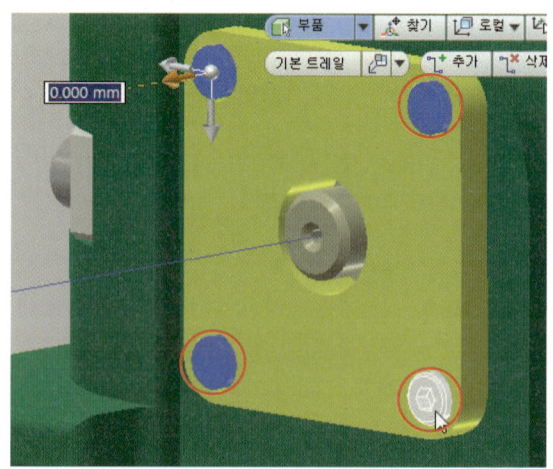

15 화살표를 드래그해서 부품의 위치를 변경한다.

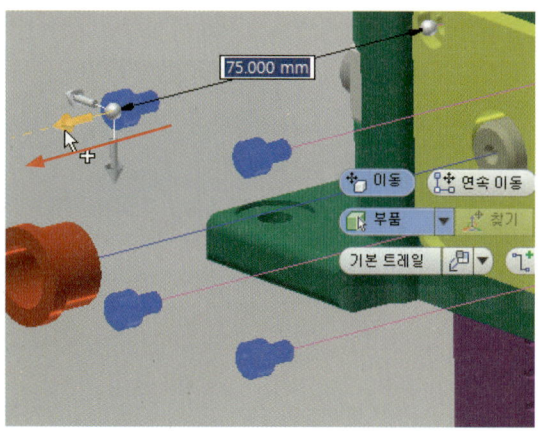

16 적용 버튼을 클릭해 부품 이동을 마무리한다.

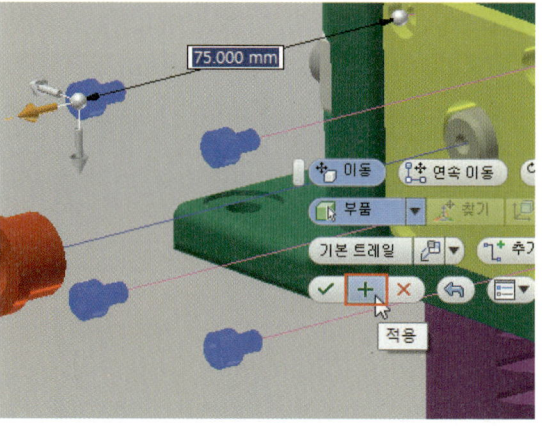

17 볼트 부품의 이동이 완료되었다.

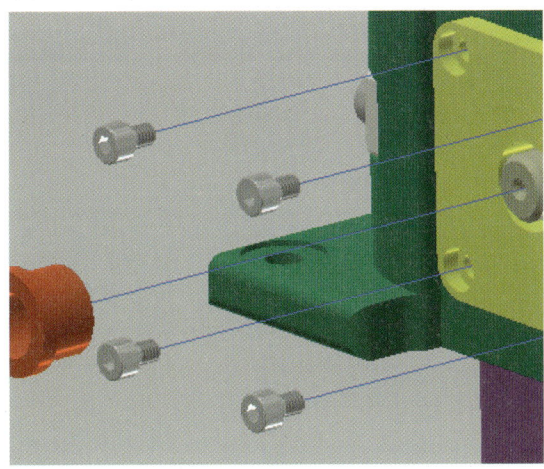

18 이동 할 커버1 부품을 선택한다.

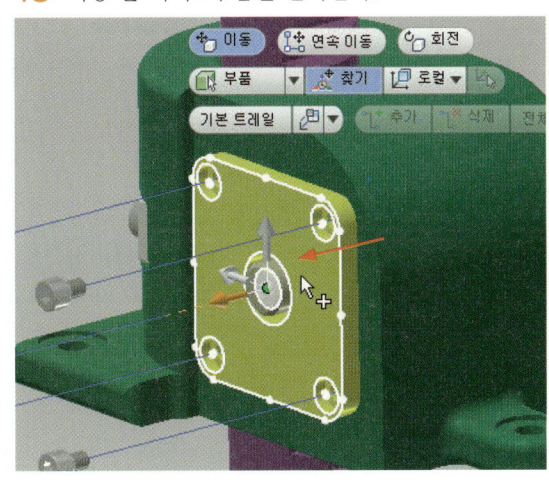

19 화살표를 드래그해서 부품의 위치를 변경한다.

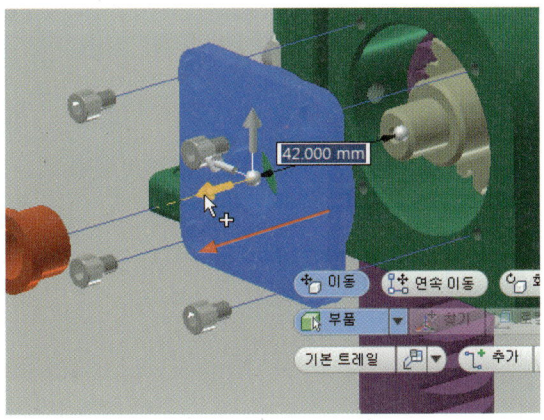

20 적용 버튼을 클릭해 부품 이동을 마무리한다.

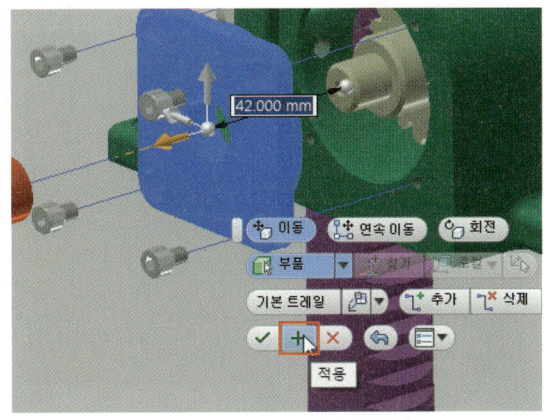

21 커버1 부품의 이동이 완료되었다.

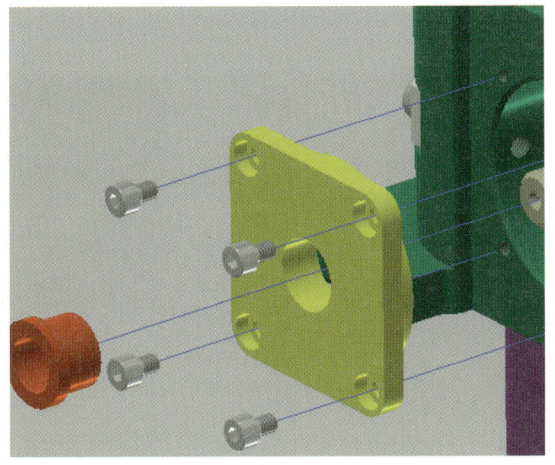

22 이동할 스퍼기어 축 부품을 선택한다.

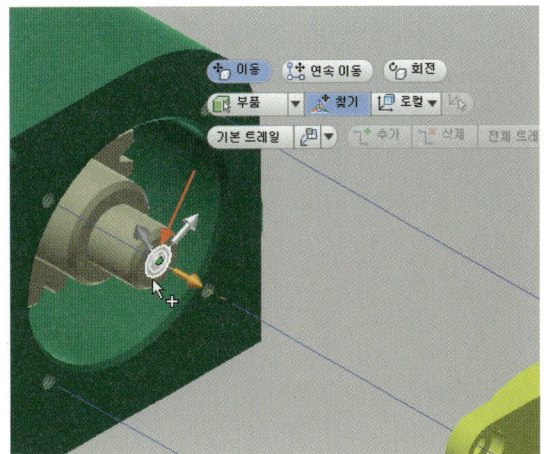

23 화살표를 드래그해서 부품의 위치를 변경한 후, 적용 버튼을 클릭해 부품 이동을 마무리한다.

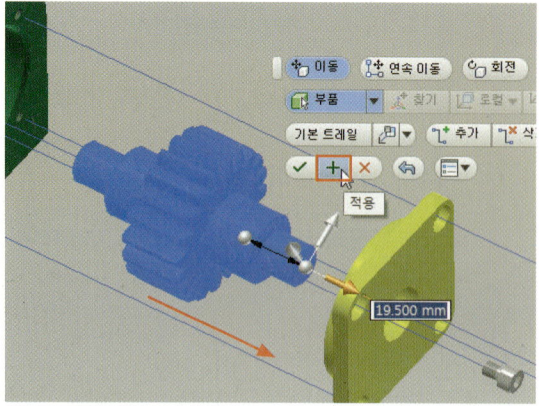

24 스퍼기어 축 부품의 이동이 완료되었다.

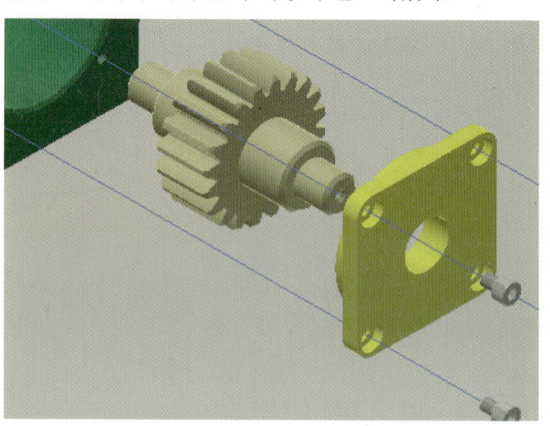

25 이동할 볼트의 원형 모서리를 선택해서 볼트 요소를 선택한다.

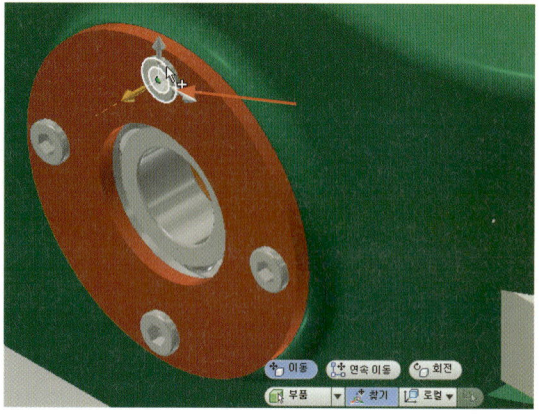

26 나머지 세 개의 볼트도 선택한다.

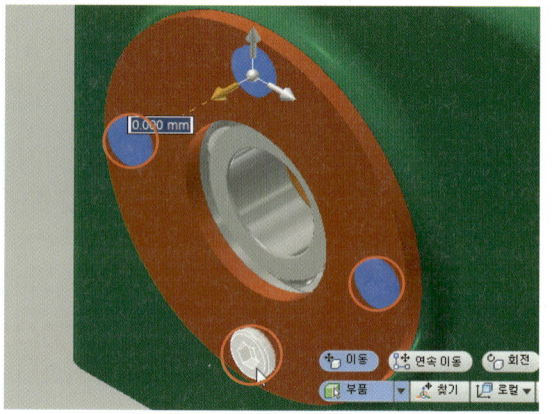

27 화살표를 드래그해서 부품의 위치를 변경한 후, 적용 버튼을 클릭해 부품 이동을 마무리한다.

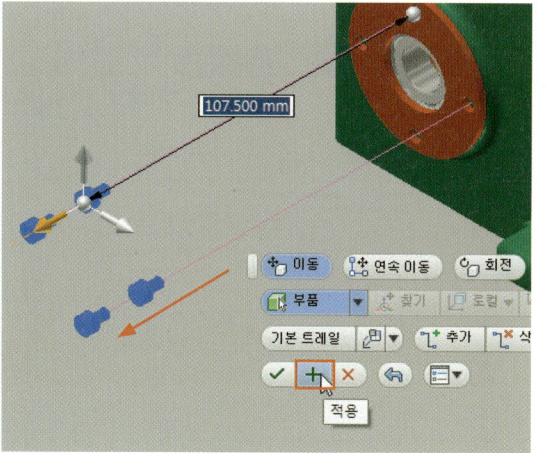

28 볼트 부품 이동이 완료되었다.

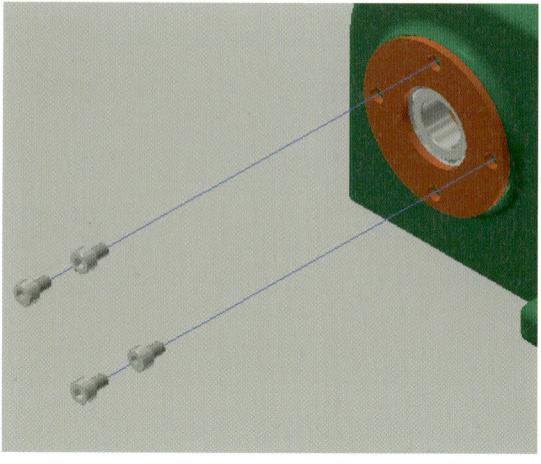

29 이동할 커버2 부품을 선택한다.

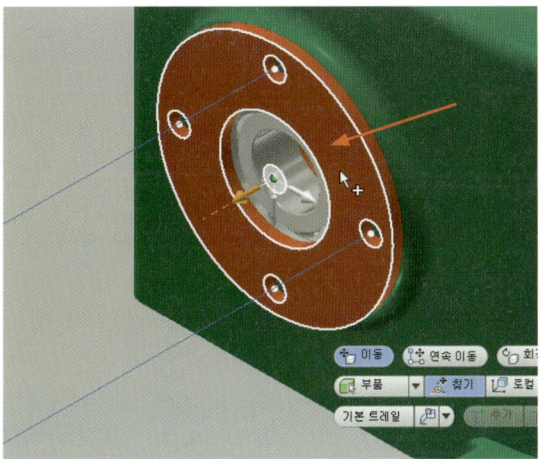

30 화살표를 드래그해서 부품의 위치를 변경한 후, 적용 버튼을 클릭해 부품 이동을 마무리한다.

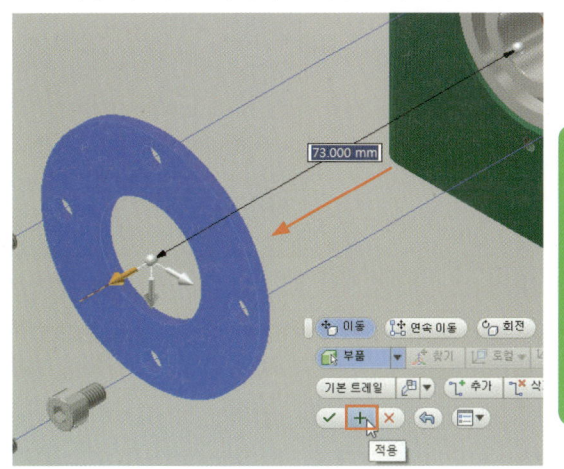

31 커버2 부품의 이동이 완료되었다.

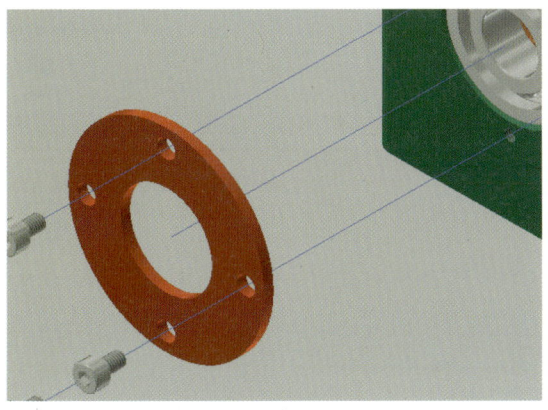

32 이동할 베어링 부품을 선택한다.

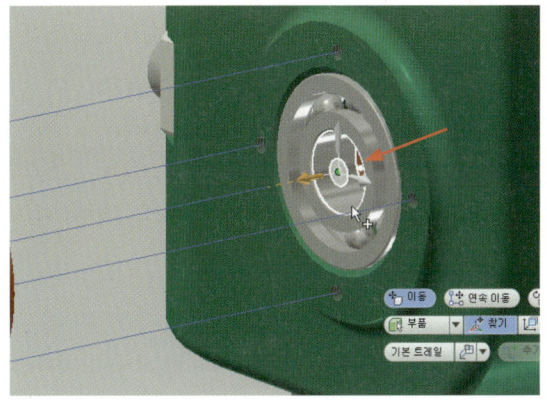

33 화살표를 드래그해서 부품의 위치를 변경한 후, 적용 버튼을 클릭해 부품 이동을 마무리한다

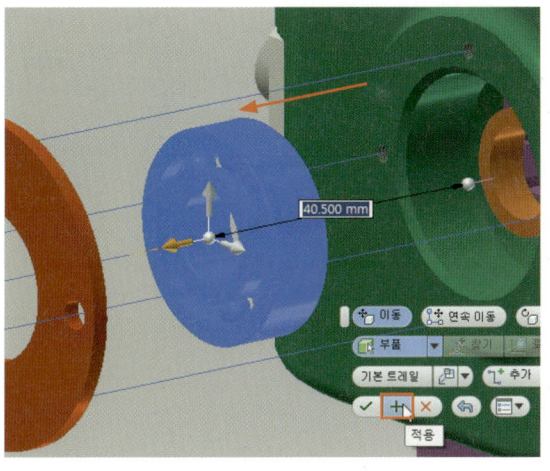

34 베어링 부품의 이동이 완료되었다.

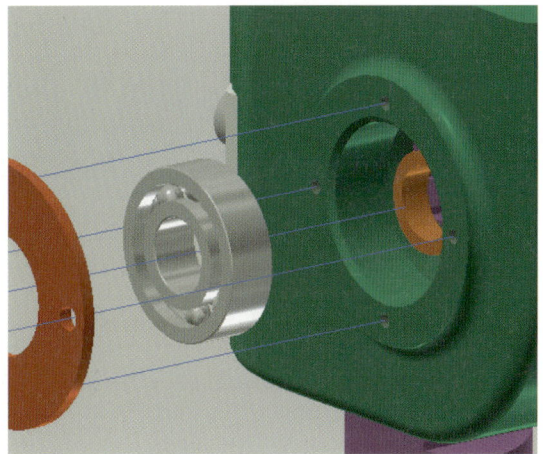

35 이동할 칼라 부품을 선택한다.

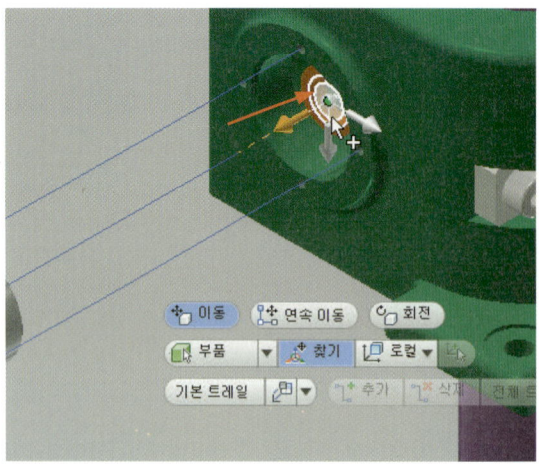

36 화살표를 드래그해서 부품의 위치를 변경한 후, 적용 버튼을 클릭해 부품 이동을 마무리한다.

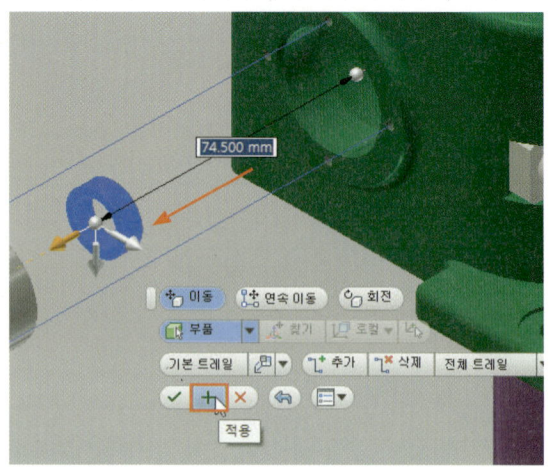

37 칼라 부품의 이동이 완료되었다.

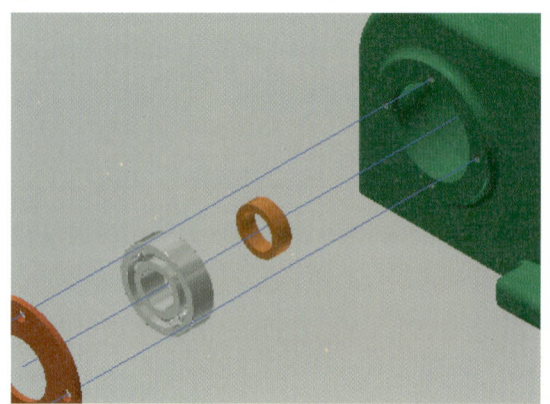

38 이동할 래크 부품의 원형 모서리를 선택한다.

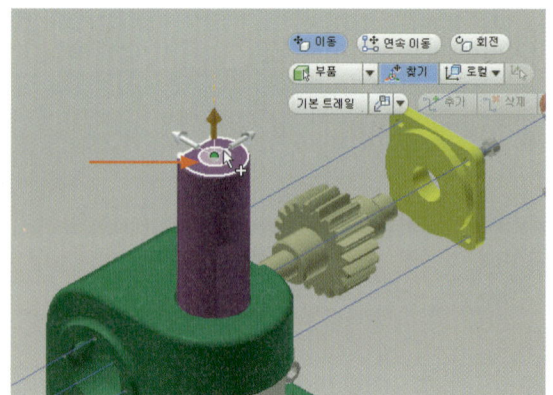

39 화살표를 드래그해서 부품의 위치를 변경한 후, 적용 버튼을 클릭해 부품 이동을 마무리한다.

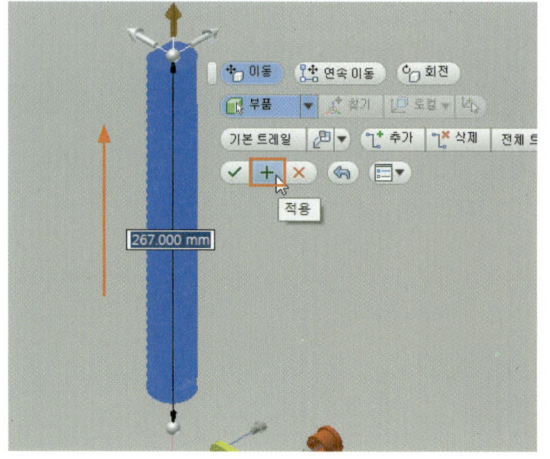

40 래크 부품의 이동이 완료되었다.

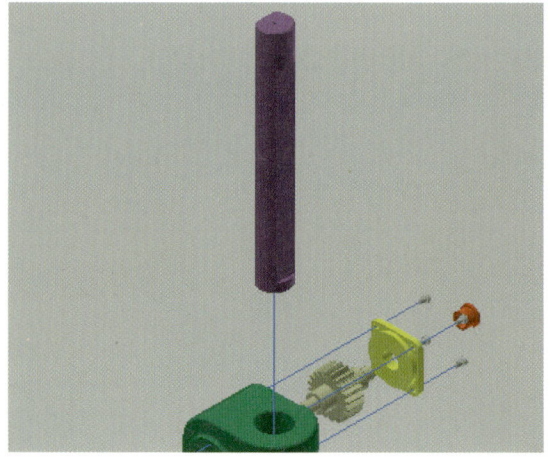

41 이동할 볼트의 원형 모서리를 선택해서 볼트 요소를 선택한다.

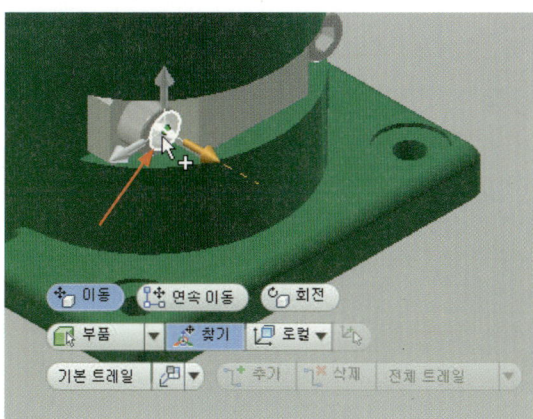

42 나머지 한 개의 볼트도 선택한다.

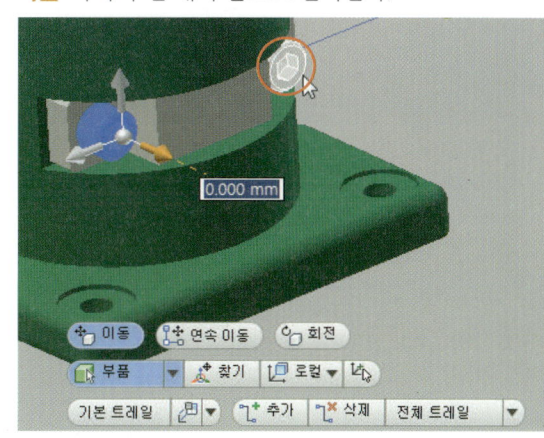

43 화살표를 드래그해서 부품의 위치를 변경한 후, 적용 버튼을 클릭해 부품 이동을 마무리한다.

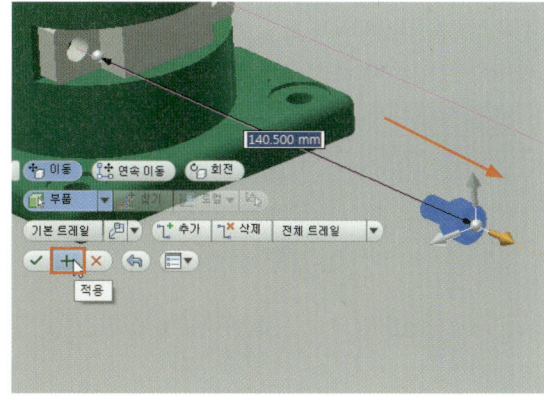

44 볼트 부품 이동이 완료되었다.

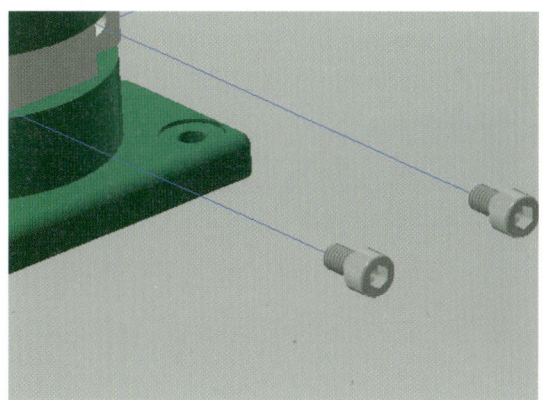

45 이동할 스토퍼 부품을 선택한다.

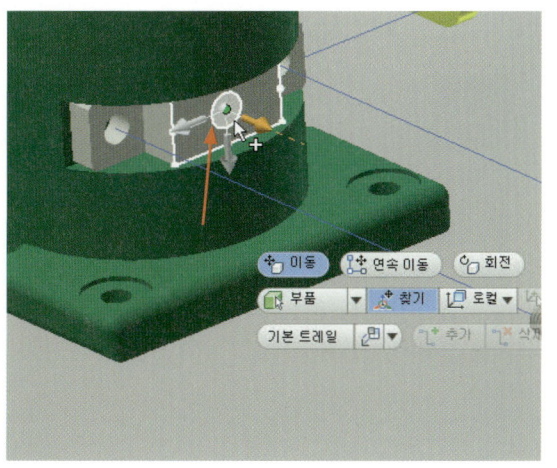

46 화살표를 드래그해서 부품의 위치를 변경한 후, 확인 버튼을 클릭해 부품 이동을 마무리한다.

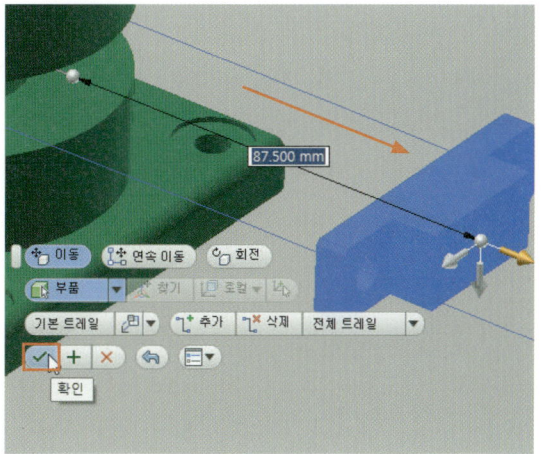

47 스토퍼 부품의 이동이 완료되었다.

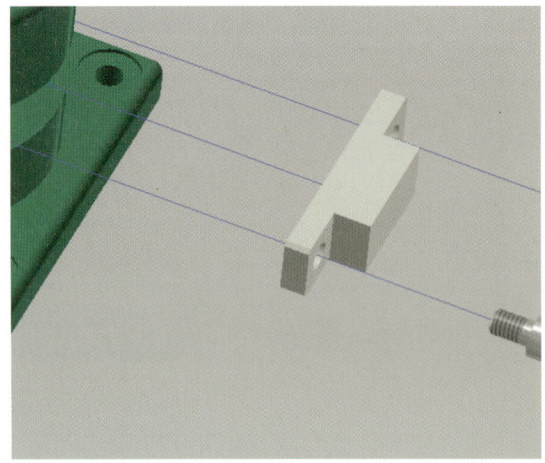

48 모든 부품의 분해가 완료되었다.

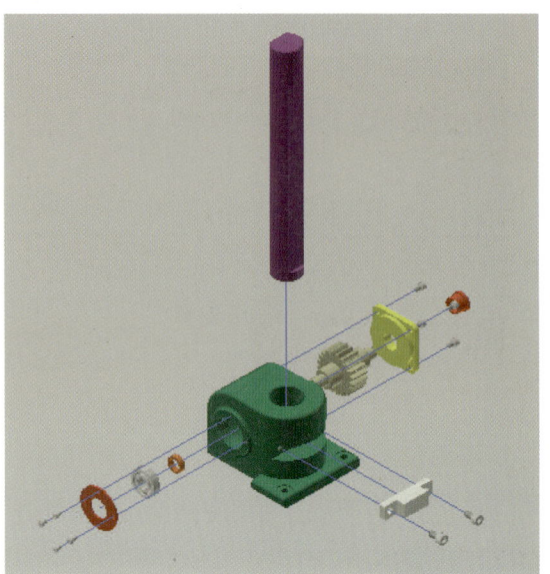

49 이동 거리를 수정하고 싶으면 부품이 지나간 자리의 파란 트레일 선을 선택한다.

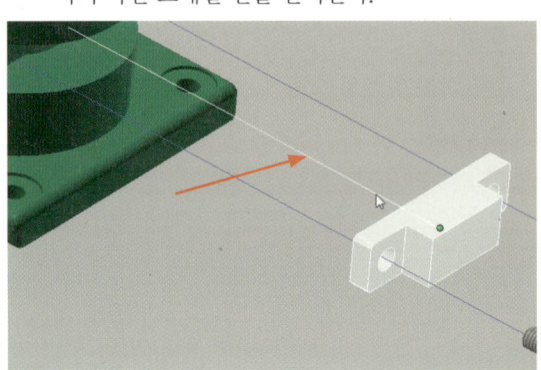

50 선의 끝에 보이는 초록색 점을 클릭해 드래그하면 다음과 같이 이동 거리가 수정된다.

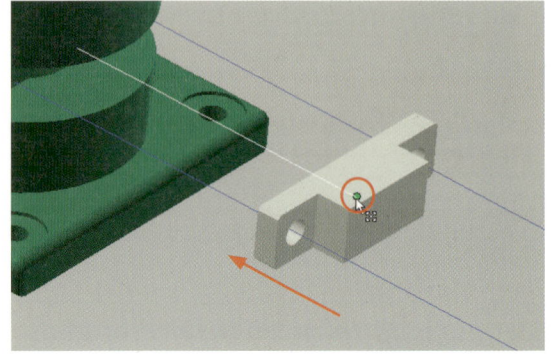

51 이동 거리를 수정하기 위해 볼트의 트레일 선을 선택한다.

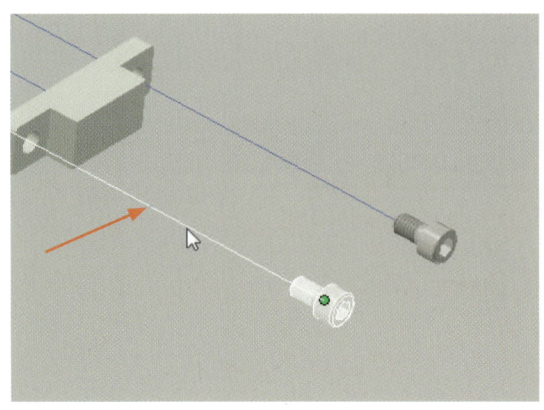

52 트레일 점을 클릭해 원하는 방향으로 드래그하여 이동 거리를 수정한다.

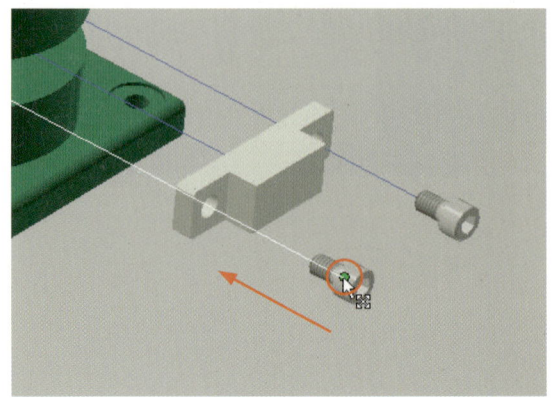

53 이동 거리를 수정하기 위해 스퍼기어 축의 트레일 선을 선택한다.

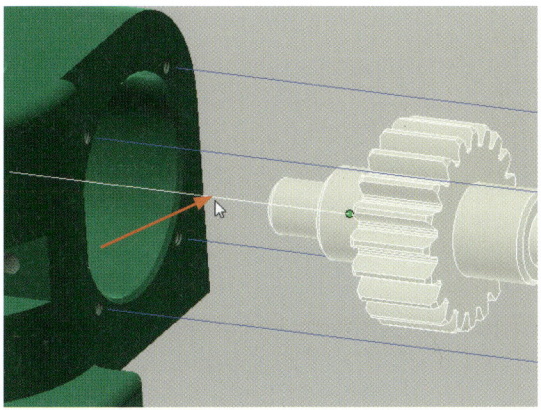

54 트레일 점을 클릭해 원하는 방향으로 드래그하여 이동 거리를 수정한다.

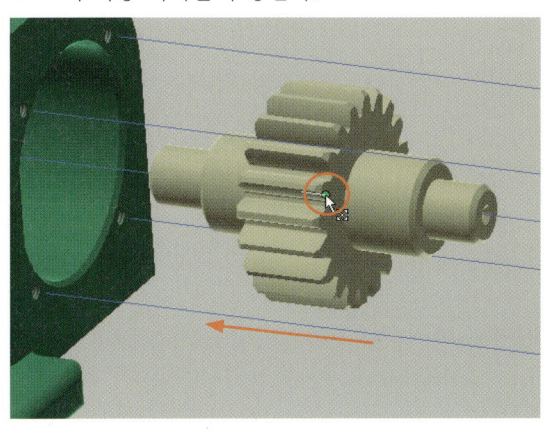

55 이동 거리를 수정하기 위해 커버1의 트레일 선을 선택한다.

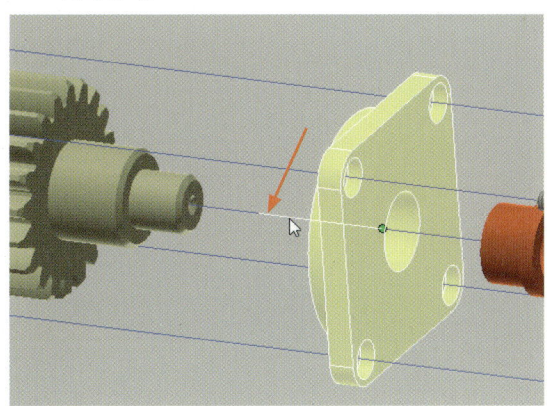

56 트레일 점을 클릭해 원하는 방향으로 드래그하여 이동 거리를 수정한다.

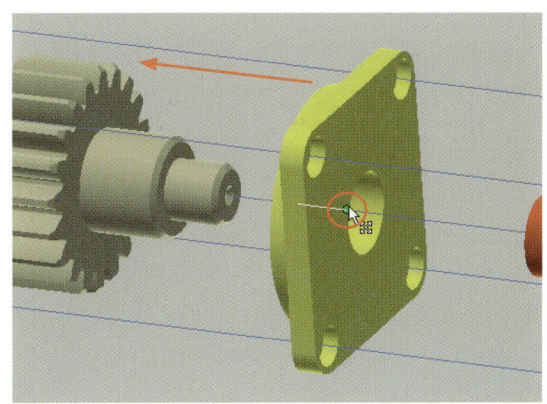

57 이동 거리를 수정하기 위해 부시의 트레일 선을 선택한다.

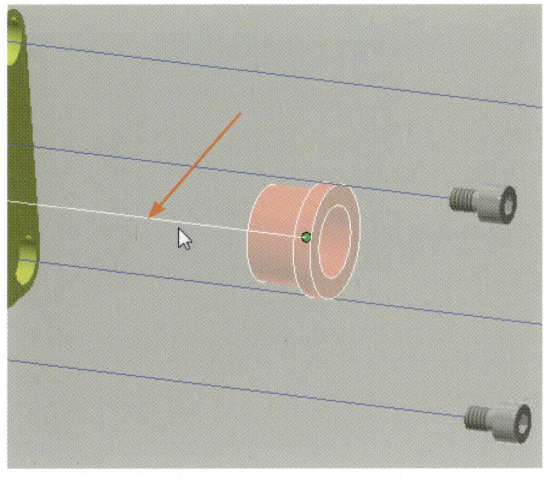

58 트레일 점을 클릭해 원하는 방향으로 드래그하여 이동 거리를 수정한다.

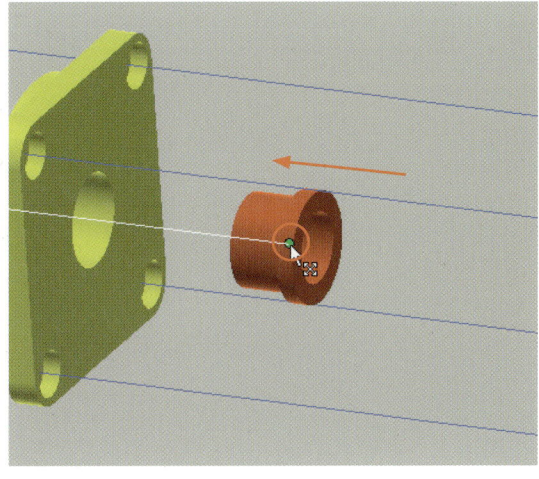

59 이동 거리를 수정하기 위해 볼트의 트레일 선을 선택한다.

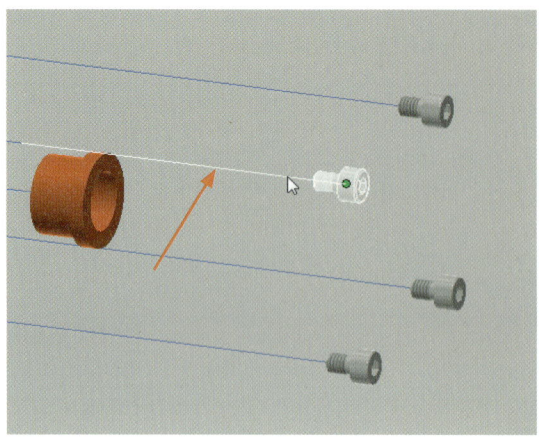

60 트레일 점을 클릭해 원하는 방향으로 드래그하여 이동 거리를 수정한다.

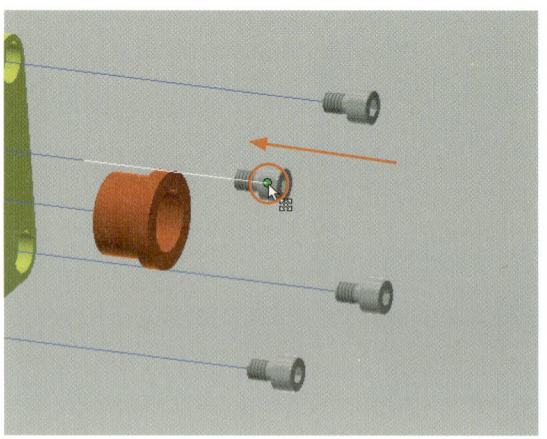

61 이동 거리를 수정하기 위해 칼라의 트레일 선을 선택한다.

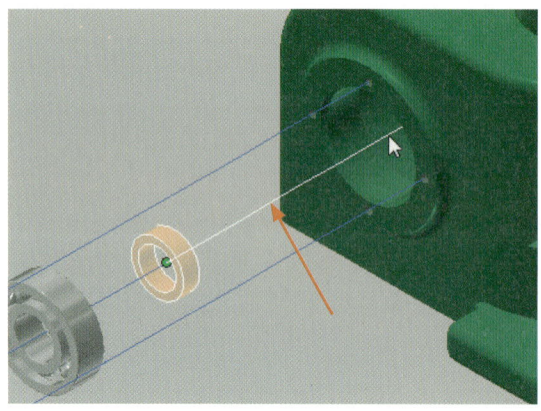

62 트레일 점을 클릭해 원하는 방향으로 드래그하여 이동 거리를 수정한다.

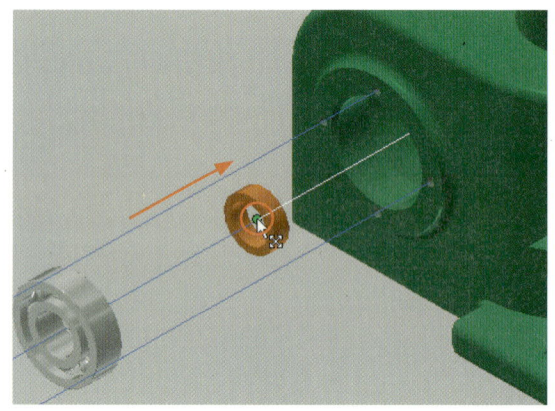

63 이동 거리를 수정하기 위해 베어링의 트레일 선을 선택한다.

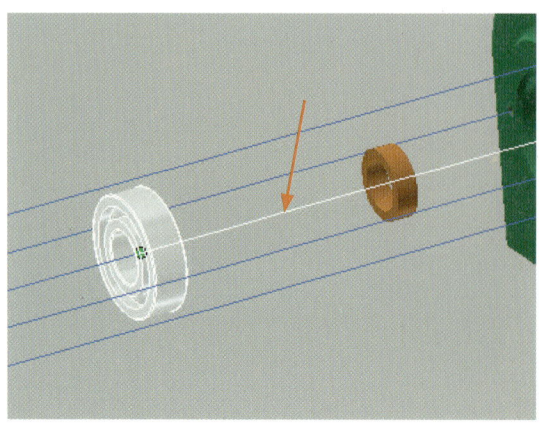

64 트레일 점을 클릭해 원하는 방향으로 드래그하여 이동 거리를 수정한다.

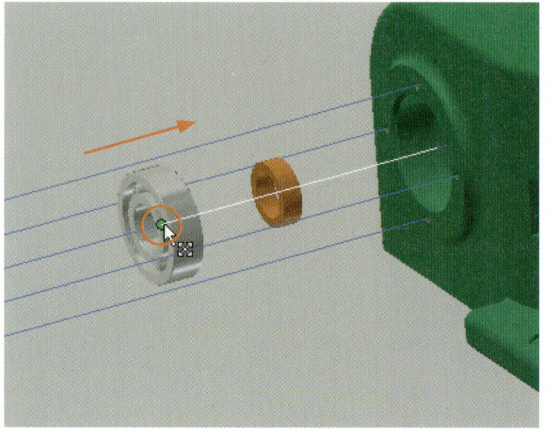

65 이동 거리를 수정하기 위해 커버2의 트레일 선을 선택한다.

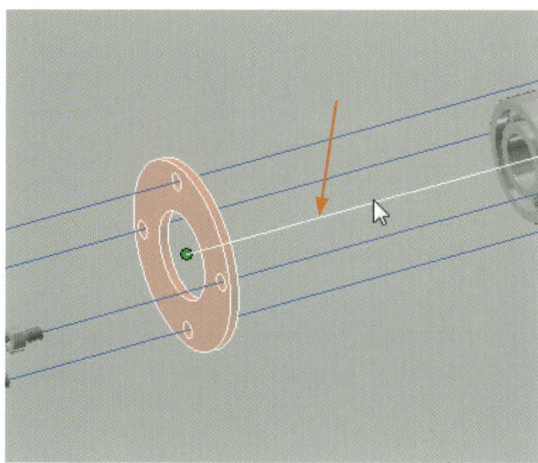

66 트레일 점을 클릭해 원하는 방향으로 드래그하여 이동 거리를 수정한다.

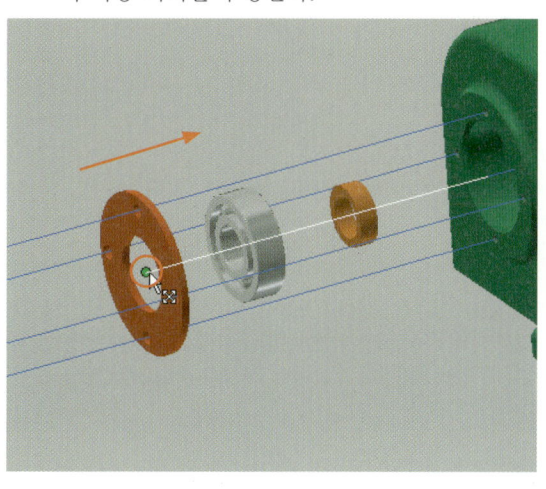

67 이동 거리를 수정하기 위해 볼트의 트레일 선을 선택한다.

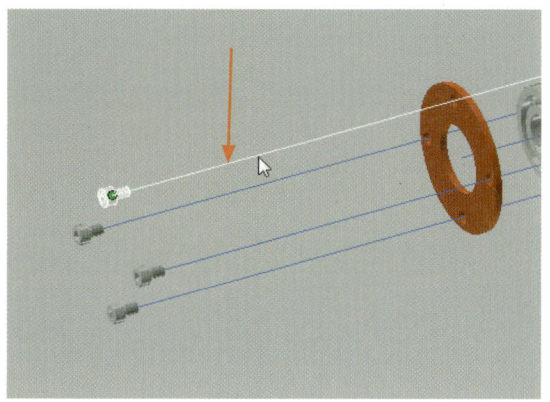

68 트레일 점을 클릭해 원하는 방향으로 드래그하여 이동 거리를 수정한다.

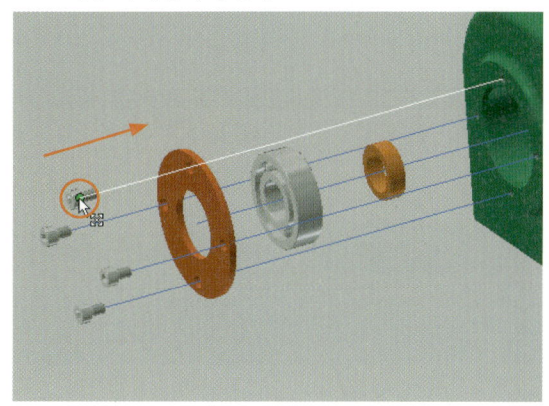

69 이동 거리를 수정하기 위해 래크의 트레일 선을 선택한다.

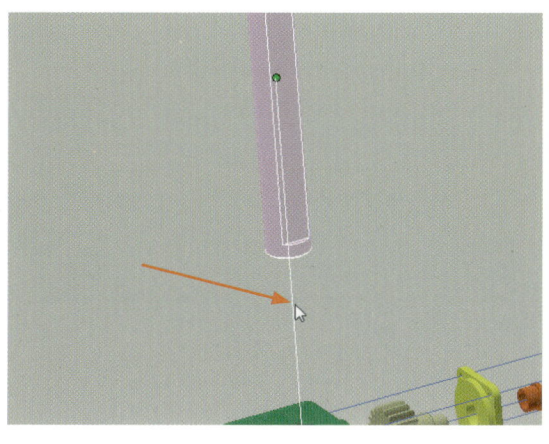

70 트레일 점을 클릭해 원하는 방향으로 드래그하여 이동 거리를 수정한다.

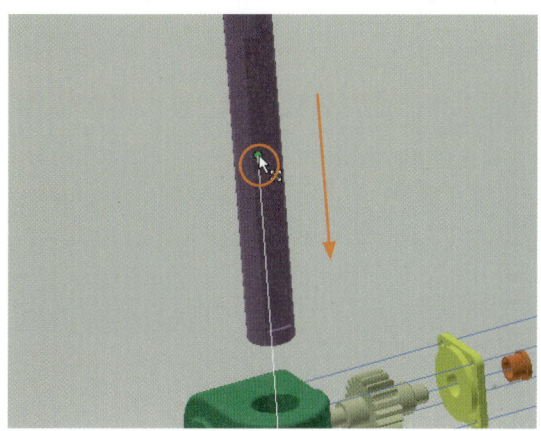

71 뷰 큐브의 등각투상 꼭지점을 찍어서 서로 겹쳐지는 부분이 없는지 확인한다.

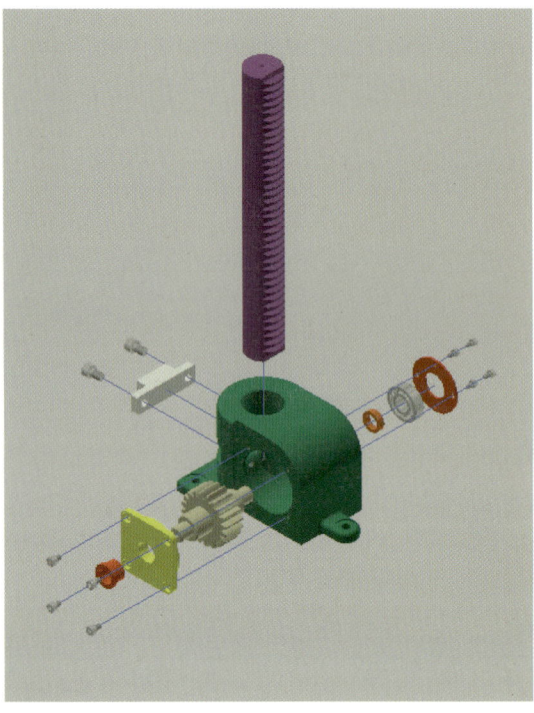

72 트레일선 끝의 점들을 드래그해서 이동거리를 수정해 서로 겹치는 부분이 없도록한다.

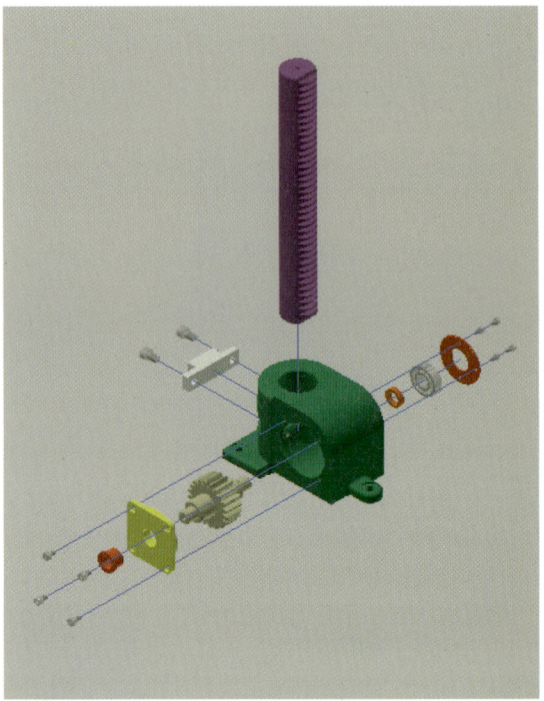

Lesson 2 | 애니메이션 작성하기

01 애니메이트 버튼을 클릭한다.

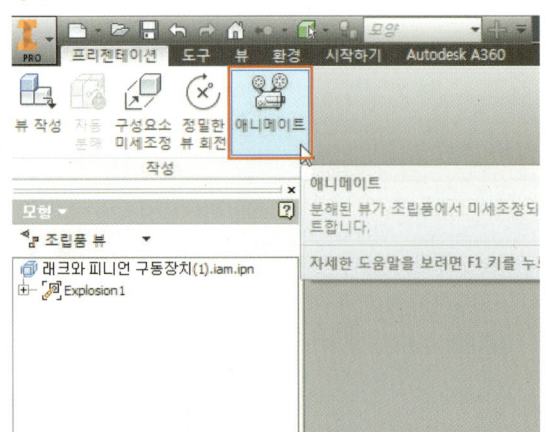

02 플레이 버튼을 클릭하면 다음과 같이 분해되는 애니메이션을 볼 수 있다.

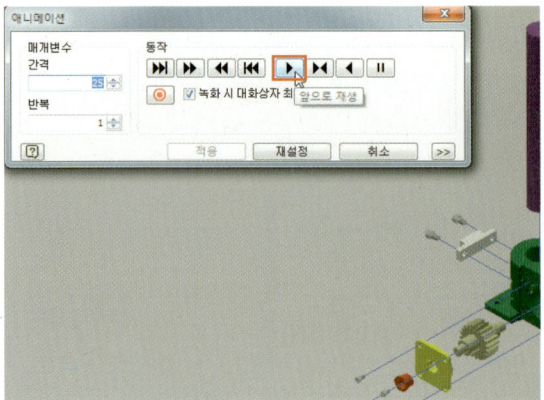

03 확인되면 적용 버튼을 클릭해 마무리한다.

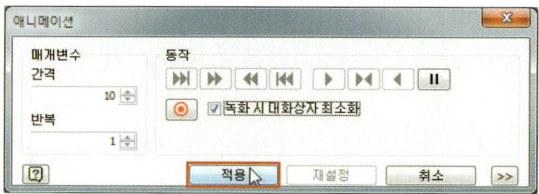

04 재설정 버튼을 클릭해 동작 버튼을 다시 활성화 시킨다.

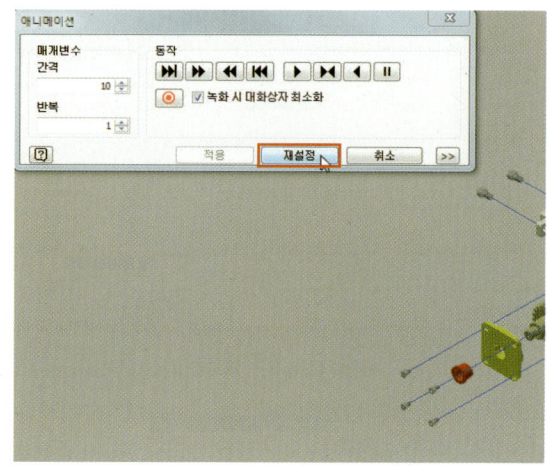

05 우측 아래의 확장 버튼을 클릭한다.

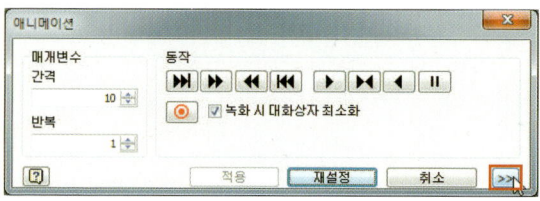

06 애니메이션 순서와 수정, 순서 바꾸기를 할 수 있는 제어창이 나타난다.

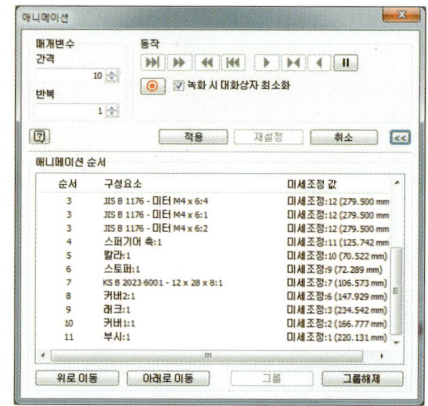

07 녹화 버튼을 클릭한다.

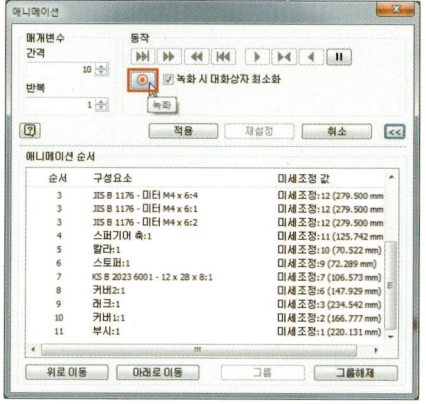

08 파일 이름과 파일 형식을 다음과 같이 설정한다.

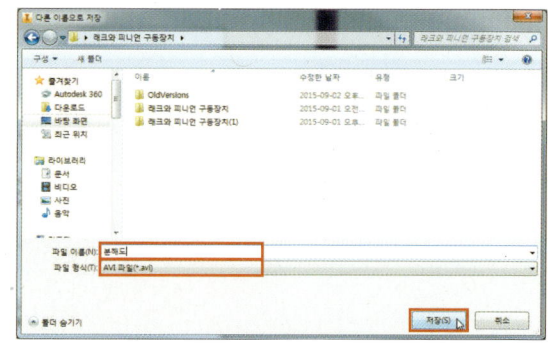

09 압축 프로그램과 압축 품질을 선택해 확인 버튼을 클릭한다.

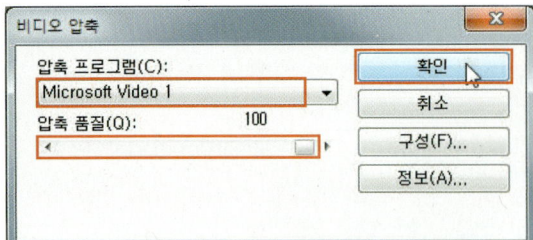

10 앞으로 재생 버튼을 클릭한다.

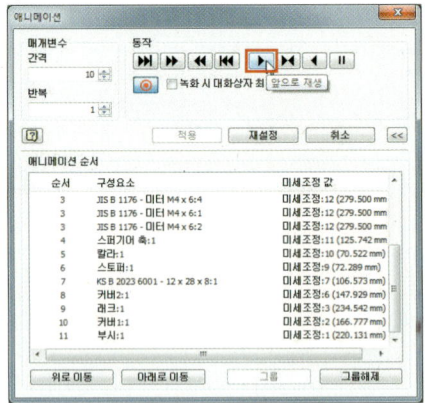

11 애니메이션이 재생되면서 캡처를 하는 형식으로 동영상이 작성된다.

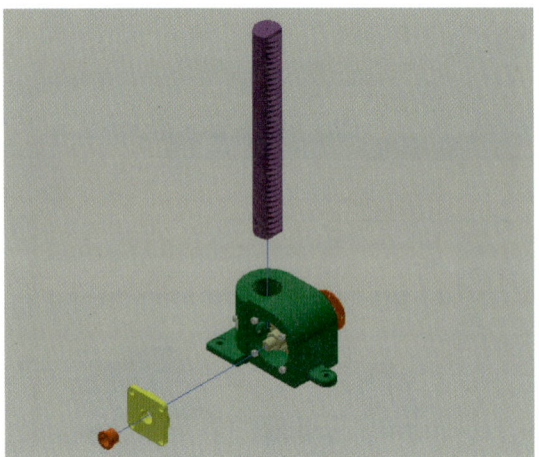

12 재생이 끝나면 재설정 버튼을 클릭해 동영상 작성을 마친다.

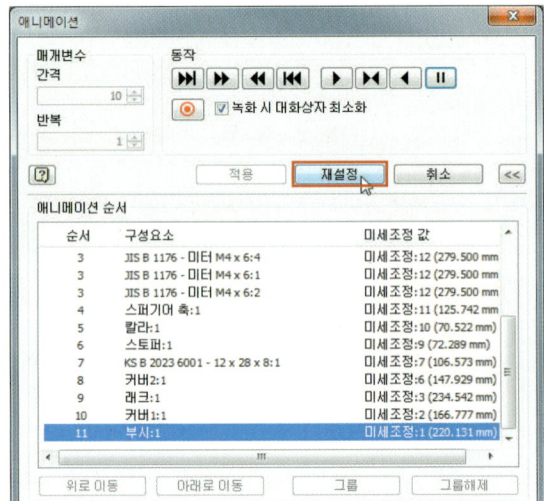

13 작성한 동영상 파일을 찾아서 재생하면 다음과 같이 분해 동영상을 확인할 수 있다.

6. 인벤터 스튜디오

Autodesk Inventor Standard

Lesson 1 | 인벤터 스튜디오 명령

인벤터 스튜디오 명령에는 다음과 같은 것들이 있습니다.

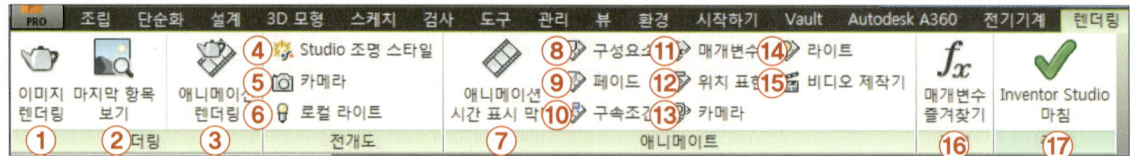

01 이미지 렌더링

현재 환경의 전개도 및 조명 스타일을 이용해 이미지를 렌더링합니다.

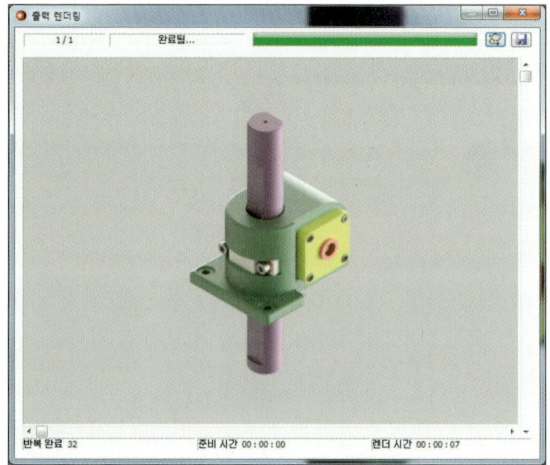

02 마지막 항목 보기

마지막에 렌더링한 이미지 항목을 다시 표시합니다.

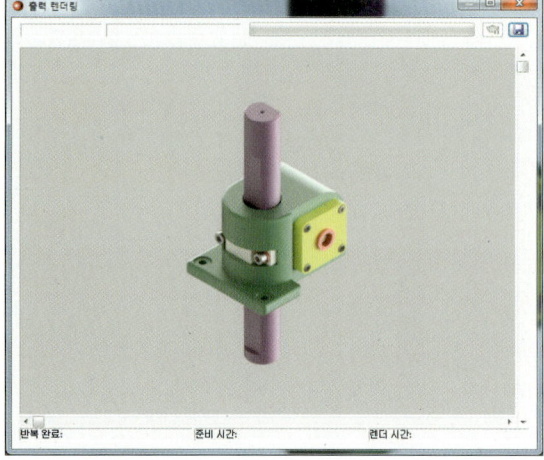

03 애니메이션 렌더링

애니메이션을 동영상 및 시퀀스 이미지 상태로 렌더링합니다.

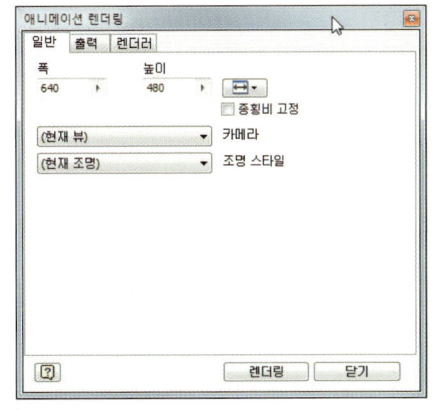

04 Studio 조명 스타일

현재 환경에서의 조명 스타일을 지정합니다.

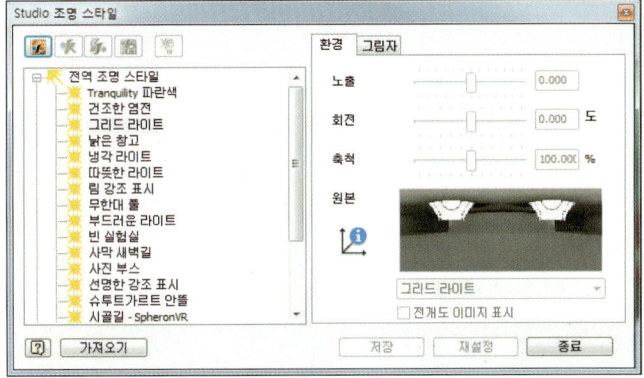

05 카메라

현재 환경에 카메라를 배치합니다.

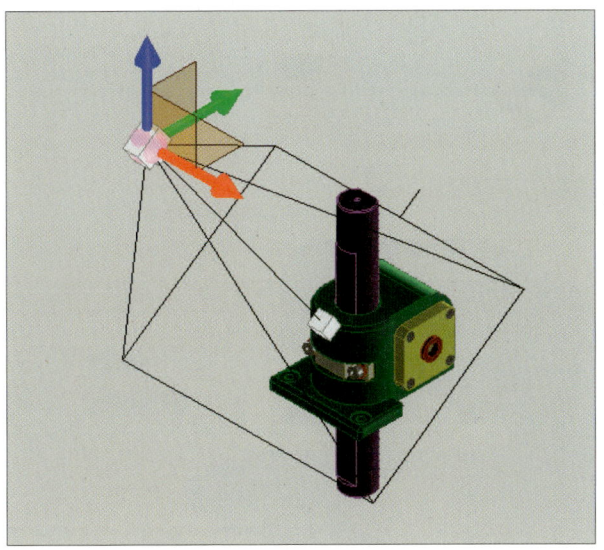

06 로컬 라이트

현재 환경에 로컬 라이트를 배치합니다.

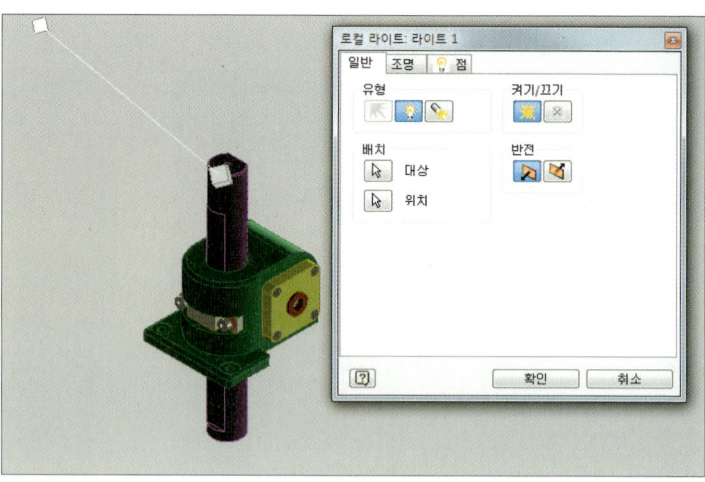

07 애니메이션 시간 표시 막태

애니메이션 피쳐를 편집/삭제할 수 있는 애니메이션 바를 표시합니다.

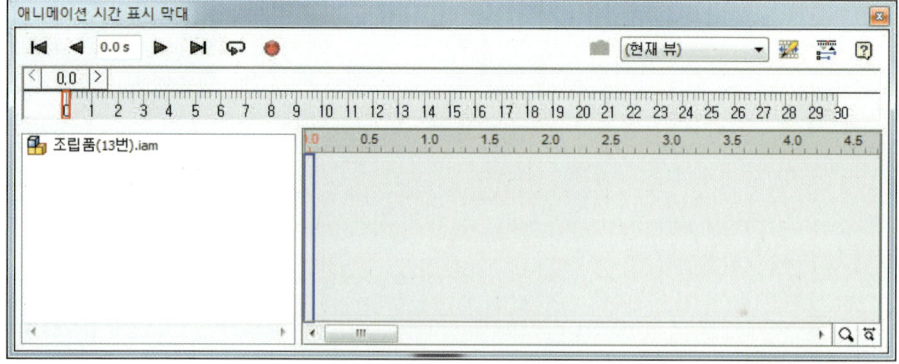

08 구성요소

구성요소를 이동 및 회전하는 애니메이션을 작성합니다.

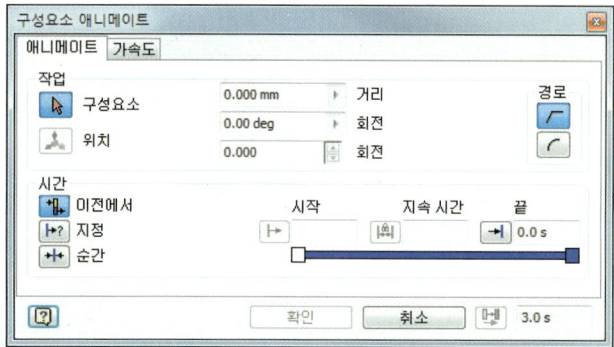

09 페이드

구성요소의 가시성을 변경하는 애니메이션을 작성합니다.

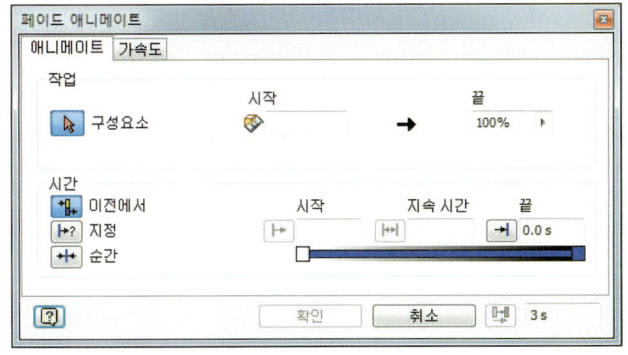

10 구속조건

조립품에서 작성한 구속조건을 구동하는 방식으로 애니메이션을 작성합니다.

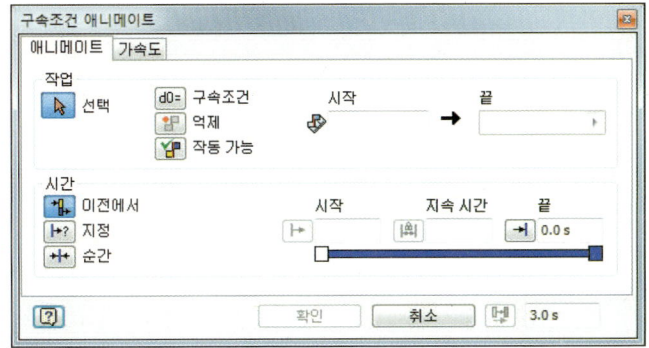

11 매개변수

매개변수를 구동하는 방식으로 애니메이션을 작성합니다.

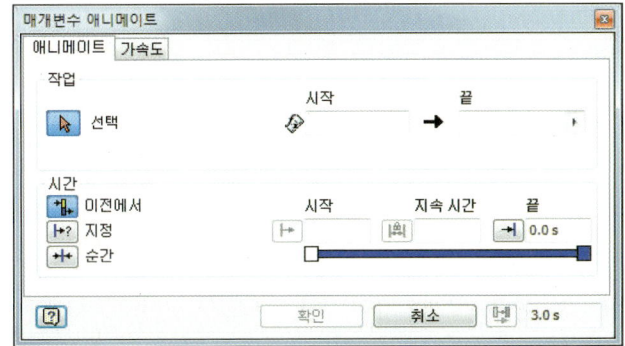

12 위치 표현

조립품에서 작성한 위치표현을 이용하여 애니메이션을 작성합니다.

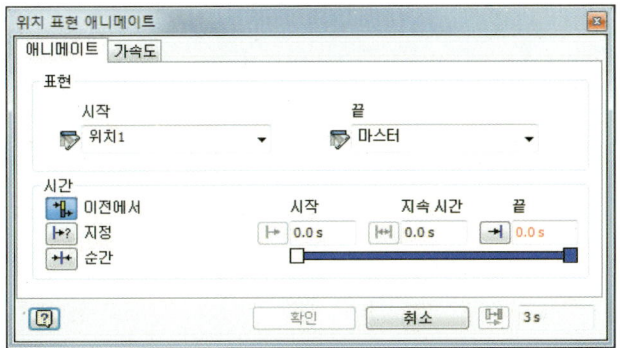

13 카메라

카메라 시점을 이동 및 회전하는 애니메이션으로 작성합니다.

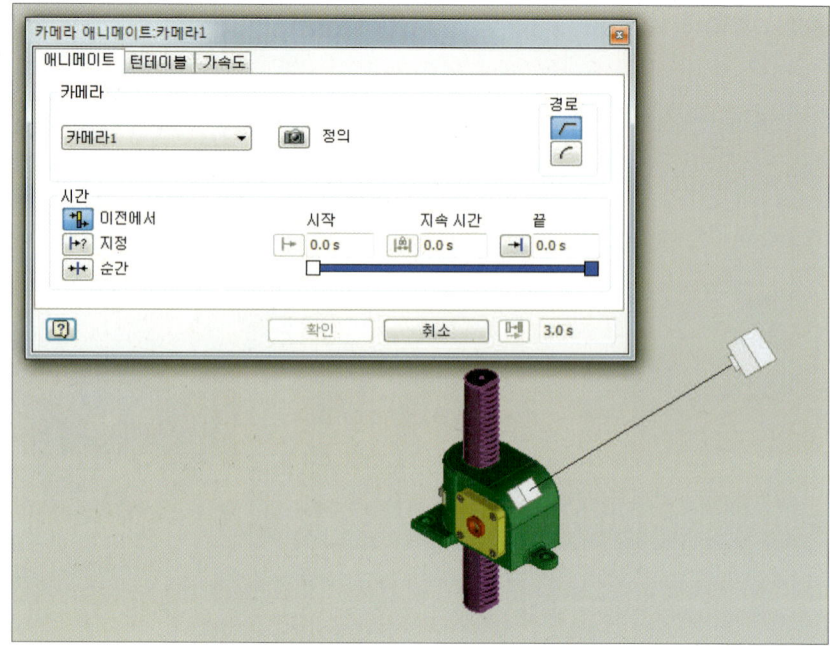

14 라이트

조명을 이동 및 회전하는 애니메이션을 작성합니다.

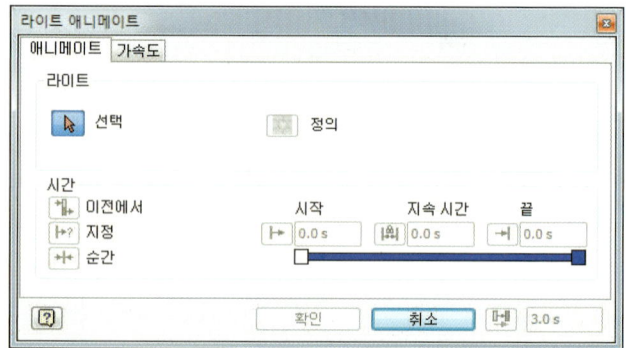

15 비디오 제작기

여러 개의 카메라 샷을 시간 막대로 배치하여 통합된 애니메이션을 작성합니다.

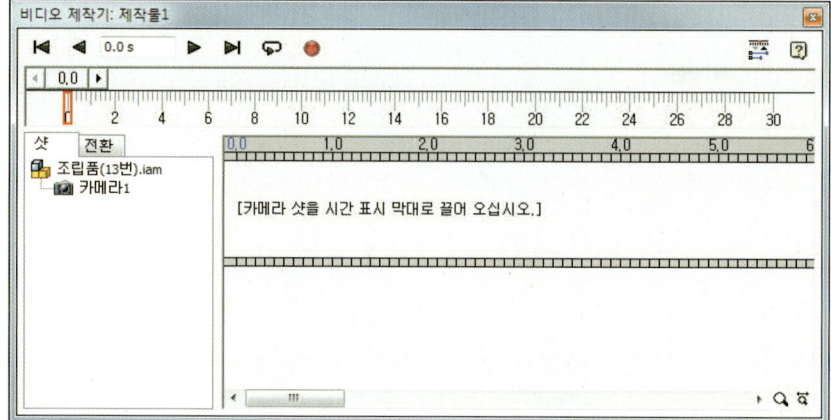

16 매개변수 즐겨찾기

매개변수를 인벤터 스튜디오 검색기의 애니메이션 즐겨찾기 항목에 추가합니다.

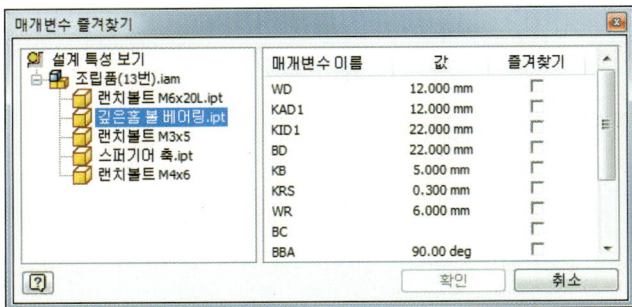

17 Inventor Studio 마침

인벤터 스튜디오를 마칩니다.

PART 05

프레임 생성기

| Section 1 | 프레임 생성기 명령 | 196p |
| Section 2 | 프레임 생성기 예제 | 200p |

Part 05 프레임 생성기

1. 프레임 생성기 명령

Autodesk Inventor Standard

Lesson 1 | 프레임 생성기 명령

프레임 생성기 명령에는 다음과 같은 것들이 있습니다.

01 프레임 삽입

컨텐츠 센터에 등록되어 있는 규격된 형강을 스켈레톤 형상에 배치합니다.

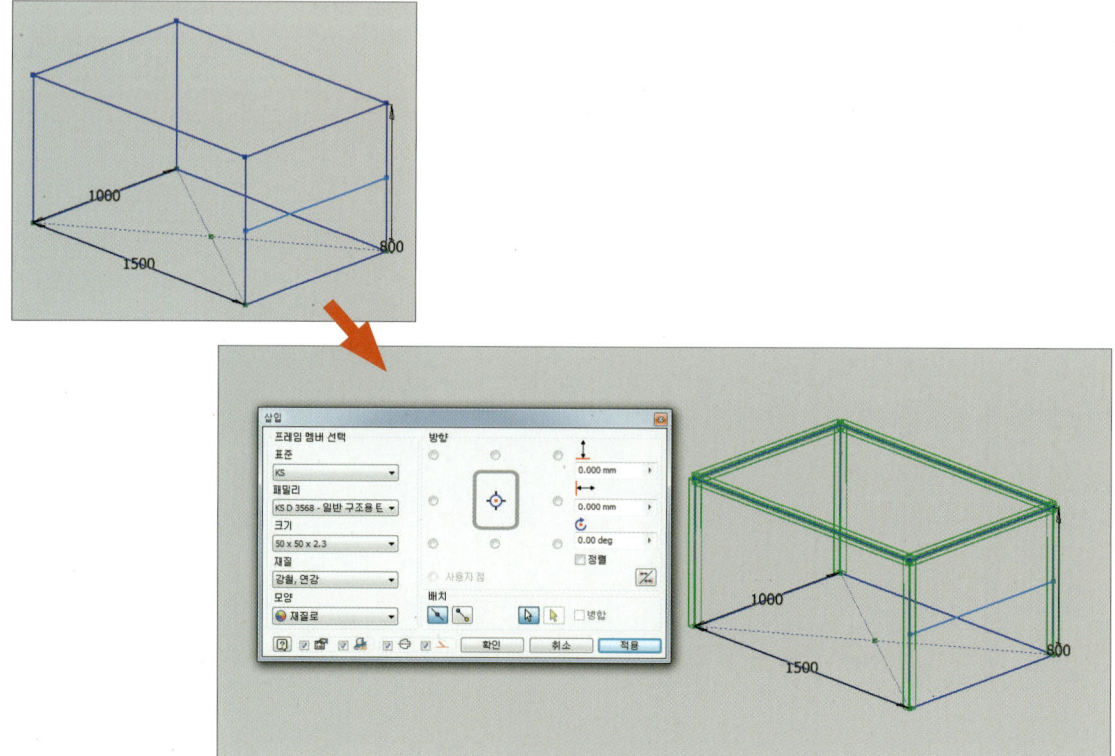

02 변경

배치된 프레임 요소를 변경합니다.

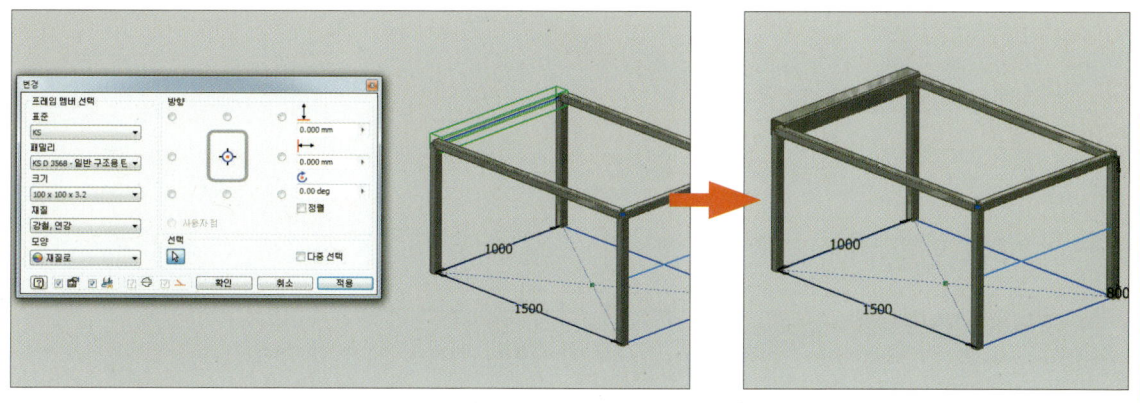

03 마이터

프레임끼리의 교차 지점에 마이터 끝 처리를 작성합니다.

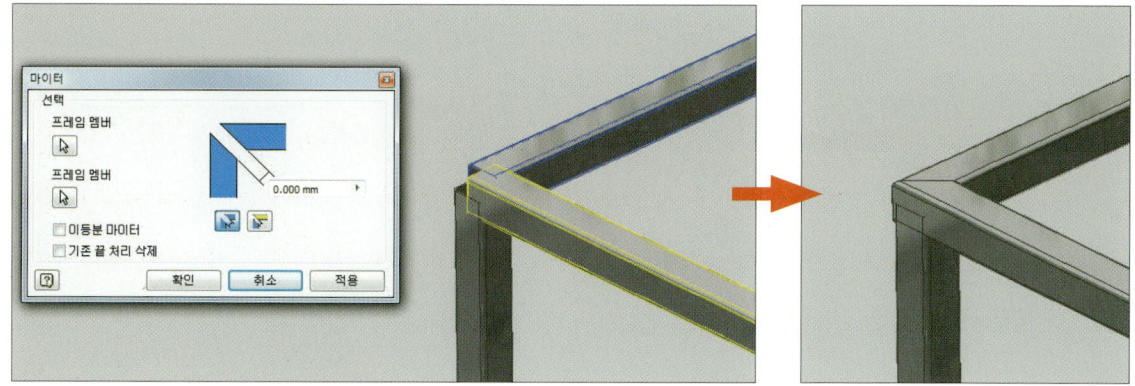

04 노치

프레임끼리의 교차 지점에 노치 끝 처리를 작성합니다.

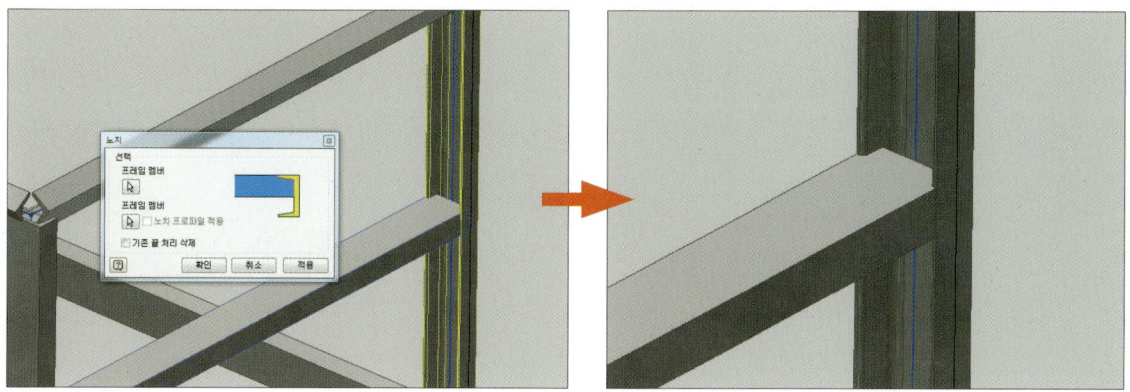

05 프레임까지 자르기

두 프레임 멤버를 각각의 끝에서 자르거나 연장합니다.

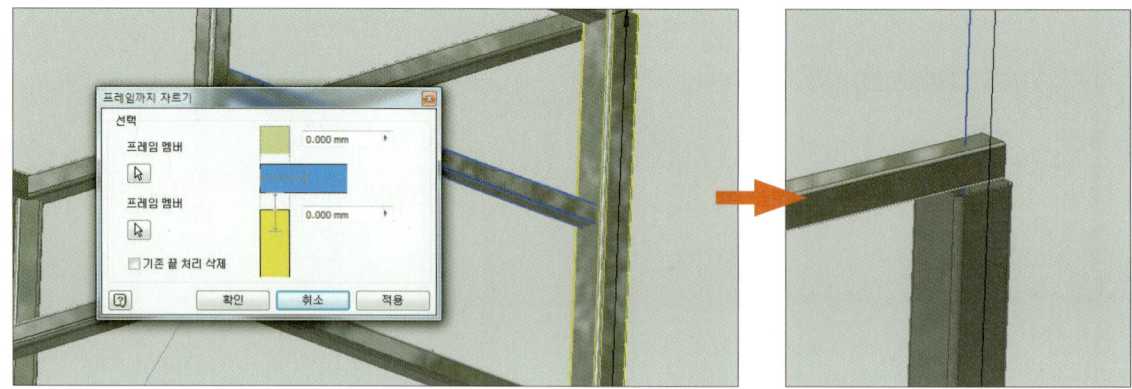

06 자르기/연장

여러 프레임 멤버를 지정면까지 자르거나 연장합니다.

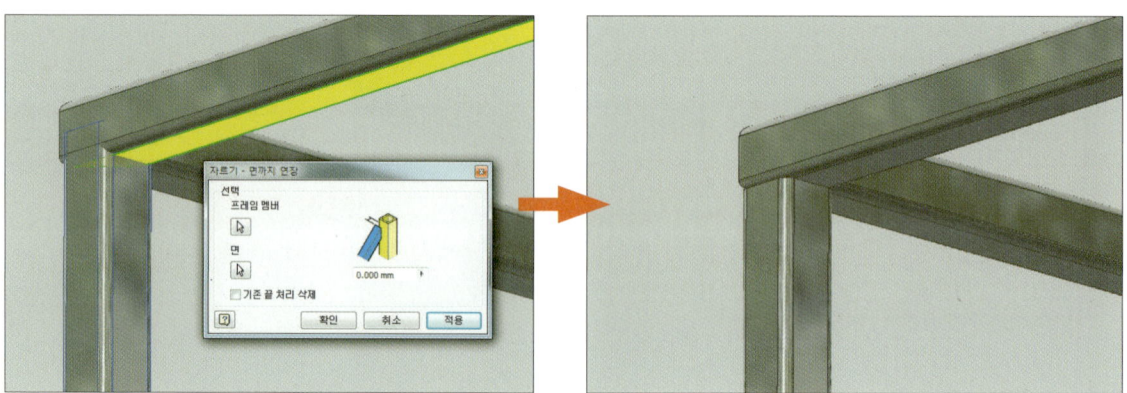

07 늘이기/줄이기

개별 프레임 멤버를 지정 길이로 늘이거나 줄입니다.

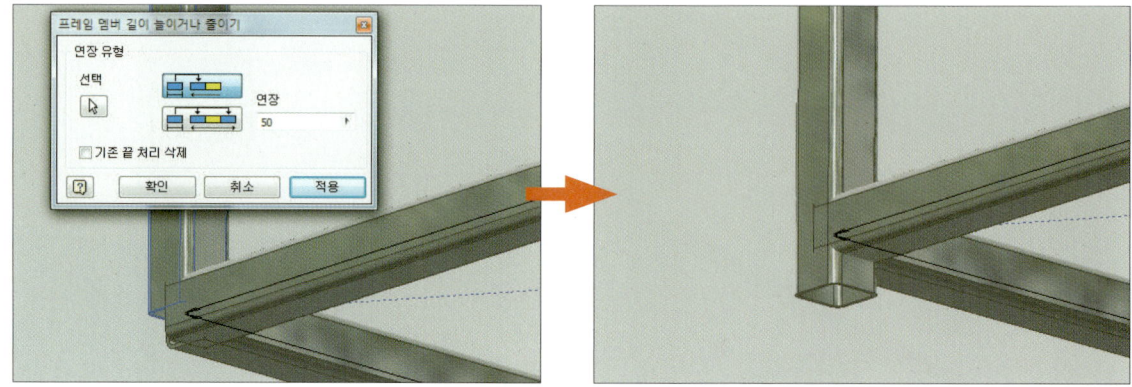

08 재사용

이미 배치된 멤버를 다른 요소에 다시 배치합니다.

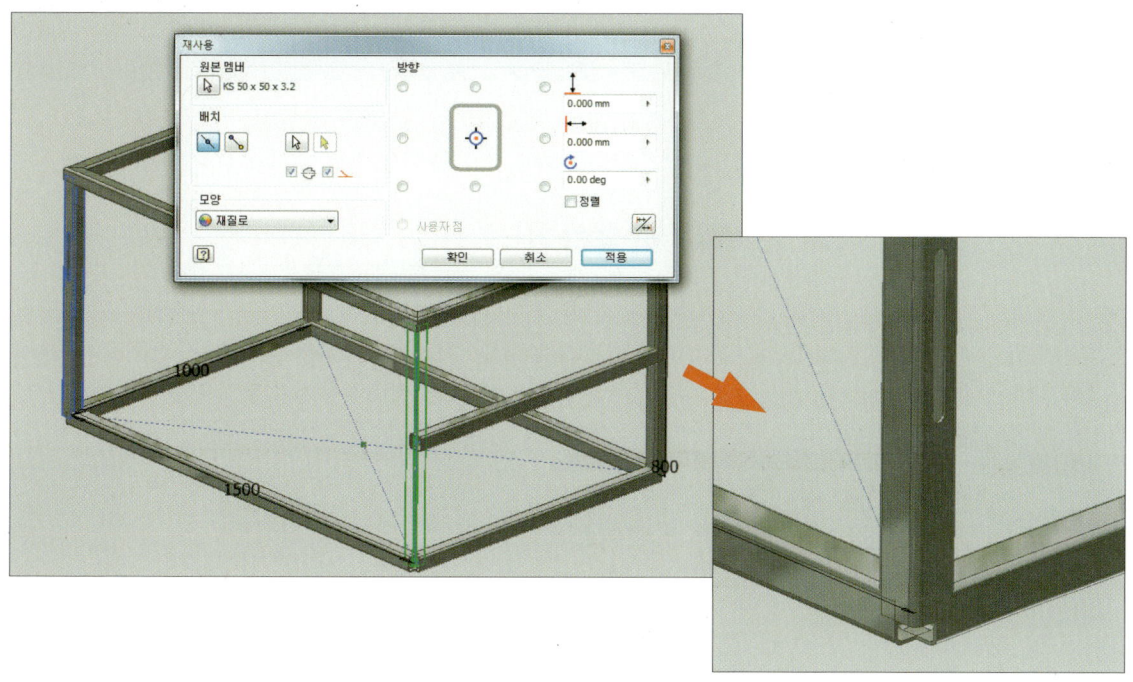

09 재사용 변경

재사용 멤버를 다른 멤버로 교체합니다.

10 프레임 분석

프레임 분석 시뮬레이션을 작성합니다.

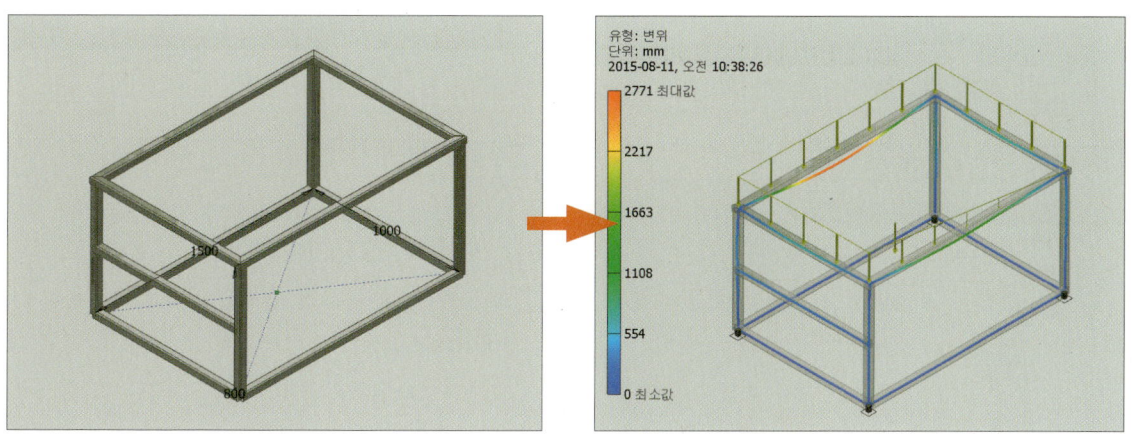

2. 프레임 생성기 예제

Autodesk Inventor Standard

Lesson 1 │ 뼈대 스케치 작성하기

01 새로 만들기를 클릭한다.

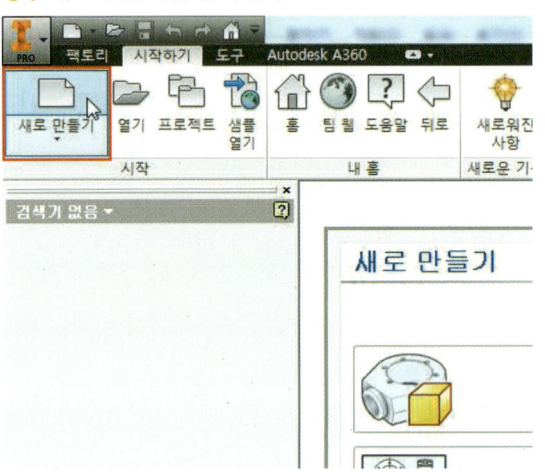

02 Standard.ipt(부품 템플릿)을 선택한 후, 작성 버튼을 클릭해서 부품 환경을 연다.

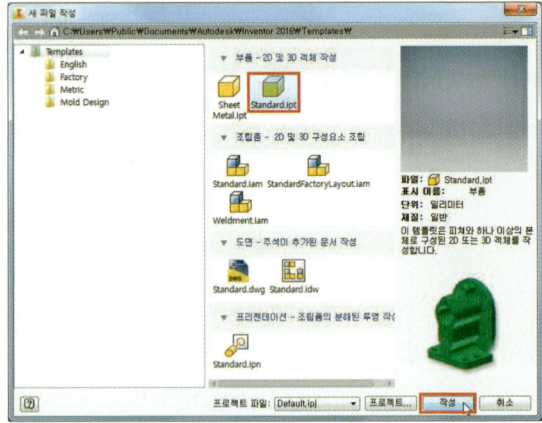

03 XZ 평면을 선택 한 후, 2D 스케치 시작 버튼을 클릭한다.

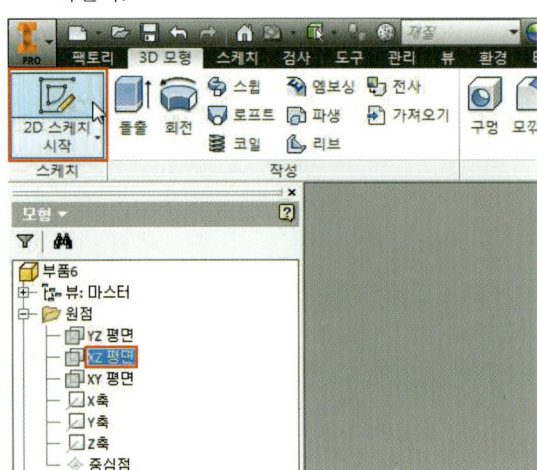

04 다음과 같이 스케치를 할 수 있는 화면이 표시된다.

05 두 점 중심 직사각형 명령을 선택한다.

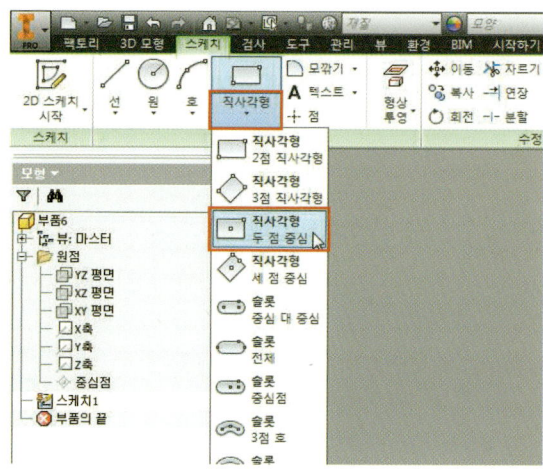

06 직사각형의 중심을 원점으로 선택한다.

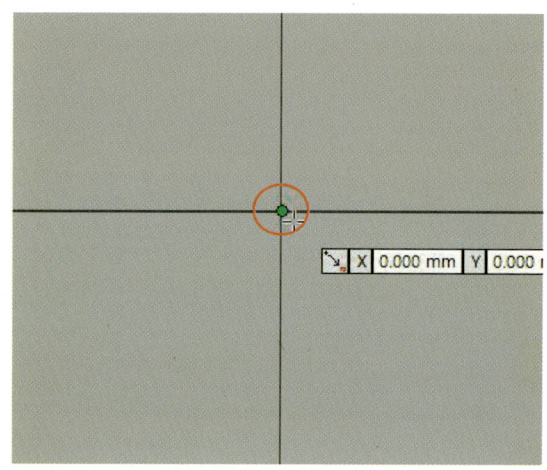

07 다음과 같은 스케치를 작성하고 마무리한다.

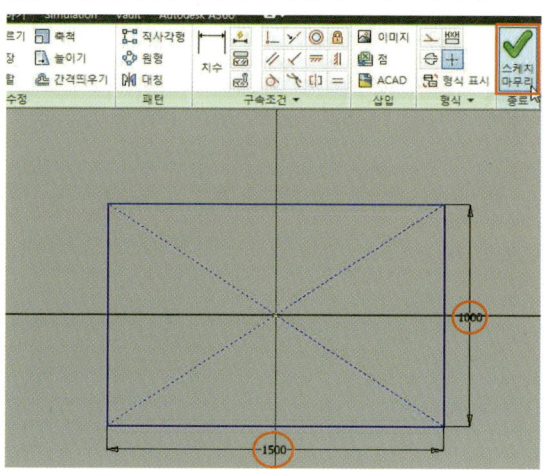

08 3D 스케치 시작 명령을 클릭한다.

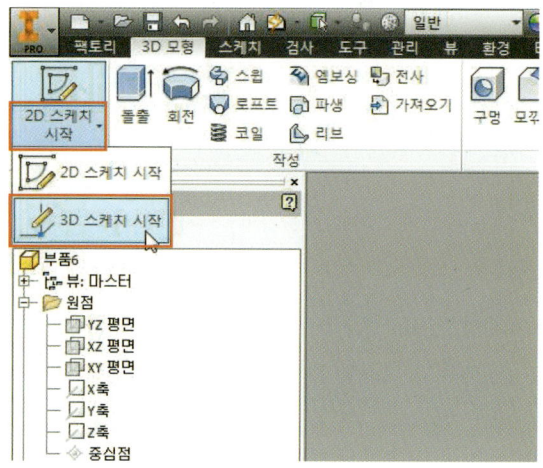

09 선 명령을 실행한다.

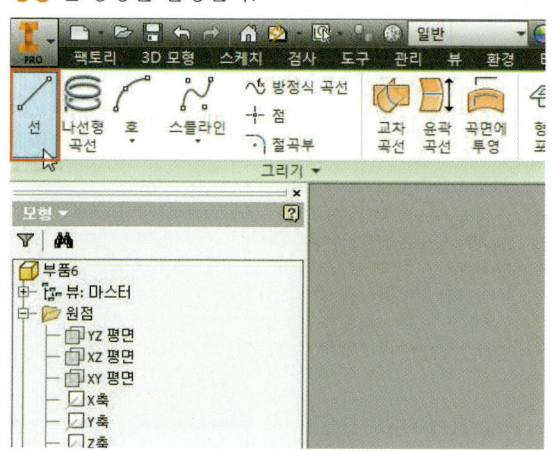

10 다음 점을 클릭한다.

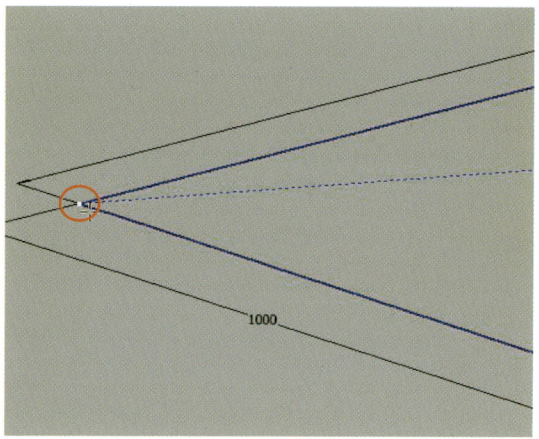

11 평면 방향을 정해준다.

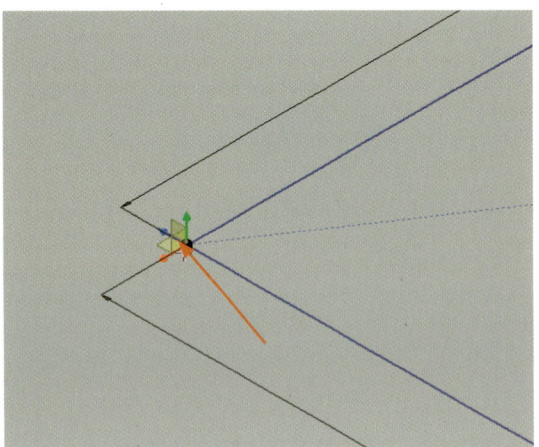

12 평면 방향을 정하고 위로 향하는 수직선을 작성한다.

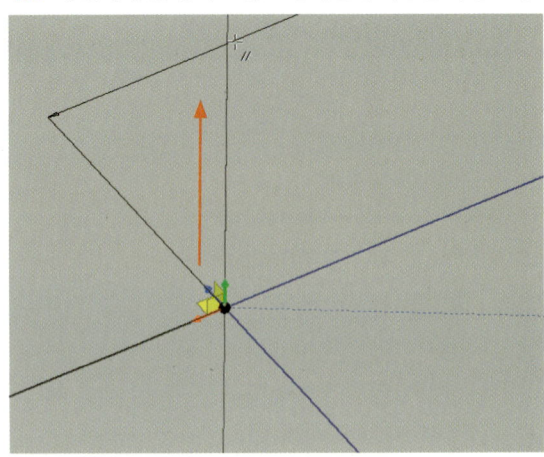

13 적당한 위치에 클릭하면 수직선이 작성된다.

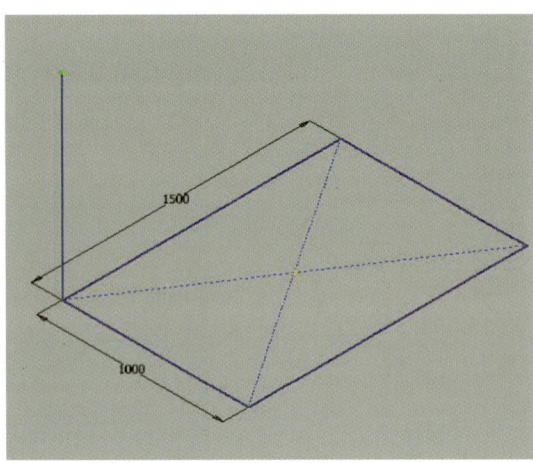

14 선 명령을 실행한다.

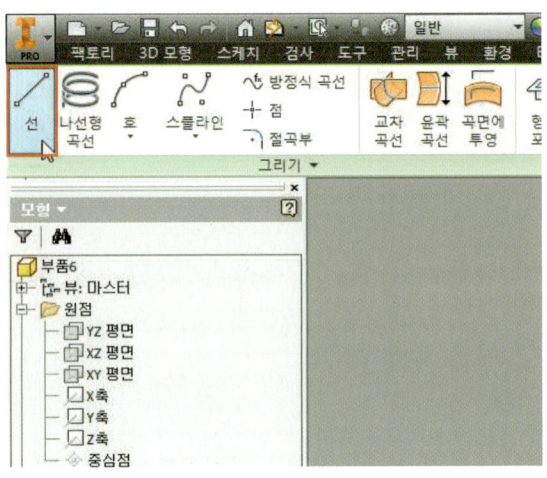

15 다음 점을 클릭한다.

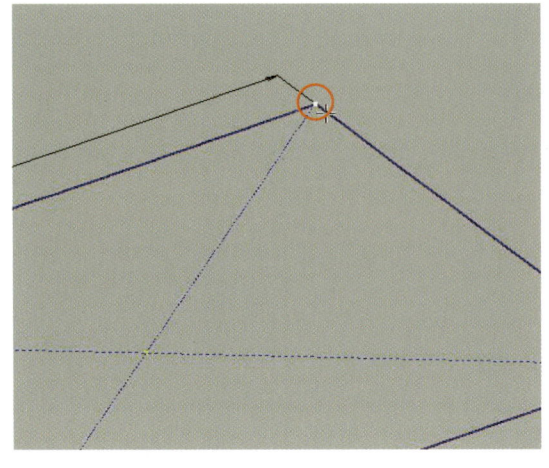

16 동일한 방법으로 평면 방향을 정하고 위로 향하는 수직선을 작성한다.

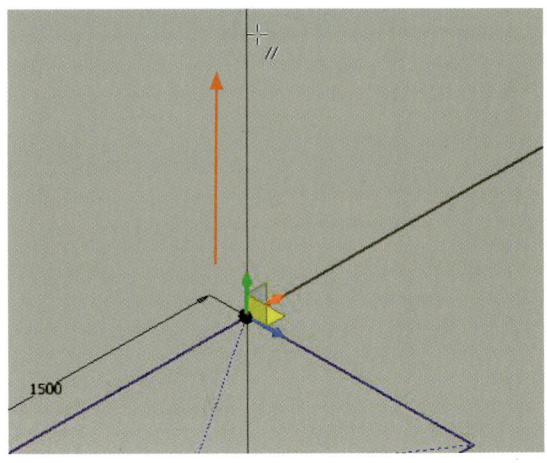

17 적당한 위치에 클릭하면 수직선이 작성된다.

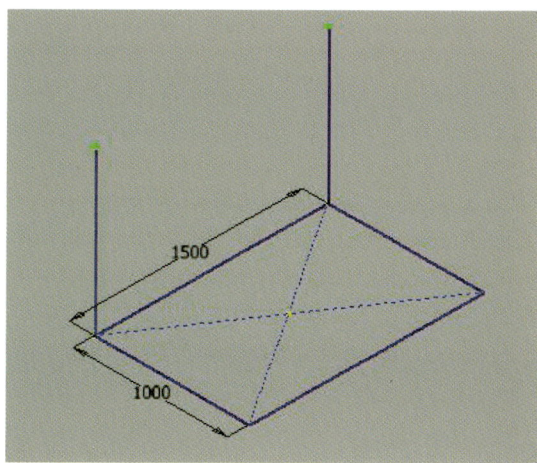

18 선 명령을 실행한다.

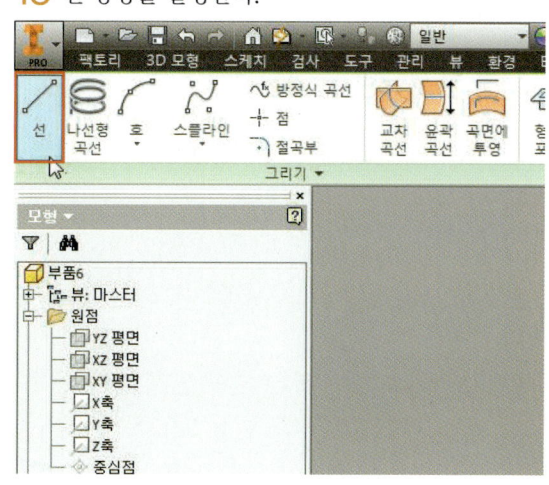

19 다음 점을 클릭한다.

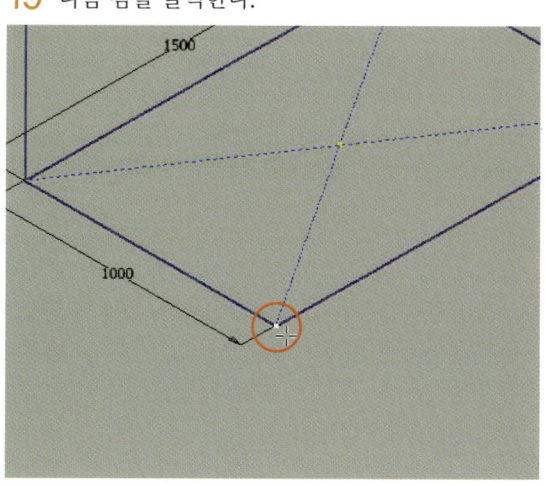

20 동일한 방법으로 평면 방향을 정하고 위로 향하는 수직선을 작성한다.

21 적당한 위치에 클릭하면 수직선이 작성된다.

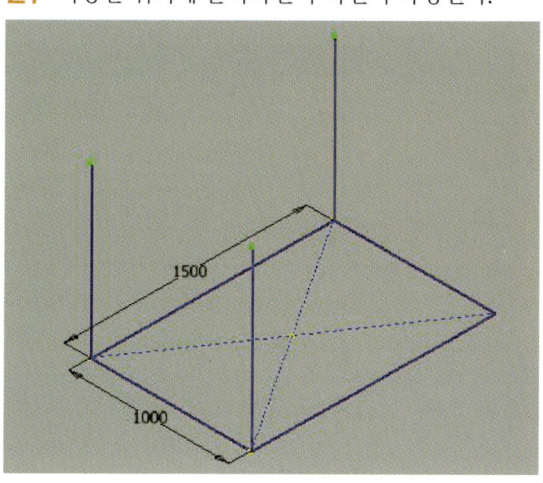

22 선 명령을 실행한다.

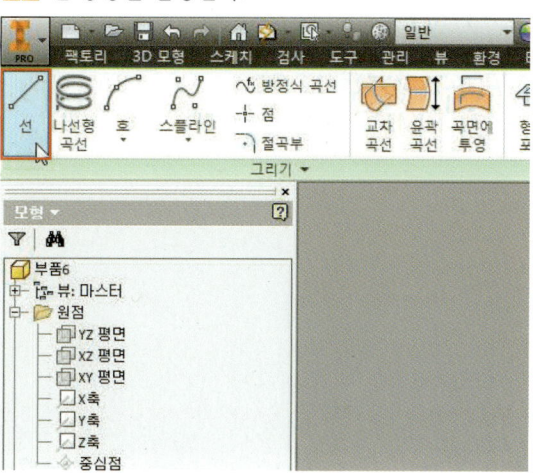

23 다음 점을 클릭한다.

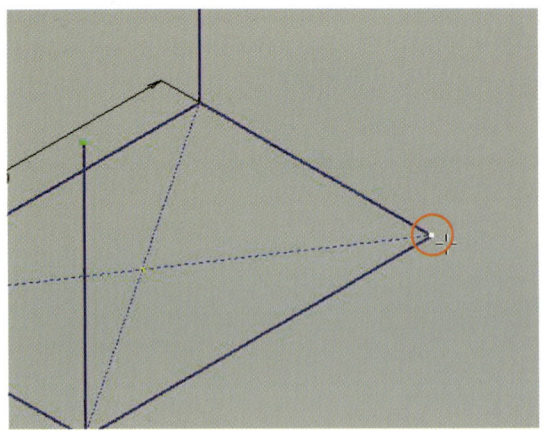

24 동일한 방법으로 평면 방향을 정하고 위로 향하는 수직선을 작성한다.

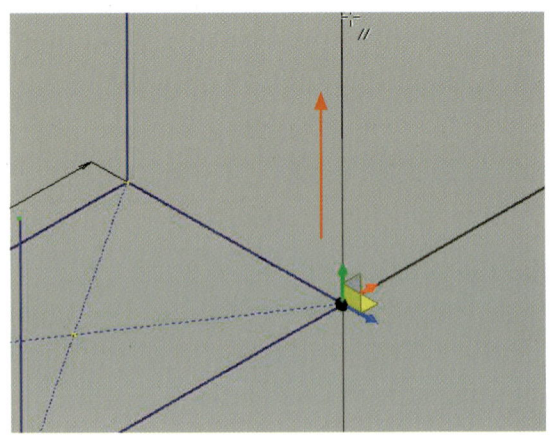

25 적당한 위치에 클릭하면 수직선이 작성된다.

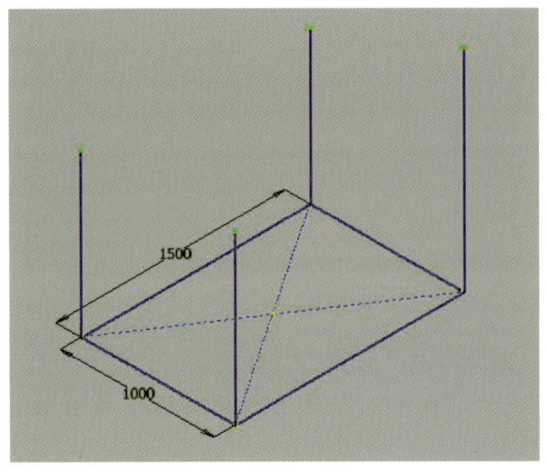

26 치수 명령을 실행한다.

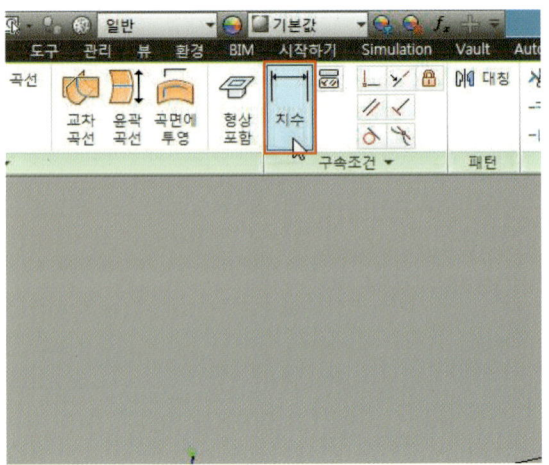

27 다음 선에 치수를 기입한다.

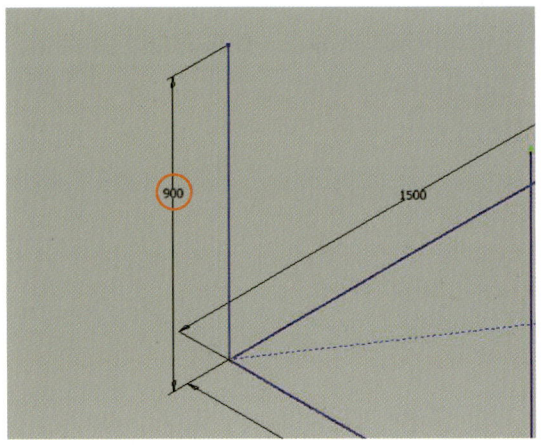

28 선 명령을 실행한다.

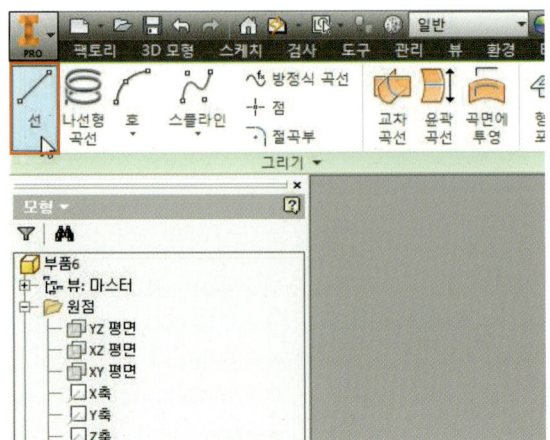

29 다음 선의 끝점을 클릭한다.

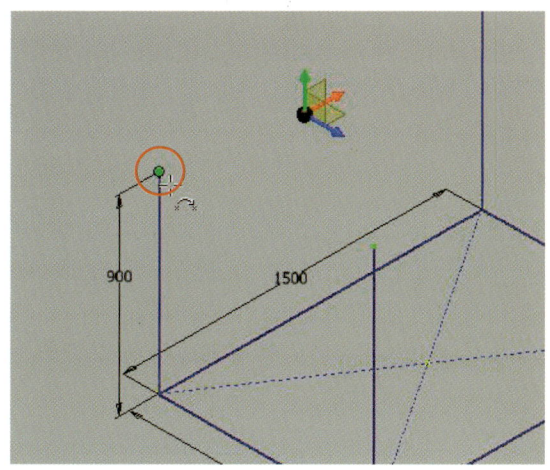

30 평면 방향을 정해준다.

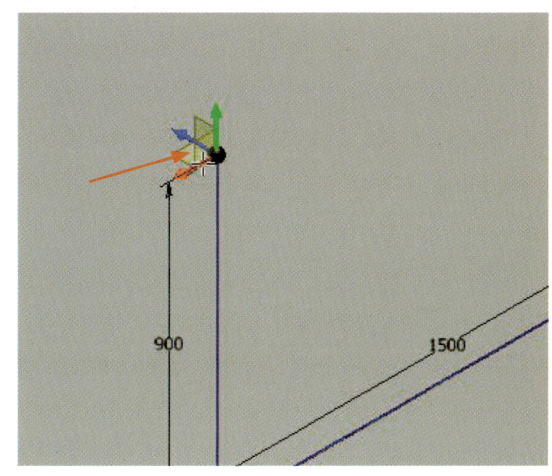

31 X축 방향으로 향하는 수평선을 작성한다.

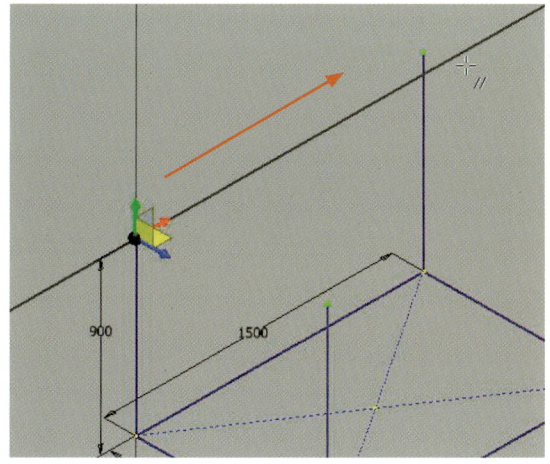

32 적당한 위치에 클릭하면 수평선이 작성된다.

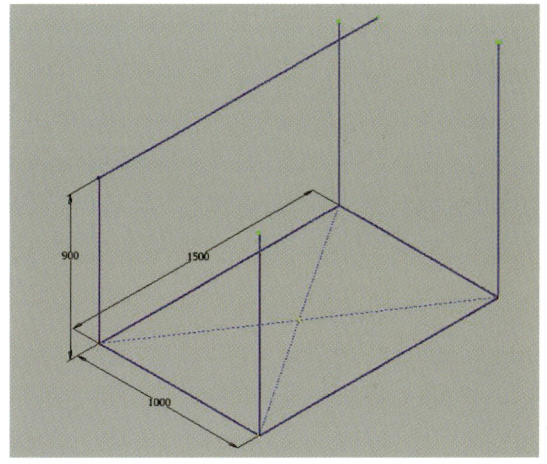

33 일치 구속조건 명령을 클릭한다.

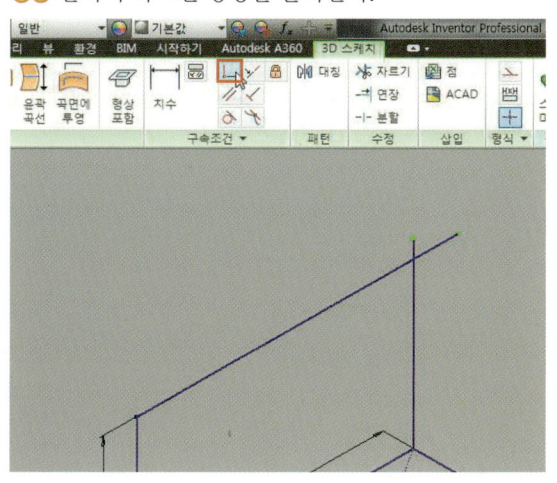

34 다음 두 개의 점을 클릭한다.

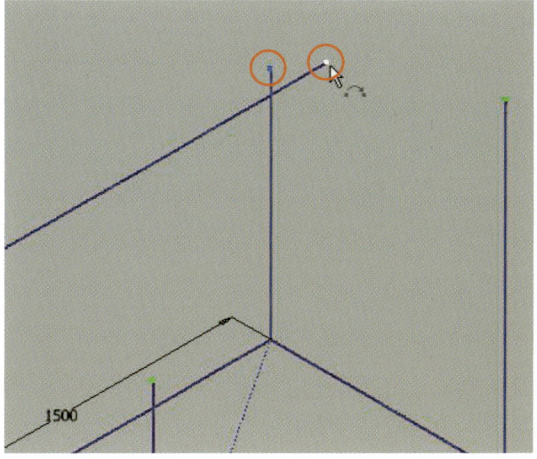

35 다음과 같이 선의 끝점이 일치된다.

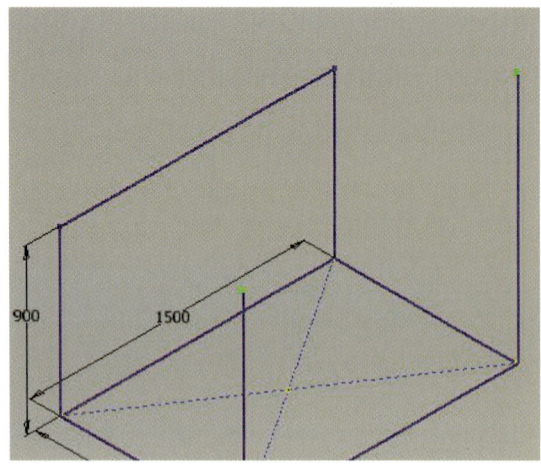

36 선 명령을 실행한다.

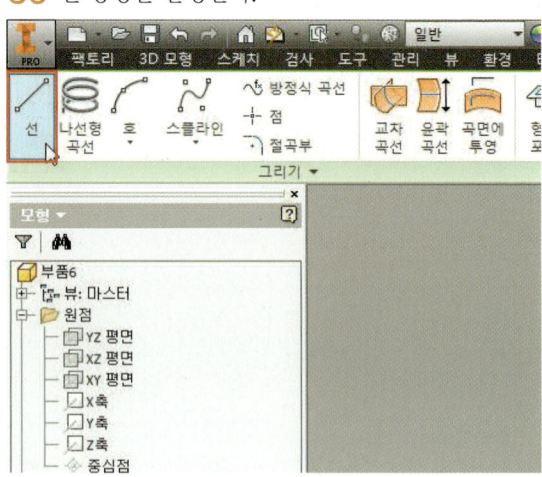

37 다음 선의 끝점을 클릭한다.

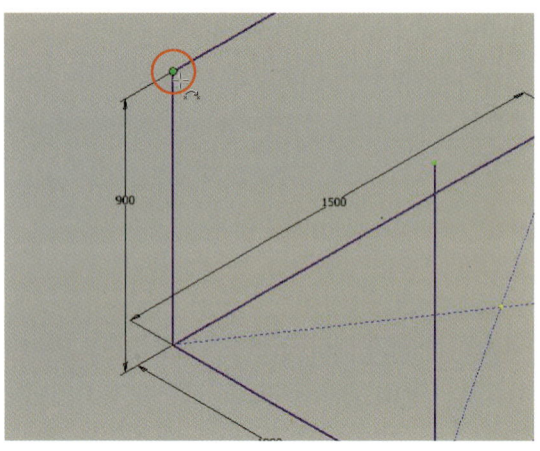

38 동일한 방법으로 평면 방향을 정하고 Z축 방향으로 향하는 수평선을 작성한다.

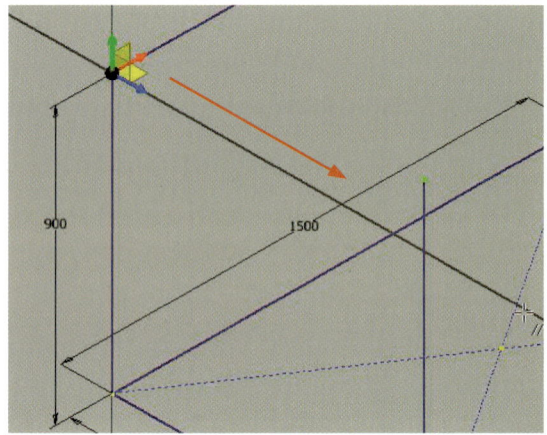

39 적당한 위치에 클릭하면 수평선이 작성된다.

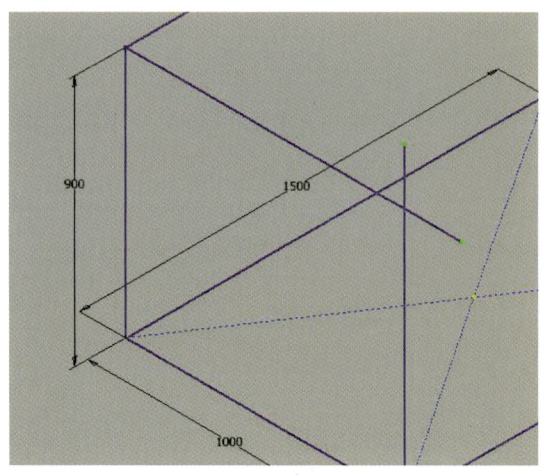

40 일치 구속조건 명령을 클릭한다.

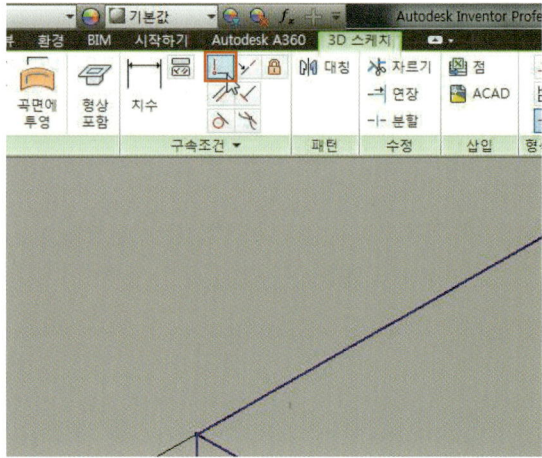

41 다음 두 개의 점을 클릭한다.

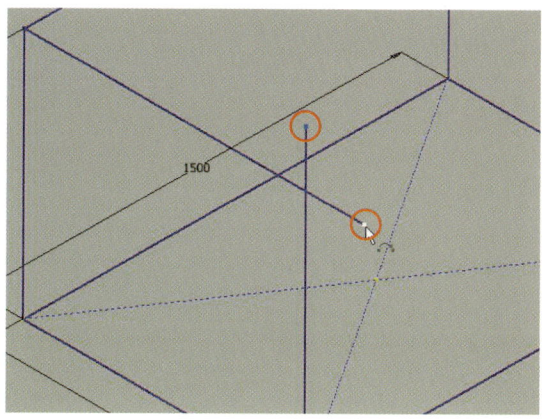

42 다음과 같이 선의 끝점이 일치된다.

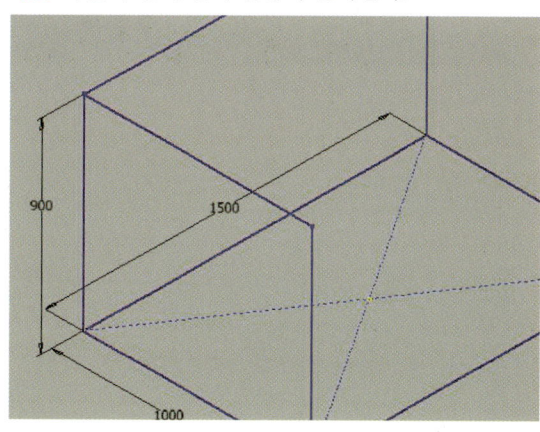

43 선 명령을 실행한다.

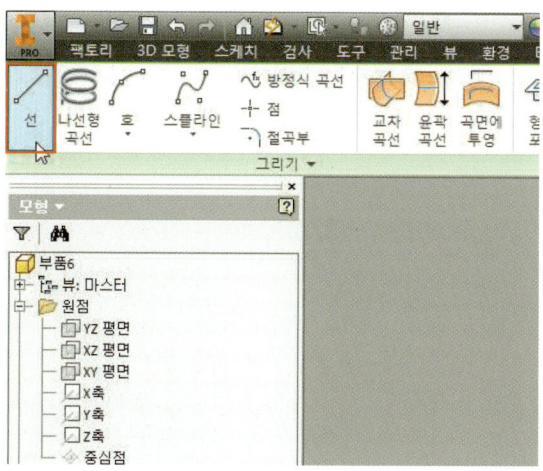

44 다음 선의 끝점을 클릭한다.

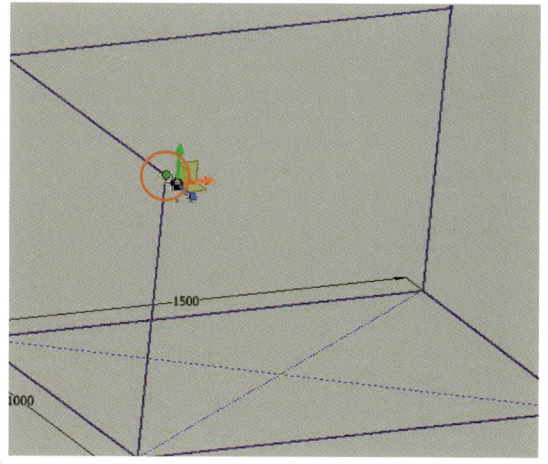

45 동일한 방법으로 평면 방향을 정하고 X축 방향으로 향하는 수평선을 작성한다.

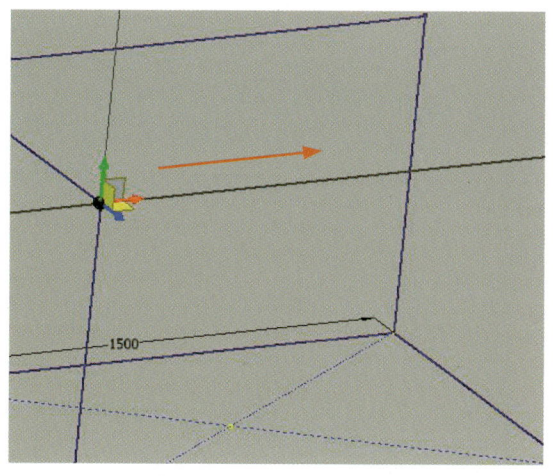

46 적당한 위치에 클릭하면 수평선이 작성된다.

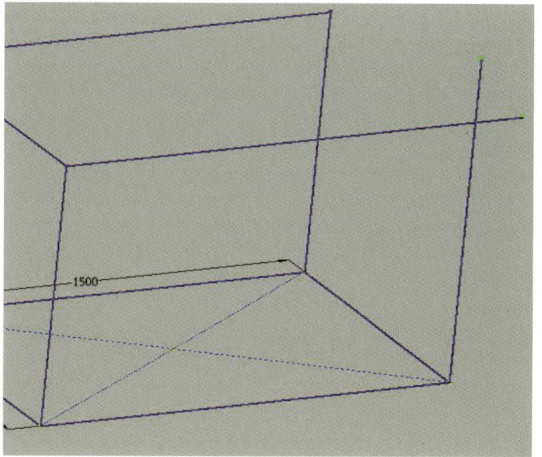

Part 05 프레임 생성기

47 일치 구속조건 명령을 클릭한다.

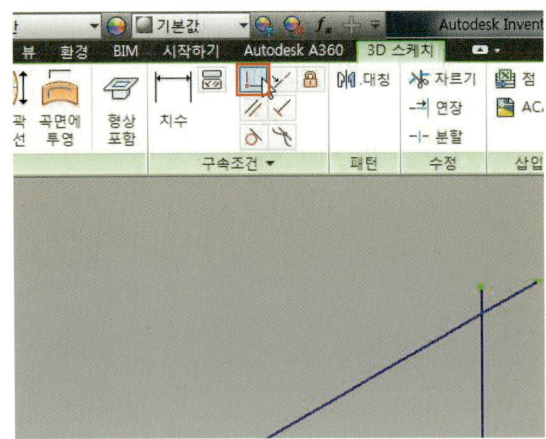

48 다음 두 개의 점을 클릭한다.

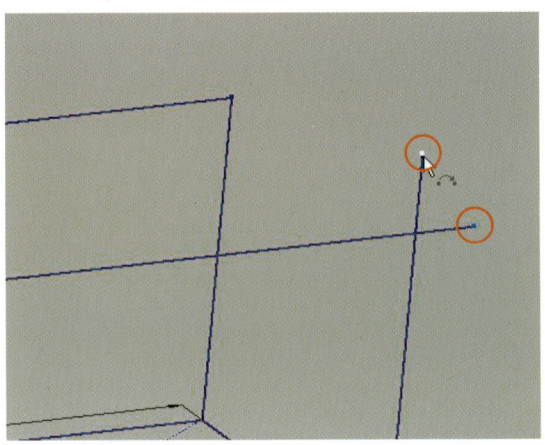

49 다음과 같이 선의 끝점이 일치된다.

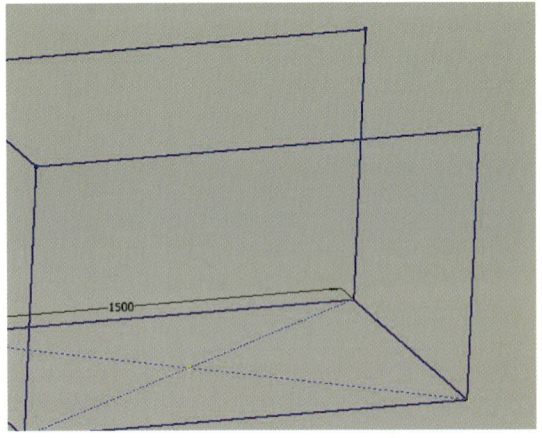

50 선 명령을 실행한다.

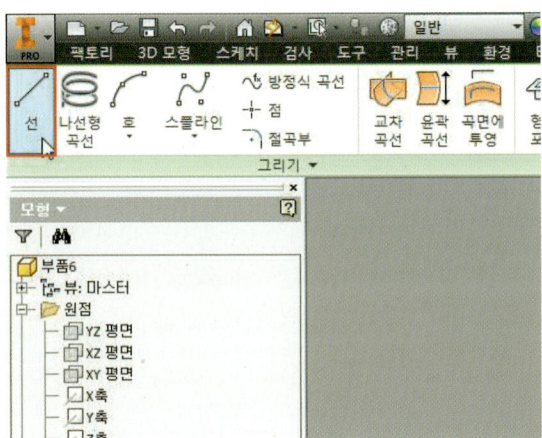

51 다음 선의 끝점을 클릭한다.

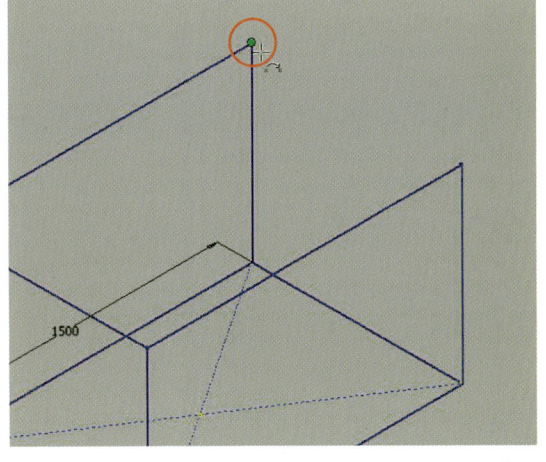

52 동일한 방법으로 평면 방향을 정하고 Z축 방향으로 향하는 수평선을 작성한다.

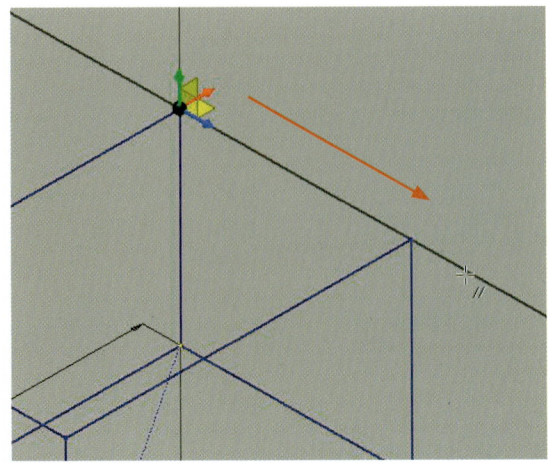

53 적당한 위치에 클릭하면 수평선이 작성된다.

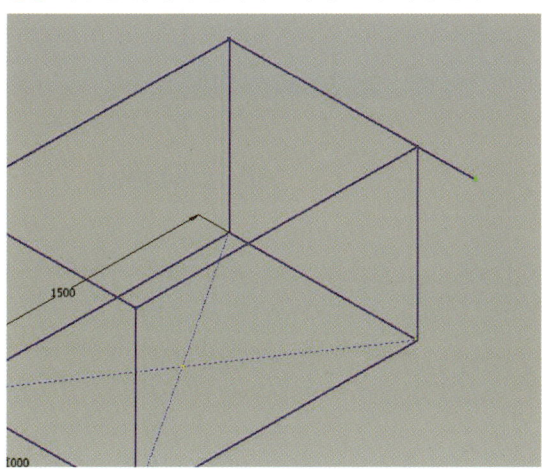

54 일치 구속조건 명령을 클릭한다.

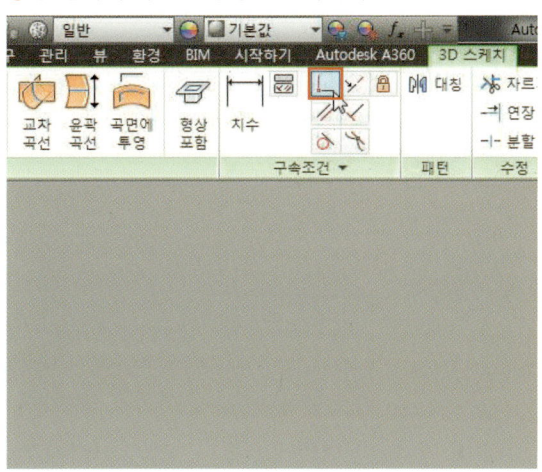

55 다음 두 개의 점을 클릭한다.

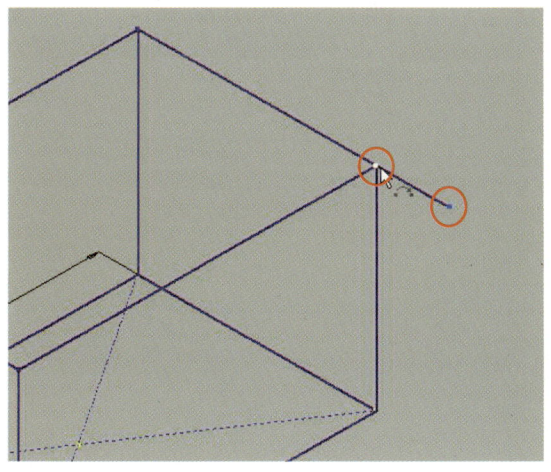

56 다음과 같이 선의 끝점이 일치된다.

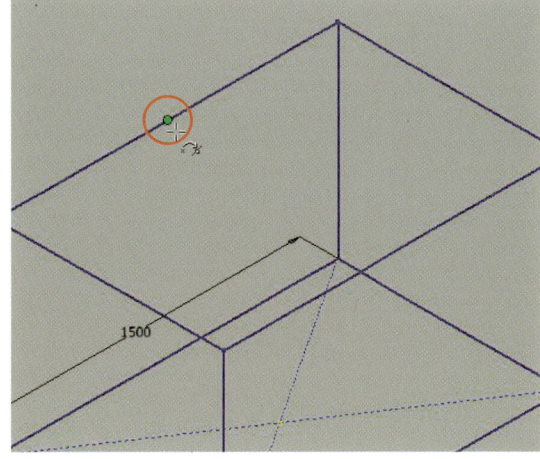

57 선 명령을 실행한다.

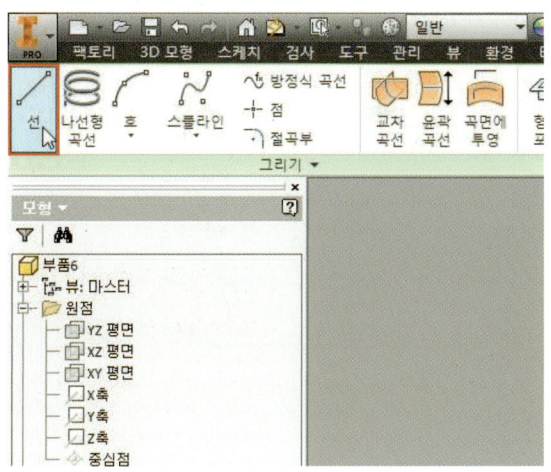

58 다음의 중간점을 선택한다.

59 다음 점으로 맞은편 선의 중간점을 클릭한다.

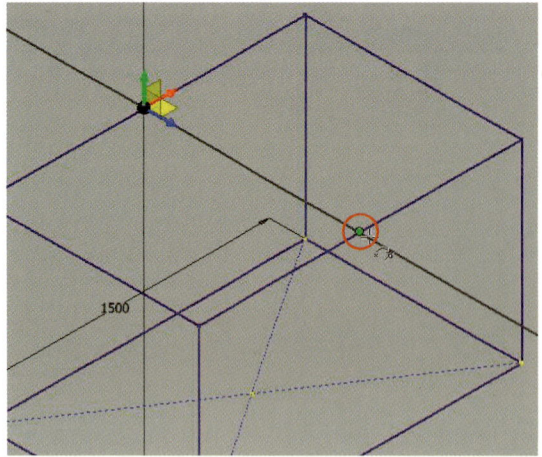

60 다음과 같이 선이 작성된다.

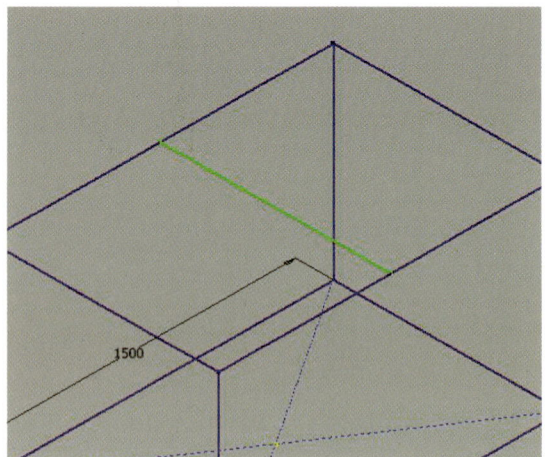

61 모든 스케치가 완료되었다.

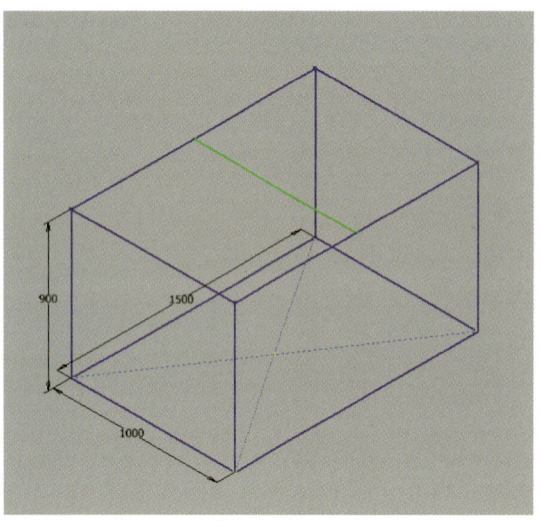

62 지금까지 작성한 파일을 저장한다.

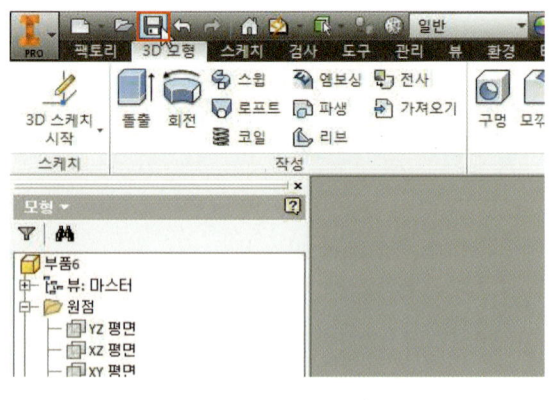

63 파일 이름을 프레임으로 정하고 저장한다.

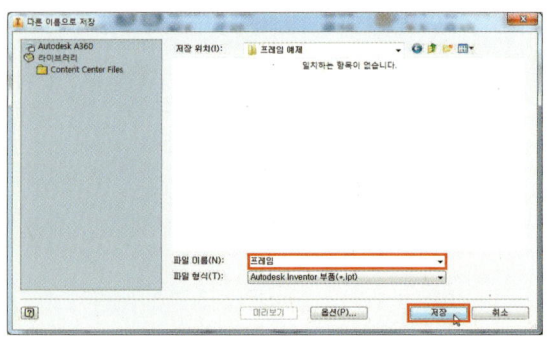

Lesson 2 | 프레임 삽입하기

01 새로 만들기를 클릭한다.

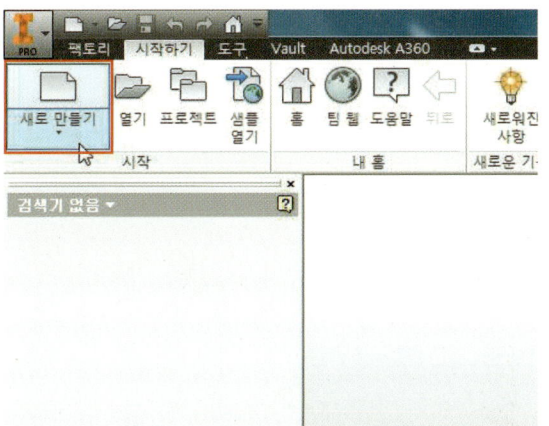

02 Standard.iam(조립품 템플릿)을 선택한 후, 작성 버튼을 클릭해서 조립품 환경을 연다.

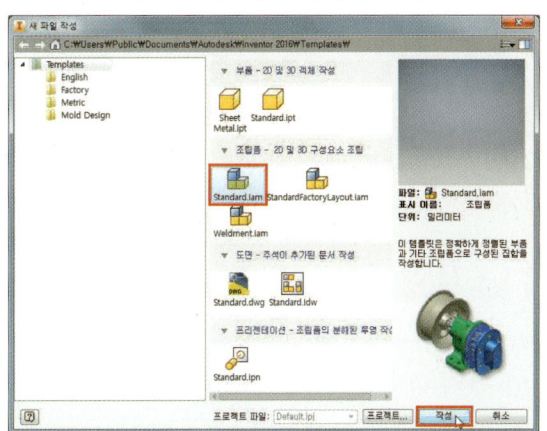

03 배치 명령을 클릭한다.

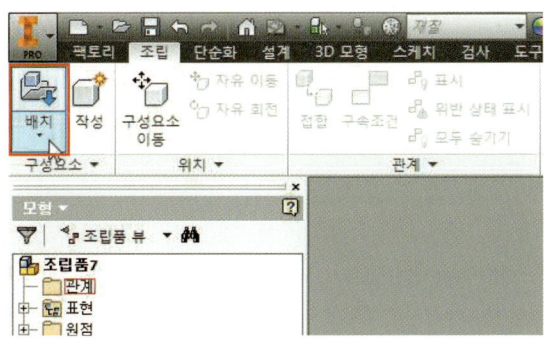

04 저장한 프레임 부품을 선택한다.

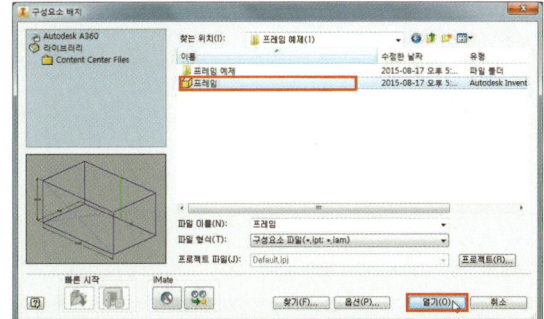

05 원점에 고정 배치를 선택한다.

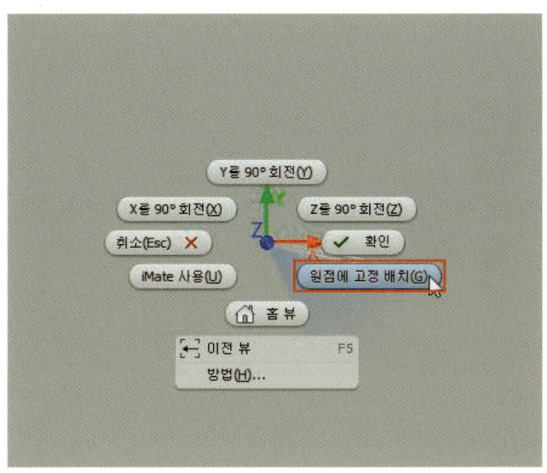

06 부품이 배치되면, Esc를 눌러 현 작업을 종료한다.

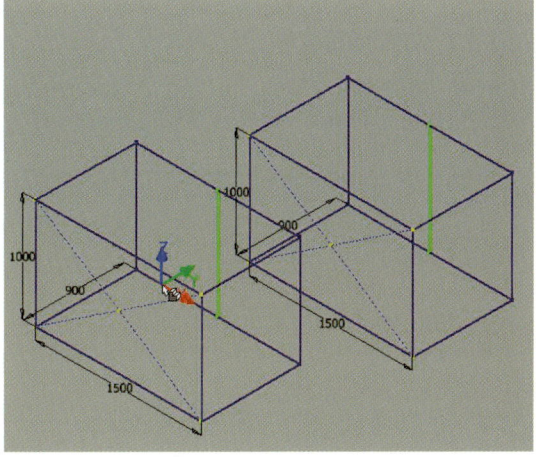

07 다음과 같이 부품이 배치되었다.

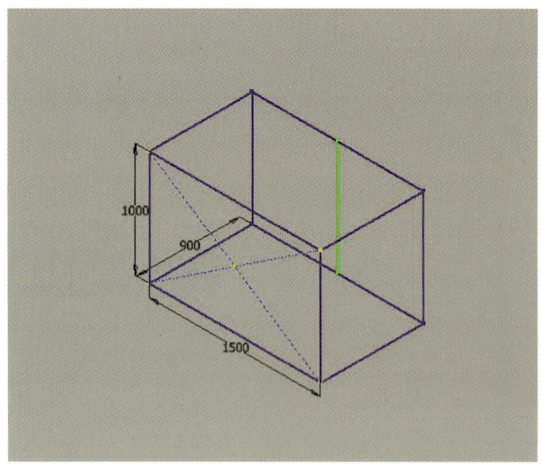

08 프레임 삽입 명령을 클릭한다.

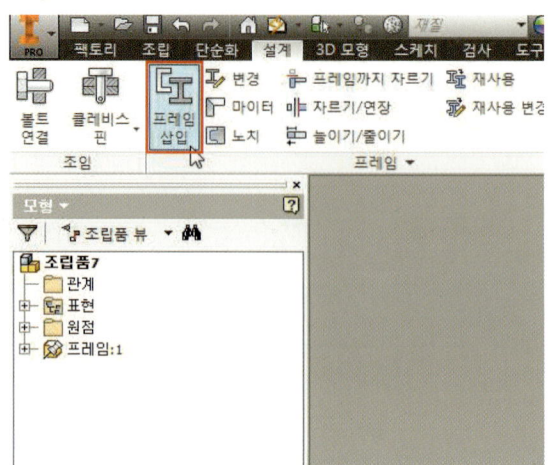

09 확인 버튼을 클릭해 저장한다.

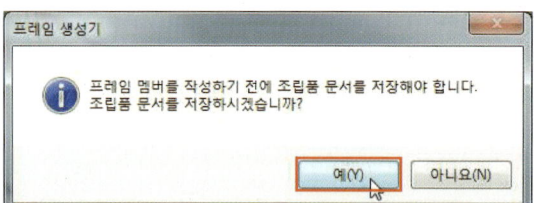

10 다음과 같이 프레임 멤버를 설정한다.

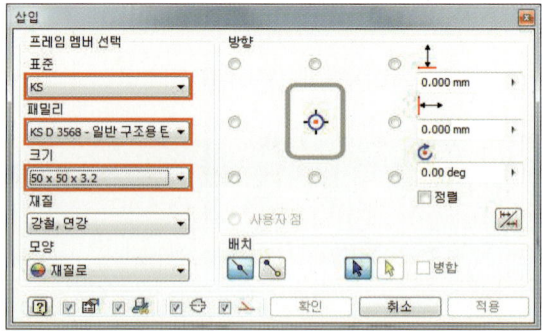

11 스케치 선을 선택한다.

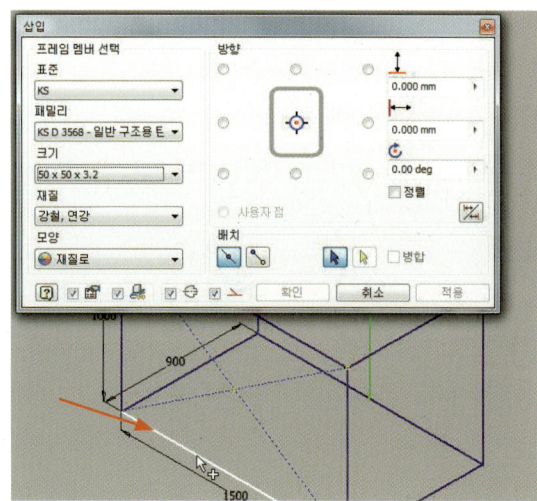

12 다음과 같이 프레임 멤버가 배치된다.

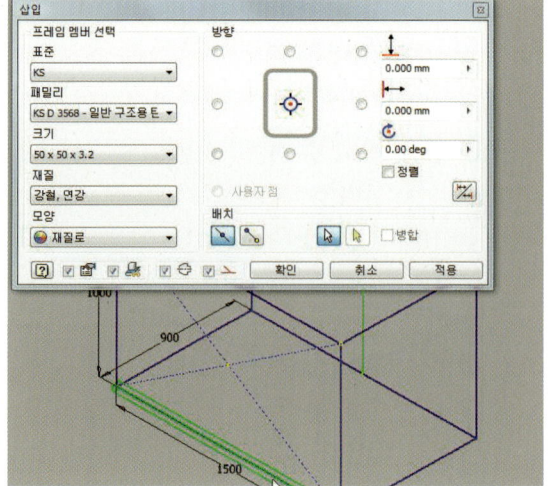

13 확인을 눌러 종료한다.

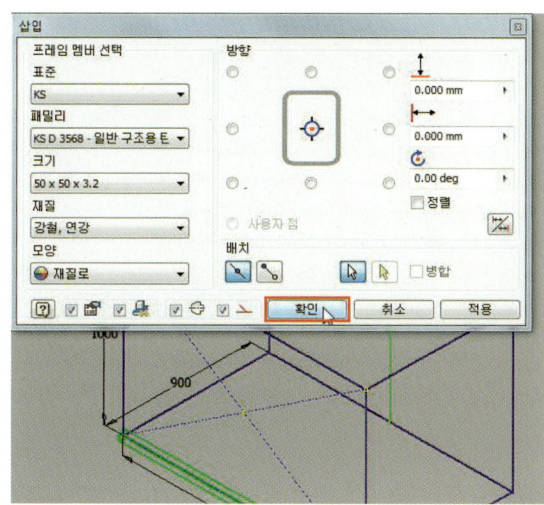

14 다음과 같이 프레임 멤버가 배치되었다.

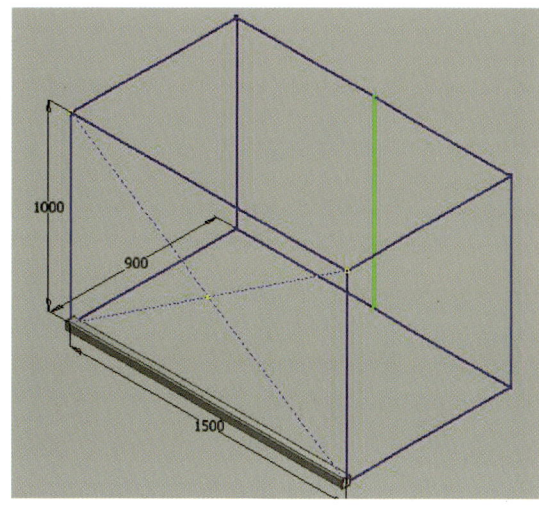

15 프레임 삽입 명령을 클릭한다.

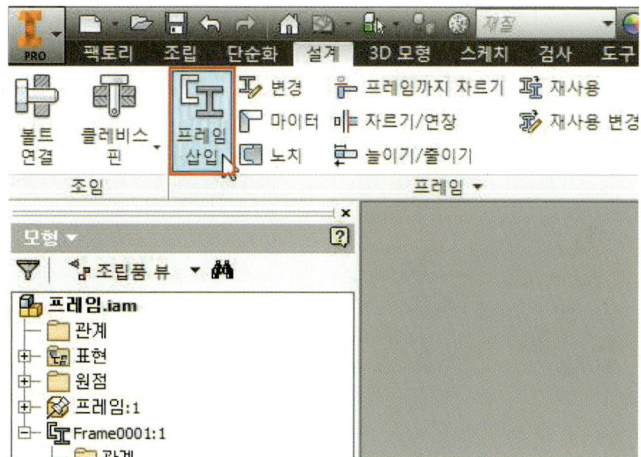

16 다른 선들도 모두 선택한 후 확인 버튼을 누른다.

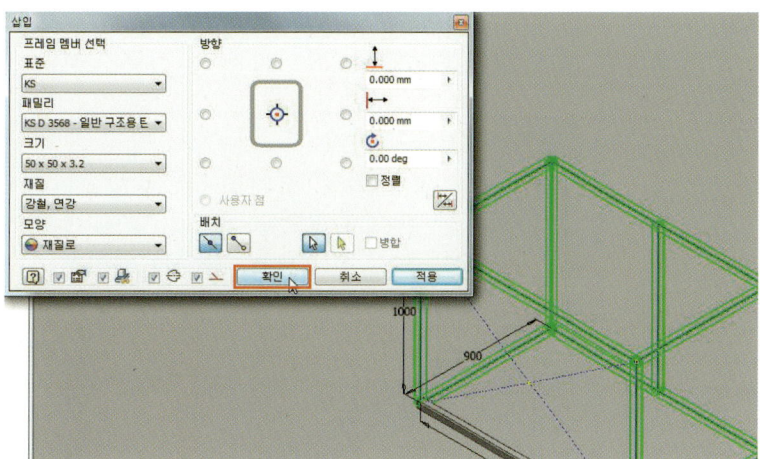

17 프레임 멤버 부품이 생성되었다.

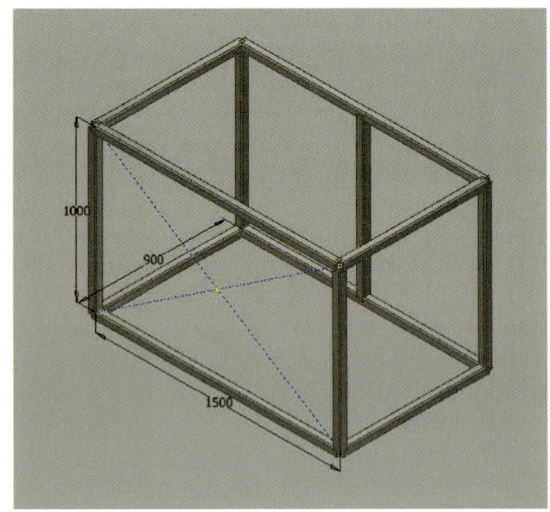

18 다시 프레임 삽입 명령을 클릭한다.

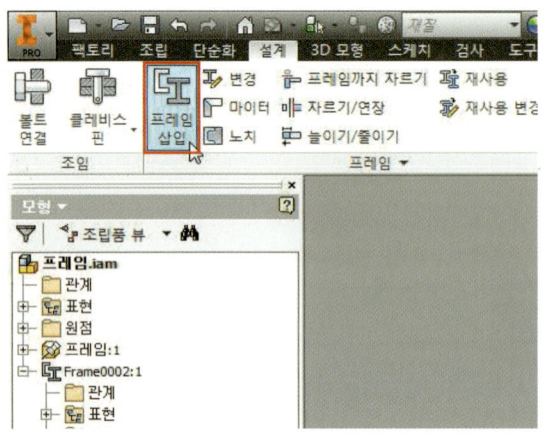

19 점 사이에 멤버 삽입 명령을 클릭한다.

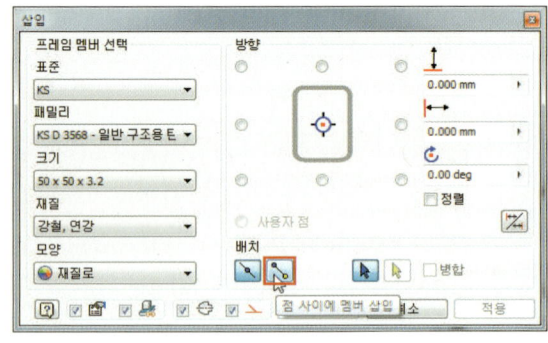

20 첫 번째 점을 클릭한다.

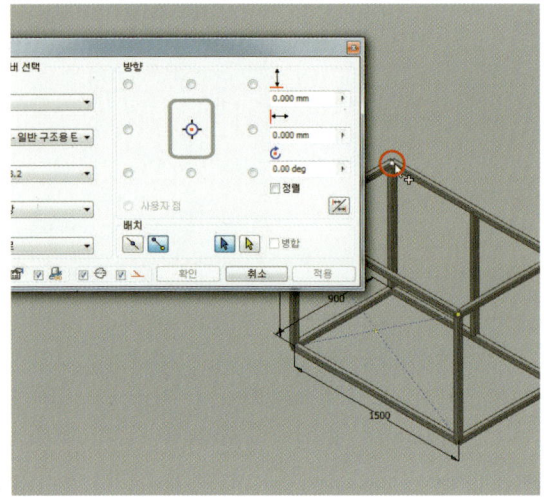

21 두 번째 점을 클릭한다.

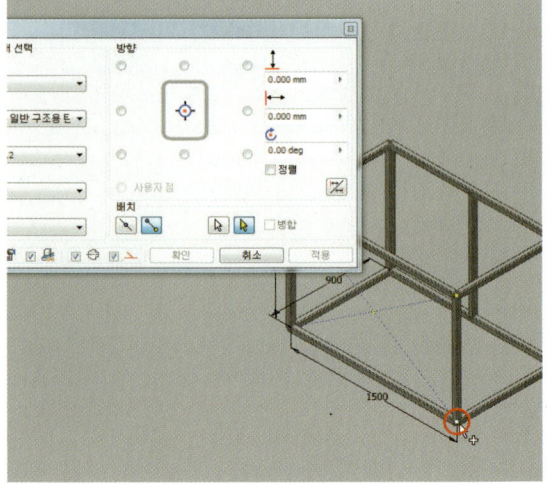

Section2. 프레임 생성기 예제

22 미리보기가 되면 확인 버튼을 클릭한다.

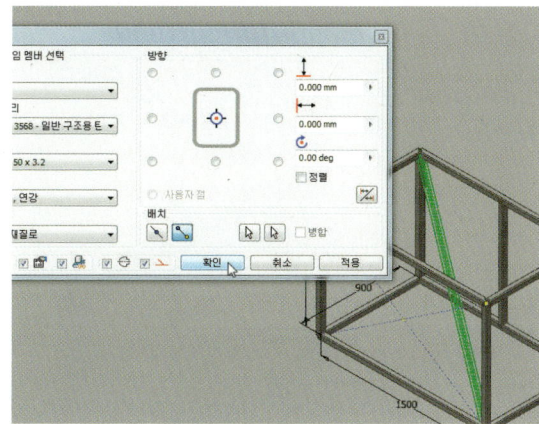

23 다음과 같이 프레임이 삽입되었다.

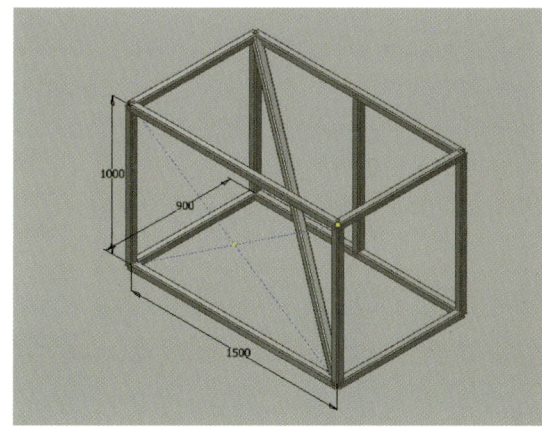

Lesson 3 | 끝처리 작성하기

01 마이터 명령을 실행한다.

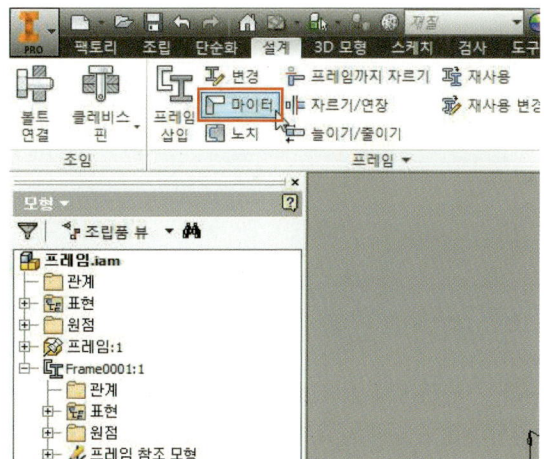

02 다음 두 멤버를 선택해 적용 버튼을 클릭한다.

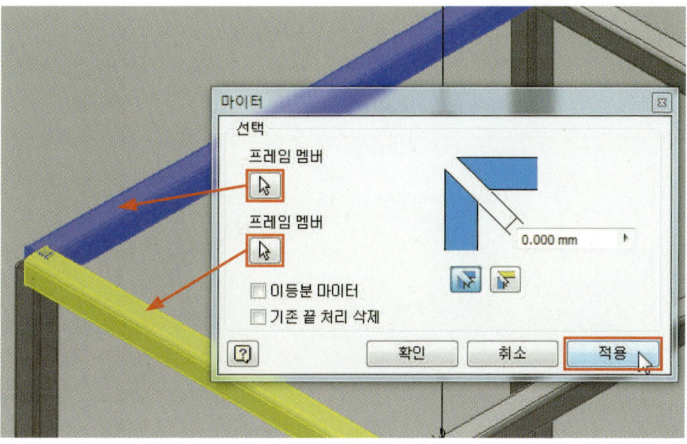

215

03 다음과 같이 두 멤버 사이에 마이터가 작성된다.

04 다음 두 멤버를 선택해 적용 버튼을 클릭한다.

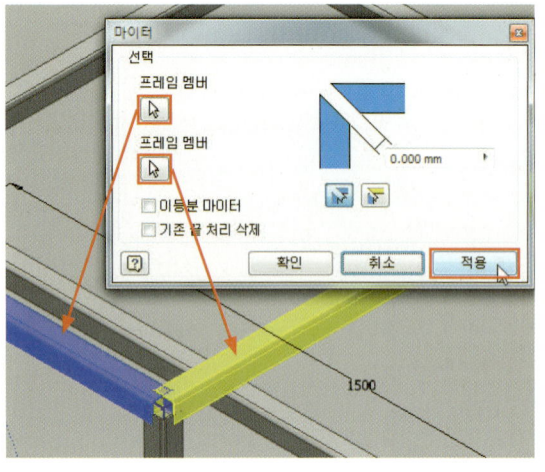

05 다음과 같이 두 멤버 사이에 마이터가 작성된다.

06 다음 두 멤버를 선택해 적용 버튼을 클릭한다.

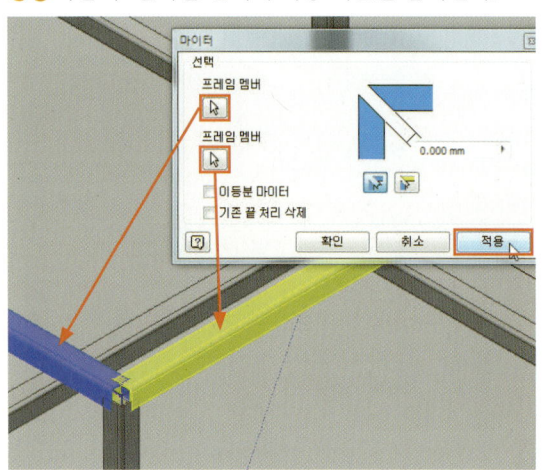

07 다음과 같이 두 멤버 사이에 마이터가 작성된다.

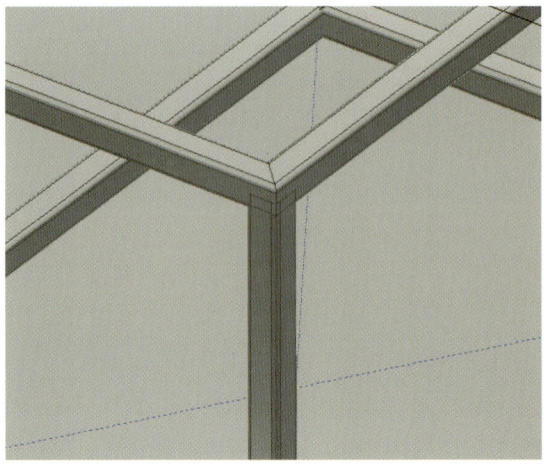

08 다음 두 멤버를 선택해 확인 버튼을 클릭한다.

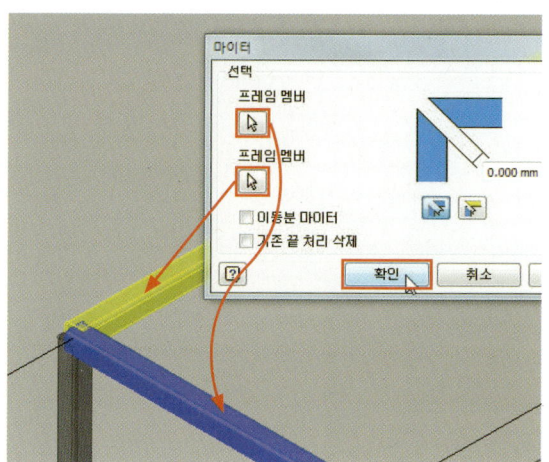

09 다음과 같이 두 멤버 사이에 마이터가 작성된다.

10 윗면에 대한 마이터 작성이 완료되었다.

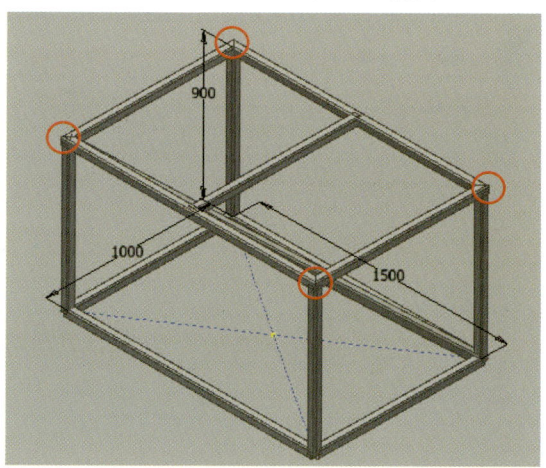

11 자르기/연장 명령을 클릭한다.

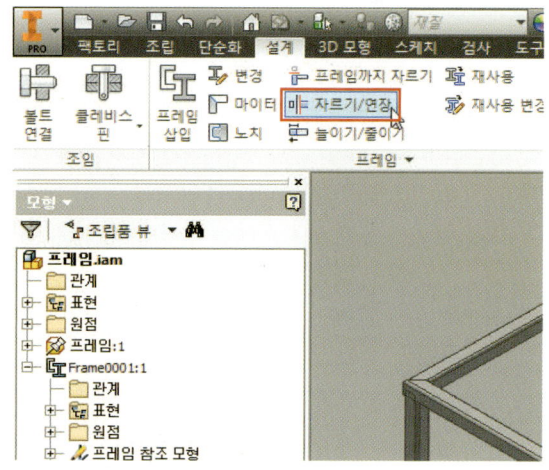

12 프레임 멤버를 다음과 같이 선택한다.

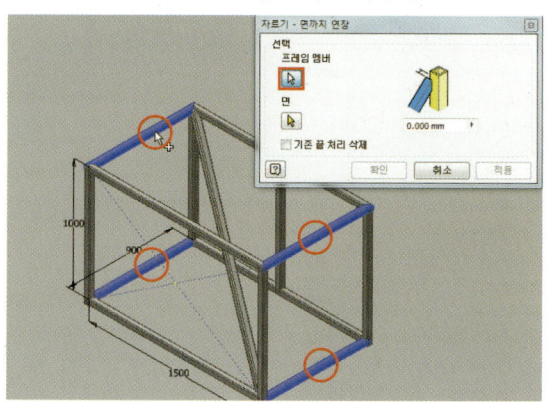

13 연장할 면을 다음과 같이 선택한다.

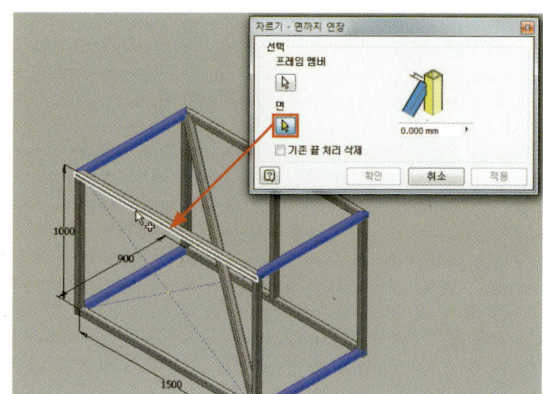

14 확인 버튼을 클릭하여 종료한다.

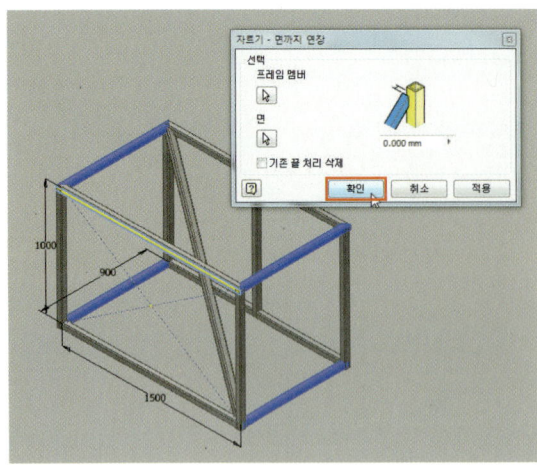

15 밑면에 대한 연장 작성이 완료되었다.

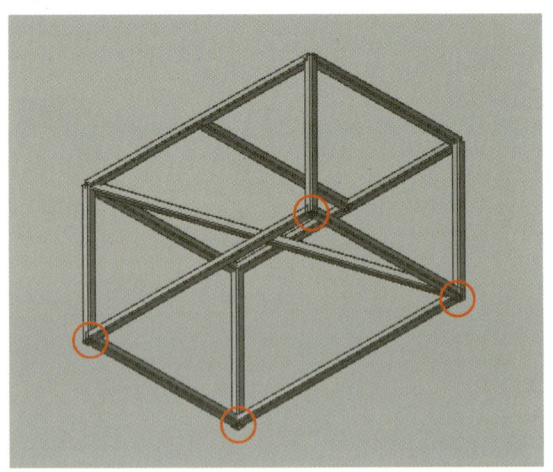

16 늘이기/줄이기 명령을 클릭한다.

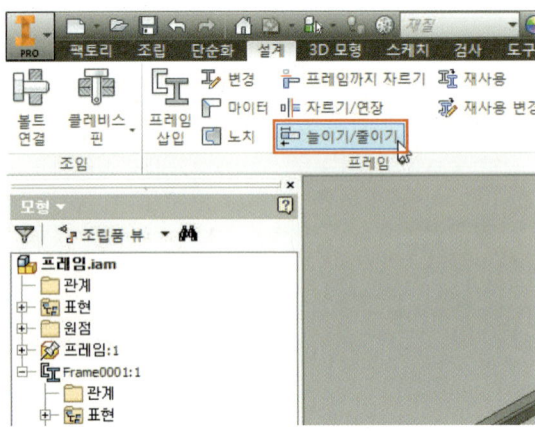

17 다음 멤버를 선택한 후 연장 길이를 입력하고 적용 버튼을 클릭한다.

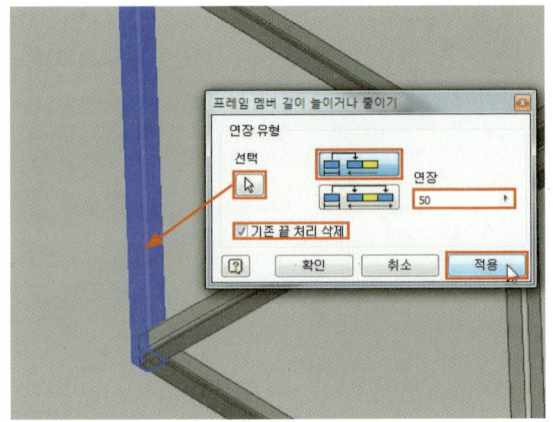

18 다음과 같이 멤버의 길이가 연장된다.

19 다음 멤버를 선택한 후 적용 버튼을 클릭한다.

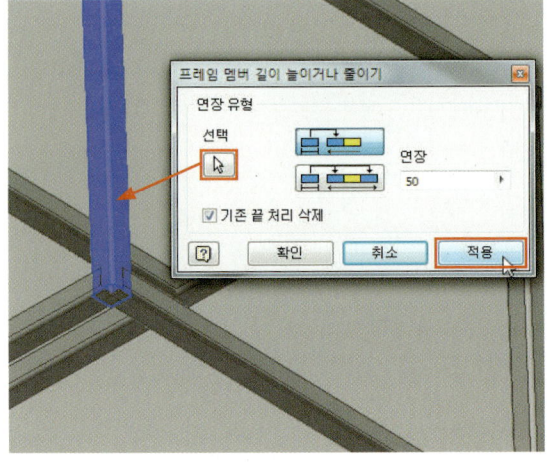

20 다음과 같이 멤버의 길이가 연장된다.

21 다음 멤버를 선택한 후 적용 버튼을 클릭한다.

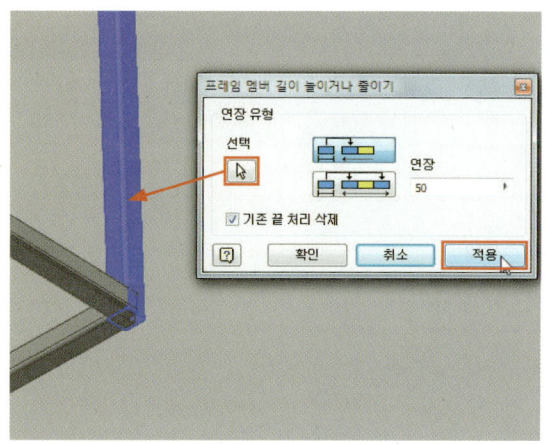

22 다음과 같이 멤버의 길이가 연장된다.

23 다음 멤버를 선택한 후 확인 버튼을 클릭한다.

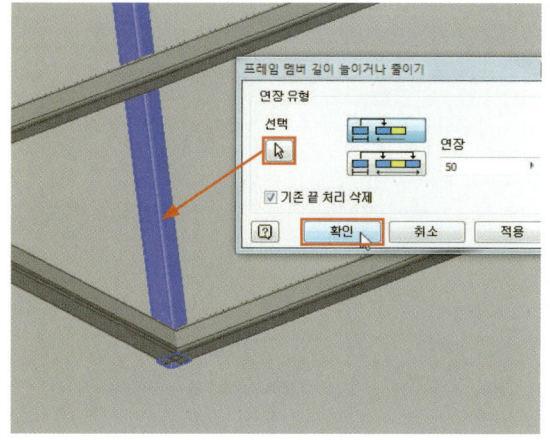

24 다음과 같이 멤버의 길이가 연장된다.

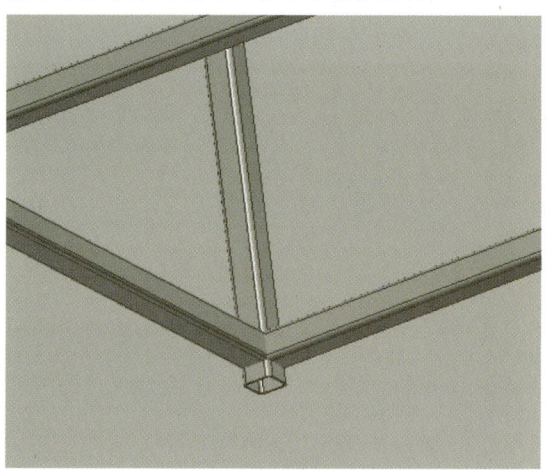

25 멤버의 길이 연장이 완료되었다.

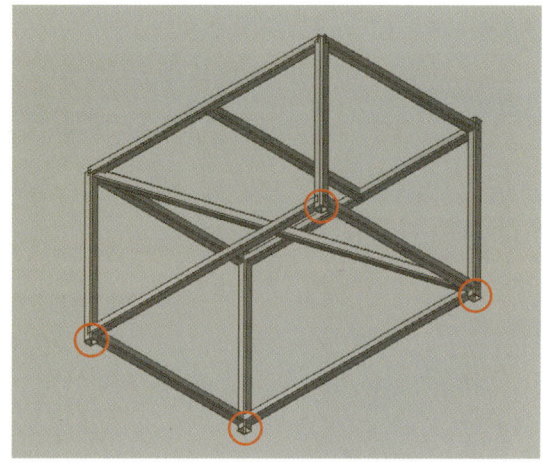

26 자르기/연장 명령을 클릭한다.

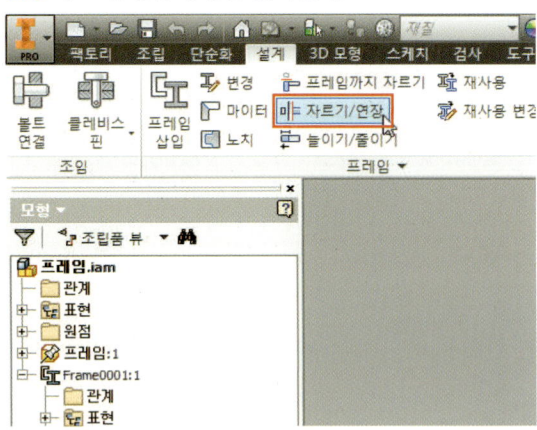

27 프레임 멤버를 다음과 같이 선택한다.

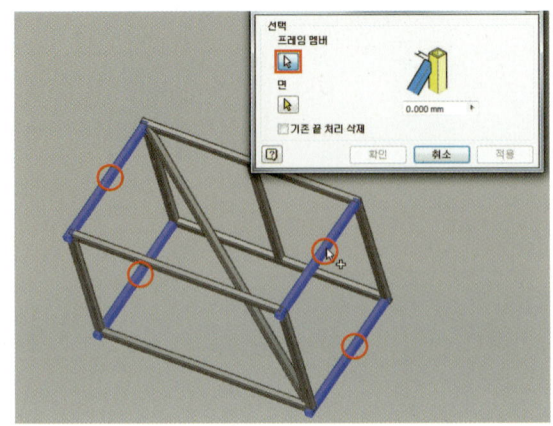

28 자를 면을 다음과 같이 선택한다.

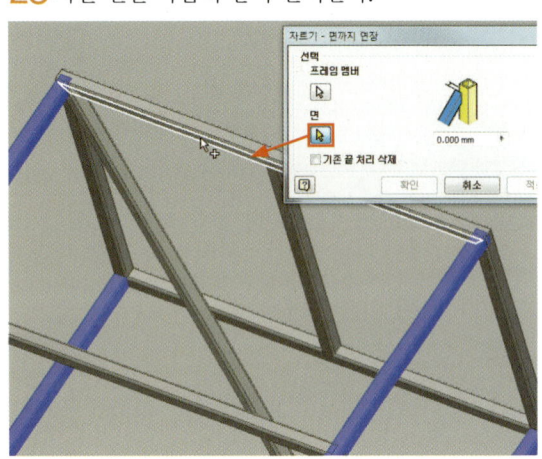

29 적용 버튼을 클릭하면 다음과 같이 끝처리가 완료된다.

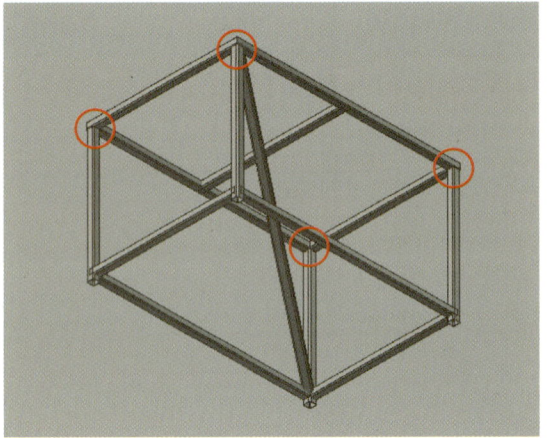

30 프레임 멤버를 다음과 같이 선택한다.

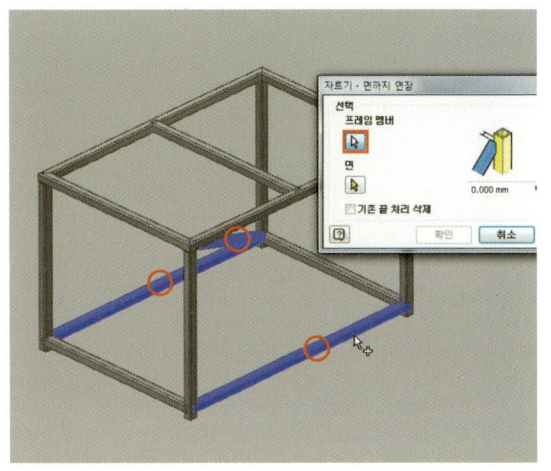

31 자를 면을 다음과 같이 선택한다.

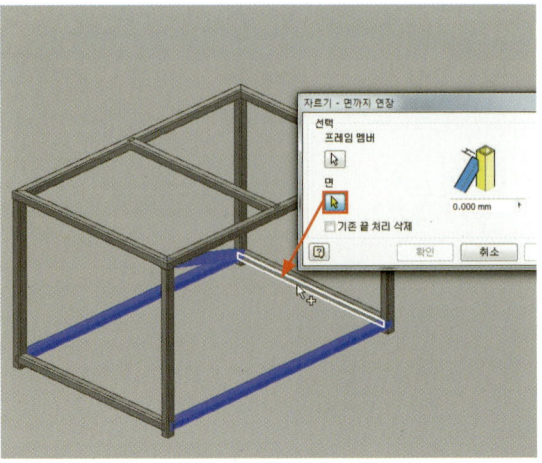

32 적용 버튼을 클릭하면 다음과 같이 끝처리가 완료된다.

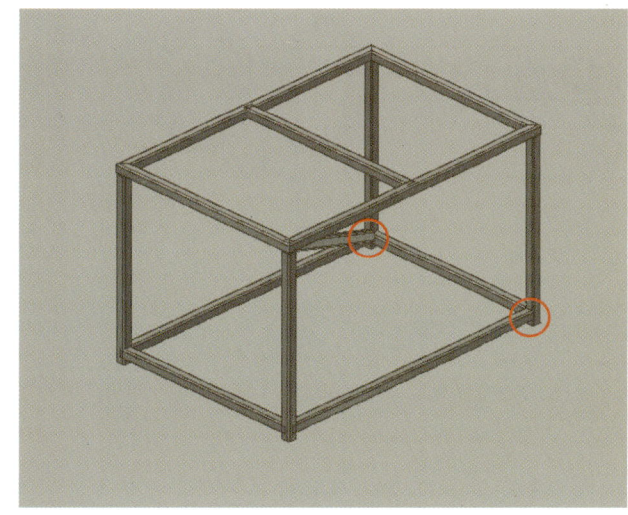

33 마찬가지로 다른 개소의 멤버도 끝처리를 하여 마무리한다.

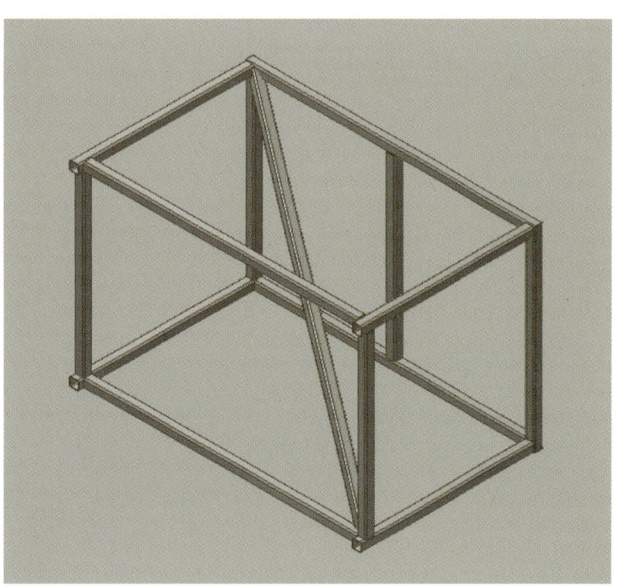

PART 06

도면

Section 1	도면 환경과 시트	224p
Section 2	도면 명령	226p
Section 3	도면 작성하기	232p

1. 도면 환경과 시트

Autodesk Inventor Standard

Lesson 1 │ 도면 환경의 인터페이스

도면 환경에 대한 기본적인 인터페이스에 대해서 알아보도록 합시다.

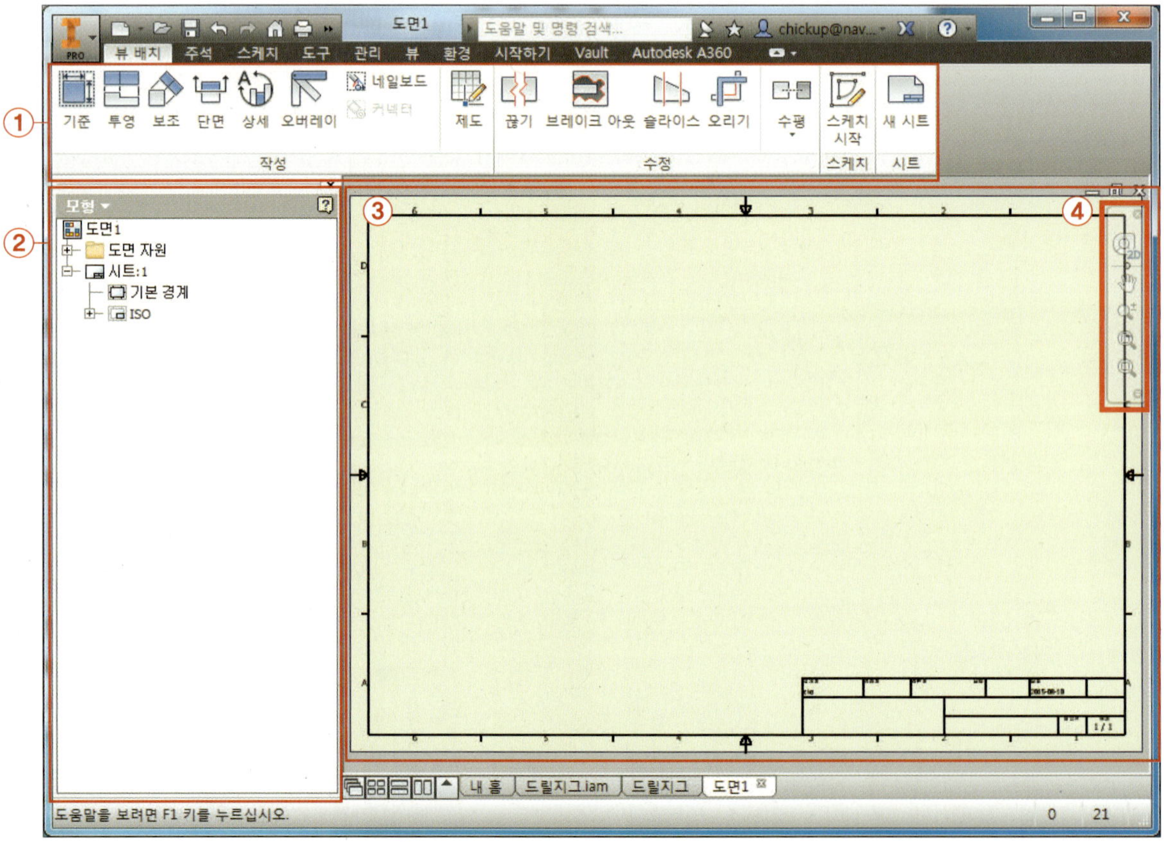

❶ **명령어 탭** : 도면에서 사용할 수 있는 명령어를 표시합니다.

❷ **시트 트리** : 도면 파일안에 포함된 시트의 리스트를 나타냅니다.

❸ **작업 화면** : 실제로 도면 작업을 하는 창입니다.

❹ **탐색 막대** : 도면의 시점 이동이나 화면 축척에 대한 명령어가 모여 있습니다.

Lesson 2 | 시트의 성격에 대해서

인벤터의 도면 환경은 하나의 **파일**안에 여러 장의 **종이**가 들어있는 형태라고 보시면 됩니다.
여기서 종이를 **시트**라고 이해하시면 됩니다.

따라서 도면환경에서의 작업 트리는 **시트 트리**라고 불리게 됩니다.

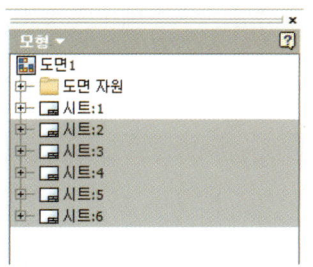

축척 관계도 시트를 중심으로 맞추어지게 됩니다. 오토캐드에서는 뷰의 크기에 따라 시트의 배율을 키웠지만, 인벤터에서의 도면에서는 **시트의 크기에 따라 도면뷰의 크기를 변경**하게 됩니다.

오토캐드의 경우 : 뷰의 크기에 맞추어 시트의 크기가 변합니다.

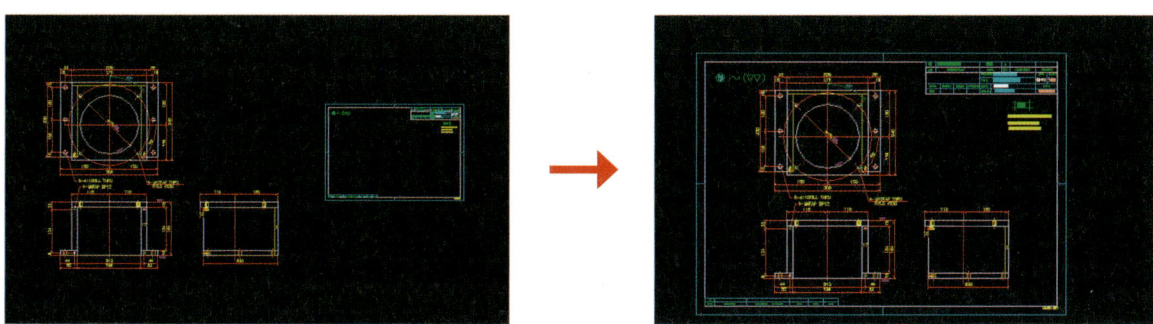

인벤터의 경우 : 시트의 크기와 시트 비율에 맞추어 뷰의 크기가 바뀝니다.

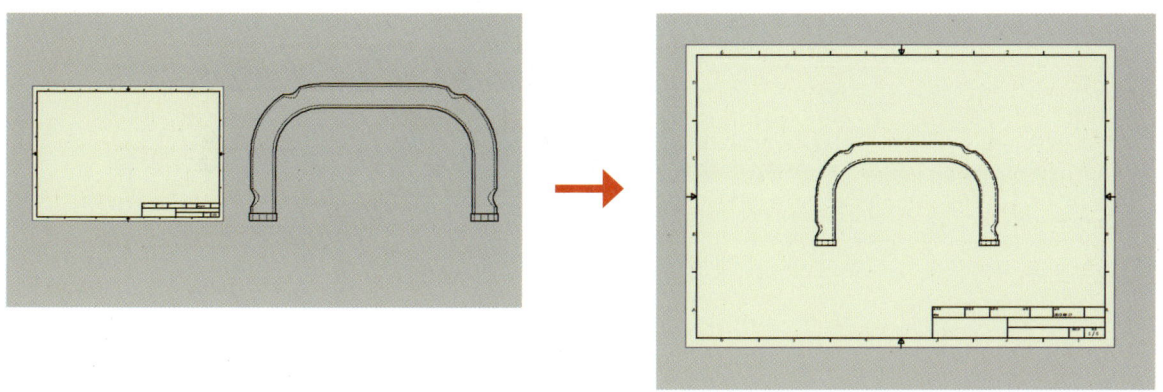

2. 도면 명령

Autodesk Inventor Standard

Lesson 1 | 뷰 배치 명령

뷰 배치 명령에는 다음과 같은 것들이 있습니다.

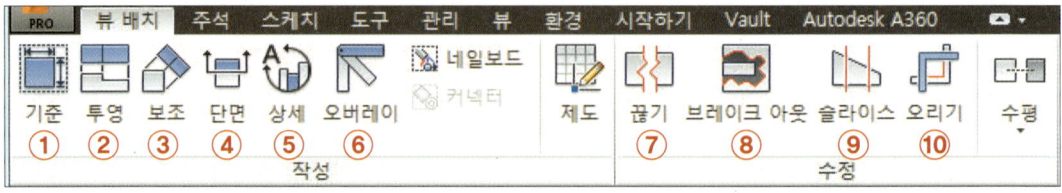

01 기준

도면의 기준뷰를 작성합니다.

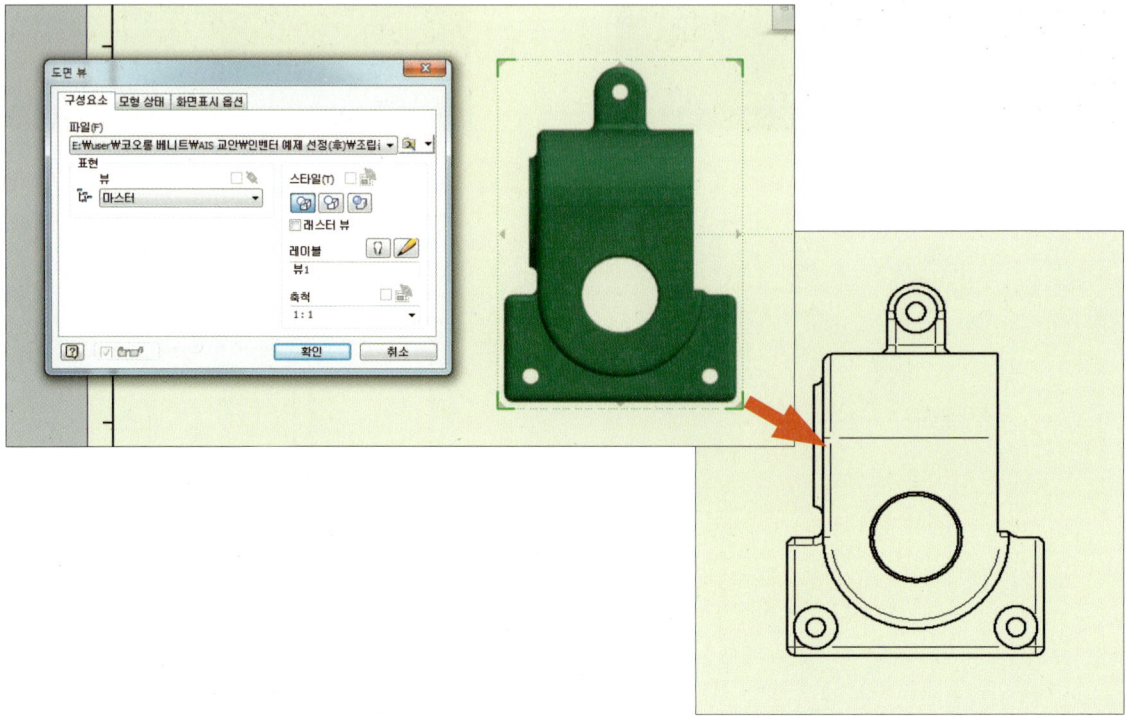

02 투영

기존 뷰를 투영하는 투영뷰를 작성합니다.

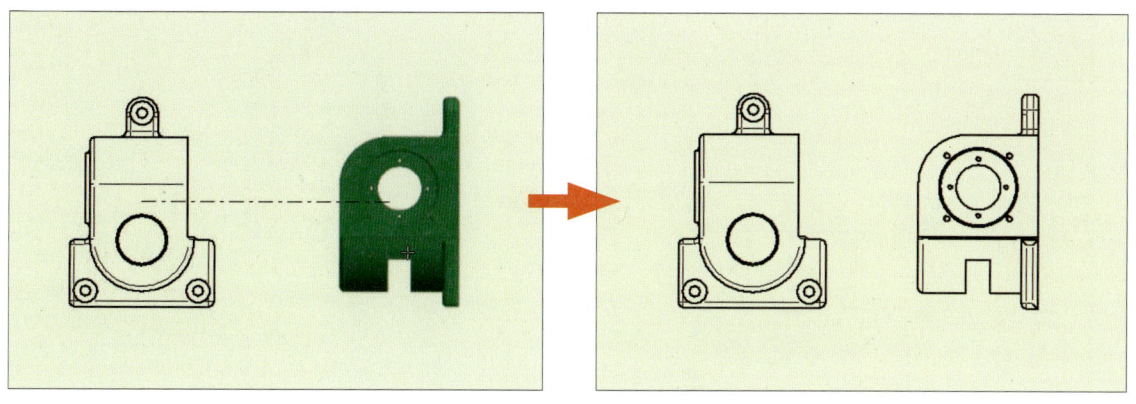

03 보조

기존 뷰의 모서리/스케치 선의 직각/평행 방향의 투영 뷰를 작성합니다.

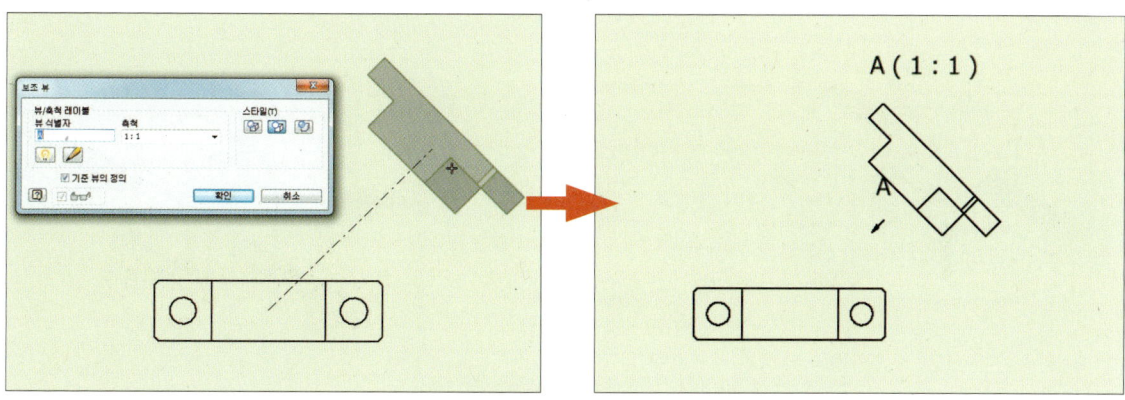

04 단면

단면 뷰를 작성합니다.

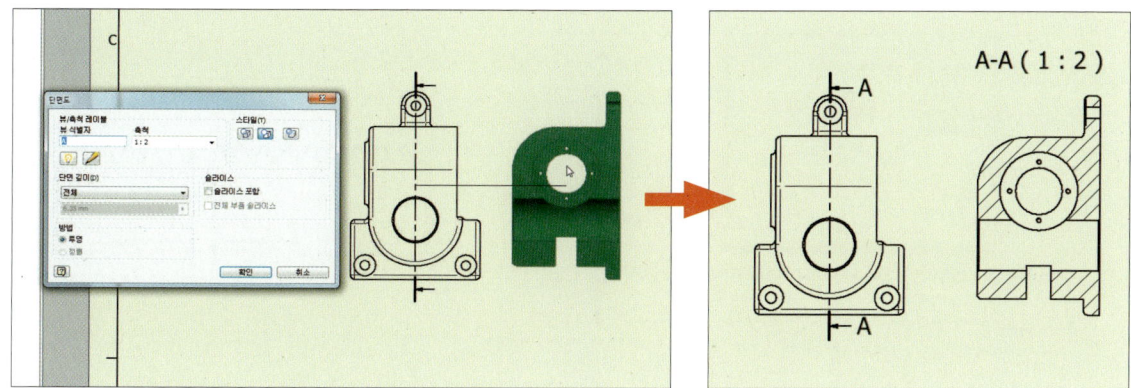

05 상세

상세 뷰를 작성합니다.

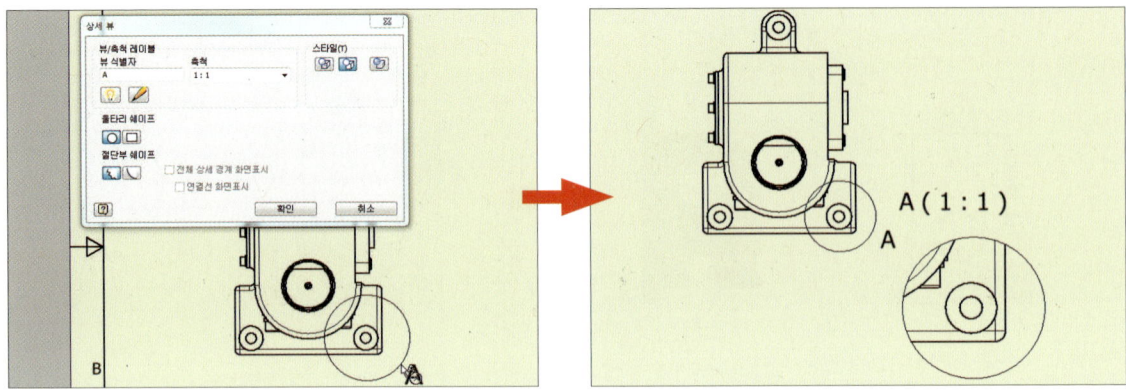

06 오버레이

조립품에서 작성한 위치 표현을 이용해 오버레이 뷰를 작성합니다.

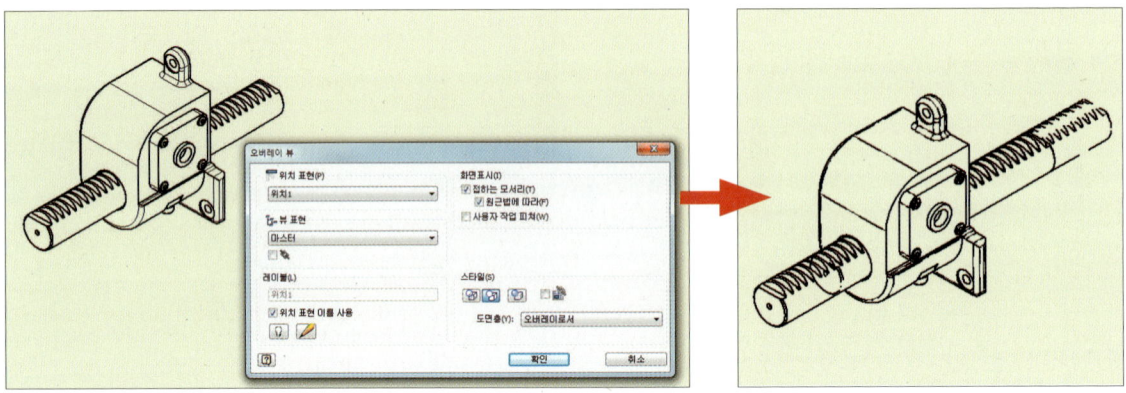

07 끊기

연속된 형상을 잘라내는 끊기 뷰를 작성합니다.

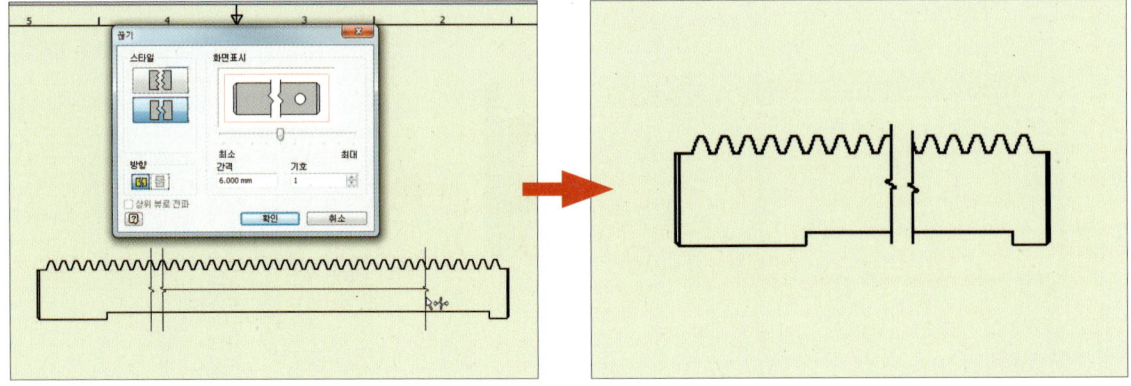

08 브레이크 아웃

뷰의 일부분을 잘라내는 브레이크 아웃 뷰를 작성합니다.

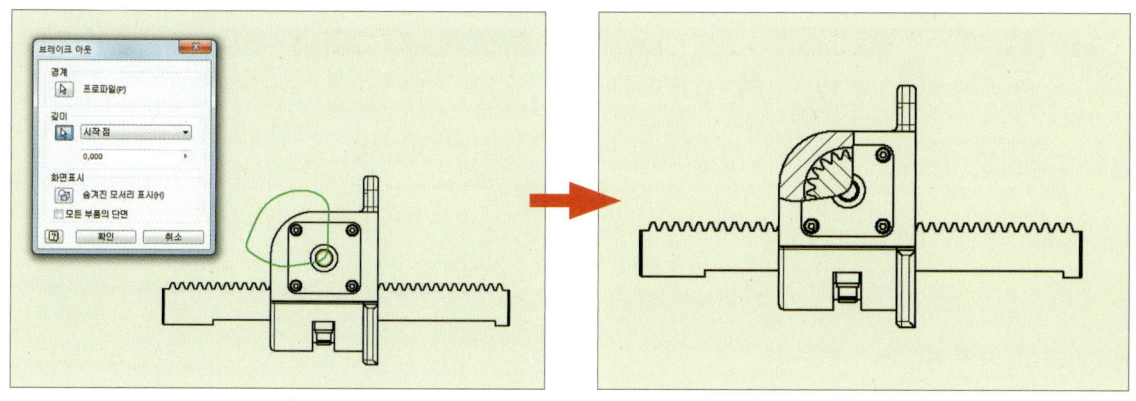

09 슬라이스

부품 형상을 연속적으로 잘라내는 슬라이스 뷰를 작성합니다.

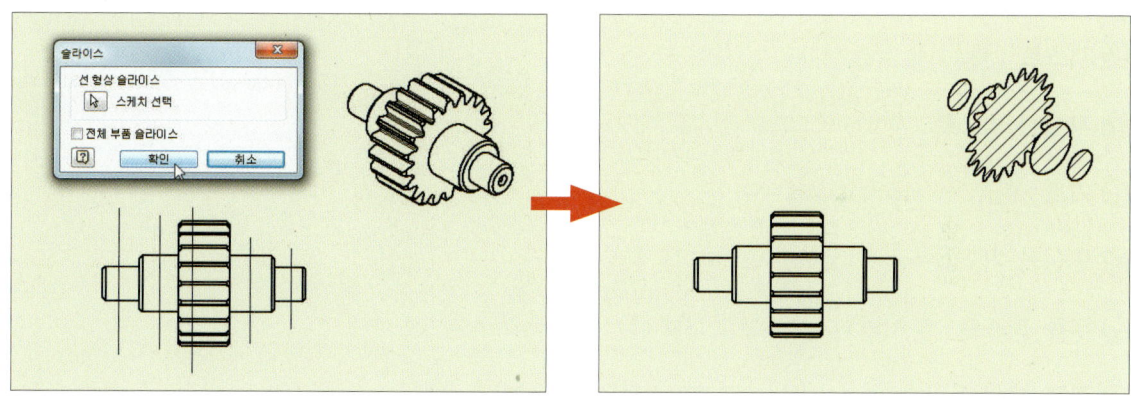

10 오리기

뷰의 일부분만 남겨두는 오리기 뷰를 작성합니다.

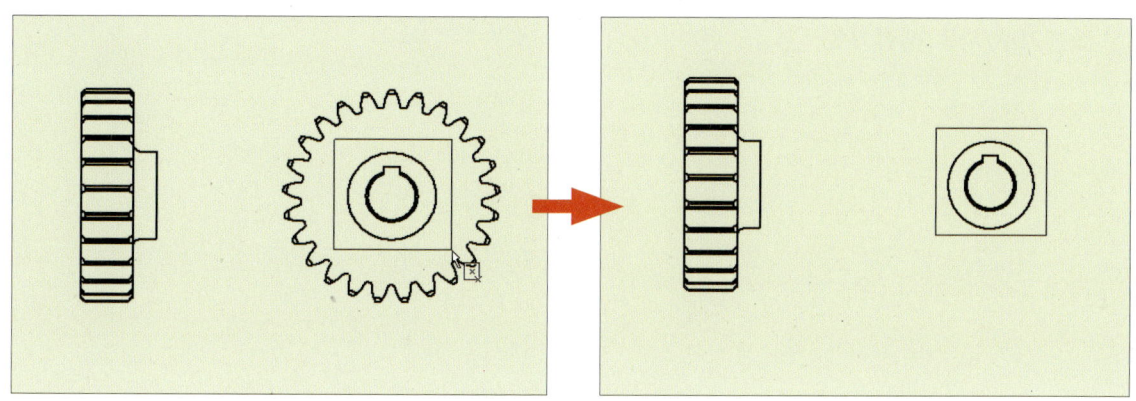

Lesson 2 | 주석 명령

주석 명령에는 다음과 같은 것들이 있습니다.

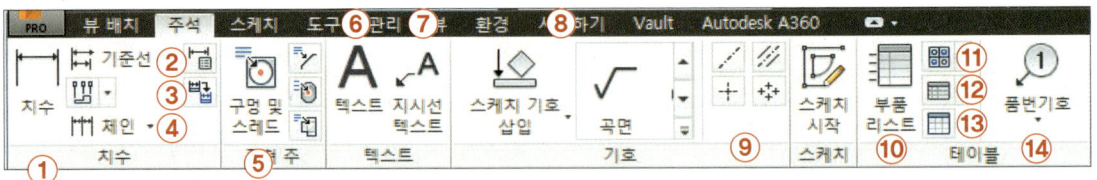

① **치수** : 도면뷰에 치수를 작성합니다.

② **기준선** : 누적 치수를 작성합니다.

③ **세로 좌표** : 뷰에서 원점을 지정해 그 원점을 기준으로 좌표치수를 작성합니다.

④ **체인** : 여러 개의 치수를 한꺼번에 작성하는 명령으로써 연속 치수를 작성합니다.

⑤ **구멍 및 스레드** : 구멍 및 스레드 피쳐로 작성한 속성을 주석으로 표시합니다.

⑥ **텍스트** : 텍스트를 작성합니다.

⑦ **지시선 텍스트** : 지시선 텍스트를 작성합니다.

⑧ **기호** : 여러가지 기호를 작성합니다.

⑨ **중심선 기호** : 여러가지 중심선/중심표식을 작성합니다.

⑩ **부품 리스트** : BOM의 리스트를 표로 나타내는 부품 리스트를 작성합니다.

⑪ **구멍 테이블** : 뷰에 작성된 구멍의 좌표와 종류를 표로 나타냅니다.

⑫ **리비전 테이블** : 수정 내역을 주석과 표를 이용해 리스트로 표시합니다.

⑬ **일반 테이블** : 일반 테이블을 작성합니다. 판금의 전개도 뷰를 선택하면 절곡부 테이블을 작성합니다.

⑭ **품번기호/자동 품번기호** : 부품의 번호를 나타내는 기호를 작성합니다.

Lesson 3 | 도면 스타일

스타일 편집기를 이용하면 도면에 작성된 모든 객체의 스타일을 변경할 수 있습니다.

관리 탭에서 스타일 편집기를 클릭합니다.

다음과 같이 도면에서 쓰이는 스타일을 편집하는 스타일 및 표준 편집기 창이 표시됩니다.

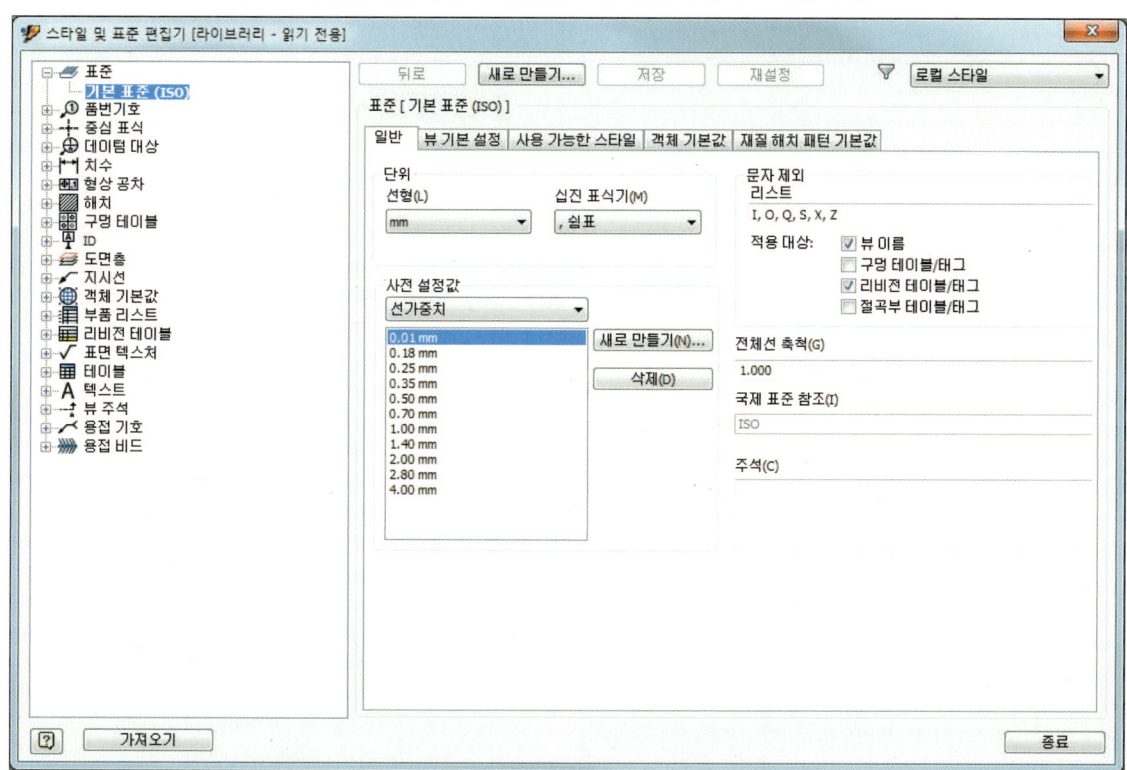

Part 06 도면

3. 도면 작성하기

Autodesk Inventor Standard

Lesson 1 | 부품도 작성 예제

01 뷰 작성하기

01 뷰 배치 탭의 기준 뷰 명령을 클릭한다.

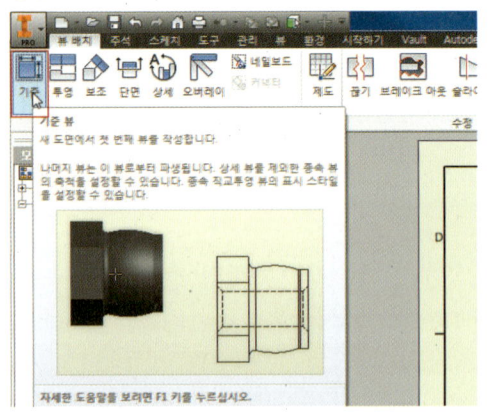

02 모델 파일을 선택해 열기 버튼을 클릭한다.

03 뷰의 방향과 스타일을 설정한다.

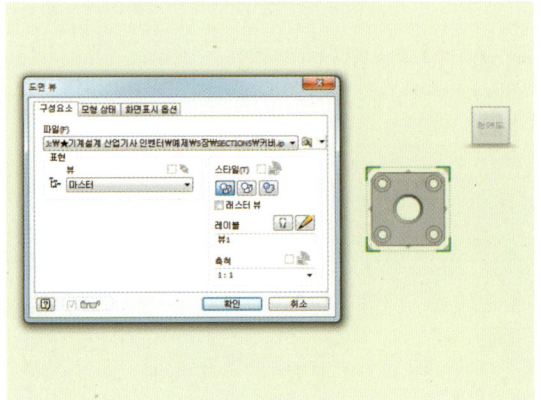

04 클릭하면 기준 뷰가 배치된다.

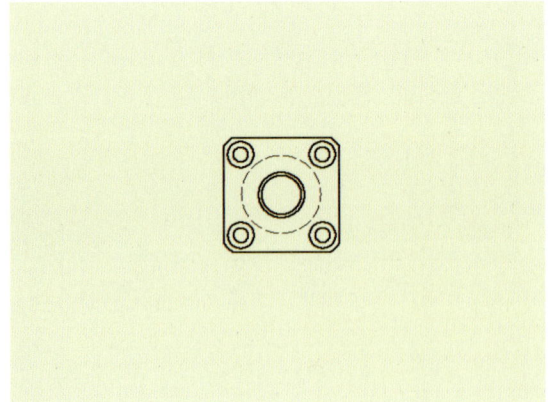

05 뷰 배치 탭에서 단면 명령을 클릭한다.

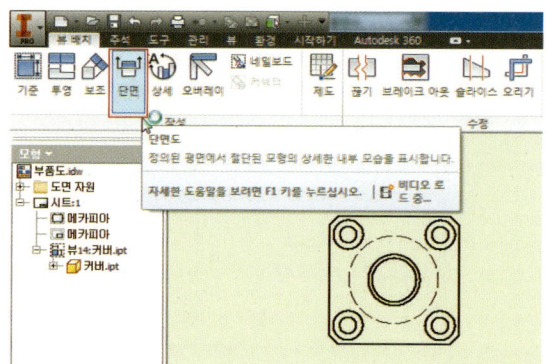

06 뷰를 선택해 단면 선을 작성한다.

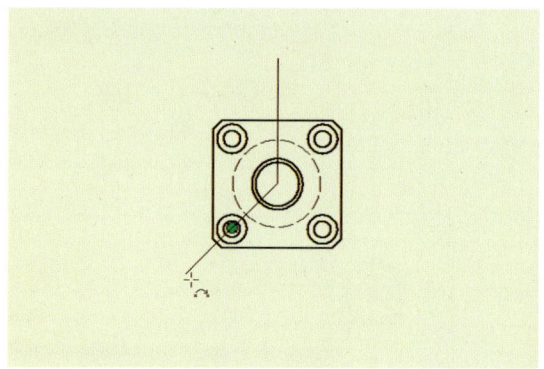

07 선 작성이 끝나면 마우스 우측 버튼을 클릭해 계속을 클릭한다.

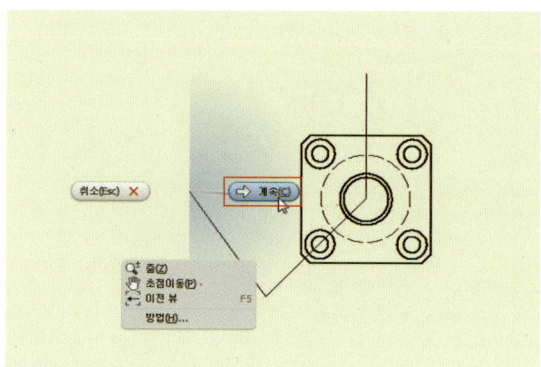

08 단면도 설정을 한 후 마우스를 배치할 방향으로 이동한다.

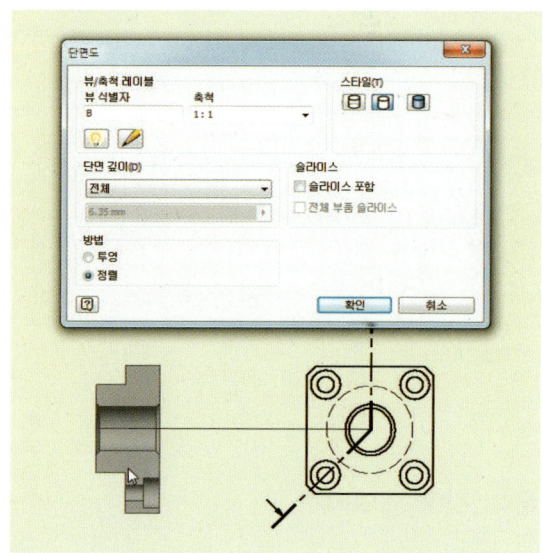

09 클릭하면 단면도가 배치된다.

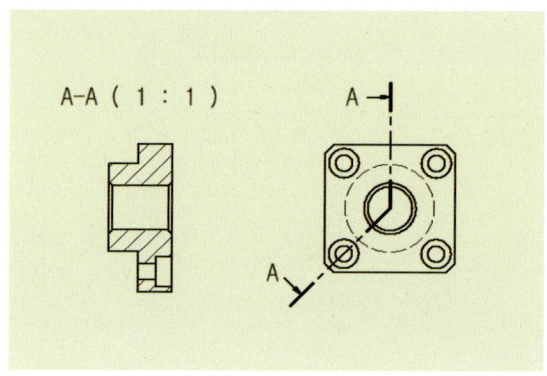

10 두 개의 뷰를 선택한 다음 마우스 우측 버튼을 클릭해 자동화된 중심선을 클릭한다.

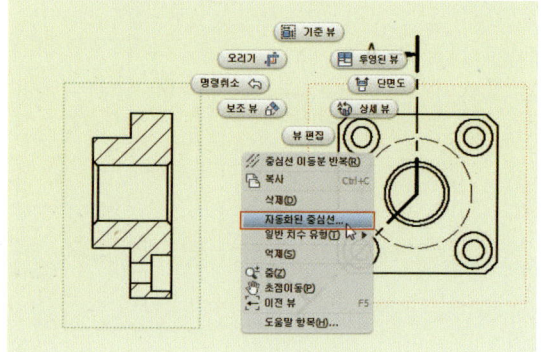

11 다음과 같이 자동화된 중심선 설정을 한다.

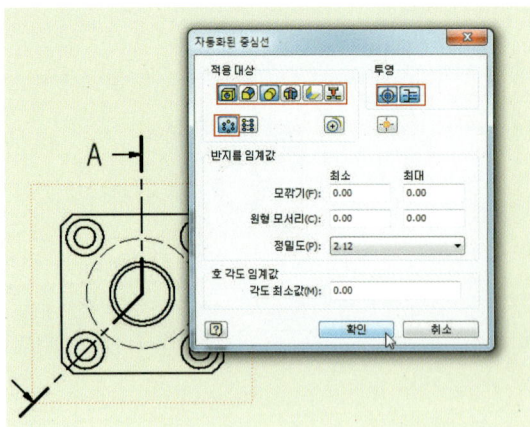

12 확인 버튼을 클릭하면 중심선이 자동 작성된다.

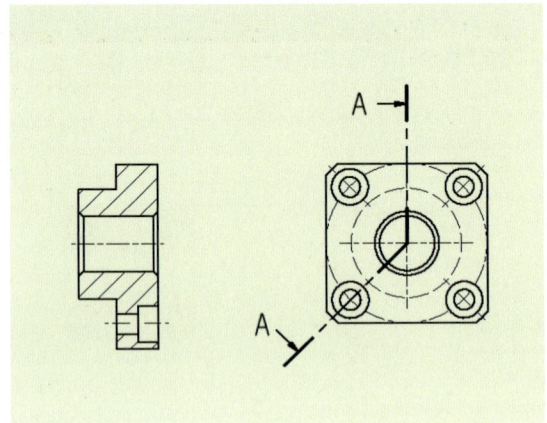

13 중앙의 중심 마크의 절점을 드래그해서 중심선의 길이를 설정한다.

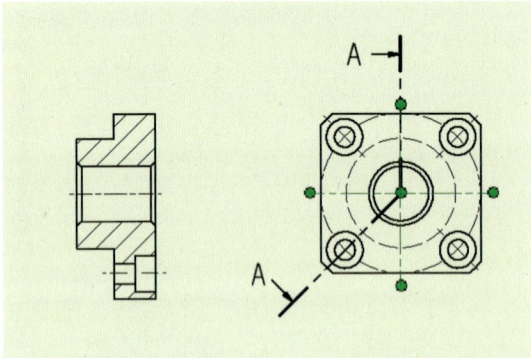

02 치수 작성하기

01 주석 탭에서 치수 명령을 클릭한다.

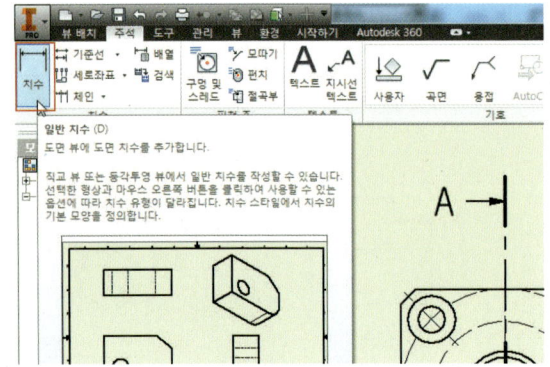

02 첫 번째 선을 선택한다.

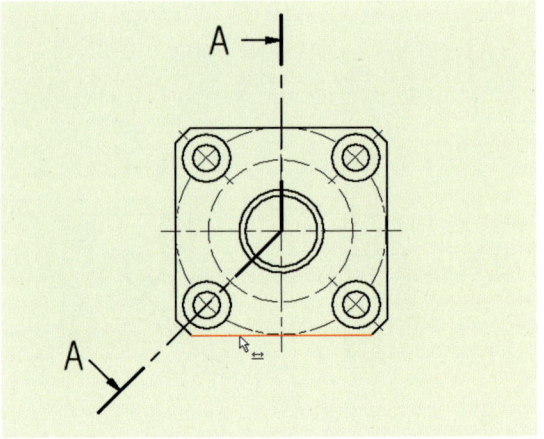

03 두 번째 선을 선택한다.

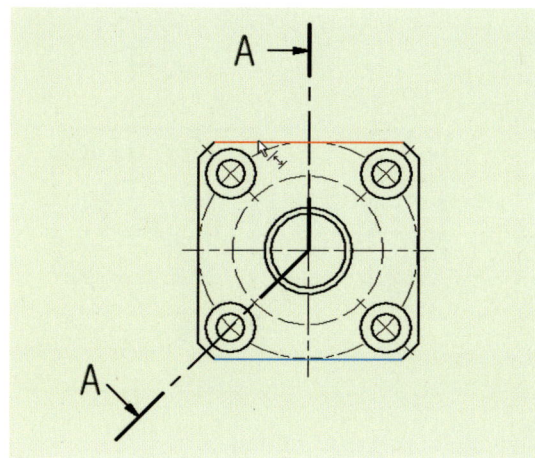

04 마우스를 움직이면 치수가 미리보기가 된다.

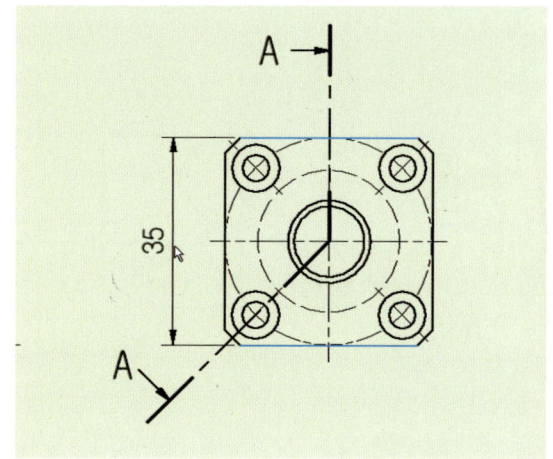

05 클릭하면 치수 편집 창이 미리보기가 된다.

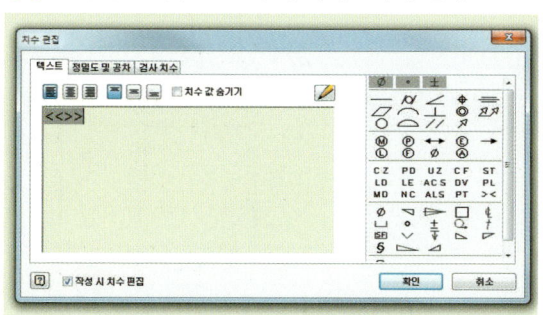

06 커서를 앞으로 이동한 후 기호 란에서 사각형 기호를 선택한다.

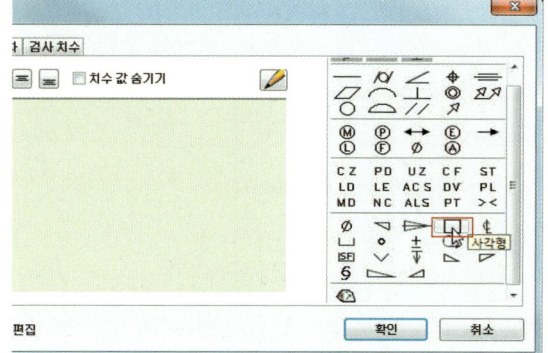

07 텍스트에 사각형 기호가 추가된다.

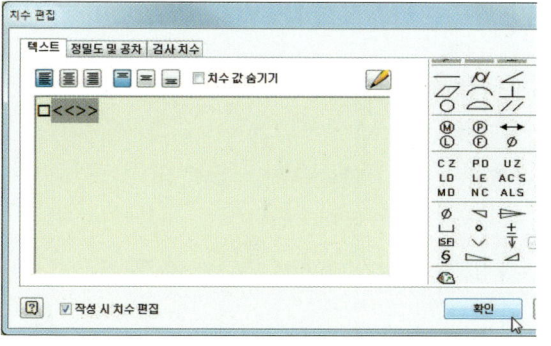

08 확인 버튼을 클릭하면 치수 작성이 마무리된다.

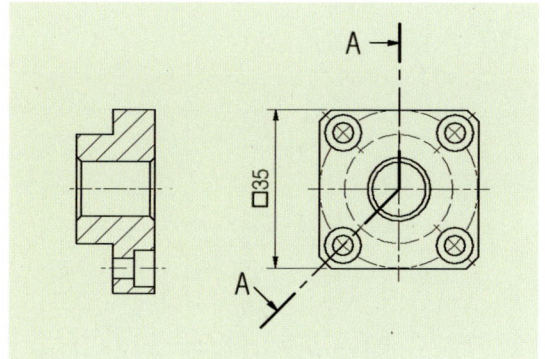

09 P.C.D 원을 클릭해 지름 치수를 입력한다.

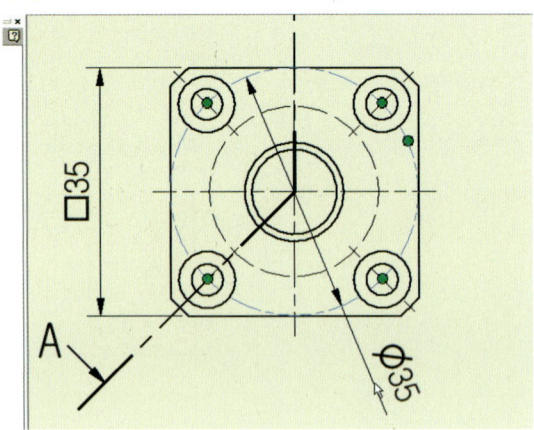

10 다음과 같이 정면 뷰의 치수 작성이 완료된다.

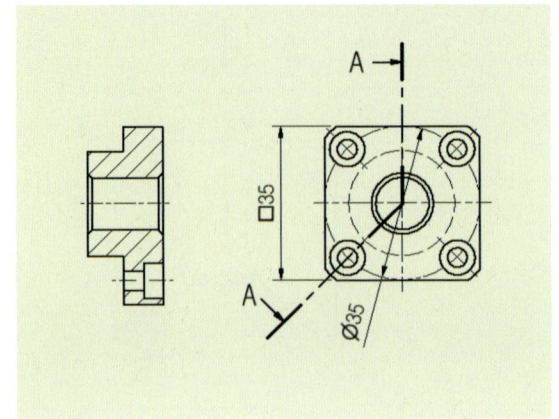

11 단면도의 치수를 다음과 같이 입력한다.

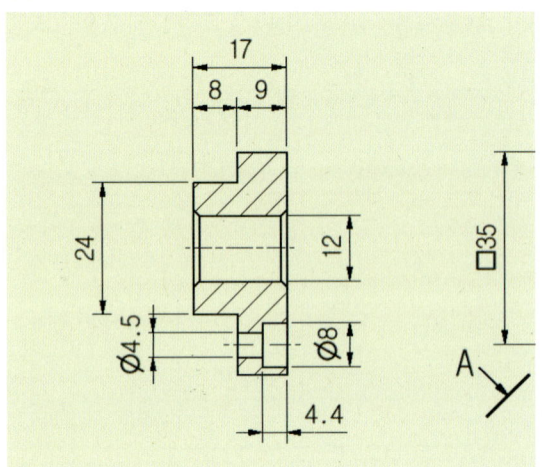

12 단면뷰의 아래 모서리를 치수 명령으로 클릭한다.

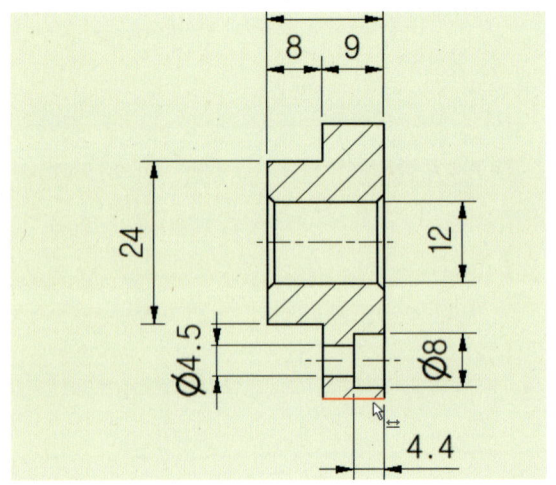

13 중심선을 선택한다.

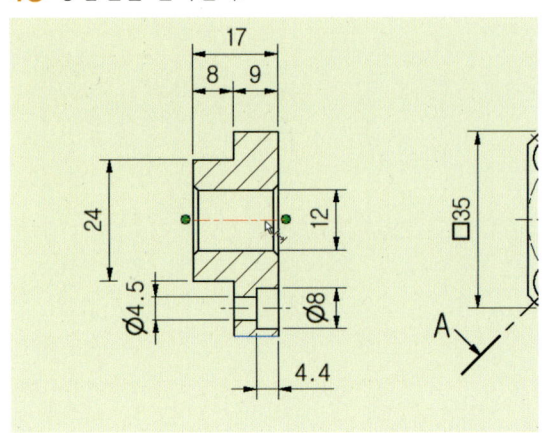

14 마우스 우측 버튼을 클릭해 치수유형의 선형 지름을 클릭한다.

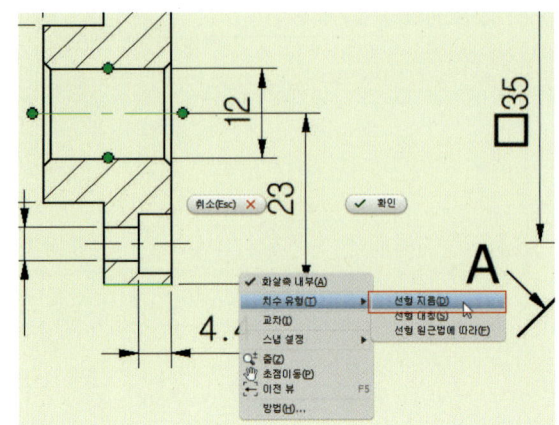

15 지름 치수가 미리보기가 된다.

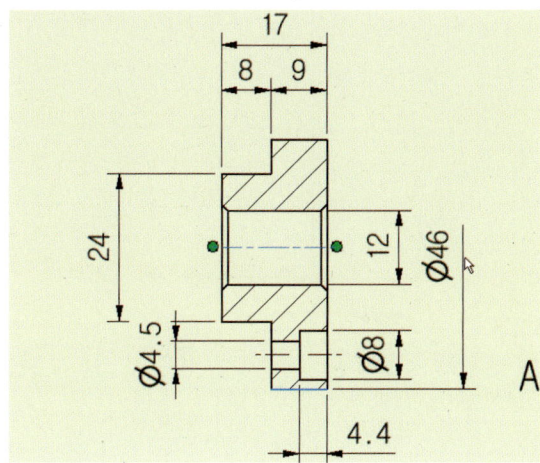

16 클릭하면 지름 치수가 작성된다.

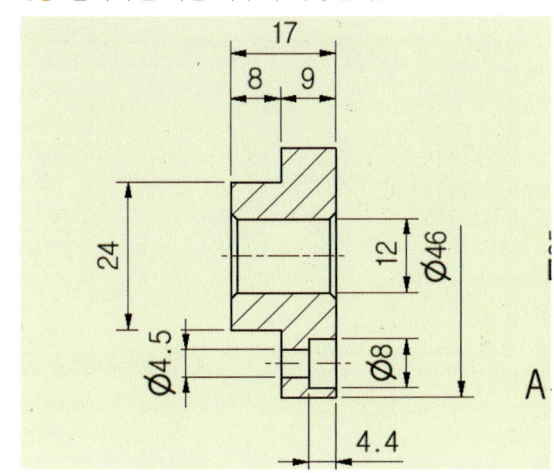

17 다음 치수를 마우스 우측 버튼으로 선택해 편집을 클릭한다.

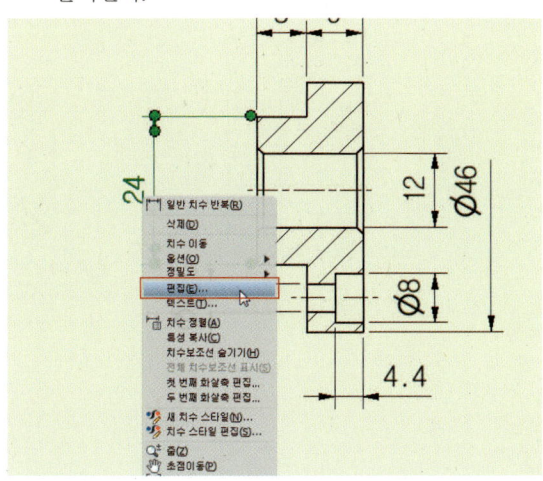

18 커서를 앞으로 이동한 후 기호 란에서 지름 기호를 선택한다.

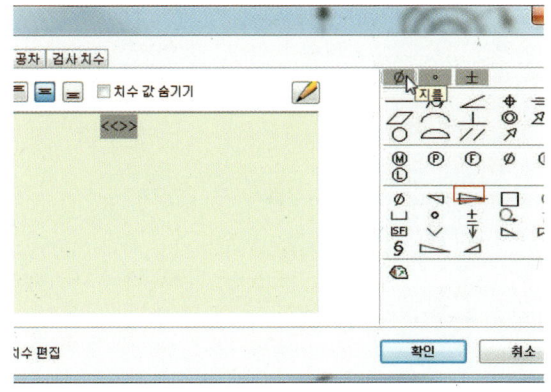

19 지름 기호가 추가된다.

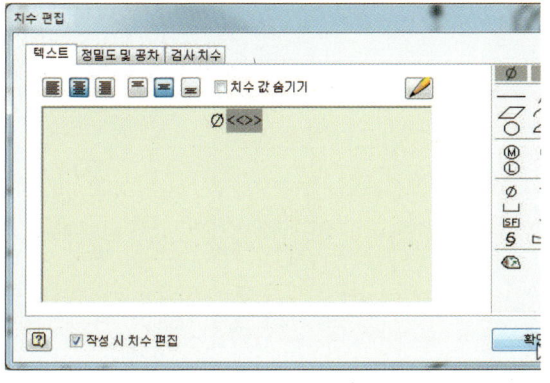

20 정밀도 및 공차 탭으로 가서 한계/맞춤 - 스택 항목을 선택한다.

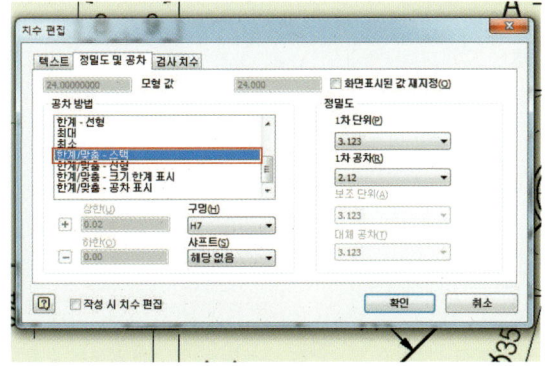

21 구멍 항목을 다음과 같이 설정한다.

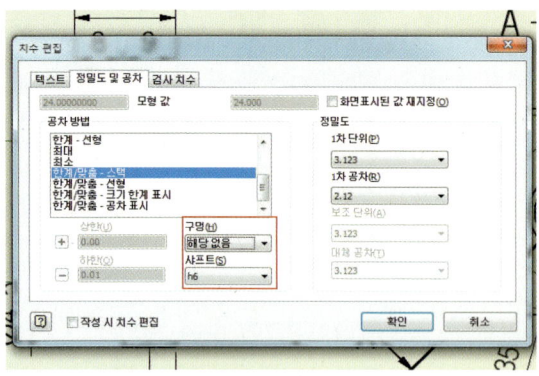

22 확인 버튼을 클릭하면 치수 작성이 완료된다.

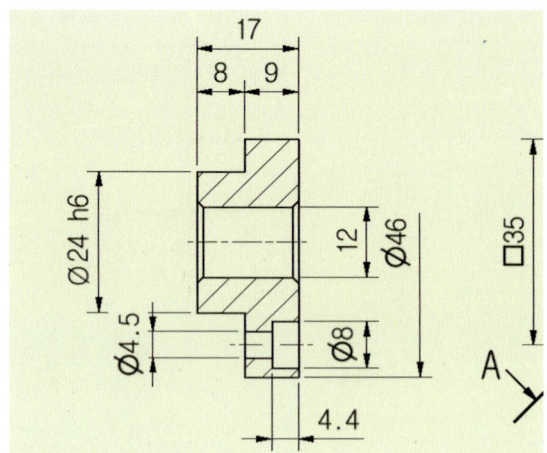

23 다음 치수를 편집해 텍스트를 추가한다.

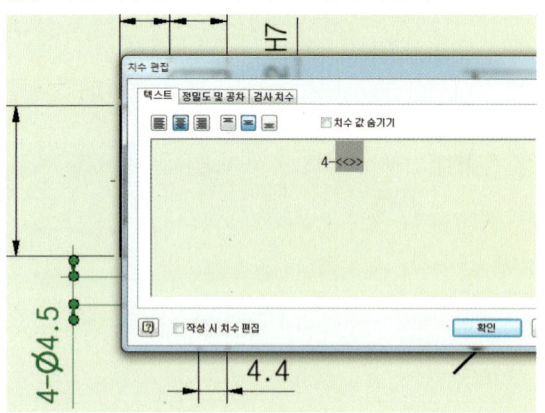

24 확인 버튼을 클릭하면 치수 작성이 완료된다.

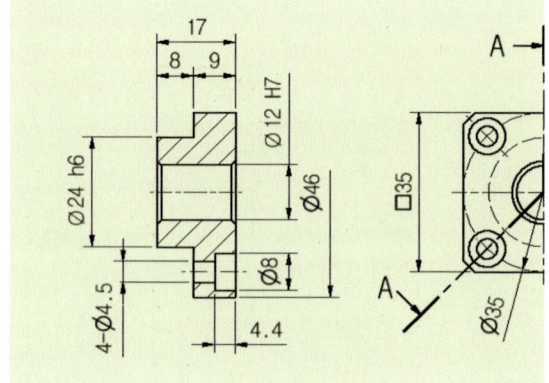

03 형상 공차와 다듬질 기호 작성하기

01 주석 탭에서 데이텀 기호 명령을 클릭한다.

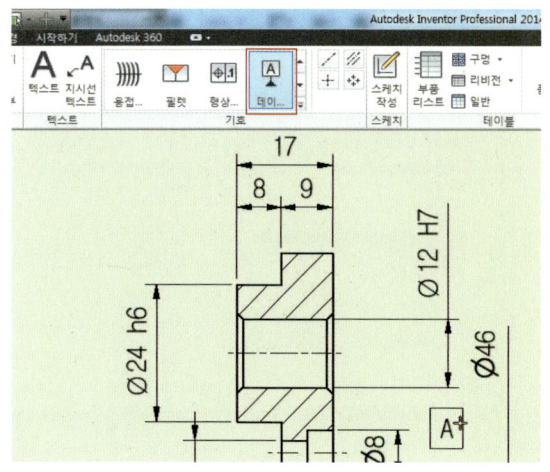

02 치수 보조선을 클릭해 데이텀의 위치를 정한다.

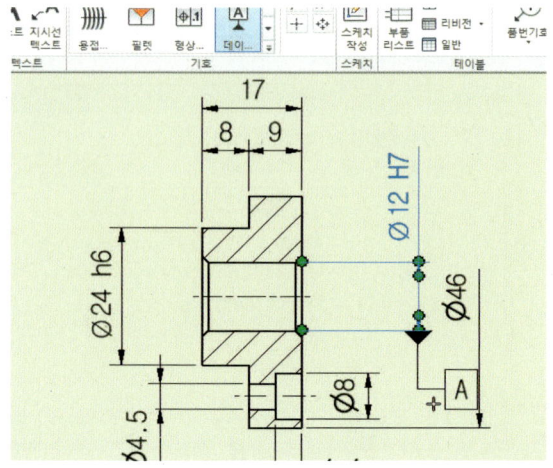

03 데이텀 문자를 선택해 데이텀 작성을 완료한 후 형상공차 명령을 클릭한다.

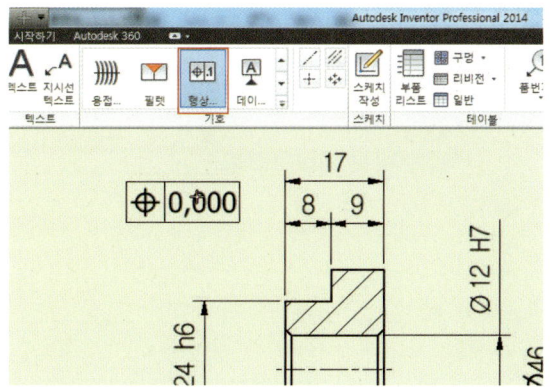

04 형상공차를 위치시킬 치수 보조선을 클릭해서 위치시킨 다음 형상공차 옵션을 다음과 같이 설정한다.

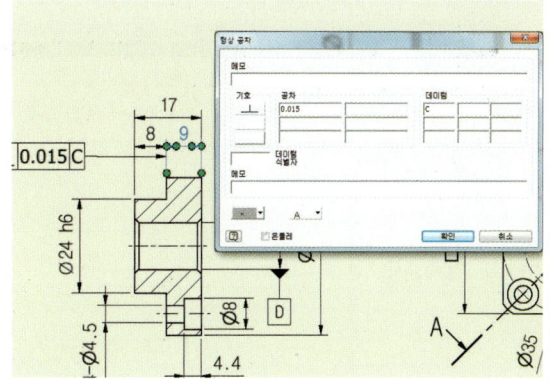

05 형상공차를 작성한 다음 다른 형상공차도 다음과 같이 설정한다.

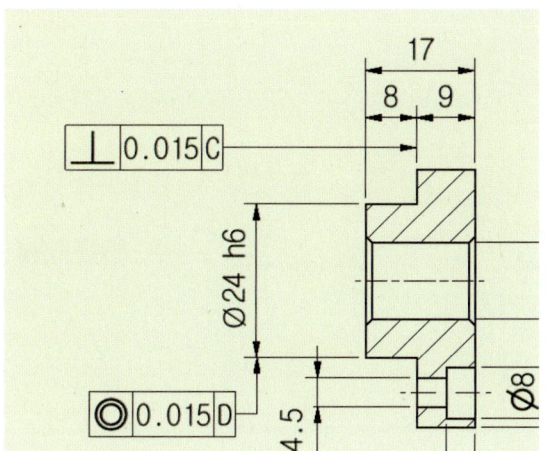

06 곡면 명령을 클릭해 치수 보조선을 클릭한다.

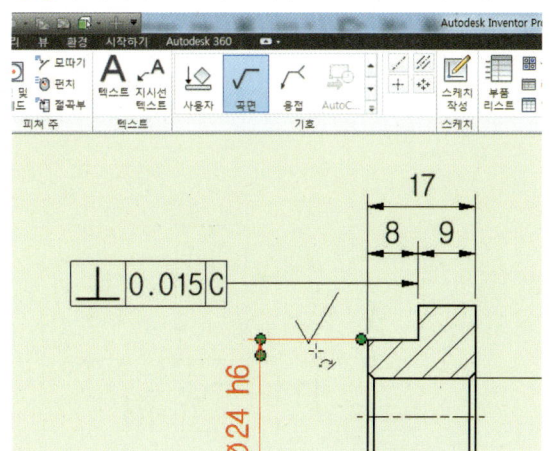

07 다음과 같이 텍스처 유형을 설정한다.

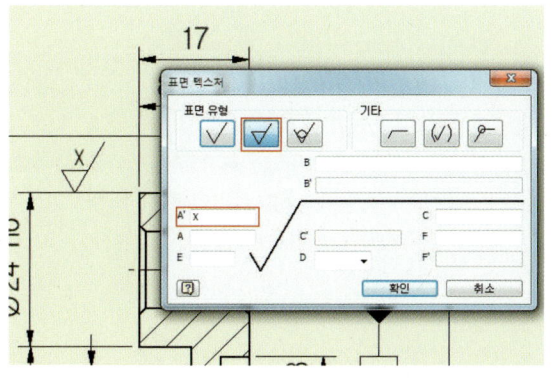

08 마찬가지로 다른 텍스처를 삽입한다.

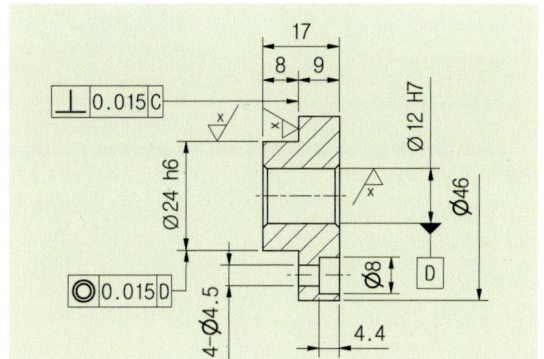

Part 06 도면

04 부품 번호 등록과 뷰 이름 수정하기

01 스케치된 기호란의 부품 번호를 더블클릭한다.

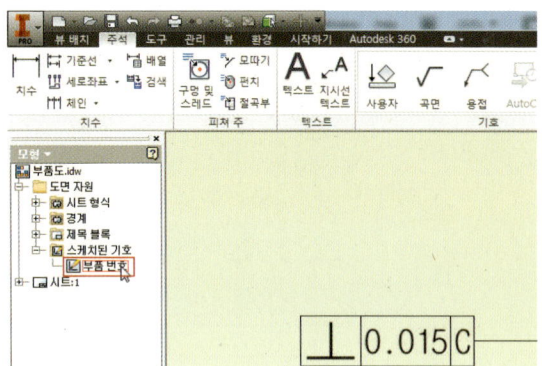

02 프롬프트 텍스트를 입력한다.

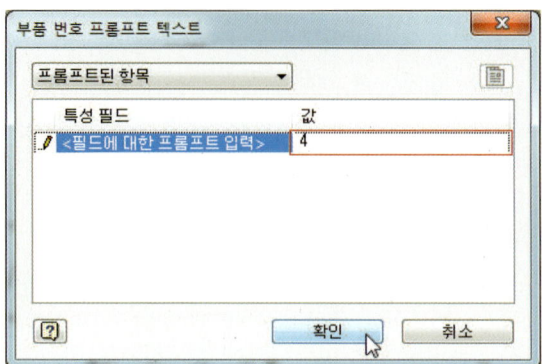

03 다음과 같이 부품 번호가 등록한 후, 뷰 레이블 텍스트를 마우스 우측 버튼으로 클릭해 뷰 레이블 편집을 클릭한다.

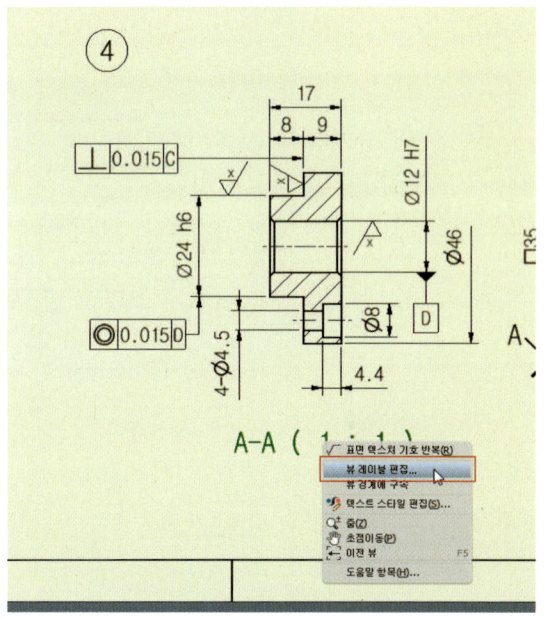

04 다음과 같이 텍스트를 편집한다.

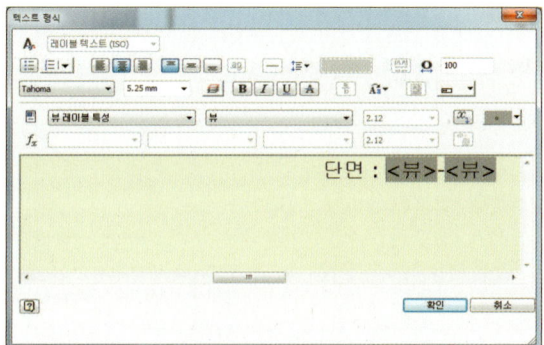

05 도면 작성이 완료되었다.

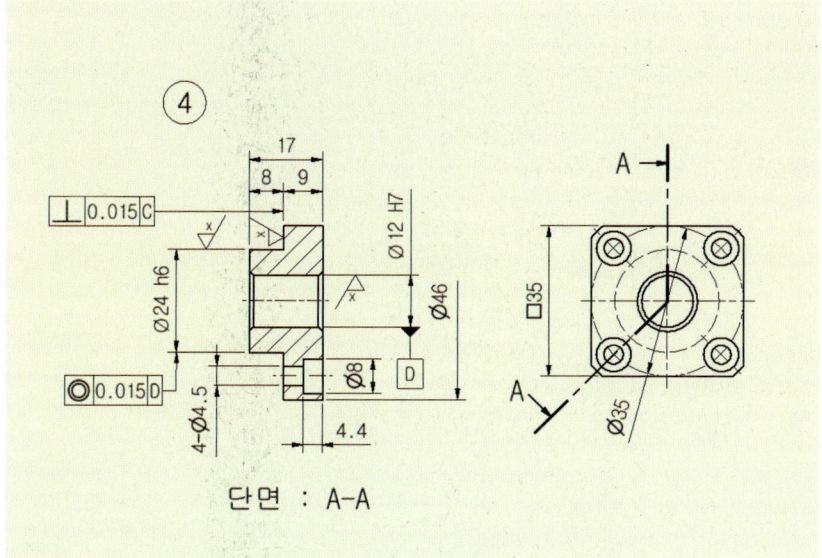

Lesson 2 | 인쇄 및 DWG로 내보내기

01 인쇄하기

01 어플리케이션 버튼을 클릭해 인쇄 명령을 클릭한다.

02 다음과 같이 인쇄 설정을 한다.

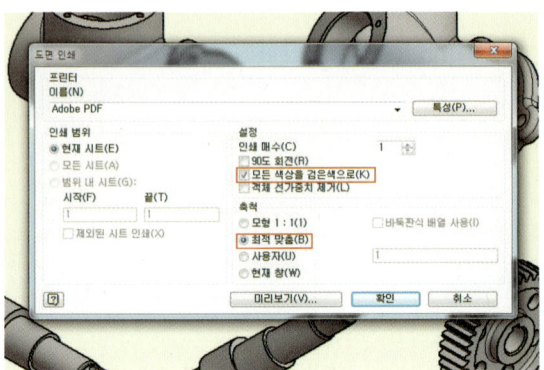

03 확인 버튼을 클릭하면 다음과 같이 출력이 완료된다.

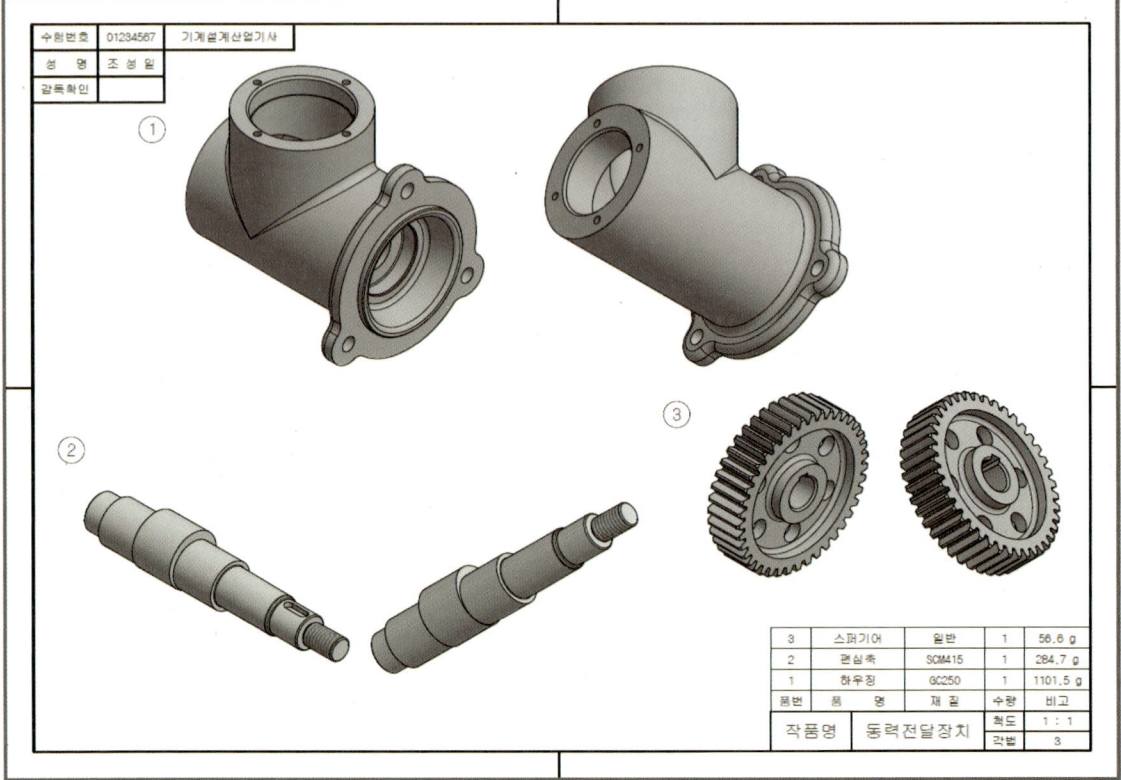

04 부품도 도면을 PDF로 인쇄하기 위해 인쇄 버튼을 클릭한다.

05 특성 버튼을 클릭한다.

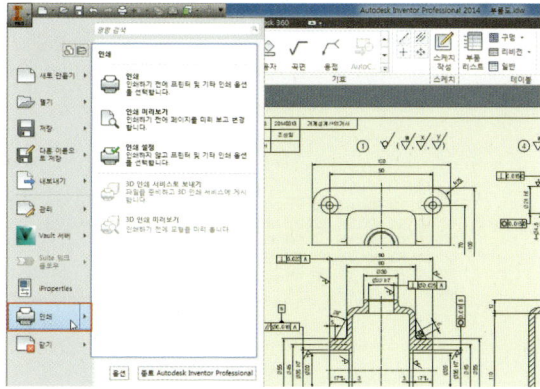
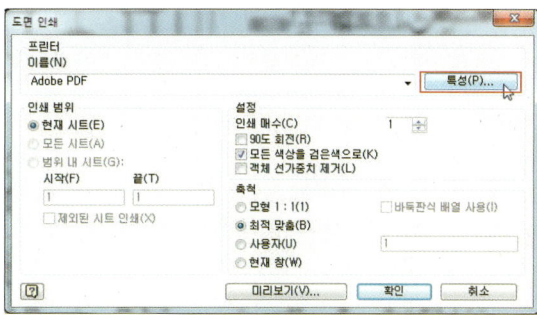

06 PDF를 다음과 같이 설정한 후 확인 버튼을 클릭해 인쇄를 한다.

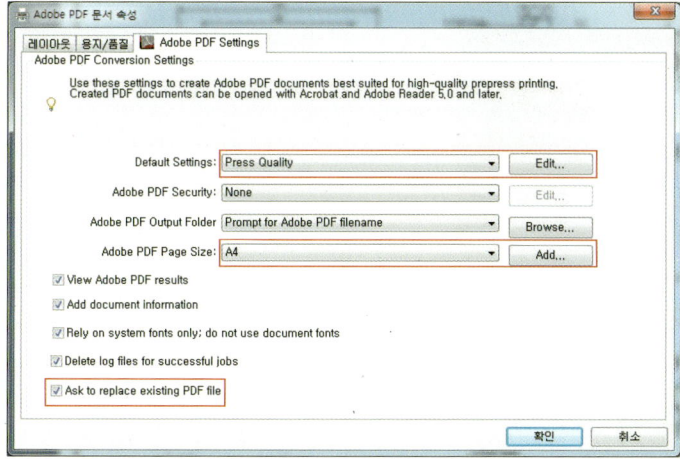

07 다음과 같이 출력이 완료된다.

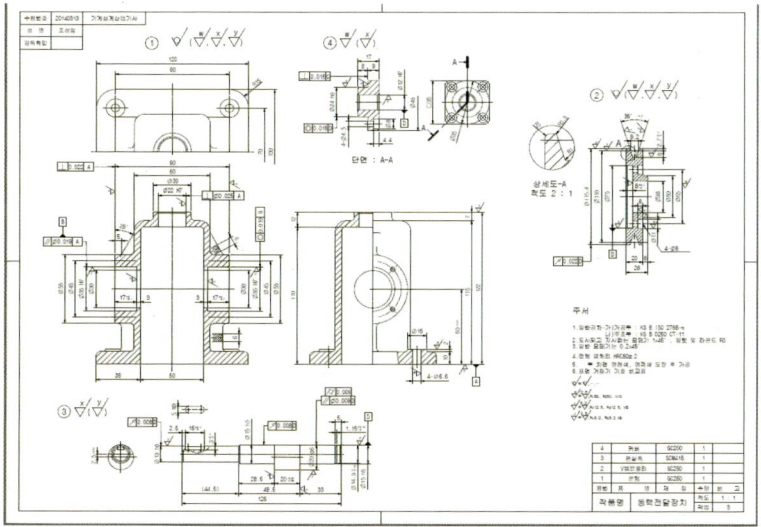

02 DWG로 내보내기

01 도구탭의 문서 설정을 클릭한다.

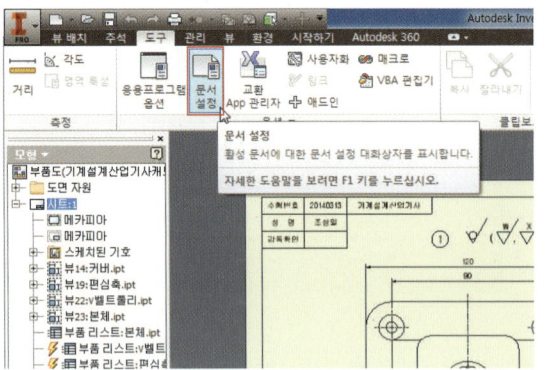

02 시트 항목에서 시트 색상을 다음과 같이 설정한다.

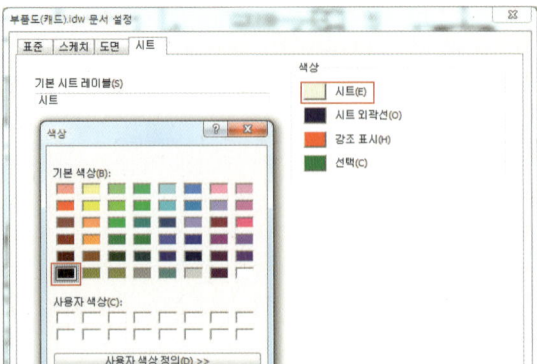

03 다음과 같이 바탕화면의 색이 변경되면서 선의 기본 색상이 흰색으로 변경된다.

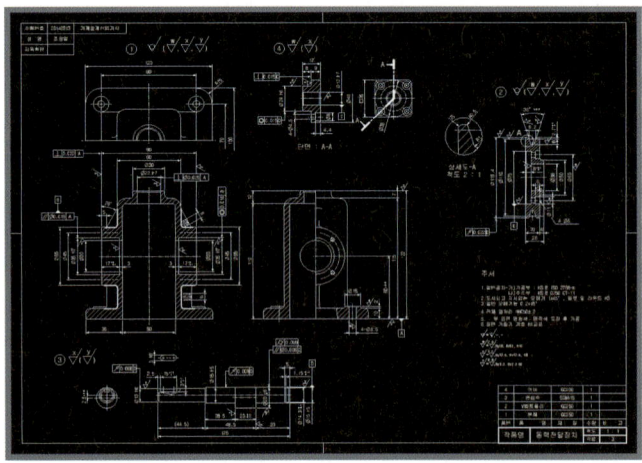

04 선종류는 다음과 같이 설정한다.

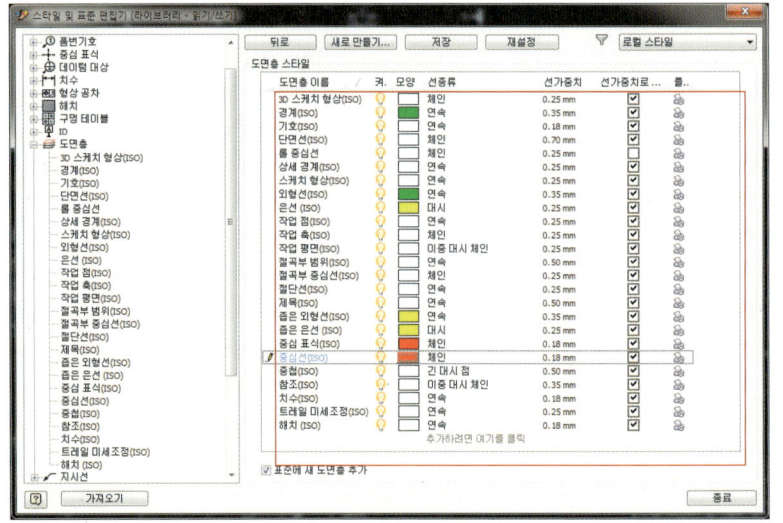

> **어드바이스** ▶
> AutoCad의 기본 선 색상에 맞추려면 다음 기본 색들을 선택하도록 하자.

05 텍스트 항목의 스타일 항목에서 글꼴5의 텍스트 색상을 초록색으로 설정한다.

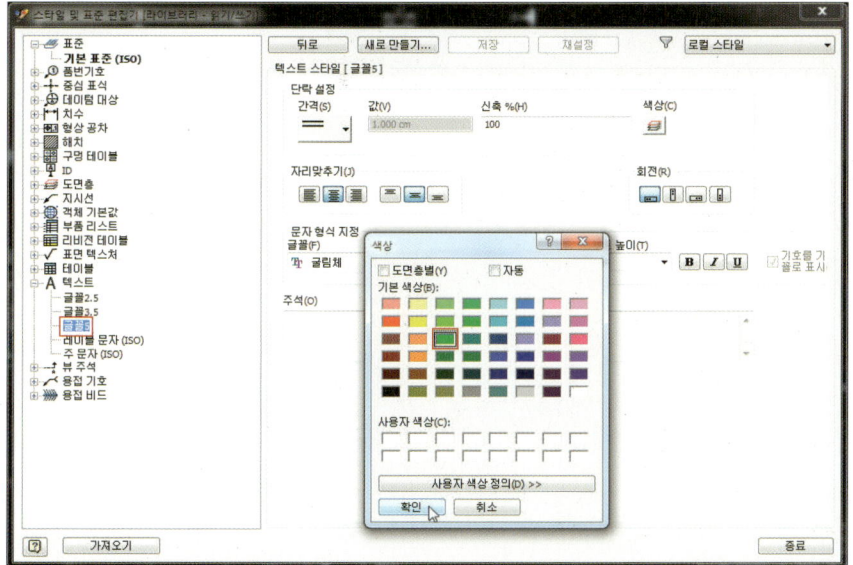

06 글꼴 3.5와 글꼴 2.5의 색상은 노란색으로 변경한다.

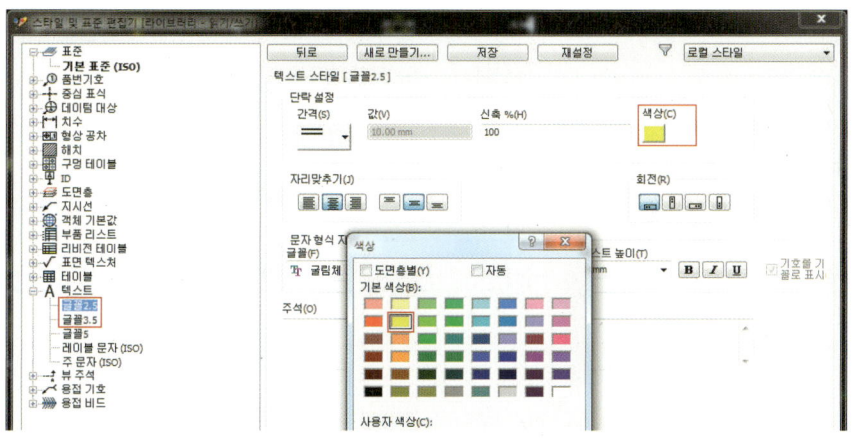

07 각각의 스타일 색상을 수정하면 다음과 같이 도면 색상이 변경된다.

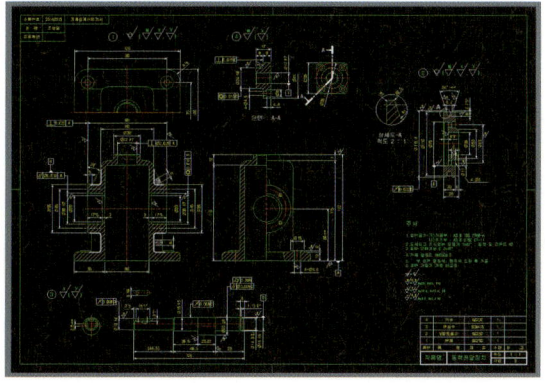

08 다듬질 기호를 선택해 도면층을 다음과 같이 적용한다.

09 마찬가지로 다른 색상들도 설정과 다르면 해당 객체를 선택해 도면층을 올바른 것으로 적용한다.

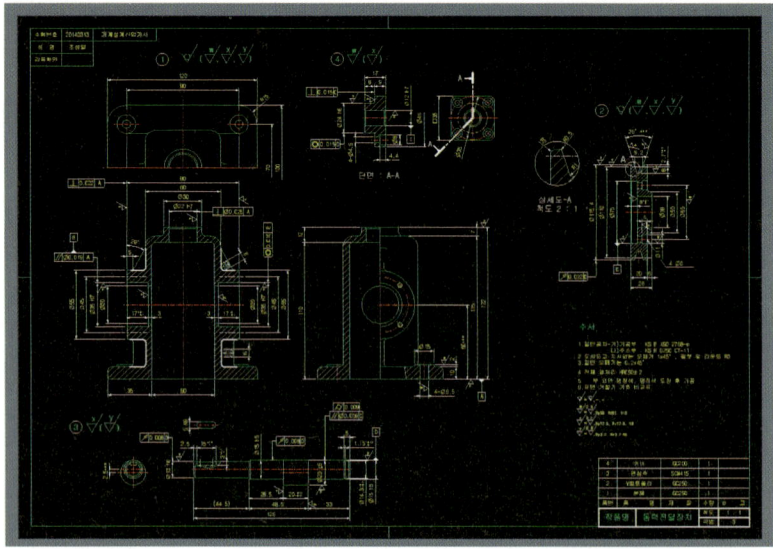

10 어플리케이션 버튼을 클릭해 내보내기-DWG로 내보내기를 클릭한다.

11 옵션 버튼을 클릭한다.

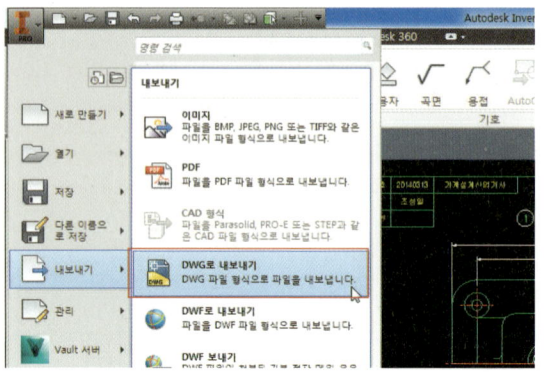
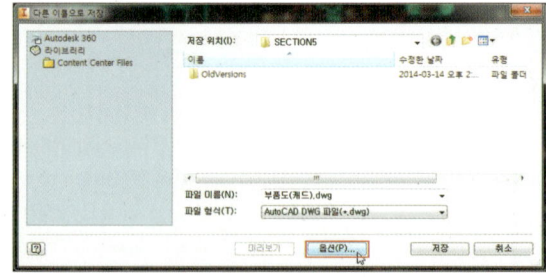

12 파일 버전을 선택한 후 다음 버튼을 클릭한다.

13 매핑 옵션 버튼을 클릭한다.

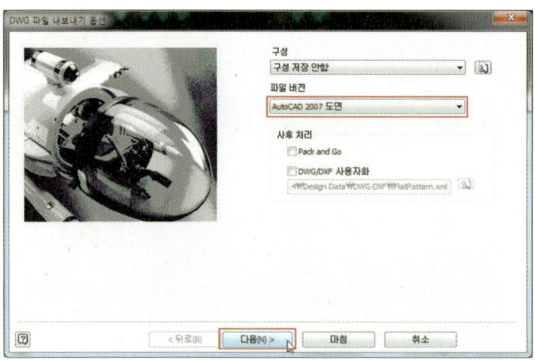
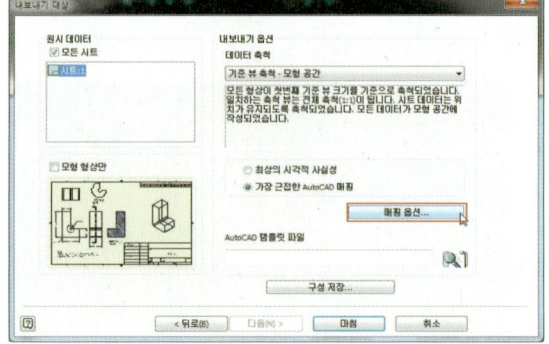

14 색상 영역의 다음 항목을 체크한 후 확인 버튼을 클릭한다.

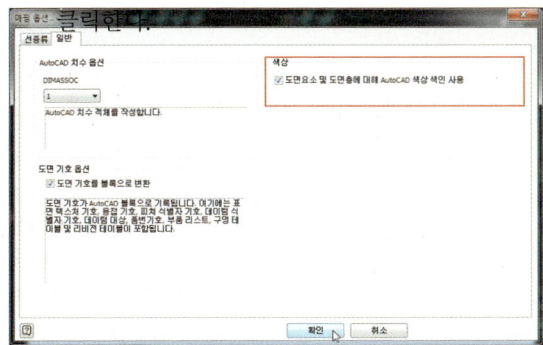

15 마침 버튼을 클릭한다.

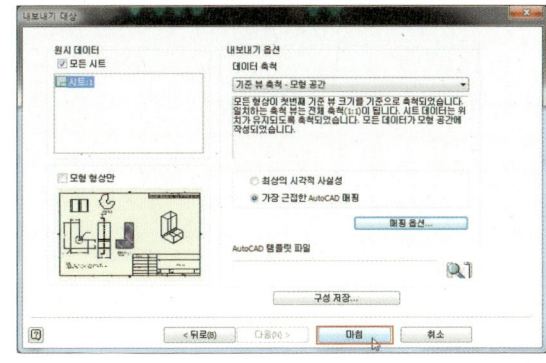

16 파일 이름을 설정하고 저장 버튼을 클릭한다.

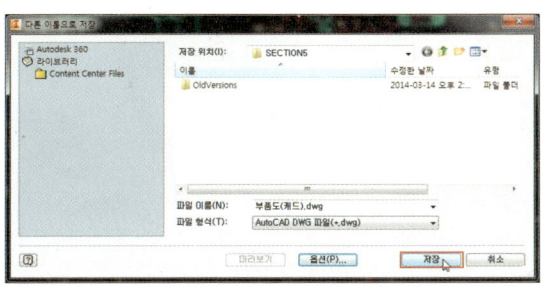

> **어드바이스** ▶
>
> AutoCad 파일로 변환하면 텍스트나 기호의 위치 및 형상이 미묘하게 변경되므로 변환 후 반드시 신중하게 검토하도록 하자.

17 변환된 DWG파일을 열면 다음과 같이 표시된다.

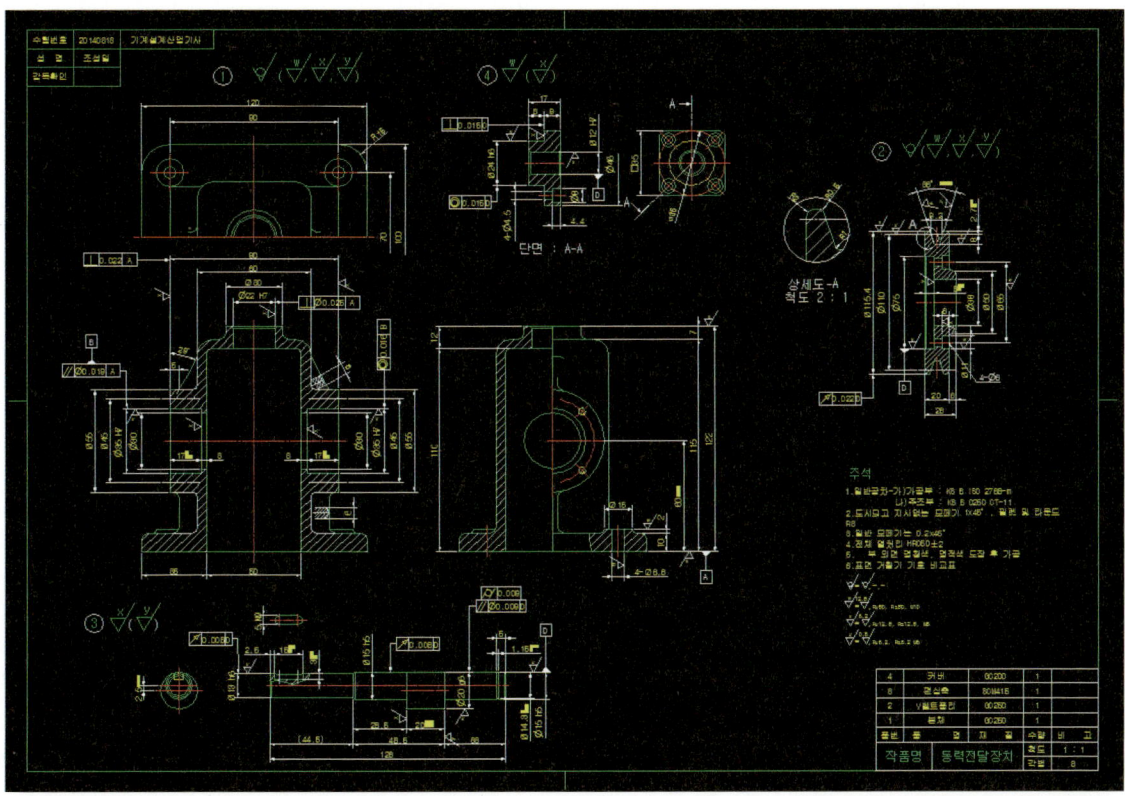

코오롱베니트
Autodesk MFG 고객 교육

㈜메카피아는 오토데스크 공인교육센터(AATC : Autodesk Authorized Training Center)로 오토데스크에서 검증된 공인강사를 통해 전문적이고 표준화된 교육서비스를 제공하며 기계제조분야의 현업경험을 토대로 실무적용에 맞춘 제품교육을 진행하고 있습니다.

교육 신청
http://www.mechapia.com/kolonmfg/

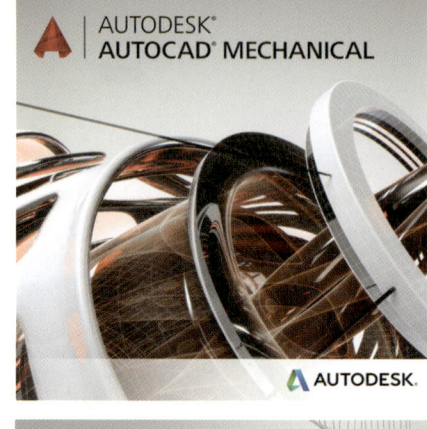

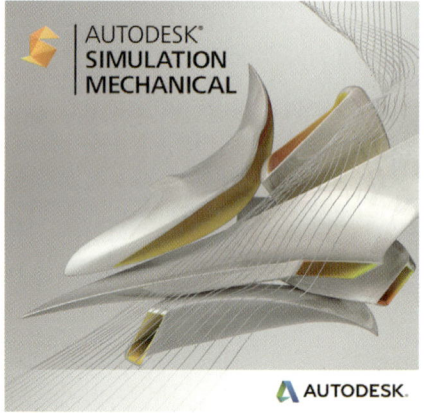
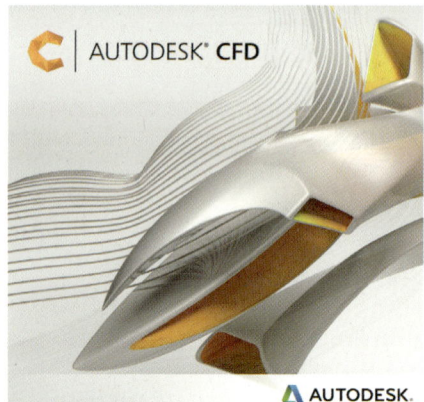
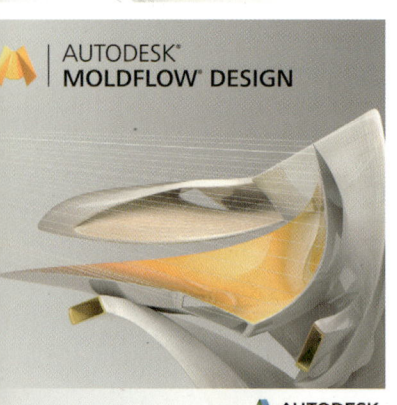
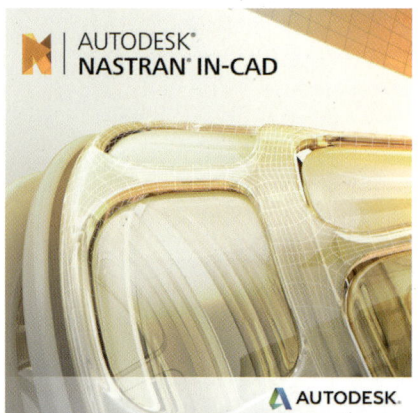

mechapia
NO.1 Mechapia Technical knowledge portal

서울특별시 금천구 가산디지털1로 145, 2004호 (가산동, 에이스하이엔드타워3차)

■ 오토캐드 국제자격 전문가 인증시험 (Autodesk AutoCad Certified Professional)

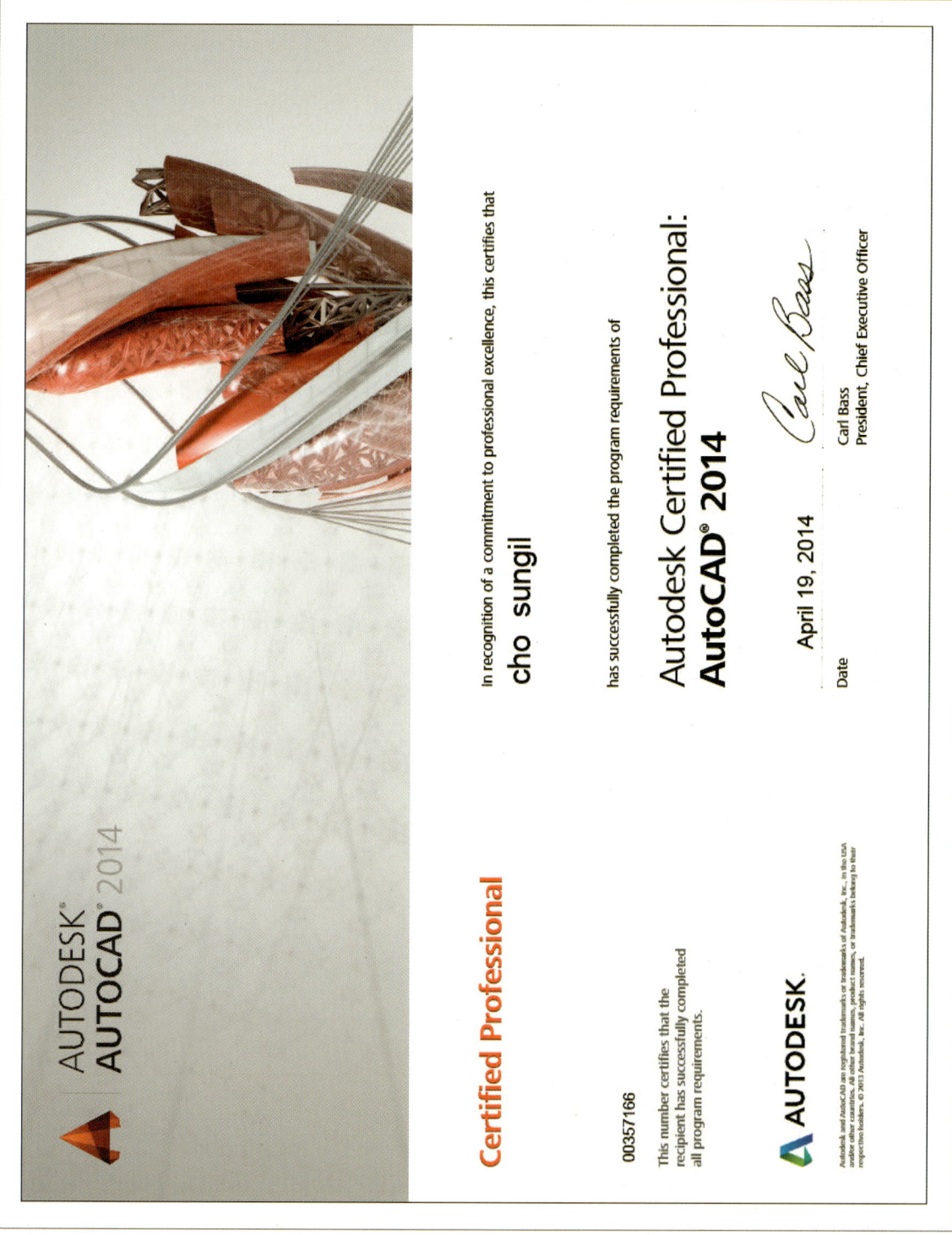

■ 오토데스크 인벤터 국제자격 인증시험 (Autodesk Inventor Certified User)

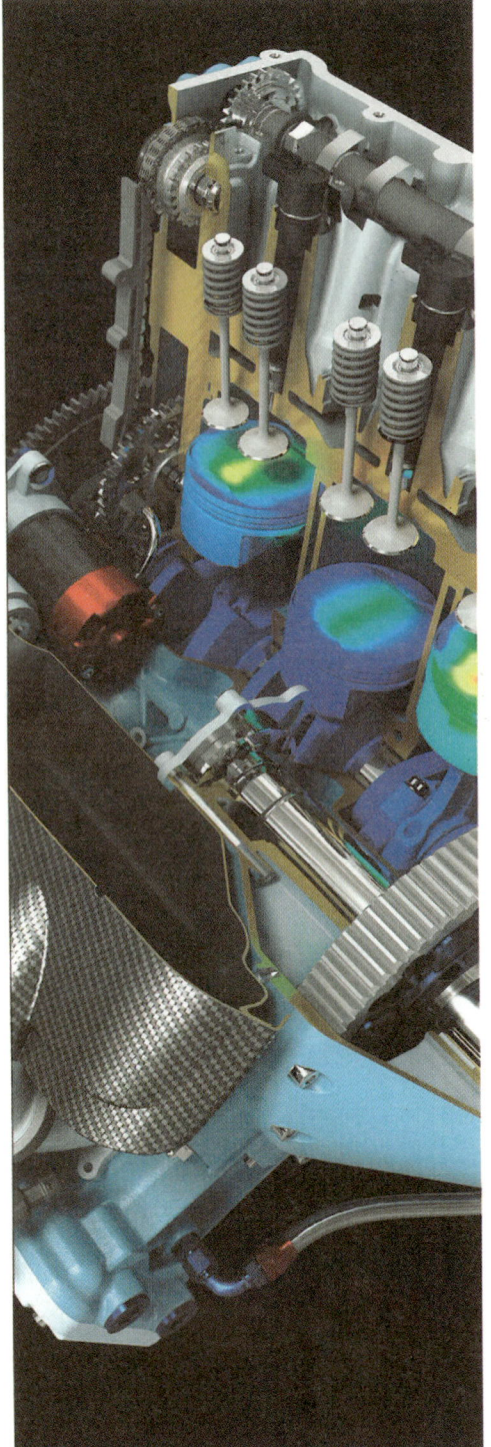

In recognition of commitment to achieving professional excellence, this certifies that

Sung-Il Cho

has successfully completed the program requirements of

Autodesk Inventor Certified User

June 24, 2013
Date

Carl Bass
President, Chief Executive Officer

5CN6-FVzQ
verify.certiport.com

Autodesk Inventor User

This number certifies that the recipient has successfully completed all program requirements.

Autodesk

오토데스크 인벤터 국제자격 전문가 인증시험 (Autodesk Inventor Certified Professional)

■ 오토데스크 학생용 사이트 (http://www.autodesk.co.kr/education/)

■ 오토데스크 학생 전문가 네트워크 (http://www.studentexpert.net/en/)

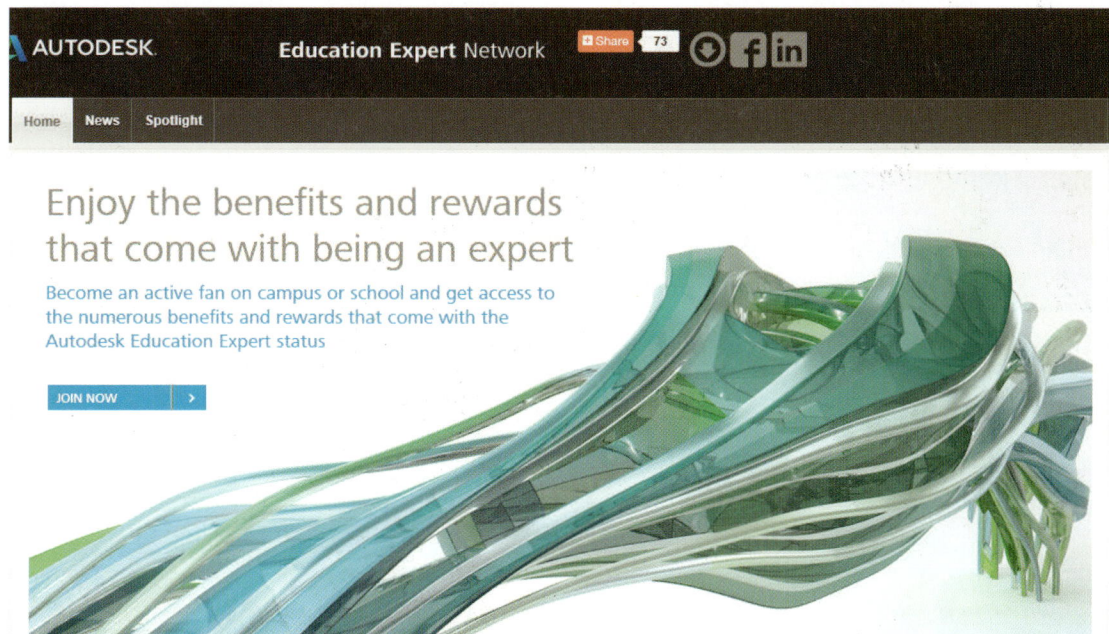

Become an Autodesk Student Expert

Join the Autodesk Education Expert Network to connect with students who are passionate about design and using Autodesk technology to imagine, design, and create a better world.

How it works
Earn Experts Points by contributing to the network, learning new skills, and hosting local events to become a recognized Autodesk Student Expert.

- **Join** by creating an account. Any student over 13 years old who is enrolled in an accredited educational institution is eligible. At least one year of experience using Autodesk software is recommended.
- **Contribute:** Share your work, answer questions, and recruit new members. The more you do, the more visible you are to a global network of future influencers in design.
- **Earn** points when you contribute online, become certified, attend workshops, and teach others. Advance your status as you do what you love: use Autodesk technology to create cool designs and share them.
- **Get rewarded** with exclusive opportunities, high score status, and partner discounts. Invitations to present at and participate in industry events top the list of our exclusive rewards.

join now

Rewards and recognition
The more Expert Points you earn, the more recognition and rewards you unlock.

Member	Register to be part of an exclusive, connected community:
	▪ Connect to students, educators, alumni, Autodesk partners, and Autodesk staff members
	▪ Access the community, job postings, forums, and groups
	▪ Earn expert points for learning, sharing, and advancing your skills
Standard	Earn 750 points to achieve Student Expert Membership:

http://cafe.naver.com/mechapiaedu
공학도&엔지니어&디자인 기술교육카페

MCTEC
메카피아창도기술교육원
Mechapia Creative Technology Education Center
공학도&엔지니어&디자인 기술교육카페

AUTODESK Authorized Training Center

찾아오시는 길
서울특별시 금천구 가산디지털1로 145, 2004호 (가산동, 에이스하이엔드타워3차)

교육 문의 : 1544-1605 (02-2624-0896)
이메일 주소 : mctec421@gmail.com / 팩스 : 02-2624-0898

메카피아창도기술교육원은 ㈜메카피아에서 운영하고 있습니다.
www.mechapia.com
고용노동부 국비지원 **사업주위탁 & 내일배움카드** 지정 교육기관

솔리드웍스 3차원 기계설계 교육

솔리드웍스 2014 Basic for Engineer 저자의 직강
실무에서 직접 쓰이는 솔리드웍스의 핵심 세부내용 강의
기존 2D캐드 설계 방식을 탈피할 수 있는 3D설계 방식의 강의

솔리드웍스 제품디자인 모델링 교육

산업디자이너에게 핵심이 되는 실력과 노하우를 쌓는 실무강의로 초대합니다.

솔리드웍스 열 및 유체 유동해석 교육

유체 유동, 열 전도, 유동력 등을 빠르고 쉽게 시뮬레이션 할 수 있으며, 실제 조건에서 액체 및 기체의 유동을 시뮬레이션하고, 가상 시나리오를 실행하며, 유체 유동과 열 전도는 물론 내부 또는 주변 부품에 미치는 힘의 효과를 신속하게 분석할 수 있습니다.

솔리드웍스 정적 구조해석 교육

미리 3차원 공간에서 시제품을 설계, 가공, 제작, 테스트까지 겸비하게 함으로써, 실제 상황과 동일한 조건을 손쉽게 설계에 적용할 수 있게 함으로써, 품질의 개선은 물론 프로토타입 제작 및 테스트 비용의 절감 효과도 가져 옵니다.

인벤터 3차원 기계설계 교육

인벤터 2014 Basic for Engineer 저자의 직강 / 기계설계 실무 향상에 도움이 되는 내용으로 구성 / 기존의 오토캐드 설계 방식을 탈피할 수 있는 방식의 강의/ 인벤터 실무자를 위한 맞춤 교육

기계설계자를 위한 3Ds MAX 렌더링 애니메이션 실무

3차원 기계설계자를 위한 실무 렌더링 애니메이션 교육
3DS MAX 애니메이션 및 렌더링 프로그램의 강력하고 편리한 기능을 사용하여 단시간에 더 멋진 3D 컨텐츠를 만들 수 있는 4일 완성 교육

오토캐드를 활용한 기계설계 초급교육

AutoCAD를 처음 사용하는 직장인 및 기계설계 엔지니어를 꿈꾸는 사회 초년생

3D 프린터 교육
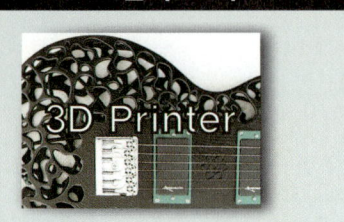
창의적인 아이디어를 모델링하고 3D프린터를 활용한 실전 제작과 출력 실습을 통해 디자인 능력을 갖추고 제품설계 능력을 향상시켜 현장맞춤형 실무기술을 지닌 전문기술인력을 양성하여 산업현장에 공급한다.

 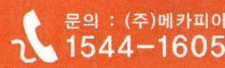